Marie-Thérèse de France

Hélène Becquet

Marie-Thérèse de France

L'orpheline du Temple

ÉDITIONS FRANCE LOISIRS

Édition du Club France Loisirs
avec l'autorisation des Éditions Perrin.

Éditions France Loisirs,
123, boulevard de Grenelle, Paris
www.franceloisirs.com

ISBN : 978-2-298-06072-0

Introduction

« Ses souffrances sont montées si haut qu'elles sont devenues une des grandeurs de la France », disait Chateaubriand de Marie-Thérèse-Charlotte de France. Grandeur bien oubliée sans doute aujourd'hui. La fille de Louis XVI et de Marie-Antoinette d'Autriche-Lorraine est un personnage historique de second plan, ignoré des manuels scolaires ou universitaires. Elle ne bénéficie pas de l'aura glamour de Marie-Antoinette qui occupe régulièrement le devant de la scène artistique ou littéraire. Pour le grand public, elle reste, au mieux, une petite fille blonde accrochée aux jupes de sa mère, aperçue au détour du film *Marie-Antoinette* de Sofia Coppola. Cette infortune publique contemporaine a tout de même des limites. Un roman, une pièce de théâtre et plusieurs biographies ont été récemment publiées. Mais, à l'exception de celui régulièrement réédité d'André Castelot, la diffusion de ces ouvrages reste assez confidentielle[1].

Marie-Thérèse-Charlotte de France est née à Versailles le 19 décembre 1778 et morte en exil à Frohsdorf, en Autriche, en 1851. Née Fille de France, elle est titrée « Madame, fille du roi », les princes et princesses français de la période bénéficiant tous d'une titulature particulière qui est la traduction de leur rang. Marie-Thérèse-Charlotte est la dernière à porter ce titre.

Elle le conservera dans son long exil de 1795 à 1814 et après son mariage avec son cousin germain le duc d'Angoulême, suivant en cela la tradition monarchique. Elle ne le quittera qu'en 1824 pour prendre celui de dauphine de France, au moment de l'avènement de son beau-père, le roi Charles X. Là encore, elle est la dernière à porter ce titre réservé à la future reine de France. Reine, elle ne le sera que dans l'exil et que pour les partisans de la royauté légitime, opposés à la monarchie de Juillet, régime instauré en 1830 par l'ancien duc d'Orléans, Louis-Philippe Ier. Toujours première en dignité derrière les hommes de sa famille, elle est partout la dernière du point de vue chronologique. Avec Marie-Thérèse-Charlotte de France, un monde s'écroule, une conception de la royauté s'éteint. Peut-être est-ce pour cette raison que ceux qui ont conservé le souvenir de cette princesse jusqu'à aujourd'hui l'appellent souvent « Madame Royale ». Ce surnom lui avait été donné dans son enfance pour la distinguer de Madame, la femme de Monsieur, frère du roi. Il évoque les temps heureux de Versailles et de la splendeur de la royauté.

Pour les contemporains, en revanche, la princesse est « la fille de Louis XVI », la fille du roi « martyr » exécuté sous la Révolution. Elle est donc avant tout une héritière. Héritière du sang royal, certes, puisqu'elle est la seule survivante des enfants de Louis XVI à l'issue de la Révolution, mais aussi héritière des malheurs de sa famille. Marie-Thérèse-Charlotte de France a en effet partagé le sort de ses parents durant la Révolution. Elle a vécu avec eux les journées révolutionnaires des 5 et 6 octobre 1789, du 20 juin et du 10 août 1792 au cours desquelles la famille royale a pu croire sa vie menacée. Elle a aussi été enfermée dans la prison du

Temple avec eux, le 13 août 1792. Elle est la seule à en ressortir vivante le 19 décembre 1795, jour de son dix-septième anniversaire. Sa vie durant, elle a porté les stigmates de la Révolution, enfermée dans son deuil et ses souvenirs douloureux par la piété des royalistes, la propagande de ses oncles Louis XVIII et Charles X et sa propre éducation qui la pousse à se soumettre à la volonté divine. Son emprisonnement au Temple fait en effet d'elle un personnage à part pour les partisans de la royauté : elle devient le symbole de la cause royale et de la malignité de la Révolution.

Dès 1795, Marie-Thérèse fait l'objet de multiples récits, spontanés ou coordonnés par son oncle Louis XVIII au profit de la cause royale. Le personnage historique devient une figure historique et littéraire aux multiples visages. La princesse est « l'Orpheline du Temple », « Irma », « Antigone », figures de papier qui tissent autour d'elle une trame romanesque et romantique. Marie-Thérèse-Charlotte de France n'a jamais vraiment accepté ces images qui se voulaient des hommages mais qu'elle regardait comme autant de romans. Pour elle-même qui aimait être « exacte comme la vérité », elle n'était que « Charlotte », sans jamais vraiment oublier qu'elle était « Madame ». Pour nous, elle sera simplement Marie-Thérèse, parce que l'utilisation de ce simple prénom la rend plus accessible au lecteur tout en permettant à l'historien de la transformer en objet historique.

Cet objet, si l'on devait le matérialiser, serait un projecteur. La vie de Marie-Thérèse permet de mieux éclairer un pan de l'histoire laissé dans l'ombre, celui de la royauté et du royalisme à l'époque des révolutions. L'introduction d'une monarchie constitutionnelle entre 1789 et 1792 puis l'exécution de Louis XVI le 21 janvier 1793 entraînèrent d'importants changements dans la conception de la royauté. La monarchie absolue étant définitivement morte, il a fallu inventer d'autres modèles institutionnels et rénover l'idéologie royale. Marie-Thérèse, placée au cœur de l'institution royale par sa naissance et son histoire, a été une actrice, souvent récalcitrante, parfois inconsciente, de ces changements.

Les mutations de la royauté s'accompagnent d'un phénomène politique nouveau, produit de la Révolution et de l'instauration d'une république : la naissance d'un mouvement royaliste. Jusqu'à l'année 1791 et la tentative de fuite du roi, finalement arrêté à Varennes, la monarchie était le régime politique d'évidence de la France. Varennes a pour conséquence le développement du mouvement républicain qui s'impose provisoirement le 21 septembre 1792 avec la proclamation de la république. A partir de ce moment-là, plus d'évidence politique : on peut être royaliste, par opposition à républicain[2]. De la même façon que les républicains se composent un corpus de références symboliques et historiques dont nous avons en partie hérité aujourd'hui (trois couleurs, 14 Juillet, Déclaration des droits de l'homme), les royalistes élaborent leur propre imaginaire politique[3]. L'emprisonnement de la famille royale au Temple en est un des épisodes clés, et Marie-Thérèse l'un des principaux protagonistes.

Marie-Thérèse est ainsi à la fois actrice et emblème de tout le mouvement opposé à la Révolution, depuis 1789 jusqu'au Second Empire. L'histoire de la princesse est aussi celle de la Contre-Révolution et des contre-révolutionnaires, de tous ceux qui ont cherché des solutions alternatives à la société issue de 1789. Politiquement, Marie-Thérèse fait ainsi partie des vaincus de l'Histoire. En retraçant sa vie, on recompose ce que Balzac, un de ses grands admirateurs, a appelé « l'envers de l'histoire contemporaine[4] », cet envers indispensable à retracer si l'on veut bien comprendre l'endroit.

1

L'enfance

Il existe un assez grand nombre de représentations de Marie-Thérèse-Charlotte de France enfant. La plus connue est sans aucun doute celle du tableau de Mme Vigée-Lebrun, *Marie-Antoinette et ses enfants,* peint en 1787 et actuellement conservé au musée du château de Versailles. Marie-Thérèse, qui a un peu plus de huit ans, y tient le bras de sa mère. Sur les genoux de Marie-Antoinette se trouve Louis-Charles, duc de Normandie, âgé de deux ans et, debout de l'autre côté de la reine, on voit Louis-Joseph, dauphin de France, qui, à six ans, est l'héritier de la couronne. Il montre au spectateur un berceau vide, celui de Sophie, la plus jeune des enfants royaux, qui vient de mourir, âgée de quelques mois. Ce tableau avait été commandé par le surintendant des Bâtiments, le comte d'Angiviller, pour redorer l'image de la reine dont l'impopularité était forte. Le tableau donne une double image de Marie-Antoinette, à la fois mère et souveraine. La posture de Marie-Thérèse et la présence du duc de Normandie sur les genoux de la reine soulignent la tendresse maternelle de la souveraine tandis que le décor composé de colonnes et de lourds drapés, la somptuosité des vêtements et la présence de la couronne au-dessus du buffet rappellent son statut de reine de France. Même si Marie-Antoinette ne reconquiert pas une popularité trop entamée, le tableau remporte un succès certain auprès des critiques du Salon de 1787, auquel il est présenté. C'est qu'il montre une reine à la fois glorieuse et vertueuse : ses qualités privées, de bonne mère de famille, rejaillissent sur sa fonction publique, celle de souveraine[1].

En monarchie héréditaire, il n'existe pas de séparation stricte entre la vie publique et la vie privée de la famille royale : celle-ci appartient tout entière à la sphère du pouvoir et chacun de ses gestes peut porter à conséquence. Marie-Thérèse est ainsi inscrite dès l'enfance dans la représentation du pouvoir royal. Elle est Fille de France, et ce statut particulier fait d'elle un personnage public. Ses faits et gestes sont bien connus des Français. Les journaux autorisés que sont la *Gazette de France* ou le *Mercure de France* relatent ses déplacements et les divers événements de son quotidien. Au mois de septembre 1782, on suit avec attention son inoculation. Cette opération, regardée encore comme très dangereuse, consistait à injecter à la princesse un peu de pus prélevé sur un autre enfant atteint de la variole de telle sorte qu'elle développe cette maladie de manière bénigne. Ses bulletins de santé paraissent ensuite régulièrement. A la Cour, elle tient son rang et reçoit des visiteurs au berceau. Parler des premières années de Marie-Thérèse de France, ce n'est donc pas parler d'une période que l'on pourrait imaginer uniquement gâtée et libre. Le temps de ses jeux est somme toute assez réduit. L'enfant royal, issu d'une des plus prestigieuses dynasties d'Europe, a avant tout des devoirs à remplir. La Révolution vient cependant perturber ce quotidien fait, certes, de contraintes, mais aussi de luxe et de respect. A dix ans, Marie-Thérèse se retrouve en effet plongée au cœur des émeutes et des troubles politiques.

Une naissance très attendue

Le 2 mai 1778, Marie-Thérèse d'Autriche, reine de Hongrie et impératrice douairière du Saint Empire romain germanique, écrit à l'ambassadeur d'Autriche en France, le comte de Mercy-Argenteau :

> Toute flatteuse qu'est la nouvelle de l'apparence d'une grossesse de ma fille, je vous avoue que je suis presque tentée de m'en douter *[sic]* jusqu'au moment qu'elle aura mis au monde l'enfant dont on la suppose enceinte ; tant je suis devenue incrédule sur ce chapitre, après que je vois mes espérances frustrées depuis si longtemps ; mais vous ne m'en obligerez pas moins par les nouvelles que vous continuerez à me donner sur un objet dont le succès me comblerait d'une joie sans égale[2].

Sa fille, Marie-Antoinette d'Autriche-Lorraine, épouse du roi de France Louis XVI, vient en effet de lui annoncer qu'elle est enceinte. La réaction vaguement sceptique de l'impératrice s'explique : l'Europe entière attend, en vain, cette nouvelle depuis plusieurs années. En 1778, le mariage entre Louis XVI et Marie-Antoinette d'Autriche-Lorraine est en effet toujours stérile, huit ans après sa célébration. La responsabilité de cette situation semble partagée. Louis XVI n'était vraisemblablement pas impuissant mais simplement inexpérimenté. Il était en outre intimidé par une femme avec laquelle il ne s'entendait pas vraiment. Quant à la reine, peu attirée par son époux, elle semble ne s'être prêtée qu'avec la plus grande réticence à son devoir conjugal[3]. Or, la stérilité du couple royal, loin d'être une affaire privée, a de graves répercussions au niveau politique.

Elle risque tout d'abord d'entraîner une déstabilisation du pouvoir, puisque ne pas avoir de fils signifie pour le roi être soumis aux ambitions de son entourage. En l'absence d'héritier direct, c'est Monsieur, frère du roi, qui devient l'héritier de la Couronne, mais, comme il n'a lui-même aucun enfant, l'avenir de la dynastie repose entre les mains du comte d'Artois, leur plus jeune frère. Ce dernier a alors déjà deux fils, le duc d'Angoulême, né en 1775, et le duc de Berry, né en 1778. Cette situation engendre incontestablement des tensions au sein de la famille royale. Le comte de Mercy-Argenteau épie ainsi les réactions des frères du roi à l'annonce de la grossesse de la reine. L'attitude des princes à l'égard de leur frère semble avoir été correcte, mais cela n'empêchait pas les arrière-pensées[4].

Sur le plan diplomatique, ensuite, il est certain que la stérilité du couple royal menace la survie de l'alliance entre la France et l'Autriche qui date de 1756. Normalement, dans les monarchies catholiques, le divorce est impossible. Néanmoins, en cas de stérilité prolongée, des arrangements sont toujours envisageables pour rompre le mariage, à condition que le pape y mette un peu de bonne volonté. Le risque n'est donc pas négligeable. Or, l'alliance française est la pièce maîtresse de la diplomatie de Marie-Thérèse et de Joseph II. L'Autriche a besoin du soutien de la France, son seul allié fiable, pour mener à bien ses projets d'expansion[5].

L'impératrice surveille donc d'un œil inquiet la situation matrimoniale de sa fille.

Enfin, cette situation fragilise la position des souverains dans l'opinion. Dès 1771, le futur Louis XVI est accusé à demi-mot d'impuissance dans *Le Gazetier cuirassé* par Théveneau de Morande. Mais c'est surtout la reine qui fait les frais de ces attaques, même s'il ne faut en exagérer ni le nombre ni la portée[6]. Vers, pamphlets, rumeurs accusent Marie-Antoinette de débauche et de saphisme et jettent le doute, avant et après la naissance de Marie-Thérèse, sur sa légitimité. A Paris comme à Versailles, le bruit de la bâtardise de l'enfant à naître, en 1778, semble avoir connu une assez large audience. L'abbé de Véri déplore ainsi ce « soupçon trop répandu[7] ». La paternité de la princesse est attribuée ou au comte d'Artois ou au duc de Coigny[8]. On retrouve les mêmes allégations dans des pamphlets. Les *Essais historiques sur la vie de Marie-Antoinette d'Autriche, reine de France, pour servir à l'histoire de cette princesse*, parus en 1779, prétendent que le duc de Coigny est le père de la princesse. Quant aux *Amours de Charlot et Toinette,* parus à la même date, ils font d'Artois l'amant de la reine. Compte tenu de la date de publication, le rapprochement avec la naissance de Marie-Thérèse était trop clair pour qu'il fût besoin de l'expliciter. A ces pamphlets s'ajoutent des chansons pornographiques. A en croire Mme Campan, femme de chambre de Marie-Antoinette, un recueil de chansons fut jeté dans la galerie de l'Œil-de-bœuf peu de temps avant l'accouchement de la reine, dont plusieurs dénonçaient les promenades nocturnes de la reine comme autant de moments de débauche[9].

La naissance de Marie-Thérèse apparaît tout particulièrement suspecte parce que quasi inespérée. La crédibilité de ces bruits est accrue par l'attitude de la reine envers les deux pères putatifs de la princesse : le comte d'Artois est le compagnon habituel de ses escapades parisiennes, notamment de celles qui la conduisent, sous un masque, au bal de l'Opéra. Le duc de Coigny, le premier écuyer de la reine, fait partie de sa société intime et c'est un incident, dû à l'imprudence de Marie-Antoinette, qui est très probablement à l'origine des rumeurs. Lors du carnaval de 1779, elle décide de se rendre à Paris sans le roi et laisse sa voiture armoriée à l'hôtel du duc de Coigny. La voiture qu'elle avait prise ensuite ayant cassé, la reine se trouve obligée de prendre un fiacre pour se rendre à l'Opéra. L'histoire fait le tour de la ville et l'on en déduit que la reine avait, en réalité, rendez-vous avec Coigny[10].

Que les rumeurs soient crédibles, et en partie crues, n'explique pas complètement le phénomène. Finalement, quel était le but de ces accusations ? De qui émanaient-elles ? Les plus importants des pamphlets publiés contre la reine proviennent de Londres. Néanmoins, leur attribution est très difficile et les motivations des auteurs, leurs liens avec d'éventuels commanditaires continuent à nous échapper. Une seule chose est certaine : la prolifération de ces écrits a été encouragée par la pratique régulière du chantage. Les maîtres chanteurs proposaient de donner tous leurs exemplaires au gouvernement français en échange de fortes sommes d'argent. Peut-être faut-il aussi supposer une complicité passive du gouvernement anglais. La naissance de Marie-Thérèse-Charlotte coïncide avec l'engagement français aux côtés des Américains et la diminution du nombre de pamphlets après 1783 avec le refus de Louis XVI de continuer à payer leurs auteurs, mais aussi avec la signature de la paix avec l'Angleterre. La diffamation est une arme comme une autre et il est envisageable que l'Angleterre l'ait utilisée[11].

Il est également très probable que ces attaques soient issues du « parti » dévot, opposé à l'alliance autrichienne et représenté à la Cour par les filles de Louis XV, Mesdames Tantes. Un pamphlet, *Avis important à la branche espagnole sur ses droits à la couronne de France, à défaut d'héritiers, et qui peut être utile à toute la famille des Bourbons et surtout au roi,* reprend tous les arguments employés par le « parti » dévot contre l'alliance autrichienne tout en soulignant la soif sexuelle de la reine et l'impuissance du roi[12]. En 1776, de nombreux vers décrivent l'impératrice conseillant à sa fille de se faire faire un enfant pour ensuite le mettre sur le trône[13]. A travers la reine, c'est la volonté de toute-puissance de l'Autriche qui est attaquée : Marie-Antoinette souillerait le trône de France en donnant un héritier bâtard et (ou plutôt parce que) tout dévoué à l'Autriche.

Toutes ces élucubrations, permises par la légèreté de la reine, étaient fort loin de refléter une quelconque réalité. Marie-Antoinette ne recherchait pas plus la présence d'amants éventuels que celle de son mari. Pour que le couple royal réussisse à consommer entièrement son mariage, il fallut attendre la visite du frère de la reine, l'empereur Joseph II, au mois d'avril 1777. Le but de ce voyage est mal éclairci : il semble qu'il ait voulu se rendre compte par lui-même de la puissance française. En tout cas, la visite est bénéfique pour les souverains puisque Joseph II se transforme en conseiller matrimonial. Le mariage est alors complètement consommé et les premiers bruits de grossesse suivent rapidement[14]. Le 19 avril 1778, la reine écrit à sa mère qu'elle est enceinte. L'annonce est faite officiellement par le roi le dimanche 4 août à son lever. Il fait célébrer un *Te Deum* dans la chapelle de Versailles à cette occasion. La *Gazette d'Utrecht* note à ce propos que l'on a annoncé cette grossesse plus tôt qu'à l'accoutumée : « On avait cru qu'elle ne l'aurait été qu'à sept mois passés parce qu'alors il sera ordonné de faire des prières publiques pour l'heureuse délivrance de Sa Majesté[15]. » Il semble que la joie – ou le soulagement – et le désir de mettre un terme aux doutes et aux rumeurs aient poussé Louis XVI à l'anticiper. Les gazettes, étroitement surveillées par le pouvoir royal, et les mandements épiscopaux, lettres par lesquelles les évêques transmettent leurs instructions dans les diocèses, relaient l'information à travers tout le royaume. Les Français sont appelés à la fois à prier pour la santé de la reine et de l'enfant et à imiter la générosité du couple royal qui multiplie les actes de bonté pour remercier Dieu de la grâce qui leur est faite. La reine fait ainsi délivrer des prisonniers pour dettes et donner 4 000 livres aux pauvres de Versailles immédiatement après l'annonce de sa grossesse[16].

A l'approche de l'accouchement, Versailles se remplit de monde. Mercy-Argenteau note que « le public en général marque un très grand intérêt à l'attente des couches de la reine. Il y a ici plus de deux cents personnes de qualité, restantes ordinairement à Paris, et qui sont venues s'établir à Versailles, où on ne trouve plus de logements et où les vivres ont triplé depuis cette époque[17] ». Le 22 novembre, les princes du sang s'installent à Versailles pour se trouver auprès des souverains lors de l'accouchement. Très probablement au même moment, le gouverneur de Paris prend également un logement au château pour être à même d'avertir la municipalité des premières douleurs de la souveraine. Dès la fin du mois de novembre, tout est prêt pour l'arrivée de l'enfant.

L'événement tant attendu a lieu au matin du 19 décembre 1778. L'accouchement se déroule selon un cérémonial minutieux et bien rôdé, marque de l'illustre origine de l'enfant et surtout preuve de sa légitimité. Fille ou garçon, le cérémonial est nécessairement le même, et pour cause : on ne connaît pas le sexe de l'enfant à l'avance. La reine de France accouche en public, protégée par un simple paravent. Dès les premières douleurs, qui ont lieu à deux heures du matin, la princesse de Lamballe, surintendante de la Maison de la Reine, est avertie et se charge de prévenir les personnes qui doivent assister à l'événement, au premier rang desquelles les serviteurs désignés pour s'occuper de l'enfant à venir, les représentants de la faculté de médecine et le roi qui prennent place dans la chambre de la reine. La princesse avertit ensuite le premier écuyer, qui lui-même informe toute la Cour[18].

> En un moment, tout le monde fut sur pied et les courriers préparés. C'était un mouvement général. Les princes et les princesses du sang et les grandes entrées de la Cour étaient dans la chambre à côté ; les dames de la Cour et les courtisans dans le salon d'Hercule, où on joue ordinairement, et le reste attendait dans la galerie de l'Œil-de-Bœuf. Tout le monde était en l'air[19].

A onze heures trente-cinq, on se précipite dans la chambre pour assister à la naissance. Une fois l'enfant né, il est emporté dans une autre pièce, tandis que l'on s'occupe de la reine qui a été prise d'étouffement. C'est en le débarbouillant que l'on s'aperçoit que c'est une fille. La princesse est ensuite emmenée par la gouvernante des Enfants de France dans ses appartements. A treize heures, le roi reçoit les princes et la Cour puis un *Te Deum* est célébré dans la chapelle du château. Enfin, à quatorze heures, l'enfant est baptisée, ce qui est une nouveauté puisque jusque-là les Enfants de France étaient simplement ondoyés à leur naissance. La cérémonie a lieu dans la chapelle du château, célébrée par le grand aumônier, le cardinal de Guéménée ; Monsieur représente le parrain, le roi d'Espagne Charles III, et Madame, la marraine, Marie-Thérèse d'Autriche[20]. Marie-Thérèse est titrée Madame, fille du roi.

La naissance d'un prince à Versailles est certes un événement public puisque, en principe, chacun peut y assister à la place que l'étiquette lui assigne, mais, dans les faits, le public est restreint. C'est dans les villes, et particulièrement à Paris, que se déroulent les festivités destinées à célébrer, pour un public plus large, la naissance princière. Elles sont comparables à celles qui auraient eu lieu pour un dauphin puisque l'on célèbre « l'ouverture du ventre », autrement dit la naissance de l'aînée des enfants royaux, à défaut d'un dauphin. La principale différence entre les deux types de cérémonie est l'absence du roi à Paris pour la naissance d'une fille.

Le samedi 19 à cinq heures et demie, un premier messager, un page du gouverneur de Paris, arrive dans la capitale pour annoncer la naissance imminente de l'enfant. Le bureau de la ville se réunit sur-le-champ. Un second page arrive à midi et demi pour annoncer la naissance d'une princesse, mais ce n'est qu'à une heure cinq que le comte de Béon, sous-lieutenant des gardes du corps du roi, vient annoncer officiellement la nouvelle. La municipalité ordonne alors de faire tirer le canon puis la garde de l'Hôtel de Ville sort en procession en jouant de la musique. Désormais, la nouvelle est connue de toute la cité. Les réjouissances commencent en fin d'après-midi avec la procession conduite par la municipalité et le gouverneur de Paris autour de la place de Grève sur laquelle ils allument un feu de joie. Ils y font ensuite distribuer pain et viande et tirer un feu d'artifice. Dans le même temps, la ville s'illumine. Le lendemain, le même type de manifestation se reproduit et on y distribue en plus de l'argent, ce que l'on n'avait pas voulu faire la veille parce qu'il faisait nuit[21].

Mais la véritable fête a lieu le samedi 26 décembre, jour du *Te Deum* célébré dans tout le royaume sur ordre du roi. Ce dernier est le cœur de toutes les célébrations pour la naissance de Madame. Il est action de grâces : Louis XVI remercie Dieu et demande à ses sujets de Le remercier de la fin de la stérilité du couple royal. Tout le royaume est ainsi amené à se réjouir de cette nouvelle qui est la preuve que Dieu protège la France en protégeant son roi. Mais ce *Te Deum* est aussi imploration. La grâce est incomplète : il faut un fils au roi et au pays. Les prières du roi et de ses sujets doivent obtenir la bienveillance divine. La naissance de Madame est donc une occasion de réaffirmer la légitimité indissociablement politique et religieuse de la monarchie[22].

Les fêtes qui suivent ne sont que le prolongement de cette cérémonie. A Paris, des distributions de pain et de cervelas ont de nouveau lieu, des fontaines de vin et des orchestres sont installés sur les places et principaux carrefours de la capitale. Un feu d'artifice est tiré et les maisons illuminées par leurs propriétaires[23]. A cela s'ajoutent des représentations gratuites dans les théâtres de la ville. Bien que dénuées de portée politique ou religieuse en tant que telles, ces fêtes permettent d'associer toute la population à l'événement, alors que la cérémonie de Notre-Dame, ne serait-ce que pour d'évidentes raisons de place, ne pouvait concerner tous les Parisiens. Elles sont une manière de manifester, une fois encore, le sentiment unanime du peuple à l'occasion de l'événement dynastique.

Il y a donc trois phases dans les célébrations de la naissance de Marie-Thérèse. Une phase curiale, qui est d'abord la réaffirmation du rang de la princesse dans le royaume et son appartenance à la dynastie régnante. Suivent les cérémonies de la ville, réaffirmations publiques du lien entre la monarchie et Dieu par le biais du *Te Deum*. Enfin, les festivités qui associent toute la population à l'événement, renouant le lien entre le roi et ses sujets. L'ensemble introduit la princesse, à peine née, dans un système de représentation qui est la traduction de son rang de Fille de France.

Fille de France

Marie-Thérèse est la dernière Fille de France[24]. On appelait Enfants de France les princes issus du roi régnant et de son épouse légitime ou du Dauphin et de son épouse légitime. Depuis la fin du XIIIe siècle, ils bénéficient d'un statut particulier : les fils reçoivent terres et titres en conformité avec leur rang, les filles sont dotées somptueusement et n'épousent que des princes souverains, du moins à l'époque moderne. A partir de la fin du XVIe siècle, l'idéologie royale accorde de plus en plus d'importance à la valeur intrinsèque du sang royal. Il devient peu à peu la seule source de légitimité de la dynastie et s'en trouve sacralisé. Toute la famille royale est concernée, filles incluses. Cependant, les Filles de France sont exclues de la Couronne. Depuis le XVe siècle, la loi de dévolution du trône, dite loi salique, empêche les femmes de devenir reines régnantes. Au XVIIIe siècle, cette disposition particulière au royaume ne fait absolument pas débat. Marie-Thérèse-Charlotte n'est pas supposée succéder à son père. Cependant, détentrice du sang royal, personnage sacré, elle fait partie intégrante du fonctionnement monarchique.

Le mandement de l'archevêque de Paris pour la célébration du *Te Deum* donné pour la naissance de la princesse résume assez bien ce que l'on attend d'elle :

> Le Ciel vient d'accorder à nos vœux, mes très chers frères, un premier gage de cette auguste union qu'il a formée pour le bonheur de la France… La princesse qui vient de naître n'est point appelée par nos lois à porter la couronne de ses aïeux ; mais les filles de nos rois, lorsque la divine Providence ne les destine pas à monter sur des trônes étrangers, restent à la Cour de leurs augustes pères, pour en faire l'ornement et l'édification ; elles obtiennent l'empire des cœurs en protégeant l'innocence et le mérite, en employant à faire des heureux le crédit que leur donnent leur rang et leurs vertus[25].

Une princesse est d'abord destinée à renforcer les liens avec l'étranger. Dans le cas de Marie-Thérèse, c'est sa naissance même qui remplit cette fonction, puisqu'elle consolide l'alliance autrichienne en assurant la place de Marie-Antoinette[26]. Le prénom de la princesse en est une marque : choisi par l'impératrice, marraine de l'enfant, il rappelle l'ascendance Habsbourg de Madame, et par-là l'alliance franco-autrichienne.

Pour le présent, Marie-Thérèse représente donc un gage de paix. Mais pour l'avenir également. Le mariage apparaît en effet comme la destinée première d'une Fille de France. La princesse, exclue du trône, est néanmoins appelée à régner, mais à l'étranger, au côté de son époux. La rhétorique des panégyriques princiers fait de ces unions les meilleurs soutiens des traités d'alliance et d'amitié entre royaumes. Suivant cette tradition, le *Mars trompé* de Marie-Antoine Chivot prétend que Marie-Thérèse-Charlotte est envoyée comme un gage de paix avec l'Angleterre dont elle épousera un prince[27]. En fait, les mariages princiers avaient autant de chances de cimenter la paix que d'être à l'origine de nouveaux conflits sur des questions d'héritage. Ce n'est pas tant à une logique diplomatique qu'à une logique de caste qu'obéissent les familles souveraines de l'Europe en s'unissant ainsi entre elles. Espérances d'héritages, volonté de ne pas se trouver lié à un clan nobiliaire particulier, recherche d'alliance militaire sont autant de motifs qui poussent au mariage avec des souverains étrangers, lequel est la norme dans les familles royales d'Europe au XVIIIe siècle, si bien que les Filles de France ne peuvent épouser qu'un prince de leur rang, issu d'une famille exerçant un pouvoir souverain. Qui plus est, elles ne peuvent épouser qu'un prince catholique, ce qui ne laisse pas beaucoup de candidats possibles[28]. Cela explique probablement que des nombreuses filles de Louis XV seule l'aînée, Madame Elisabeth, ait été mariée, et encore avec un prince de second rang, simple infant d'Espagne. Le dernier mariage d'une Fille de France est celui de Madame Clotilde, sœur de Louis XVI, avec le prince de Piémont, célébré en 1777.

La question semble s'être très tôt posée pour Marie-Thérèse. Dès 1785, des rumeurs circulent sur un mariage avec son cousin germain, le duc d'Angoulême, probablement sans fondement. Aucune princesse Bourbon légitime n'a jamais épousé un prince du sang à l'époque moderne. Ces derniers, membres des branches cadettes de la Maison de France et descendants de Saint Louis, ne sont pas souverains mais bien sujets du prince et, à ce titre, tombent sous le coup de l'exclusion formulée plus haut. Les princes du sang se marient entre eux, et c'est bien ce que devait faire le duc d'Angoulême puisqu'il est fiancé vers 1789 avec Mademoiselle, fille du duc d'Orléans. Louis XVI et Marie-Antoinette avaient manifestement en vue un mariage napolitain pour la princesse à la même période. Des contacts ont été pris, notamment par l'intermédiaire du baron de Talleyrand, avec la cour de Naples qui aurait souhaité des mariages croisés. Les négociations n'ont pas abouti, sans que l'on sache pourquoi[29]. Les événements politiques ont, par la suite, fait passer cette préoccupation au second plan.

A défaut de mariage, comme le souligne le mandement de l'archevêque de Paris, les Filles de France restent à la Cour, dont elles sont « l'ornement ». Les pièces écrites pour la naissance de la princesse le rappellent : grâce et beauté sont les attributs de Madame, comme ils sont ceux de toute princesse ou de toute femme de qualité[30]. La métaphore la plus courante est florale. Si le Dauphin est un lys ou un laurier, plantes assimilées à la royauté, la princesse est une rose, peut-être la reine des fleurs, mais reine de beauté, et non reine régnante.

Un jardinier, connu par son discernement,
Qui ne laissait jamais un bon terrain en friche,
Avait un jour enté, dans un jardin charmant,
Sur un laurier de France un beau rosier d'Autriche.
Son travail fut suivi du plus heureux succès ;
L'arbuste tout joyeux de sa métamorphose,
Fit d'abord galamment les honneurs à la rose,
Mais le propriétaire eut peu de temps après
La rose autrichienne et le laurier français[31].

Non contente d'être « l'ornement » de la Cour, Marie-Thérèse doit aussi faire son « édification ». C'est rappeler que Madame est la fille du Roi Très-Chrétien et, en vantant sa bonté, retomber dans un des *topoï* de la littérature concernant les princesses[32].

Marie-Thérèse, telle qu'elle est décrite à sa naissance, est donc, comme ses devancières, une princesse belle et vertueuse par essence. Hors du mariage auquel on reconnaît des implications politiques, elle doit exercer ses vertus à la cour de son père. Elle devient alors un modèle pour le royaume, mais un modèle d'élévation personnelle. Aucun rôle politique ne lui est attribué dans le cas où elle reste en France. Il n'est pas non plus question d'une entrée au couvent alors même que le cas de Madame Louise, fille de Louis XV qui était entrée au carmel de Saint-Denis, aurait pu y faire songer. Le célibat condamne donc, en théorie, les Filles de France à l'exercice de la piété et à une vie obscure.

Il n'en est pourtant rien. Le poids des princesses à la cour de France est considérable : elles y occupent la première place derrière la reine et se trouvent à la tête de vastes Maisons qui peuvent être autant de foyers d'expression politique. A la cour de Louis XVI, il faut compter avec Madame Adélaïde, fille de Louis XV : c'est elle qui a contribué à la nomination du comte de Maurepas comme ministre et mentor de Louis XVI[33]. Madame Elisabeth, la sœur de Louis XVI, se mêle moins de politique tant que la famille royale est réunie à Versailles. Mais, après 1789, elle informe ses frères émigrés de ce qui se passe en France et se fait leur porte-parole auprès du roi. Leurs moyens matériels rendent ces princesses puissantes, mais c'est de leur appartenance à la dynastie régnante qu'elles tirent une forme de légitimité à conseiller le roi. Légitimité mal définie, non théorisée, mais qui seule explique l'ingérence des tantes ou de la sœur du monarque dans les affaires de gouvernement, sans que ce dernier cherche à y remédier et, d'ailleurs, sans que l'opinion publique s'en plaigne toujours. Il faut probablement y voir la conscience d'appartenir à la même « caste » souveraine. Les filles de roi ne peuvent régner personnellement mais leur filiation fait d'elles des protagonistes à part entière de l'espace politique du royaume.

La Maison des Enfants de France

Fille de France, Marie-Thérèse-Charlotte doit tenir son rang et ce dès son plus jeune âge. A la Cour, l'entourage des princes et princesses est structuré dans ce que l'on appelle une Maison, qui regroupe à la fois la domesticité de la princesse et les personnes chargées de lui tenir compagnie. Marie-Thérèse n'a pas immédiatement sa propre Maison. Elle a simplement sa Chambre, qui dépend de la structure plus large qu'est la Maison des Enfants de France. Filles et garçons sont en effet élevés ensemble jusqu'à sept ans, âge auquel les garçons passent aux hommes. La Maison propre des filles est montée à des âges variables. Celle de Madame Elisabeth l'est en 1778, alors qu'elle n'a que quatorze ans, afin que l'on puisse reconstituer la Maison des Enfants de France pour la génération suivante[34]. Cette dernière se situe dans l'aile du Midi à Versailles. Chaque enfant y a sa chambre et l'appartement comporte un salon commun. Le tout est luxueusement meublé, les tentures sont de damas cramoisi à passementerie dorée, les lustres en cristal. Cependant, la plupart du temps, meubles et lustres sont couverts de housses pour éviter qu'ils ne soient abîmés : ce luxe n'est pas tant destiné au confort des princes qu'aux yeux des visiteurs. Pendant quelques mois, en 1783, Marie-Thérèse aura droit à son propre appartement, sur la cour de marbre, sous les appartements de sa mère. Des problèmes d'organisation de personnel ont entraîné son retour dans l'aile du Midi, où elle passe donc le plus clair de son enfance[35].

A sa naissance, Marie-Thérèse est prise en charge par la gouvernante des Enfants de France qui dirige sa Maison et fait partie des grands officiers de la Couronne. C'est l'un des personnages les plus importants de la Cour. Elle est nommée par le roi, auquel elle prête directement serment, et est normalement inamovible. Son office se transmet selon le système de la survivance : une gouvernante demande au roi le privilège de pouvoir transmettre son office à un membre de sa famille qu'elle lui désigne. Généralement, le roi accepte. C'est pourquoi l'office de gouvernante des Enfants de France reste toujours dans la même famille. Ainsi, la gouvernante de Marie-Thérèse, Victoire-Armande de Rohan-Soubise, princesse de Guéménée, est la nièce de Mme de Marsan, elle-même nièce de Mme de Tallard et arrière-petite-fille de Mme de Ventadour, toutes gouvernantes des Enfants de France. Pourtant, à la suite d'un scandale financier, Mme de Guéménée est contrainte à abandonner sa charge en 1782. Les souverains confient alors celle-ci à leur amie intime, Gabrielle-Yolande de Polastron, comtesse de Polignac, issue d'une grande famille de la noblesse auvergnate. Enfin, quand la duchesse de Polignac fuit la France en 1789, elle est remplacée par Louise-Elisabeth de Croÿ d'Havré, marquise puis duchesse de Tourzel.

La tâche de la gouvernante est lourde. La journée, elle ordonne et surveille les tâches quotidiennes, se tient près du prince lors des audiences ou des promenades ; la nuit, elle dort auprès de l'enfant royal. Elle s'occupe du personnel de la Maison qu'elle nomme en partie. Elle a soixante-dix-sept personnes sous ses ordres, dont quatre sous-gouvernantes qui s'occupent normalement des filles et des cadets tandis qu'elle-même se réserve la surveillance du Dauphin. Ainsi, Marie-Thérèse, après la naissance de son frère en 1781, est élevée par ses sous-gouvernantes, la vicomtesse d'Aumale et la comtesse de Villefort, puis, à partir de 1783, la baronne de Mackau, qui s'occupe d'elle jusqu'à son emprisonnement au Temple.

En dessous de ce personnel issu de la haute noblesse, Marie-Thérèse est entourée d'une foule de domestiques :

elle a ainsi à son service, dès sa naissance, deux premières femmes de chambre et huit femmes de chambre. Le grand nombre des emplois dans la Maison de la princesse et leur diversité s'explique par la stricte répartition des tâches entre les serviteurs. Chacun a un rôle bien défini et on ne peut ni retrancher ni rajouter à la charge de travail d'un membre de la Maison. Si un nouveau service est nécessaire, il faut créer un nouvel emploi. La remueuse est ainsi chargée de la petite enfance de la princesse, jusqu'à trois ans. Elle dort dans sa chambre, la lave, la coiffe, l'habille, la déshabille, la fait manger et veille à sa santé. La première femme de chambre s'occupe du linge et des vêtements de la princesse qui lui sont remis par les garçons de la chambre sur les consignes de la gouvernante. Elle présente la bouillie à la gouvernante pour que celle-ci la teste et tient l'assiette pendant que la remueuse donne à manger à Madame. Quand l'enfant atteint l'âge de trois ans, elle remplace la remueuse et dort auprès d'elle[36]. Tout ce cérémonial correspond à celui qui entoure le roi et la reine. Le grand nombre des serviteurs, la parcellisation des tâches concrétisent le rang des princes, permettent de rendre visible la hiérarchie de la Cour et, partant, du royaume. En outre, le cérémonial dont elle est entourée met la princesse à distance du reste de ses sujets et, en l'éloignant, la sacralise.

Entre contraintes et sentiments

Marie-Thérèse est l'aînée de quatre enfants. En 1781, naît le Dauphin tant attendu, Louis-Joseph, suivi, en 1785, d'un second fils, Louis-Charles, duc de Normandie. Enfin, en 1786, naît Sophie-Hélène-Béatrice, la dernière des enfants du couple royal. La liste s'arrête là par la volonté de la reine. Elle aurait, après 1786, décidé qu'elle avait bien rempli son devoir envers la Couronne en donnant les enfants nécessaires à la dynastie et qu'elle pouvait s'abstenir de toute relation charnelle avec son époux. Cette attitude est en principe contraire à l'idéal du mariage chrétien. Cependant, elle est conforme à la pratique d'une partie des élites françaises à la fin du XVIIIe siècle. La quête du bonheur personnel d'une part, l'attention plus grande portée aux enfants de l'autre contribuent à cette limitation volontaire des naissances. Pourtant, celle-ci s'est révélée désastreuse pour la dynastie. Malheureusement pour le couple royal, la santé de ses enfants était fragile. Le premier Dauphin, Louis-Joseph, est mort au mois de juin 1789 d'une maladie pulmonaire. Le deuxième Dauphin, Louis-Charles, n'avait que sept ans au moment d'entrer dans la prison où il devait laisser la vie. Madame Sophie, née au mois de juin 1786, est morte l'année suivante. Des rapports de Madame avec ses frères et sœurs on ne connaît pas grand-chose, sinon qu'ils ont été élevés tous ensemble, que leurs divertissements étaient communs, notamment les petits bals d'enfants, et que la princesse a beaucoup pleuré à la mort de son frère[37]. En revanche, on sait tout l'intérêt que les parents avaient pour l'ensemble de leur progéniture, notamment pour leur fille aînée.

> J'ose envoyer à ma chère maman le portrait de ma fille ; il est bien ressemblant. Cette pauvre petite commence à marcher fort bien dans son panier. Depuis quelques jours elle dit « papa » ; ses dents n'ont pas percé encore, mais

on les sent toutes. Je suis bien aise qu'elle ait commencé par nommer son père, c'est pour lui une attache de plus. Il y va toujours bien exactement, et pour moi, je n'ai besoin de rien pour l'aimer davantage. Ma chère maman me pardonnera tout mon bavardage sur cette petite, mais elle est si bonne que j'en abuse quelquefois[38].

Cette lettre de Marie-Antoinette à sa mère n'est pas exceptionnelle. La reine envoie nombre de détails et l'impératrice, loin de s'en impatienter, avoue à Mercy-Argenteau qu'elle est ravie de recevoir des nouvelles de sa petite-fille française. Ce sont de véritables liens d'affection que cette correspondance entretient entre Paris et Vienne, au-delà des conventions familiales et des intérêts politiques. De la part de la reine de France, le ton est particulièrement sentimental. Marie-Antoinette semble avoir été très sensible au rousseauisme ambiant. Quand elle décrit ses projets d'éducation pour le prince à naître, elle s'inspire clairement des principes de l'*Emile*, et l'impératrice en viendra à craindre qu'elle n'allaite son enfant, comme la rumeur le prétendait. La reine se rend même sur le tombeau de Rousseau en 1780[39]. Marie-Antoinette suit ce faisant la mode aristocratique de l'époque. Il n'en demeure pas moins que cette sensibilité modèle le comportement de la reine à l'égard de ses enfants. Les maladies de la princesse, ses premiers mots, son inoculation deviennent autant d'événements aux yeux de sa mère qui surveille attentivement sa santé. Marie-Antoinette n'hésite pas à quitter un bal plus tôt ou à revenir de Trianon pour aller s'occuper de sa fille malade. Lors de la rougeole de la princesse, elle se fait même enfermer avec elle. Ce sentimentalisme parental s'étend à Louis XVI, qui se révèle lui aussi un père attentif. Loin d'être déçu de n'avoir qu'une fille, il redouble d'attention pour sa femme et rend régulièrement visite à l'enfant dans ses appartements[40].

L'enfance de Marie-Thérèse se déroule donc dans un climat de plus grande familiarité entre les enfants royaux et leurs parents. De manière générale, les liens familiaux semblent prendre une importance nouvelle à la cour de Louis XVI. Deux fois par semaine, Madame, femme de Monsieur, reçoit sa belle-famille à souper chez elle, alors que l'étiquette interdisait jusque-là à la reine de souper en présence d'autres hommes que le roi, fussent-ils ses frères. Régulièrement, Provence et Artois invitent leur frère dans leurs propriétés de Brunoy et Bagatelle et la reine reçoit toute la famille à Trianon. Enfin, les escapades de la reine à Paris sont souvent l'occasion d'autres réunions familiales[41]. On sait par ailleurs les liens que Marie-Antoinette entretenait avec sa famille autrichienne. Le nombre d'archiducs en visite à Versailles est en effet assez remarquable. Maximilien en 1775, Joseph II en 1777 puis en 1781, Ferdinand en 1786, Marie-Christine la même année. Il est évident que l'affection n'est pas le seul motif de ces visites, loin s'en faut, mais elles entretiennent des liens que Marie-Thérèse retrouvera intacts en se rendant dans la famille de sa mère en 1796.

Ce phénomène n'est pas exactement une nouveauté. Le Dauphin, père de Louis XVI, menait une existence retirée dans son intérieur et lui-même et son épouse suivaient de très près l'éducation de leurs enfants ; Louis XV était lui aussi fort attaché à la vie de famille. Ce ne sont pas tant les liens affectifs qui évoluent sous Louis XVI que la manière dont on les exprime : les souverains sont plus expansifs, le langage plus sentimental.

Marie-Antoinette écrit à la princesse de Guéménée que sa fille lui manque, qu'elle a hâte de la voir. Quand elle entend Marie-Thérèse lui dire qu'elle pourrait mourir sans que cela lui fasse de peine, elle court se réfugier chez Mme de Polignac, en pleurs. A cela s'ajoute l'intérêt pour les très jeunes enfants. La reine fait représenter les siens à plusieurs reprises en miniatures, tableaux ou sculptures. Une statue de Madame jouant avec un dauphin se trouve ainsi dans les appartements de son père, qui y tient suffisamment pour la faire refaire après qu'elle a été cassée par accident[42]. Il ne faut cependant pas exagérer cette attention pour la petite enfance. La réaction de Madame Elisabeth à la mort de la plus jeune de ses nièces est passablement détachée :

> Tes parents t'auront mandé que Sophie est morte le lendemain que je t'ai écrit. La pauvre petite avait mille raisons pour mourir, et rien n'aurait pu la sauver. Je trouve que c'est une consolation. Ma nièce a été charmante : elle a montré une sensibilité extraordinaire pour son âge et qui était bien naturelle. Sa pauvre petite sœur est bien heureuse : elle a échappé à tous les périls. Ma paresse se serait bien trouvée de partager, plus jeune, son sort. Pour m'en consoler, je l'ai bien soignée, espérant qu'elle prierait pour moi. J'y compte beaucoup. Si tu savais comme elle était jolie en mourant ! C'est incroyable. La veille encore elle était blanche et couleur de rose, point amaigrie, enfin charmante. Si tu l'avais vue, tu t'y serais attachée. Pour moi, quoique je l'aie peu connue, j'ai été vraiment fâchée, et je suis presque attendrie lorsque j'y pense[43].

La perte d'un enfant en très bas âge – Sophie n'avait pas un an – n'est pas encore ressentie comme une déchirure profonde au sein de la famille. Néanmoins, le statut de l'enfant a changé, incontestablement. Les manifestations d'affection entre parents et enfants aussi.

L'affection de la reine pour ses enfants la pousse à prendre en main leur éducation. Dès qu'elle est enceinte, c'est un projet bien établi dans son esprit puisqu'elle décide Louis XVI à la consulter pour nommer le gouverneur du Dauphin[44]. Pourtant, elle ne met pas immédiatement ses projets à exécution, gênée semble-t-il par la gouvernante des Enfants de France, la princesse de Guéménée. Cette dernière défend avec âpreté les prérogatives de sa charge et, manifestement, malgré son intimité avec elle, la reine ne peut obtenir gain de cause. Rien n'est donc modifié jusqu'à la démission forcée de Mme de Guéménée en 1782. Marie-Antoinette en profite pour s'occuper enfin directement sinon de tous ses enfants, du moins de sa fille. La prise de fonctions de Mme de Polignac coïncide en effet avec le changement d'appartements de Marie-Thérèse, qui permet à la reine d'être près de celle-ci presque toute la journée. Cette habitude perdure une fois la princesse de retour dans l'aile du Midi. La reine continue à s'occuper de Marie-Thérèse, suivant ses leçons et n'hésitant pas à sévir quand la princesse se montre insolente. Finalement, plus qu'aucune autre reine avant elle, elle éduque vraiment sa fille. Cela ne va pas sans dérouter le personnel de la Maison de Madame, qui n'est pas habitué à de telles méthodes. Mme de Mackau trouve que la reine gâte trop l'enfant et que celle-ci en profite. Elle préférerait que Marie-Antoinette s'en occupe moins pour que les gens de la Maison soient plus libres d'agir comme bon leur semble. C'est d'ailleurs avec une répugnance extrême que la baronne accepte de se charger plus particulièrement de la princesse[45].

Cette ingérence de Marie-Antoinette dans la Maison des Enfants de France se limite significativement à sa fille : le Dauphin devant régner un jour, il est laissé aux éducateurs habituels. Ce qui ne veut d'ailleurs pas dire que la reine ne se préoccupe pas de lui. Mais elle ne se l'accapare pas comme elle le fait de Marie-Thérèse-Charlotte, incluant cette dernière dans son existence privée, où elle abandonne son rôle de reine. D'une certaine façon, elle soustrait sa fille au politique. Démarche tout à fait ambiguë puisqu'elle est par essence difficilement réalisable. De la même façon que Marie-Antoinette demeure archiduchesse d'Autriche et reine de France, son aînée reste Fille de France, et l'éducation qu'elle reçoit, toute maternelle qu'elle soit, n'efface pas cette réalité. D'où la tension que l'on rencontre, précisément, quand il est question de la place publique à attribuer à Marie-Thérèse.

Le peu de goût de Marie-Antoinette – et aussi de Louis XVI – pour l'étiquette est un leitmotiv de l'historiographie, mais on ne s'est guère interrogé sur la manière dont les souverains ont procédé pour réduire le cérémonial ou sur la portée qu'ils accordaient à de telles réformes. Les changements de cérémonial opérés chez les Enfants de France permettent de saisir les enjeux de telles décisions. Les Enfants de France sont normalement soumis à une vie publique contraignante dès leur naissance. Ils reçoivent les hommages, voire les sollicitations des visiteurs et dînent en public. Les représentants des différentes institutions du royaume viennent les visiter à chaque occasion solennelle. Dans un premier temps, à la naissance de Madame, tout semble se dérouler selon les habitudes des règnes précédents. Ainsi, le lendemain de la naissance de la princesse, « les ambassadeurs et toute la Cour ont été voir l'enfant royal[46] ». Néanmoins, quelques jours plus tard, Marie-Antoinette explique à l'ambassadeur de sa mère qu'elle a décidé de supprimer les visites et discours officiels pour sa fille. Mercy-Argenteau rapporte ensuite à Marie-Thérèse que « le projet de la reine n'est pas un retranchement absolu des étiquettes, mais seulement de les borner de manière à supprimer une mollesse nuisible, une affluence inutile de gens de service, et toute image propre à faire naître des sentiments d'orgueil[47] ». Il ne s'agit donc pas d'un caprice mais bien d'un plan à la fois pratique et pédagogique pour faciliter l'éducation de Madame.

Il semble pourtant que l'ambassadeur d'Autriche se soit un peu avancé car il n'y a pas eu de réforme à proprement parler. La résistance de Mme de Guéménée était trop forte et ni le roi ni la reine n'ont voulu s'y opposer frontalement[48]. Ils prennent donc leurs décisions au coup par coup. La première à expérimenter cette méthode aurait été la vicomtesse de Périgord le jour de sa présentation à la Cour.

> Celle-ci ne fut pas conduite au berceau de l'enfant suivant l'ordre donné : mais comme ce n'était pas en forme de loi générale, elle fut conduite à l'ordinaire aux enfants de M. le comte d'Artois, et le mardi suivant les ambassadeurs allèrent en corps au berceau de l'enfant du roi, contre l'avis de l'ambassadeur de Vienne, auquel seul la reine avait signifié son intention[49].

Par la suite, c'est toujours un ordre de la reine à la gouvernante qui décide qui doit rendre visite à sa fille. Au mois de janvier 1780, le corps de ville de Paris se rend auprès de la princesse, ce qu'il n'avait pas fait l'année précédente. En revanche, les années suivantes plusieurs billets de Marie-Antoinette à la princesse de Guéménée lui précisent de regarder comme reçus un certain nombre d'hommages à sa fille. En 1783 encore, quand le nonce apporte les langes bénits au Dauphin, la reine dispense Mme de Polignac de se rendre auprès de sa fille et interdit la porte de cette dernière[50].

Les réformes de la Maison de la princesse sont elles aussi soumises aux volontés sporadiques de la reine. En 1783, quand celle-ci change sa fille d'appartements, elle la confie à Mmes d'Aumale et de Villefort, sous-gouvernantes des Enfants de France, puis à sa première femme de chambre, Mme Brunier, à qui elle donne toute latitude pour l'éduquer. Cet arrangement crée un véritable scandale, parce qu'il bouleverse la hiérarchie en vigueur. De fait, les sous-gouvernantes, Mmes d'Aumale et de Villefort, voient leurs charges privées de tout contenu. La première, comme le souhaitait la reine, démissionne, la seconde, qui a trop besoin de ses revenus, reste, mais sans conserver aucun pouvoir réel[51]. Peu de temps après, la reine décide de renvoyer sept des huit femmes de chambre de Madame. Cela crée à la Cour un nouveau scandale que raconte le gendre de Mme de Mackau, le marquis de Bombelles :

> Ce renvoi fait beaucoup de sensation. Comme on ne reproche rien aux personnes renvoyées, chacun dans cet ordre tremble d'éprouver le même sort ; la reine dit que sa fille était trop vaine d'avoir autant de femmes à ses

ordres. Il est sûr que le nombre en était excessif ainsi que dans toutes les Maisons de nos princesses, mais une réforme partielle, qui ne sera pas de durée, qui ne paraît dictée que par un caprice, déplaît généralement ; au point que l'on dit que la reine ne s'y est déterminée que pour ôter à Madame, fille du roi, toutes celles de ses femmes qui lui plaisaient, afin de réunir en faveur de la mère toutes les affections de l'enfant. Ce n'est pas par une démarche aussi sévère qu'on commande au sentiment[52].

Le marquis de Bombelles souligne ainsi toute la vanité des efforts de Marie-Antoinette. Que ce soit sur le cérémonial ou à l'intérieur de la Maison, les réformes ne sont pas faites avec suffisamment de suite pour durer. La maladresse avec laquelle la reine les entreprend lui aliène jusqu'à ses courtisans, qui se sentent menacés dans leurs emplois. En outre, ses motifs ne sont pas clairs. Assurément, la reine est consciente de la distance qui doit séparer une princesse de ses sujets et elle n'entend pas la réduire. Quant à la volonté affichée de brider l'orgueil de sa fille, elle est en grande partie un prétexte. Marie-Antoinette veut avant tout s'affranchir de contraintes qu'elle juge superflues. Faute de réflexion réelle sur le sujet, les tentatives de réforme sont donc un échec. Pour ce qui est du service, après 1783, tout semble reprendre normalement. Quant au cérémonial, il reste soumis aux caprices de la reine, avec, généralement, l'accord tacite du roi.

Si l'on sait que Marie-Antoinette a fortement influencé l'entourage et l'éducation de sa fille, on connaît finalement assez peu de chose du contenu de cette éducation. La formation de la princesse semble avoir été solide et diversifiée, au regard de ce qui était habituel chez les filles à la fin du XVIIIe siècle. Elle pratique les arts de société avec un maître de dessin, un maître de danse, un maître de clavecin et un de forte-piano, nouveauté sans doute due à Marie-Antoinette qui appréciait tout particulièrement la musique. Mais sa formation est loin de s'y limiter. On sait qu'elle apprend l'italien, ce qui est relativement courant chez les princesses françaises – ce fut le cas de ses tantes –, et l'anglais, sans doute sous l'influence de Louis XVI qui en était féru. Mlle Edes est nommée tout spécialement pour les leçons d'anglais de la princesse, leçons qui lui seront profitables puisqu'on la verra apprécier pendant son exil les livres de Fanny Burney. La liste des maîtres des Enfants de France compte un maître de physique et un maître de mathématiques. Habituellement, les femmes ne reçoivent pas d'enseignement dans ces matières, sauf l'arithmétique de base. Le maître de mathématiques, Guillaume Le Blond, spécialisé dans les mathématiques appliquées à l'art militaire, lui servait probablement d'instituteur « généraliste », comme il l'avait déjà fait pour son père.

La littérature et les belles-lettres forment le gros de sa formation intellectuelle. Un manuscrit de la Bibliothèque nationale permet de se faire une idée, même fort imprécise, de ce que l'on s'efforçait d'inculquer à la princesse[53]. Il est intitulé « Fruit des lectures de Madame de France » et contient une série de commentaires, tirés des lectures de la princesse, sur des notions classées par ordre alphabétique. Un tel document pose de nombreux problèmes puisqu'on ne sait pas précisément de quand il date, ni sous la conduite de qui il a été écrit, ni, plus généralement, comment l'exercice était proposé.

Etait-ce un simple recopiage ou une réflexion « personnelle » de la princesse ? Ce manuscrit nous apprend cependant que les auteurs les plus lus par Marie-Thérèse sont Charles Duclos, La Rochefoucauld, Montaigne, La Fontaine, Jean-Baptiste Rousseau, le père Brunoy, La Bruyère. Philosophes et scientifiques ne sont pas complètement oubliés. Sont cités Newton, Descartes, Montesquieu, Voltaire ou les philosophes de l'Antiquité, le tout n'étant probablement pas de première main. L'accent est donc mis sur la morale. Ce qui ne saurait étonner dans une éducation princière. La naissance implique la vertu, le contrôle de soi et le savoir-vivre en société. La princesse doit être un modèle pour tous et édifier le royaume par sa conduite. Cet aspect n'est pas neuf et fait partie, *mutatis mutandis,* de la base de l'éducation royale depuis la fin du Moyen Age. Il faut d'ailleurs souligner qu'elle est loin d'être exclusivement féminine, et Louis XVI n'a pas eu des lectures fort différentes de celles de sa fille, même si elles étaient plus complètes[54]. Ce moralisme est teinté d'un certain stoïcisme, sans doute hérité de Montaigne. On trouve par exemple les lignes suivantes sous le terme « Désespoir » :

> Le désespoir est une marque de faiblesse. L'homme doit s'attendre à tout, supporter patiemment les maux qui lui arrivent et qu'il ne peut éviter, et chercher les moyens de s'en délivrer ; il n'en est pas d'irréparables.

Ce stoïcisme chrétien qui prône la soumission à la Providence au cours des épreuves les plus difficiles a sans aucun doute fortement imprégné la princesse, si l'on considère la résistance peu commune qu'elle montre au cours de son emprisonnement au Temple.

Il faut d'ailleurs noter que si l'éducation de Madame telle qu'elle transparaît dans ce manuscrit est une éducation morale, les allusions à la religion en tant que telle sont peu nombreuses. Le déisme et l'athéisme sont voués aux gémonies, le clergé doit être respecté mais on ne trouve guère de considérations précises sur ce thème. De la même façon, il n'y a pas grand-chose sur la politique ou le gouvernement. Si l'autorité du roi est absolue, le souverain œuvre pour le bien public et ne doit pas se passer des conseils des hommes éclairés. Rien ici de particulièrement original : c'est l'idée que l'on se fait depuis longtemps du bon gouvernement monarchique. Les préceptes recueillis par la princesse sont attendus ; ils constituent une somme de maximes assez superficielles, une sorte de vade-mecum dont le socle est la morale chrétienne, essentielle pour remplir ses futurs devoirs d'épouse et de mère de princes catholiques.

Cet ensemble théorique connaît des applications pratiques souvent dirigées par la reine elle-même. Une princesse se doit d'être charitable, selon le modèle traditionnel de princesse chrétienne. Contrairement à ce qu'affirme l'historiographie royaliste du XIXe siècle, ni Louis XVI ni Marie-Antoinette n'étaient particulièrement généreux. La charité faisait simplement partie de leurs devoirs de princes chrétiens[55]. Marie-Thérèse reçoit pour sa part 300 livres tournois par mois et la plus grosse partie de cette somme passe en aumônes diverses. Elle a des pauvres attitrés auxquels elle donne régulièrement et d'autres qu'on lui recommande. Elle donne aussi dans la rue, au cours de ses promenades, ou à des établissements religieux, en particulier aux sœurs de la Charité de Fontainebleau[56]. Si l'on en croit

Mme Campan – mais elle est spécialiste en pieuses légendes –, la reine aurait eu recours de temps à autre à des méthodes plus spectaculaires pour inculquer la générosité aux jeunes princes : elle aurait ainsi fait venir des jouets de Paris, au moment des étrennes, pour ensuite expliquer à ses enfants que l'argent qu'elle aurait employé à les leur acheter serait utilisé pour les pauvres qui subissaient les rigueurs de l'hiver[57].

Il est possible que la reine ait veillé à ce que ses enfants soient charitables. Il est en tout cas certain qu'elle a voulu leur donner la mesure de leur rang tout en les préservant de l'orgueil. Là encore, rien de nouveau. Selon la vulgate pédagogique princière, l'orgueil est en effet le principal écueil que rencontrent les princes et contre lequel il faut les prémunir. Pour diminuer celui de sa fille, nous l'avons vu, la reine n'hésite pas à réduire le personnel de sa maison en 1783. En 1789 encore, elle supprime les services du page, de l'écuyer et du portemanteau de la princesse nouvellement nommés parce que cette dernière a donné des signes d'impatience à leur égard[58]. Reprenant des méthodes employées précédemment par les gouvernantes des Enfants de France pour éduquer les princes au caractère difficile, elle lui donne une compagne de jeu d'extraction modeste, Ernestine Lambriquet, fille d'une de ses femmes de chambre, pour lui apprendre la patience et l'humilité.

Après la formation intellectuelle et morale, l'éducation de Marie-Thérèse doit enfin lui apprendre à se conduire en public. Cet apprentissage n'est vraisemblablement pas codifié et s'effectue sous la conduite de la sous-gouvernante qui enseigne à la princesse la manière de se tenir face à ses visiteurs. La baronne d'Oberkirch, qui connaît bien Mme de Mackau, a ainsi l'occasion de voir la princesse à plusieurs reprises. La première fois, Madame est âgée de trois ans et demi et elle la reçoit, sa gouvernante à ses côtés.

> Elle me regarda avec attention, demanda mon nom ; lorsqu'on le lui eut dit :
>
> — Vous êtes donc allemande, madame ? dit-elle.
>
> — Non, Madame, je suis française, alsacienne.
>
> — Ah ! Tant mieux ! Car je ne voudrais pas aimer des étrangères.
>
> Cela n'est-il pas charmant à cet âge[59] ?

Cela montre surtout qu'à trois ans et demi, Madame, fille du roi, est déjà habituée à répondre aux compliments qu'on lui fait et qu'il n'y a probablement de spontané que le ton sur lequel la phrase est prononcée. La fois suivante, la spontanéité est effacée, et c'est à une leçon de morale qu'assiste la baronne, leçon donnée à ses dépens. Nous sommes en mars 1786, la princesse a alors un peu plus de sept ans :

> En voyant cette princesse si grandie et si embellie, je l'ai trouvée charmante, et, accoutumée que je suis à la liberté des cours d'Allemagne, je n'ai pas pu m'empêcher de le dire. Cette liberté déplut à Madame Royale, et je le vis à l'instant sur son visage. Son regard si fier s'anima, ses traits se contractèrent, et elle me répliqua sans hésitation :
>
> — Je suis charmée, madame la baronne, que vous me trouviez ainsi ; mais je suis étonnée de vous l'entendre dire.
>
> Je restai toute interdite, et j'allais me confondre en excuses lorsque Mme de Mackau m'arrêta, et reprit avec un grand sang-froid :

— Ne vous excusez pas, madame, Madame Royale est Fille de France, et elle ne fera jamais passer le bonheur d'être aimée après les exigences de l'étiquette.

Aussitôt, Madame Royale se tourna vers moi, et de l'air le plus digne, en même temps que le meilleur, elle me tendit sa petite main, que je baisai. Ensuite, elle me fit une révérence profonde et sérieuse, et se retira de la manière la plus gracieuse et la plus polie[60].

L'épisode est intéressant à plusieurs égards. On y retrouve le sens de la repartie de la princesse, l'habitude qu'elle a de répondre aux compliments qu'on lui fait. Mais doublé cette fois de la conscience très aiguë de son rang et de ce qui lui est dû ; on aperçoit bien là les traces de « l'orgueil » que sa mère cherche à réprimer. La réponse de la gouvernante n'est pas moins intéressante. Elle la rappelle à la juste mesure de son rang et de ses devoirs. Le lien entre les souverains et leurs sujets est réciproque et une Fille de France doit savoir plaire et se faire aimer pour pouvoir exiger le respect qui lui est dû. Cela fait une fois de plus partie de l'éducation princière traditionnelle, puisque dès la Renaissance on exigeait des princesses une attitude aimable et complaisante qui, en les faisant aimer, permettait de leur gagner influence et respect[61]. Les formes ont changé plus que le fond.

L'enfance de Marie-Thérèse à Versailles s'est donc déroulée selon des traditions monarchiques à peine modifiées par des parents perméables aux idées de bonheur personnel et d'épanouissement développées au cours de la période. Eduquée à l'écart de son peuple, au plus près du pouvoir royal, rien ne la préparait aux changements brutaux que les événements de 1789 allaient faire advenir.

Le retour forcé aux Tuileries

La guerre d'Indépendance américaine a creusé le déficit de l'Etat. Louis XVI a tenté de réformer la monarchie pendant des années sans jamais y parvenir, bloqué par les manœuvres des parlements et par ses propres hésitations. Dès 1787, l'Etat est au bord de la banqueroute. A cela viennent s'ajouter de mauvaises récoltes successives en 1787 et 1788. Les émeutes se multiplient dans les campagnes et dans les villes où le chômage augmente. Acculé, Louis XVI, sous la pression de l'opinion, convoque les états généraux, assemblée des députés des trois ordres du royaume (noblesse, clergé, tiers état) ; rassemblés en cas de crise, ils permettent en principe au roi d'obtenir le soutien de l'ensemble du royaume à sa politique. Ils n'ont qu'un rôle consultatif mais les souverains ont toujours répugné à les réunir, y voyant une possible limitation de leur pouvoir, surtout en matière fiscale. Les états généraux qui s'ouvrent le 5 mai 1789 à Versailles sont les premiers tenus depuis 1614. Louis XVI a déjà fait une entorse à la tradition en acceptant que le nombre de représentants du tiers soit doublé, autrement dit égal au nombre de représentants de la noblesse et du clergé réunis. Mais les membres du tiers état veulent aller plus loin et réclament de pouvoir voter par tête et non par ordre, condition indispensable pour que leurs voix pèsent réellement dans les décisions. Or, le roi ne se prononce pas sur la question. Le tiers état cherche alors à se réunir aux autres ordres et finit par se proclamer Assemblée nationale le 17 juin 1789. C'est un bouleversement politique considérable : désormais, la nation est souveraine et peut prendre son destin en main.

Si la réponse royale tarde, c'est que Louis XVI a alors d'autres préoccupations. Le Dauphin est en effet mort le 4 juin. La famille royale s'est réfugiée alors à Marly et se mure dans son deuil. Louis XVI, peu prompt à la décision, peut-être dépressif depuis quelque temps, est tiraillé entre les conseils de son contrôleur général des Finances, Necker, enclin à la négociation avec le tiers, et ceux de sa femme, du comte d'Artois et des Polignac, qui veulent réaffirmer le pouvoir royal. Ce sont ces derniers qui ont finalement gain de cause. Le 23 juin, Louis XVI organise une séance qui maintient la distinction entre les trois ordres et réaffirme la souveraineté royale tout en instaurant l'égalité de tous face à l'impôt et le vote de celui-ci par des assemblées élues. Ces promesses sont très en deçà des attentes du tiers état. La déclaration du 23 juin est fondamentale car elle est la référence politique du courant le plus conservateur de la Contre-Révolution, celui qui regroupe ceux que l'historiographie appelle trop rapidement les « absolutistes ». Cependant, dans l'immédiat, cette séance se révèle un échec politique. Le tiers ne plie pas et Louis XVI est obligé d'accepter l'existence d'une assemblée nationale constituante qui doit doter le royaume d'une Constitution écrite[62].

Marie-Thérèse, alors âgée seulement de dix ans, a-t-elle compris quelque chose à ces événements ? Sans doute pas. Comme le reste de sa famille, elle a été bouleversée par la mort de son frère Louis-Joseph et ne perçoit les remous politiques que dans la mesure où ils touchent son entourage direct. Ainsi, au mois de juillet, elle assiste au départ de son oncle, le comte d'Artois, de ses cousins et de sa gouvernante, la duchesse de Polignac, qui quittent la France par peur des représailles populaires. Une nouvelle gouvernante, la marquise de Tourzel, est donc nommée. Madame Royale y gagne une compagne, Pauline, la fille de la marquise avec laquelle elle sympathise. Ce n'est qu'au début de l'automne qu'elle se trouve confrontée directement à la Révolution.

La situation politique de Louis XVI se détériore en effet à la fin de l'été. Son refus de sanctionner les décrets de la nuit du 4 août, au cours de laquelle tout le système féodal a été aboli, ainsi que la Déclaration des droits de l'homme et du citoyen suscite le mécontentement de la gauche de l'Assemblée, les patriotes, et d'une grande partie de l'opinion parisienne désireuse de réformes. L'arrivée à Versailles du régiment de Flandres fait encore monter la pression d'un cran. Un banquet est donné en son honneur par les gardes du corps, chargés de la protection de la famille royale, le 1er octobre. Le roi et la reine y paraissent et y sont acclamés. A Paris, on murmure que la cocarde tricolore aurait été foulée aux pieds à cette occasion. Les meneurs radicaux attisent la colère à l'égard du roi avec d'autant plus de facilité qu'à la fin de l'été la disette commence à sévir dans la capitale. Leur but est simple : ramener le roi à Paris où il sera directement soumis à la pression populaire.

Le 5 octobre 1789, des Parisiennes se rassemblent place de Grève pour réclamer du pain. Elles pénètrent dans l'Hôtel de Ville, font sonner le tocsin, mais n'obtiennent pas satisfaction. Elles décident alors de marcher sur Versailles pour réclamer au roi du pain puis, les mots d'ordre se politisant, la ratification des décrets du mois d'août. La manifestation, d'abord spontanée, est vite récupérée par les meneurs populaires. Le cortège, au départ quasi exclusivement féminin, est suivi, après quelques heures, par la garde nationale et une troupe improvisée ; il arrive à Versailles dans l'après-midi.

Le 5 octobre est un premier tournant dans l'histoire de Marie-Thérèse. Significativement, le *Journal* qu'elle écrira dix ans plus tard, alors qu'elle est exilée, commence sur cette journée dont la violence l'a manifestement marquée. Pourtant, dans un premier temps, l'émeute semble s'apaiser. Le roi, rentré précipitamment de Meudon, où il était en train de chasser, reçoit une délégation de femmes auxquelles il promet de remédier à la disette et de ratifier les décrets. Cela paraît calmer les esprits. L'arrivée de la garde nationale, son commandant, le marquis de La Fayette, en tête, laisse penser que la sécurité du palais est assurée. Il n'en est pourtant rien. A l'aube du 6 octobre, le château est pris d'assaut, sans que l'on sache exactement ce qui a causé ce renversement de situation.

Marie-Thérèse, qui était retournée depuis quelques semaines dans son ancien appartement sur la cour de Marbre, est réveillée par le bruit des émeutiers forçant les portes de l'appartement de sa mère, situé, on s'en souvient, juste au-dessus du sien. Marie-Antoinette, après s'être assurée que Louis XVI et le Dauphin n'ont rien, va chercher sa fille. A huit heure du matin, toute la famille royale, à peine vêtue, se trouve dans la grande chambre du roi, entendant le grondement de la foule située juste en-dessous. La Fayette les rejoint et conseille au roi de partir pour Paris. Il harangue la foule depuis le balcon de la cour de Marbre, assure de la bonne volonté du roi qui paraît avec lui. Les émeutiers réclament alors la reine, particulièrement impopulaire.

Marie-Antoinette se présente d'abord avec le Dauphin puis, face à une foule qui hurle « point d'enfants », seule, persuadée, selon sa fille, de se faire tuer. Le calme apparent de la reine semble apaiser la foule. Les membres de la famille royale retournent dans leurs appartements pour se préparer, évitant soigneusement les pièces où reposent les cadavres sanglants des gardes du corps massacrés. A une heure de l'après-midi, ils partent pour Paris, escortés par la garde nationale et les émeutiers qui tiennent au bout de piques les têtes des gardes du corps tués pendant l'assaut[63].

Pour Marie-Thérèse et les siens, les journées d'Octobre sont un premier traumatisme : ils ont échappé de peu à la mort. Le chemin jusqu'à Paris se fait sous le signe de la peur et de l'humiliation. Jamais la famille royale n'oubliera la violence qui lui a été faite. Elle en gardera une rancune tenace à l'égard de La Fayette, accusé de n'avoir été que le pantin de la foule, et du duc d'Orléans, qu'elle soupçonne, à tort, d'être l'instigateur de ce 6 octobre, ainsi qu'une méfiance aiguë envers le peuple parisien. La violence de ces journées est la première cause de l'échec de la monarchie constitutionnelle. Louis XVI considérera toujours que la Constitution lui a été imposée par la force. Le ver est dans le fruit.

Dès leur arrivée à Paris, les princes s'installent aux Tuileries. Le château, abandonné par la Cour depuis la fin de l'enfance de Louis XV, avait été en partie divisé en appartements pour divers particuliers. Rien n'est donc prêt pour recevoir la famille royale. Dans un premier temps, elle se loge comme elle peut, la reine gardant ses enfants auprès d'elle. Puis, peu à peu, les souverains organisent leur nouveau palais. Ils s'installent dans le corps principal du bâtiment, entre les pavillons de Flore et Bullant, reprenant les appartements de Louis XIV et d'Anne et Marie-Thérèse d'Autriche. Marie-Antoinette utilisait déjà une partie de ces appartements lors de ses séjours à Paris mais il fallut remettre à neuf tous les autres. Marie-Thérèse a ainsi changé de logement au cours de son séjour aux Tuileries, occupant d'abord l'entresol au-dessus des appartements du roi puis, en 1791, après des travaux, s'installant au premier étage, côté jardin, dans l'enfilade des appartements privés du roi. Elle dispose d'une chambre et d'une salle d'étude. Cette organisation permet aux souverains d'être plus près de leurs enfants qu'à Versailles, où ils ne résidaient pas dans la même aile, et facilite une intimité familiale à laquelle ils aspiraient depuis longtemps[64].

Aux Tuileries, l'étiquette est maintenue et la vie de cour aussi mais sur un pied plus modeste. La nouvelle Constitution supprime le ministère de la Maison du Roi et accorde au souverain une liste civile de 25 millions de livres, gérée par un intendant, Arnaud de La Porte, sous la direction personnelle de Louis XVI. Un unique bureau général s'occupe de toutes les finances de la Maison, tant civile que militaire. La Maison de la Reine et celles de ses enfants dépendent désormais de la Maison du Roi. Le personnel de la Maison des Enfants de France est réduit, considérablement semble-t-il, puisque ne sont mentionnés dans le règlement que deux sous-gouvernantes, une première femme de chambre, quatre femmes de chambre et quatre officiers. L'organisation générale de la Maison est simplifiée ; le rôle de la gouvernante diminue, même si elle continue à diriger le service ; les dépenses sont contrôlées plus sévèrement[65]...

Par ailleurs, le mode de représentation de la monarchie change considérablement : la distance entre le roi et ses sujets se réduit. Dans les premières semaines surtout, les Parisiens envahissent les jardins des Tuileries pour voir la famille royale qui ne peut se promener sans être accostée par la foule. Certaines femmes vont jusqu'à sauter dans les appartements de Madame Elisabeth[66]. Ce nouveau rapport entre le roi et ses sujets se traduit dans les cérémonies publiques. Le changement d'ordre politique entraîne en effet la création de festivités inédites. Marie-Thérèse assiste à ces cérémonies comme elle le faisait aux anciennes. Elle se trouve chaque année dans la tribune de la famille royale lors de la fête de la Fédération qui célèbre l'union des Français et du roi, le 14 juillet, et assiste à la présentation des vœux de l'Assemblée nationale au roi, au mois de janvier 1790[67]. Elle demeure donc un personnage officiel dont la vie est dédiée à une représentation quasi permanente. Mais on ne vient plus la haranguer comme auparavant et sa présence est plus discrète : avec la mise en place de la monarchie constitutionnelle, le statut de la princesse a changé.

La fille du roi des Français

Les lois constitutionnelles mises au point entre l'automne 1789 et la proclamation de la Constitution, le 3 septembre 1791, transforment en profondeur la royauté française et cette brève expérience inspirera les monarchies du XIXe siècle. Marie-Thérèse-Charlotte est, au même titre que le reste de sa famille, concernée par le processus.

Dans une monarchie dont le roi est désormais soumis à la Nation et à la Loi, même si le principe héréditaire est maintenu, le rôle des princesses, qui tirait sa substance de l'essence dynastique de la royauté, est nécessairement amoindri. En réalité, il est pratiquement réduit à néant. La Constitution exclut tout d'abord formellement toute participation des femmes au pouvoir. La loi salique est implicitement reformulée, sans que cela suscite aucun débat. Les femmes sont également exclues de la régence, au profit du « parent du roi le plus proche en degré, suivant l'ordre de l'hérédité au trône[68] ». Seule la garde de l'enfant est confiée à la mère, et à la mère seule. La Constitution écarte donc tout exercice féminin du pouvoir. De manière plus générale, les femmes perdent toute prérogative princière. Le principe dynastique subsiste dans la Constitution mais diverses mesures prouvent que seuls les hommes comptent dans la « race régnante », autrement dit ceux qui sont susceptibles de gouverner un jour. Cela apparaît en premier lieu au moment des débats sur la liste civile, durant l'été 1790, puis, à la fin de l'automne, lors de ceux sur l'apanage des princes. Les princesses n'ont droit à rien et sont même écartées de tout héritage. Elles dépendent exclusivement de la liste civile versée au roi – seuls les hommes bénéficient d'une rente en argent distincte de la liste civile. Considérées comme des poids morts pour l'Etat, nul ne voit de raison de subvenir à leur entretien particulier qui doit dépendre de leur père, puis de leur mari, à titre privé. Le changement de titulature de la famille royale qui accompagne la Constitution ne leur est pas favorable non plus. La reine n'est plus que l'épouse du roi. Madame n'est plus rien du tout. Le titre de « prince français » est réservé aux hommes qui pourraient recueillir la succession. Ils sont les seuls dont l'état civil doit être déposé au corps législatif. Toute autre titulature est abolie par la Constitution, et « la dénomination de prince ne pourra être donnée à aucun autre individu ».

Cet ensemble de dispositions maintient, certes, dans les grandes lignes, le principe dynastique mais lui ôte tout caractère sacré : le sang royal n'a plus de valeur intrinsèque. Seul le roi compte, et encore n'est-il plus souverain. Son pouvoir est désormais limité et sa personne n'est « inviolable et sacrée » que pour assurer le bon fonctionnement de la Constitution. Le reste de sa famille n'est pris en considération qu'en fonction de sa capacité à lui succéder au trône, d'où l'éviction des femmes, qui « ne sont rien dans l'Etat ».

Madame n'est donc plus que Marie-Thérèse-Charlotte, fille du roi des Français. Cela signifie que, légalement, elle est une citoyenne comme les autres. Son lignage ne signifie plus rien et toute manifestation des anciennes pratiques est dûment notée et commentée :

> On a été étonné que cette princesse eût fait sa première communion un jour avant les jeunes filles de la paroisse Saint-Germain-l'Auxerrois. Pourquoi, en effet, ne pas la lui faire faire avec ces jeunes filles ? En présence de Dieu, à la table sainte, la fille d'un roi n'est pas au-dessus de la fille d'un simple citoyen ; et jamais occasion ne fut plus propre de donner à cette jeune princesse une idée de l'égalité entre les hommes[69].

La princesse n'exerçant pas de fonction officielle, rien ne doit donc la distinguer des autres jeunes filles de son âge, ou plutôt, fille de roi, elle doit montrer l'exemple et ne pas oublier que sa naissance ne la distingue plus du reste de l'humanité. Car c'est là que le bât blesse. Certes, la princesse n'est, sur le plan juridique, qu'une citoyenne comme les autres, mais, fille d'un roi et d'une reine toujours tenus en suspicion, élevée dans des principes qui n'ont rien à voir avec ceux de la nouvelle Constitution, il est difficile de la traiter tout à fait comme une citoyenne ordinaire. Tous ses gestes sont nécessairement surveillés car ils pourraient être porteurs d'un message contre-révolutionnaire.

Le problème se révèle dans toute son étendue à la fin de l'hiver 1791, quand les filles de Louis XV, Mesdames Adélaïde et Victoire, choisissent d'aller faire leurs Pâques à Rome, bien décidées à en profiter pour fuir définitivement le royaume. Arrêtées en chemin, alors qu'elles étaient parties avec l'autorisation du roi seul, la question se pose de savoir qu'en faire. Les laisser passer, en simples particulières, ou considérer que, comme membres de la maison régnante, elles ne peuvent se déplacer ? Après maintes discussions, elles sont laissées libres de leurs mouvements. Mais, à la suite de cet incident, est votée la loi qui empêche le roi, sa femme et son fils de sortir du royaume sans décret de l'Assemblée nationale. Cette mesure ne concerne finalement pas les autres membres de la famille royale car, selon le rapporteur de la loi, Le Chapelier, cela reviendrait à faire de celle-ci « une famille privilégiée jusqu'à son dernier rejeton et qui, pouvant s'accroître à l'infini par les ramifications diverses, menacerait l'égalité politique, sauvegarde de la liberté et base de la Constitution[70] ». On retrouve là le principe qui régit toutes les autres mesures concernant la famille royale : un principe héréditaire, certes, mais limité à ceux qui peuvent hériter de la Couronne. Pourtant, à chaque fois, les débats soulignent la profonde ambiguïté de cette conception. Bien que les femmes de la famille royale n'aient aucune prérogative dans la nouvelle royauté issue de la constitution de 1791, elles sont toujours soupçonnées d'exercer une influence en raison des liens qui les unissent au souverain et leur sort ne peut que très difficilement être séparé du sien. Elles apparaissent indissolublement liées au pouvoir, alors même qu'elles en sont explicitement exclues.

Varennes

Louis XVI et Marie-Antoinette, dont l'ascendant sur son mari n'a jamais été aussi fort, ne supportent plus leur situation. En apparence, ils semblent se plier aux règles du nouveau régime, alors qu'en réalité ils préparent la riposte. Ils entretiennent une correspondance avec des conseillers occultes tels le baron de Breteuil ou le comte de Fersen, amant supposé de la reine, et avec des souverains étrangers, essentiellement le frère de Marie-Antoinette, l'empereur Léopold. Ni le roi ni la reine, même si celle-ci est sans doute plus autoritaire que son époux, ne veulent à proprement parler un retour à l'Ancien Régime, tous deux conscients que le système monarchique hérité de Louis XIV ne fonctionne plus. Cependant, ils refusent le transfert de la souveraineté du roi à la nation et la complète laïcisation du pouvoir politique et de la société. Ce qui révulse le plus Louis XVI, c'est la Constitution civile du clergé, qui fait des prêtres des fonctionnaires du régime élus par les citoyens. Il considère qu'elle remet en cause les fondements d'une Eglise jusqu'alors toujours étroitement liée au pouvoir royal. La déclaration du 23 juin apparaît comme la base de son programme politique[71].

Mais pour arriver à imposer leurs vues, le roi et la reine considèrent qu'ils doivent au préalable quitter Paris et la pression populaire. Ils pensent qu'une fois en province, appuyés par des troupes fidèles, ils pourront retrouver leur liberté d'action et dicter leurs volontés à l'Assemblée. Dès le premier hiver aux Tuileries, le couple royal et son entourage planifient ce qu'ils regardent comme une évasion. Plusieurs projets sont élaborés, repoussés, revus. La journée du 18 avril 1791 précipite les choses. Le roi souhaite se rendre à Saint-Cloud pour faire ses Pâques avec un prêtre de son choix, loin de la pression parisienne. Alors que la voiture de la famille royale s'apprête à franchir la grille des Tuileries, la foule l'empêche de passer, malgré les objurgations de La Fayette. La situation apparaît alors comme véritablement insupportable. L'évasion est fixée définitivement pour le 20 juin. La famille royale doit partir dans une seule berline avec la gouvernante des Enfants de France ; Monsieur et Madame partent au même moment de leur côté.

Dans l'après-midi de ce jour-là, Marie-Antoinette prend sa fille à part et lui dit de ne s'étonner de rien de ce qui va se passer dans la soirée. L'enfant acquiesce, vaguement inquiète. Sa sous-gouvernante, Mme de Mackau, était partie à la campagne à l'invitation de sa mère, sa compagne Ernestine Lambriquet également. Le reste de son personnel avait été congédié à l'exception de sa première femme de chambre, Mme Brunier, en laquelle la reine avait toute confiance. Le soir, peu de temps après avoir été se coucher, la reine descend réveiller Marie-Thérèse, ordonne à Mme Brunier de l'habiller pour le voyage et de la descendre chez son frère que l'on déguise en petite fille. On leur explique alors le rôle qu'ils doivent jouer : ils sont Amélie et Aglaé, les filles de la baronne de Korff, noble russe qu'incarne Mme de Tourzel. Leur mère joue le rôle de leur gouvernante, leur père celui du valet Durand, leur tante, Madame Elisabeth, figure Rosalie la dame de compagnie de Mme de Korff. La reine les accompagne ensuite jusqu'à une voiture stationnée près du palais. Il est alors environ vingt-deux heures trente. Là, les enfants attendent pendant une heure et demie que leurs parents et leur tante les rejoignent. Le fiacre, conduit par Axel de Fersen, emmène la famille royale jusqu'à une grosse berline de voyage qui les attend aux portes de la ville. Fersen descend et laisse la famille royale aux mains de trois gardes du corps. Les passagers ont déjà pris du retard. Sur le chemin, ils en prennent davantage encore. Louis XVI, rassuré par l'attitude respectueuse des gens qui le croisent et le reconnaissent, ne fait rien pour accélérer la course. Mais ce retard est lourd de conséquence. Pour assurer le succès de sa fuite, le roi avait prévu des relais avec des troupes qui devaient escorter sa famille à partir de Pont-de-Somme-Vesle. Or, non seulement les capitaines de détachement se demandent si la famille royale est bien partie, mais leur présence inhabituelle alerte les populations. Résultat : les comtes de Choiseul et de Damas finissent par délaisser leurs postes, de crainte d'une émeute[72].

A Sainte-Ménehould, le maître de poste, Jean-Baptiste Drouet, soupçonne la berline de transporter le roi et prévient la municipalité. Il est chargé de la poursuivre et la rattrape à Varennes, où il réveille les autorités – il est alors vingt-trois heures. La municipalité fait arrêter la berline pour contrôler les passeports et, devant l'insistance de Drouet, le maire, M. Sauce, demande à la famille de passer la nuit chez lui, le temps d'éclaircir la situation. S'ensuit une scène tragi-comique au cours de laquelle Mme de Tourzel, la reine et Madame Elisabeth – ces dernières oubliant totalement leur rang supposé – cherchent à obtenir qu'on les laisse repartir tandis que le roi reste silencieux, se dissimulant dans l'ombre, non loin d'un portrait officiel qui le dénonce aussi sûrement que la démarche de Drouet. Finalement, tout le monde l'ayant reconnu, le roi jette le masque et révèle son identité. Les réactions des personnes présentes sont alors mêlées : à la fois respectueuses et inquiètes. On ne veut pas de mal au roi, loin s'en faut, mais on comprend mal les raisons pour lesquelles il a voulu partir et rompre avec l'Assemblée. La municipalité de Varennes envoie donc un courrier à cette dernière pour expliquer que le roi a été rattrapé. A quatre heures du matin, deux envoyés de l'Assemblée arrivent avec un décret ordonnant le retour du roi à Paris « avec tous les égards dus à la Majesté royale ».

Le retour est éprouvant. A Varennes, les gens des alentours, les gardes nationales locales se sont rassemblés autour du souverain et lui font cortège. Après un arrêt à Sainte-Ménehould, un gentilhomme venu le saluer, M. de Dampierre, est massacré par des membres de « l'escorte », qui s'empressent aussitôt de montrer son cadavre au roi. Ce n'est qu'arrivés à Châlons, à onze heures du soir le 22 juin, que les ex-fuyards peuvent se reposer et quitter leurs déguisements. Tout au long du chemin, la foule se montre hostile. A

Epernay, la famille royale doit traverser à pied une foule réclamant sa mort assemblée dans la cour de l'hôtel où elle logeait. Marie-Thérèse écrira plus tard : « De tous les moments affreux que j'ai vus depuis, ce fut un de ceux qui me frappa le plus et dont l'horrible impression me restera toujours[73]. » C'est au moment de partir d'Epernay que les trois représentants dépêchés par l'Assemblée arrivent : Jérôme Pétion, Latour-Maubourg et Antoine Barnave. Tous sont des patriotes, chargés de ramener le souverain sain et sauf. Ils prennent place, malgré elle, dans la voiture de la famille royale. Les enfants se retrouvent sur les genoux de leur mère et de leur tante pour faire de la place à ces importuns auxquels la reine et Madame Elisabeth essaient de faire comprendre leur point de vue. Tentative qui n'est pas tout à fait vaine puisque, peu après, Barnave deviendra le conseiller occulte de la famille royale. Si la présence des trois hommes n'empêche pas les clameurs de la foule, elle garantit en tout cas contre les représailles. Le massacre des trois gardes du corps ayant accompagné les souverains dans leur fuite est évité grâce à eux.

La famille royale est accueillie à Paris dans un silence de plomb. L'Assemblée nationale avait en effet fait placarder des affiches interdisant tout cri et toute acclamation. Les princes sont reconduits aux Tuileries. Madame Elisabeth et Marie-Thérèse sont libres de leurs mouvements puisqu'elles ne sont rien dans l'ordre constitutionnel. Cet épisode a révélé le double jeu du couple royal. Cependant, la majorité de l'Assemblée nationale n'est pas prête à se passer d'un roi et ne souhaite pas remettre en cause la Constitution monarchique qui fait l'objet de ses travaux depuis deux ans. Les patriotes inventent alors une version de l'événement que personne ne croira vraiment mais qui sera considérée comme officielle : le roi a été trompé par son entourage et, face à l'affection des Français, a fini par se rendre compte de ses erreurs. De cette manière, Louis XVI conserve son trône et, le 14 septembre 1791, il prête serment à la Constitution. L'Assemblée constituante est dissoute et laisse place à une assemblée élue au suffrage censitaire par la partie la plus riche de la population : l'Assemblée législative[74].

La chute de la monarchie

Varennes a des effets extrêmement nuisibles sur l'image de la famille royale dans l'opinion. Contrairement à son épouse, Louis XVI était populaire. Or, sa fuite révèle que ce souverain paternel et débonnaire est parjure. Les critiques à son encontre se multiplient ; la tendance républicaine, jusque-là relativement discrète, se renforce. Le 17 juillet, à l'instigation du club populaire des Cordeliers, une pétition de 6 000 signatures réclamant la déchéance du roi est déposée sur un autel au centre du Champs-de-Mars. L'Assemblée législative ordonne à la garde nationale, dirigée par le marquis de La Fayette, de disperser la foule. La manifestation pacifique est écrasée très brutalement. Cela n'améliore guère l'image du souverain auprès des plus démocrates. Estampes et pamphlets prolifèrent qui le montrent, au mieux comme un benêt manipulé par sa femme, au pire comme un cochon sauvage, animal cruel et dangereux qu'il faut abattre[75]. Toute la famille royale est victime de ce type d'attaque, les enfants compris. Marie-Thérèse est ainsi représentée en cochon, comme ses parents, dans *La Famille des cochons ramenée à l'étable*. On lui prête généralement les mêmes défauts qu'à sa mère, ce qui est une manière de souligner sa possible bâtardise. Ainsi, dans la *Description de la ménagerie royale d'animaux vivants*, Marie-Thérèse est comparée à une araignée du Cap-Français qui « suce le sang des esclaves[76] », allusion à sa cruauté et à son avidité. Le journal démocrate *Les Révolutions de Paris* en fait une petite sotte qui s'amuse de la défaite de la Révolution, une « bégueule », ou encore une bigote étroite d'esprit[77]. Même si l'écho de ces charges est loin d'être universel, leur multiplication indique le désamour d'une partie de l'opinion.

Pour y faire face, les partisans de la Constitution cherchent à construire une image chaleureuse de la famille royale. Louis XVI est alors vivement encouragé à se montrer aux Parisiens avec les siens tant par les nouvelles institutions, comme la municipalité de la ville, que par ses conseillers patriotes comme Barnave. Au cours du mois de septembre 1791, ils apparaissent ainsi à l'Opéra, où Marie-Thérèse découvre avec émerveillement le genre avec une œuvre bien oubliée aujourd'hui, *Œdipe et Psychée*. Par la suite, elle se rend avec ses parents au Théâtre de la Nation et aux Italiens[78].

Si cette stratégie de reconquête des Français est loin d'être un échec complet, elle demeure insuffisante. Louis XVI ne parvient pas à faire taire les critiques et ne renonce pas complètement à imposer ses propres vues à l'Assemblée. Au mois d'avril 1792, d'accord avec les Girondins, il déclare la guerre à l'Autriche, espérant une série de défaites françaises qui obligerait l'Assemblée à s'en remettre à lui tandis que les Girondins souhaitent précisément de la guerre qu'elle permette de démasquer les véritables intentions du roi. Au printemps 1792, la tension entre la Législative et celui-ci est à son comble. La conduite de la guerre et la Constitution civile du clergé sont les principales pierres d'achoppement. Louis XVI refuse, d'une part, la condamnation des prêtres réfractaires qui n'ont pas prêté le serment exigé d'eux par leur nouveau statut et, d'autre part, la venue de gardes nationales des départements (les fédérés) pour défendre la capitale. Dans les deux cas, il utilise son droit de veto, au grand mécontentement des démocrates. Enfin, lassé de ses ministres girondins d'inclination républicaine, il en choisit de plus modérés, mais qui n'ont plus la majorité à l'Assemblée.

La colère populaire, soigneusement manipulée par les Girondins et le maire de Paris, Jérôme Pétion, éclate. Le 20 juin, un arbre de la Liberté devait être planté dans le jardin des Tuileries. Les sans-culottes étant venus nombreux et armés, Louis XVI en fait fermer les grilles pour éviter tout dérapage mais des représentants de l'Assemblée les font rouvrir et la foule envahit les Tuileries où elle reste pendant plusieurs heures à proférer contre le roi des injures parfois transcrites sur des pancartes. Non contents de cette démonstration de force, certains, vers quinze heures trente, forcent les portes du château. La famille royale est alors séparée. Louis XVI et Madame Elisabeth se rendent au-devant de la foule, tandis que la reine et les enfants ne parviennent pas à les rejoindre. Tous doivent assister au défilé du peuple. Marie-Thérèse est aux côtés de sa mère, coincée derrière une table sur laquelle se trouve son frère, forcé de coiffer le bonnet phrygien. Elle-même, à son grand scandale, doit porter la cocarde tricolore. A huit heures du soir, la foule finit par se retirer[79].

Le roi refusant de céder, la journée aboutit à un échec et à une situation complexe. Les Girondins oscillent entre rapprochement avec la Cour et fermeté vis-à-vis du roi et, si les départements protestent contre la journée du 20 juin, le mouvement populaire parisien demande de plus en plus vivement la déchéance du monarque. Le manifeste du duc de Brunswick, général en chef des troupes prussiennes, met le feu aux poudres. Connu à Paris le 1er août, il menace la capitale de « subversion totale » en cas « d'outrage » à la famille royale. L'insurrection des sections – assemblées des circonscriptions électorales parisiennes – contre Louis XVI se prépare alors pratiquement au grand jour, tandis que les Tuileries organisent leur défense et que la Législative demeure hésitante[80].

En fait, le roi n'assistera pas aux combats. Le matin du 10 août, alors que le peuple et les fédérés approchent du château, Pierre-Louis Roederer, procureur-syndic du département, de sympathies girondines, prend les devants et suggère à Louis XVI et Marie-Antoinette de venir se réfugier dans l'Assemblée, expliquant aux souverains qu'en restant aux Tuileries ils mettent en danger leur vie et celle de leurs enfants. Présent depuis la veille au château, Roederer est régulièrement informé des progrès de l'insurrection et s'inquiète des conséquences que pourrait avoir un affrontement entre les défenseurs des Tuileries et le peuple insurgé, tant pour la famille royale que pour l'Assemblée[81]. La solution qu'il propose, assez représentative de l'attitude prudente d'une grande partie de l'Assemblée législative, permet de temporiser.

Au moment où Roederer intervient auprès de Louis XVI, les députés commencent à discuter de la protection à lui accorder ou non. La décision n'a pas été prise quand la famille royale se présente aux portes du Manège. On accepte de l'accueillir sans trop de problème dans un premier temps mais, bien vite, des députés font remarquer que l'Assemblée ne peut délibérer en présence du roi. Celui-ci est donc relégué avec sa femme, sa sœur et ses enfants dans la loge du logotachygraphe, où se tient habituellement le transcripteur des débats[82]. Le soir, le monarque et sa famille sont logés juste à côté de l'Assemblée, dans des cellules du couvent des Feuillants, avec quelques-uns de leurs serviteurs.

La Législative s'est engagée à protéger le roi, mais cela ne préjuge pas de son sort. Même si Louis XVI s'est présenté de son plein gré à l'Assemblée, il est prisonnier de fait. Il ne peut plus retourner aux Tuileries, saccagées par la foule ; les Suisses ont été massacrés, les nobles venus le défendre sont arrêtés ou se terrent dans Paris. Louis XVI n'a plus aucun moyen de faire valoir son autorité. La Législative, modérée et majoritairement monarchiste, par raison, sinon par passion, ne sait que faire de lui[83]. Les Girondins qui la dominent, s'ils sont peu enthousiasmés par la royauté, sont effrayés par la radicalisation du mouvement populaire. Une commission, dite des Douze, est désignée pour faire face à la situation. Elle rend son rapport, par la bouche de Vergniaud, un des meneurs girondins, en début d'après-midi et propose un décret en douze articles.

Art. 1er : Le peuple français est invité à former une Convention nationale : la commission extraordinaire présentera demain un projet pour indiquer le mode et l'époque de cette Convention.

Art. 2 : Le chef du pouvoir exécutif est provisoirement suspendu de ses fonctions, jusqu'à ce que la Convention nationale ait prononcé sur les mesures qu'elle croira devoir adopter pour assurer la souveraineté du peuple et le règne de la liberté et de l'égalité. [...]

[...]

Art. 7 : Le roi et sa famille demeureront dans l'enceinte du corps législatif jusqu'à ce que le calme soit rétabli dans Paris.

Art. 8 : Le département donnera des ordres pour leur faire préparer, dans le jour, un logement au Luxembourg, où ils seront mis sous la garde des citoyens et de la loi[84].

Le décret est adopté dans son intégralité. S'il est peu favorable à Louis XVI, il ne dit rien du régime : la monarchie n'est pas mise en cause en tant que telle. L'Assemblée suspend certes le roi mais elle décide de nommer un gouverneur pour l'héritier du trône. Le décret réserve l'avenir et prévoit une éventuelle régence : on n'envisage pas d'en finir définitivement avec la royauté à ce moment-là. Il n'est pas même question d'emprisonner le roi : le mot n'est pas prononcé, même si, de toute évidence, Louis XVI n'est plus libre de ses mouvements. En fait, le décret se rapproche de ce qui a été prévu après le retour de Varennes, quand la famille royale avait été gardée à vue aux Tuileries.

Les membres de la nouvelle Commune de Paris sont moins hésitants que les députés et viennent demander à l'Assemblée que le souverain « soit mis en état d'arrestation », considérant qu'il en va et de la sûreté du roi, et du salut public. Vergniaud leur rétorque que la Convention a pris sa décision : le roi sera transféré au Luxembourg. Le décret voté par les députés est maintenu mais la Commune n'entend pas en rester là. Née le matin même du comité insurrectionnel formé le 9 août, composée de représentants des sections de la capitale, elle est le principal moteur de l'insurrection. Elle veut en tirer tous les fruits et, en particulier, répondre aux aspirations démocratiques de ses membres en faisant instaurer une république. Commence alors un bras de fer entre les deux pouvoirs autour du sort de la famille royale.

Toujours le 10 août, un orateur de la section des Quatre-Nations fait remarquer à l'Assemblée que le Luxembourg possède des souterrains qui devraient permettre aux princes de s'échapper. Nul ne tient compte de cette remarque. Le lendemain, 11 août, une nouvelle députation de la Commune se présente à la barre avec un arrêté du Conseil général, instance dirigeante de la Commune, qui, pour la première fois, exprime clairement ses intentions : conduire Louis XVI et les siens au Temple[85].

> Le Conseil général, convaincu des obstacles et des difficultés qui se présentent pour le séjour du roi et de la famille royale au Luxembourg, où il serait difficile de surveiller soigneusement le dépôt précieux confié à sa garde, arrête que l'Assemblée sera priée de revenir sur le décret relatif à la résidence du roi au Luxembourg et d'ordonner que la garde de ce dépôt sera confiée aux gardes des sections armées sous les ordres du commandant de la garde nationale.
>
> Le Conseil général affectera tout particulièrement à cette garde deux de ses membres qui répondront de la

personne du roi, de la reine et de la famille royale ; et attendu que la maison du Temple, étant dans un lieu éloigné, est contiguë à un jardin, il décide que le roi et sa famille pourront s'y promener pourvu que le séjour de la personne du roi, la reine et la dynastie royale y soient conduits sous bonne et sûre garde *[sic]*[86].

Le Conseil général de la Commune refuse tout simplement de respecter le décret de la Convention. Le manque de sécurité du Luxembourg n'est qu'un prétexte. En réalité, la Commune refuse cette résidence parce que, précisément, le Luxembourg n'est pas une prison. Or, ne pas emprisonner le roi, c'est préserver les chances d'une monarchie dont les démocrates parisiens ne veulent plus. Les envoyés de la Commune essuient un nouvel échec puisque l'arrêté est renvoyé à une commission extraordinaire.

Le dernier acte a lieu le lendemain : des « citoyens » viennent demander l'emprisonnement du roi, sans plus de succès que les précédents. Néanmoins, la commission des Douze propose un compromis en remplaçant le Luxembourg par le ministère de la Justice, ce qui est aussitôt décrété mais ne satisfait pas les revendications populaires. En outre, le souverain n'est toujours pas officiellement emprisonné. On lui donne « une garde qui [...] veillera à sa sûreté et répondra de la personne du roi et de sa famille[87] ». De la même façon, on contrôle les entrées au ministère de la Justice, « pour éviter tous les événements qui pourraient porter atteinte à la sûreté du roi et de sa famille ». Mais le sort de celle-ci n'est toujours pas clairement tranché.

C'est dans la soirée que tout se décide : l'intervention de Pierre-Louis Manuel, réclamant l'application de l'arrêté de la Commune, vient à bout des réticences de l'Assemblée qui cède au nouveau pouvoir[88]. Le roi et sa famille sont confiés à la Commune qui doit leur fournir « un logement », et cette fois, même si le terme d'« emprisonnement » n'est pas employé, nul n'est dupe : ils sont captifs. Après trois jours de débat, le sort du monarque est scellé. L'équilibre des forces était trop défavorable à une Assemblée qui n'avait pas nécessairement envie de s'encombrer d'un roi au comportement suspect depuis Varennes. Louis XVI est abandonné avant tout en raison de la conjoncture politique.

2

L'enfermement au Temple

Le 13 nous n'allâmes point à l'Assemblée. Vers les neuf heures de l'après-midi *[sic]*, Pétion et Manuel vinrent prendre mon père et l'on nous fit monter tous dans une voiture à huit places, où ils se placèrent avec nous, le chapeau sur la tête et criant vive la nation. Nous traversâmes les rues qui conduisaient au Temple, au milieu de périls continuels et accablés d'injures ; nos conducteurs même craignaient beaucoup pour mon père, ils ne voulurent point que la voiture s'arrêtât nulle part, et cependant ce ne fut qu'après deux heures de temps que nous arrivâmes au Temple, à travers une foule immense. Chemin faisant, on avait la cruauté de faire remarquer à mes parents les traits qui pouvaient les affliger ; toutes les statues des rois de France étaient renversées, même celle d'Henri IV, devant laquelle la populace fit arrêter le cortège, pour nous la faire considérer à terre. Nous n'observâmes d'ailleurs en chemin aucunes *[sic]* âmes sensibles touchées de notre état, tant on avait inspiré d'effroi à ceux qui pensaient bien encore. Cependant, au milieu de tant d'objets qui auraient pu abattre l'âme la plus forte, mon père et ma mère conservèrent toujours la tranquillité et le courage que la bonne conscience seule peut inspirer[1].

Marie-Thérèse dépeint le transport de sa famille au Temple le 13 août 1792 comme un douloureux chemin de croix. Rien n'y manque : attitude hostile de la population, stations humiliantes, résignation des victimes et, au bout du compte, une mort quasi certaine. L'emprisonnement de la famille royale est un sacrilège aux yeux de la princesse et de bon nombre de royalistes. En se révoltant contre leur souverain, c'est contre l'ordre établi par Dieu lui-même que les Français se soulèvent. Les républicains, sans naturellement souscrire à cette analyse, n'en ont pas moins conscience de l'extrême gravité de leur geste et du fait que la République, proclamée le 21 septembre 1792, sera jugée selon la manière dont elle traitera les prisonniers. Tous les partis ont en tête l'unique et sinistre précédent du roi Charles Ier d'Angleterre, jugé par le Parlement, condamné et décapité en 1649. Quand les portes du Temple se referment sur Louis XVI et les siens, nul ne sait quel va être leur sort, mais toutes les craintes sont permises. Marie-Thérèse sera finalement la seule à en sortir vivante, trois ans et demi plus tard.

L'invention d'une prison

Initialement, ce qu'on appelait le Temple était un ensemble de bâtiments enfermés dans une muraille qui comportait un donjon médiéval, une tour du XVIe siècle et un palais du XVIIe siècle récemment rénové. Le donjon était le vestige de la puissance de l'ordre des Templiers. Au XIIe siècle, ces derniers avaient obtenu des terrains alors marécageux sur la rive droite de la Seine. Ils avaient enclos et assaini leur propriété et, au début du XIIIe siècle, leur trésorier, frère Hubert, avait fait construire un château, véritable forteresse dont le donjon seul subsistait au XVIIIe siècle. La grande tour servait de salle du trésor et d'arsenal à l'ordre, tandis que les tourelles qui l'entouraient étaient utilisées comme prisons. Après la dissolution de l'ordre, le domaine du Temple passa, avec le reste de son héritage, aux Hospitaliers puis à leurs successeurs, les chevaliers de l'ordre de Malte. Au cours du XVIe siècle, on accola au donjon une petite tour qui finit par abriter les archives de l'ordre, et au XVIIe siècle, non loin de la tour, Mansart construisit un palais pour le grand prieur. Enfin, au milieu du XVIIIe siècle, le prince de Conti, nouveau grand prieur, en fit sa demeure principale et entreprit des travaux de rénovation et d'embellissement. Aux abords de cet ensemble de bâtiments, le quartier du Temple, appelé l'enclos du Temple, était demeuré jusqu'au XVIIIe siècle un lacis de ruelles médiévales enserrées dans une enceinte dont on fermait les portes tous les soirs et soumis à un règlement particulier édicté par le grand prieur. Vers 1780, l'enclos commença à changer d'aspect. Une partie en fut vendue, rénovée, et l'on dégagea les alentours du Temple, devant lequel l'architecte Perrard de Montreuil construisit une rotonde où se trouvaient des commerces et des habitations[2]. On ne sait pas pourquoi la Commune a choisi cet endroit comme lieu d'incarcération pour la famille royale, mais elle n'attend même pas l'accord de la Convention pour l'aménager dans ce but.

Le Conseil général de la Commune envoie l'architecte Palloy sur place dès le 11 août. On souhaite installer le roi dans les tours du Temple, et non dans le palais attenant, et Palloy doit dresser un état des lieux. La grande tour étant inhabitable, les prisonniers sont provisoirement logés dans la petite tour dont on expulse l'archiviste de l'ordre de Malte, Jean-Albert Barthélémy.

Les travaux destinés à rendre la tour principale vivable et à en sécuriser les abords commencent aussitôt. On consolide d'abord simplement les murs et grilles existants, qui en ont fort besoin. Il existe ainsi une brèche dans la grille du jardin auprès de laquelle s'amassent de nombreux curieux et que les commissaires, représentants du Conseil général de la Commune, s'empressent de faire murer. Il semble qu'on ait également doublé la hauteur de l'enceinte. Un premier projet prévoit même une tranchée tout autour du donjon. On commence à la creuser mais, tant pour des raisons financières que de salubrité, on finit par l'abandonner. A l'intérieur des tours on installe portes, guichets et verrous à chaque étage. La dénonciation d'attroupements, de chants et de cris de « vive le roi » aux abords du Temple à la fin du mois de septembre entraîne en outre l'installation d'abat-jour sur les fenêtres. Au début du mois d'octobre 1792 les ouvertures donnant sur la rue sont également bouchées, probablement pour les mêmes raisons[3]. Le but de ces travaux est d'isoler les détenus autant que faire se peut. Il ne s'agit pas tant de les empêcher de voir ou de communiquer avec l'extérieur que d'être vus et pris en pitié.

Ces précautions ne sont pas inutiles. Des badauds se rendent du côté du Temple pour entrapercevoir la famille royale et cherchent à pénétrer dans l'enceinte. Parmi eux se trouvent incontestablement des royalistes. Lors d'une réunion du Conseil général de la Commune, un membre signale qu'on a trouvé l'inscription : « Ma vie est à mon roi » quelque part dans les bâtiments. Avec un peu d'adresse, il n'est donc pas particulièrement difficile de s'y introduire. Le personnel communal se fait parfois complice des intrus. L'architecte Palloy a ainsi fourni à plusieurs personnes, probablement contre finance, des cartes permettant d'y entrer. Il se fait rappeler à l'ordre et le conseil du Temple décide de changer le système et de le rendre plus strict. Il retire de la circulation les cartes signées Palloy et leur en substitue de deux sortes, les unes destinées aux ouvriers chargés des travaux et au personnel du Temple, les autres aux commissaires de la Commune. Les modèles desdites cartes sont désormais affichés dans les guérites pour que les sentinelles ne commettent pas d'erreur. C'est peine perdue. Au mois d'octobre, un domestique de la famille de Caumont s'introduit dans les jardins du Temple grâce à un faux. Quelques jours plus tard, ce sont trois gendarmes qui pénètrent dans l'enclos alors que les sentinelles contrôlaient les cartes des ouvriers. Chaque fois, le conseil responsable du Temple relâche ces visiteurs indésirables, considérant qu'il y a là plus de curiosité qu'autre chose, mais ces événements confortent les gardiens de la famille royale dans l'idée qu'il faut la surveiller de près[4].

Peu à peu, le service de surveillance s'organise. Le 17 août est créé un comité du Temple, émanation du Conseil général de la Commune qui s'occupe directement des prisonniers, sous la tutelle plus ou moins lointaine de la Convention. Ce comité est chargé de l'entretien, de l'approvisionnement et des mesures générales de surveillance du Temple. A partir du mois de décembre, il siège en permanence au rez-de-chaussée de la grande tour. Il est d'abord composé de quatre personnes tirées au sort parmi les membres du Conseil général, puis de huit quelques jours plus tard, et renouvelé par moitié toutes les vingt-quatre heures. Parmi les membres du comité du Temple, deux, puis quatre sont affectés à la garde directe des prisonniers, les autres siègent simplement. Deux commissaires gardent le roi, deux autres s'occupent du reste de la famille. Les premiers ne peuvent communiquer avec les seconds et, après le 20 août, aucun n'a le droit de se rendre seul auprès des captifs. Le comité tient un registre d'activité et conserve les clés des guichets et des portes extérieures des appartements. A cette surveillance municipale s'ajoute la garde armée qui patrouille à l'extérieur et à l'intérieur de l'enceinte. Elle emploie au total 280 hommes de la garde nationale dont une cinquantaine, provenant de deux bataillons de deux sections différentes, commis à la garde intérieure[5].

Des mesures supplémentaires sont décidées au début du mois de décembre, peu de temps après l'élection de la nouvelle Commune qui a, semble-t-il, voulu faire preuve de son zèle révolutionnaire. Deux arrêtés successifs, pris les 6 et 9 décembre, visent à renforcer la sécurité au Temple. Les commissaires de garde doivent goûter les aliments, examiner tout ce qui rentre dans la tour, passer la nuit à la porte des prisonniers et tenir soigneusement le registre de tout ce qui est fait au Temple. En outre, les objets tranchants sont ôtés à la famille royale comme « aux autres prisonniers présumés criminels », mais aussi à tous ceux qui les servent. Les deux « guichetiers » sont remplacés par un concierge et un porte-clés consignés au Temple[6].

Le système de surveillance est ainsi extrêmement contraignant pour les prisonniers, certes, mais aussi pour leurs gardiens. La Commune semble craindre la corruption : l'alternance continuelle du personnel, l'encouragement à la délation doivent garantir le patriotisme des municipaux. Quelques commissaires sont dénoncés devant le Conseil général de la Commune pour des comportements suspects. Un municipal aurait rattaché un bouton de culotte de Louis XVI, un autre se serait découvert en présence des femmes de la famille royale[7]. Ces actes sporadiques, parfois exagérés par les délateurs, ne sont pas nécessairement signes d'une trahison. Mais certains municipaux passent effectivement au service de la famille royale. François-Adrien Toulan est l'un des plus actifs d'entre eux. Il prépare plusieurs plans d'évasion des prisonniers, ce qui finit par le conduire à la guillotine au mois de juin 1794, après une traque de plusieurs mois[8]. Les mesures prises par la Commune ne sont donc pas fondées sur un quelconque fantasme de persécution mais reposent sur des risques bien réels. Par ailleurs, le Conseil général est soumis à de fortes pressions extérieures. L'inquiétude sur le sort des prisonniers est récurrente dans le public. Le 17 novembre 1792, un certain Menin propose à la Convention d'interdire toute entrée et toute sortie du Temple pendant la nuit[9]. Le Conseil général de la Commune est ainsi obligé de composer sans cesse entre l'impératif de sûreté et certains égards envers la famille royale qu'il semble nécessaire à un grand nombre de ses membres de préserver.

Le Temple est une véritable administration qui compte plusieurs dizaines d'employés contraints de demeurer dans son enceinte. Quelques-uns résident dans la petite tour, auprès des prisonniers : les deux guichetiers chargés d'ouvrir et de fermer les portes, Cléry, valet de chambre du roi, et les époux Tison, qui assurent le service des princesses. Le reste du personnel est logé dans le palais. La plus grande partie des employés travaille en cuisine, les autres se partagent les tâches d'entretien et de surveillance. Mathey, concierge de l'« intérieur », siège avec le conseil du Temple dans la grosse tour à partir du mois de décembre et contrôle les allées et venues du personnel, aidé d'un porte-clés. Il a pour pendant Fontaine, concierge de « l'extérieur », qui tient son poste dans la petite tour et surveille l'intérieur de l'enceinte. Le frotteur Baron entretient l'intérieur du Temple. Mancel, Gourlet et Quesnel sont hommes à tout faire. Enfin, on y trouve un scieur de bois, une blanchisseuse, un perruquier[10].

Employant beaucoup de personnel pour peu de détenus, la prison engloutit des sommes fort importantes. La Législative a alloué 500 000 livres à la Commune pour les dépenses du Temple. Entre août et fin novembre 1792, 300 000 livres sont dépensées, dont 200 000 pour les seuls travaux[11]. L'entretien de la famille royale coûte cher – trop pour nombre de membres de la Commune. Des rapports réguliers sont faits sur les dépenses des prisonniers et soulèvent à chaque fois des protestations.

Cependant, cet important budget permet à la famille royale de bénéficier de conditions de détention correctes. Logés d'abord dans les appartements de l'archiviste de l'ordre de Malte, Louis XVI et les siens ont la jouissance de son mobilier et de son importante bibliothèque. Ils font en outre venir de la vaisselle – un service complet d'argenterie – et du linge du garde-meuble royal, devenu garde-meuble national. La petite tour compte quatre étages. Le roi est logé dans une chambre au troisième, avec un petit cabinet dans la tourelle où il fait ses dévotions. Le reste de la famille royale réside au-dessous. La reine loge dans la plus grande chambre, qui donne sur le jardin, avec le Dauphin. Marie-Thérèse occupe avec sa tante, Madame Elisabeth, une chambre séparée de celle de sa mère par une petite antichambre. La famille passe ordinairement la journée dans la chambre de la reine. Au premier étage se trouvent une salle à manger, la bibliothèque et une loge où s'installent à demeure les deux guichetiers qui surveillent le bâtiment[12].

Les travaux étant partiellement terminés, le roi est transféré dans la grande tour le 29 septembre 1792. Il est rejoint à peine un mois plus tard, le 26 octobre, par les autres captifs. Entre-temps, les municipaux ont autorisé la famille royale à prendre ses repas avec le roi. L'installation dans la grande tour permet aux princes de gagner de l'espace, mais elle est aussi l'occasion d'un renforcement de la surveillance. Au rez-de-chaussée siège le conseil du Temple, au premier étage veillent les gardes de service. Le deuxième abrite deux chambres, une pour le roi, qui garde alors le Dauphin auprès de lui, et l'autre pour Cléry, ainsi qu'une salle à manger séparée de l'antichambre par une cloison vitrée qui permet aux commissaires en poste de tout observer. Au troisième logent les princesses, chacune dans une chambre, la quatrième pièce étant réservée aux surveillants. L'ameublement, emprunté au palais du grand prieur, était confortable et de bonne qualité, les commissaires ayant simplement pris soin, au préalable, d'en faire disparaître tous les symboles qui pouvaient rappeler la royauté[13].

La table des souverains déchus est très convenablement approvisionnée. Un personnel nombreux, dont un certain nombre d'anciens officiers de la Cour, est à leur service en cuisine. Voici, par exemple, la manière dont s'organisait leur repas de midi :

> A dîner, le chef de cuisine fait servir trois potages et deux services consistant, les jours gras, en quatre entrées, deux plats de rôt, chacun de trois pièces, et quatre entremets. Les jours maigres, quatre entrées maigres, trois à quatre grasses, deux rôtis, et quatre à cinq entremets. Le chef d'office ajoute principalement pour le dessert une assiette de four, trois compotes, trois assiettes de fruits, trois pains de beurre, deux sucriers, un huilier, une bouteille de vin de champagne, un petit carafon de vin de Bordeaux, un petit carafon de vin de Malvoisie, de Madère, sept pains de table, quatre tasses de café, un pot de crème double et pour ceux qui dînent ensuite de la desserte, un pain de deux livres et deux bouteilles de vin de table[14].

Cette abondance, conforme à la table des élites de l'époque, est un des points les plus controversés au sein de la Commune. Certains considèrent que la Nation n'a pas à entretenir copieusement la table d'un traître. On propose, par exemple, au début du mois de décembre, de remplacer tout cela par un simple pot-au-feu et des côtelettes, ce qui diminuerait au moins les dépenses de bouche. La proposition est ajournée à quinze jours et le Conseil général délègue quatre personnes pour un nouveau contrôle des comptes de la maison du Temple, sans que cela change manifestement quoi que ce soit[15].

Par ailleurs, les prisonniers obtiennent de l'argent pour leurs dépenses personnelles. Après une visite des commissaires du Comité de sûreté générale, la famille royale demande et obtient une somme mensuelle de 2 000 livres. Les princes commandent ainsi des vêtements, puisqu'ils n'ont pu en faire venir des Tuileries, mais aussi une montre avec une chaîne en or pour la reine, des livres d'Eglise et des cosmétiques. C'est encore grâce à cet argent que la famille royale s'achète le nécessaire pour coudre, faire de la tapisserie ou se procure des jeux comme le trictrac, compagnons indispensables de journées longues et monotones[16].

L'une des principales préoccupations de la Commune est la santé des prisonniers : leurs bulletins sont publiés à la moindre alerte. Si le Conseil général refuse en principe à la famille royale de pouvoir consulter ses praticiens habituels, c'est en raison de leur statut de médecins de cour, suspect par essence. Néanmoins, ce principe est fréquemment contourné. Lors de sa maladie, au mois de novembre, le roi obtient de voir son médecin, Lemonnier, tout comme Marie-Antoinette obtient la présence de Brunier, médecin des Enfants de France, pour soigner sa fille au mois de janvier[17]. Plus que toute autre chose, la Commune craint le décès en prison d'un des membres de la famille royale, dont la responsabilité lui incomberait entièrement.

Pour entretenir la santé des prisonniers, les commissaires de la Commune les autorisent à sortir une fois par jour dans l'enceinte du Temple. Mais ces promenades sont un sujet d'inquiétude pour les municipaux car elles permettent des manifestations de sympathie envers la famille royale. Des commissaires proposent d'abattre la flèche du Temple pour que les promenades puissent avoir lieu en haut de la tour[18].

Enfin, le monarque déchu et les siens ont eu le droit de garder quelques personnes à leur service. Quand ils ont été conduits au Temple le 13 août, ils étaient accompagnés de Mme de Tourzel et de sa fille, de

Mme de Lamballe, de Hue, valet de chambre du Dauphin, de Mme Saint-Brice, femme de chambre du même prince, de Chamilly, premier valet de chambre du roi, de Mme Thibaut, femme de chambre de la reine, de Mme Navarre, femme de chambre de Madame Elisabeth, enfin de Mme Bazire, femme de chambre de Marie-Thérèse. Ce nombreux personnel ne reste que quelques jours. Tout le monde est arrêté et emprisonné le 18 août suivant, à l'exception de Hue, qui, grâce à ses relations, a pu rester au service de la famille royale. Il est rejoint le 26 août par Jean-Baptiste Cléry, lui aussi valet de chambre du Dauphin mais, tandis que Hue doit abandonner son poste au mois de septembre, Cléry obtient de rester et se retrouve bientôt chargé de toutes les commissions pour la famille royale. Le roi demande également, dès le 19 août, à avoir une ou deux personnes pour s'occuper du gros œuvre et des tâches ménagères. La Commune lui envoie M. et Mme Tison que Cléry accuse, sans doute à tort, d'être des espions du Conseil général[19].

Cléry délivre aux prisonniers, auxquels les journaux sont interdits, des nouvelles du dehors. Il est, comme tous les autres membres du service régulier de la famille royale, consigné au Temple, mais il réussit à obtenir que sa femme vienne lui rendre visite fréquemment pour lui apporter du linge et autres objets personnels. C'est par celle-ci qu'il se tient au courant des événements extérieurs. Mme Cléry va même jusqu'à employer quelqu'un pour crier les titres des journaux au pied du Temple. Un autre ancien serviteur de la Maison du Roi, Louis-François Turgy, employé lui aussi au Temple, l'aide dans cette tâche, puisqu'il a le droit de sortir pour approvisionner la cuisine de la prison. Une fois les informations obtenues, reste à les transmettre aux prisonniers à l'insu des commissaires. Cléry met au point diverses tactiques, dont l'une consiste à parler à l'un ou l'autre des membres de la famille royale pendant que les enfants jouent bruyamment à côté. Turgy fait passer des mots dans les carafes ou dans des pelotes de fil quand il monte apporter les repas et crée un code gestuel assez complexe pour faire passer les nouvelles. C'est généralement Madame Elisabeth qui est mise au courant en premier car elle est la moins surveillée[20]. Grâce à ces stratagèmes, la famille royale réussit à avoir connaissance des événements dans leurs grandes lignes, sans qu'il lui soit cependant possible d'influer sur le sort qui lui est réservé.

Logique d'un emprisonnement

Malgré sa radicalité, la Commune de Paris s'est montrée délibérément modérée dans sa manière de traiter les prisonniers. Ce choix obéit d'abord à une considération d'ordre politique. Louis XVI et sa famille sont les « otages du peuple français ». Le terme, à entendre au sens strict – l'otage est celui que l'on remet en garantie d'un traité –, apparaît dès le 10 août dans les déclarations de la Commune de Paris et est repris dans le procès-verbal de l'Assemblée du même jour. On ne précise pas de quoi ils sont censés répondre, mais le contexte de guerre et les origines de la reine le laissent clairement entendre : ils constituent une garantie à l'égard de la coalition, de l'Autriche en particulier. Cette rhétorique des otages répond probablement au manifeste de Brunswick, connu dans la capitale au début du mois d'août, qui menaçait Paris de destruction au cas où l'on toucherait à la famille royale. D'une certaine façon, la Commune et l'Assemblée législative prennent le général prussien au mot et inversent le rapport de force : la vie de la famille royale garantit la sûreté de la capitale et du territoire. Le discours de Merlin de Thionville sur l'arrivée des Autrichiens et des Prussiens près de sa ville d'origine donne lieu à un décret qui fait nommément de Louis XVI un otage[21].

Un otage n'a de valeur que s'il est bien traité et en bonne santé : on en a l'illustration au moment des journées de septembre 1792. Le 2 septembre, le tocsin sonne dans Paris et les prisons subissent l'assaut d'une foule à laquelle on a fait croire que les détenus préparaient un mouvement contre-révolutionnaire. C'est un massacre général, parfois précédé d'un simulacre de justice rendu par des tribunaux improvisés. Alors que les tueries battent leur plein, le 3 septembre au matin les commissaires de garde au Temple appellent le Conseil général de la Commune au secours afin de protéger leurs prisonniers. Dans le même temps, une délégation du Marais qui s'engage « à ne jamais porter atteinte aux précieux otages renfermés au Temple » est applaudie par le même Conseil général[22]. La famille royale se trouve ainsi protégée, mais uniquement parce qu'elle constitue un rempart contre les attaques étrangères.

Cette logique politique se double de la volonté d'illustrer les valeurs de la République naissante. Quand le procureur de la Commune du 10 août, Pierre-Louis Manuel, inspecte le Temple, le 7 octobre 1792, il donne une sorte de leçon de civisme à Louis XVI, lui vantant les victoires de la République et les vertus de celle-ci, puis il termine sa visite en disant au roi « que l'intérêt public avait exigé que l'on prît des précautions sévères, mais que l'on n'oublierait jamais que les mesures de prudence ne sont point incompatibles avec les égards dus à un citoyen prisonnier[23] ». Pour la Commune de Paris, ce n'est pas l'humiliation du roi qui doit être exemplaire, mais l'humanité avec laquelle ses geôliers le traitent. La grandeur de la Révolution passe par le strict respect de la justice et de l'égalité, même à l'égard de l'ancien monarque et de sa famille. La Commune endosse donc le rôle de défenseur des valeurs de la nouvelle République. Une attitude non dépourvue d'arrière-pensées. La Commune est en effet en lutte permanente contre l'Assemblée nationale à laquelle elle doit rendre compte mais qu'elle juge le plus souvent trop tiède et qu'elle essaie, éventuellement par la menace, de gagner à son radicalisme. En devenant des parangons de vertu républicaine, ses membres défendent aussi leur propre réputation et leur droit à influer sur la direction du pays.

L'importance politique des prisonniers et la volonté de respecter à la lettre les valeurs de la République poussent dans un premier temps la Commune à faire preuve de la plus grande transparence sur le sujet. Des rapports concernant la famille royale sont ainsi fréquemment lus dans les séances du Conseil général, rapports dont des extraits paraissent ensuite dans les journaux. Lors du transfert de Louis XVI et des siens dans la grande tour du Temple, voici ce qu'on peut lire dans *Le Journal de Paris* :

> Madame Elisabeth, Marie-Antoinette et sa fille ont pris possession hier soir de leur nouvel appartement au

troisième étage de la grande tour, au-dessus de Louis XVI. Cet appartement est composé de quatre pièces très bien ornées, dont deux à cheminées, des poêles dans les deux autres. Le fils Capet couche dans la chambre de son père. On lisait sur une pendule de la chambre de Louis : Le Pautre, horloger du roi ; on a effacé le nom du roi et on y a substitué celui de République. La ci-devant famille royale descend de la tour à la garde montante et se promène dans le jardin[24].

Ces quelques lignes transmettent au public ce que la Commune veut faire savoir : la famille royale est bien gardée mais, dans le même temps, elle est convenablement traitée. La mention « d'appartement », l'insistance mise à décrire des « pièces bien ornées » ne sont pas des marques d'ironie mais des preuves de la générosité de la municipalité parisienne. Elle montre ainsi qu'elle remplit convenablement la tâche de surveillance qu'elle s'est attribuée. De manière plus pratique, ces informations permettent également de dissiper les rumeurs qui fleurissent régulièrement au sujet du Temple. Au début du mois de novembre, certains prétendent que le roi s'est enfui, ce qui entraîne une quasi-rébellion de la garde nationale de service contre son commandant général. A la fin du même mois, à la suite de la maladie du roi, c'est la nouvelle de la mort de Louis XVI qui se propage dans toute la ville[25].

Avec la mise en jugement du souverain déchu, les rapports tels qu'ils apparaissent dans les journaux, dont *Le Moniteur,* sont plus longs et plus circonstanciés, sans qu'il soit possible de déterminer à qui revient cette initiative. On trouve même quelques tableaux franchement sentimentaux qui tranchent avec la rhétorique sèche des rapports précédents. Dorat-Cubières, municipal de service le 21 décembre, dépeint ainsi le roi pleurant à l'idée de ne pouvoir se trouver auprès de sa fille pour ses quatorze ans[26]. Le propos devient en même temps plus ambigu. Si bien que plusieurs membres de la Commune protestent contre ces écrits qui risquent de susciter l'apitoiement sur le sort de la famille royale. A la fin du mois de décembre, il est donc décrété que les commissaires ne feront plus de rapports à ce sujet lors des séances du Conseil général[27]. Néanmoins, le jugement du roi pousse les journaux à parler encore du Temple mais, de manière générale, seuls les arrêtés de la Commune sont désormais publiés sur le sujet. La transparence et l'humanité ne sont pas récusées en tant que telles mais passent après les nécessités de la lutte contre les ennemis de la Révolution.

Dire que la Commune s'est montrée modérée dans ses mesures à l'égard de la famille royale ne signifie pas que cette dernière ait compris ou même ressenti cette attitude comme telle. Elle ne le pouvait tout simplement pas, puisque la logique en fonction de laquelle les révolutionnaires agissaient lui était étrangère. A lire les souvenirs de Marie-Thérèse ou ceux des serviteurs de la famille royale que sont Hue ou Cléry, la plupart des gardiens étaient des monstres. Le guichetier Rocher, employé en permanence au Temple jusqu'au changement de municipalité, est l'archétype de ces commissaires odieux. Comme il est logé près de la salle à manger de la petite tour jusqu'au déménagement de la famille royale, les princesses doivent passer devant lui chaque fois qu'elles vont se promener. Il se fait alors un malin plaisir de leur souffler la fumée de sa pipe en pleine figure. D'autres se permettent de s'immiscer dans la vie des prisonniers avec des manières auxquelles ceux-ci n'étaient certainement pas habitués. C'est le cas du médecin Leclerc qui estime que le Dauphin a de fort mauvaises lectures et essaie de contraindre la reine à lui en trouver d'autres. Cependant, Rocher est un personnage suffisamment contesté pour faire l'objet d'une enquête de la part du comité du Temple au mois d'octobre 1792 et Leclerc prendra l'initiative de fournir des médicaments à Marie-Thérèse, ce qui lui vaudra d'être sévèrement réprimandé par la Commune[28]. En fait les municipaux ne sont, le plus souvent, pas malintentionnés, mais d'une part ils apparaissent frustes à une famille royale habituée aux mœurs policées de la Cour, d'autre part ils reçoivent des consignes très sévères :

> Quelques jours après je fus envoyé au Temple pour y faire les quarante-huit heures de garde usités *[sic]*. L'on m'y donna mes instructions, qui consistaient à ne pas perdre de vue un moment les détenus que j'aurais à garder, à avoir toujours le chapeau sur la tête, à s'asseoir quand on le jugeait à propos, à ne leur parler que pour répondre à leurs demandes, à ne leur rien apprendre de tout ce qui se passait et à ne leur donner que le titre de *Monsieur* ou de *Madame*, mais de leur parler honnêtement, et à ne rien leur dire qui pût les offenser ou les inquiéter[29].

Les prisonniers doivent être traités poliment, mais dans les bornes d'une politesse entre égaux. Certains, néanmoins, outrepassent ces instructions en utilisant le terme de « citoyen » et le tutoiement, selon les normes de la sans-culotterie parisienne, manières qui se généraliseront au cours de l'année 1793. Cette familiarité, ajoutée à la désagréable promiscuité d'une garde à vue permanente, rend la prison très étouffante pour les membres de la famille royale, en particulier pour les princesses qui n'ont affaire qu'à des hommes. Cléry décrit ainsi un municipal insistant pour suivre la reine dans sa chambre au moment où elle veut se déshabiller[30]. La méfiance mutuelle, le dégoût sans doute aussi de la part des princes alourdissent l'atmosphère dans une prison qui, le temps passant, semble devoir rester pour un long moment leur demeure.

L'impression de persécution est renforcée par la marche des événements politiques. La Convention, réunie depuis le 20 septembre 1792, doit décider du sort du roi. Après un long débat, les députés décident de mettre Louis XVI en jugement. Sa première audition a lieu le 11 décembre. Entre cette date et le 20 janvier, veille de son exécution, Louis XVI est totalement isolé du reste de sa famille qui ignore tout du déroulement de son procès. Le 20 janvier, le roi la voit pour la dernière fois pour lui annoncer sa condamnation à mort. Le lendemain, 21 janvier 1793, il est exécuté place de la Révolution, actuelle place de la Concorde.

Quand Louis XVI apprend le verdict, il fait parvenir à la Convention ses dernières volontés, parmi lesquelles se trouve la demande de libération de sa famille :

> Je désirerais bien que la Convention nationale s'occupât tout de suite du sort de ma famille et qu'elle lui permît de se retirer librement et convenablement où elle le jugerait à propos[31].

La Convention fait répondre à Louis XVI que « la nation, toujours grande et toujours juste, s'occuper[a] du sort de sa famille[32] ». La promesse n'engageait pas à grand-chose et elle ne fut pas suivie d'effet. Louis XVI a fait semblant de croire, et la Convention d'accepter, que sa mort résolvait tout. Or, il n'en était rien. Le système héréditaire de la monarchie entraînait nécessairement la condamnation de tous les siens dès lors que l'on souhaitait l'abolir.

Dès les débats sur la mise en jugement du roi, au mois de novembre 1792, la question du reste de la famille royale avait été soulevée. Le rapport de Jean Mailhe qui conclut à la nécessité d'une comparution du roi devant la Convention en exempte très clairement la reine. Elle n'a pas de rôle politique officiel, donc, si on considère qu'elle doit être jugée, elle ne peut l'être que devant des tribunaux ordinaires. Quant à son fils, il n'est pas coupable, et Mailhe conclut à son sujet par cette phrase sibylline : « Vous avez à balancer ses destinées avec celles de la République[33]. » Cependant, que ce soit après le rapport Mailhe ou après la supplique de Louis XVI, rien n'est décidé.

On ne reparle de la famille royale à l'Assemblée qu'à la fin du mois de mars 1793. Robespierre demande alors le bannissement de tous les Bourbons non détenus au Temple et la mise en jugement de Marie-Antoinette[34]. Cette proposition est liée aux manigances du général Dumouriez qui commande les troupes en Belgique. Ce dernier semble en rupture de ban depuis une quinzaine de jours et les Montagnards, qui forment la gauche de la Convention, le soupçonnent, à juste titre, de vouloir rétablir une monarchie constitutionnelle[35]. Le projet de décret de Robespierre est une manière de lui couper l'herbe sous le pied en supprimant tout prétendant et tout régent éventuel. Mais l'Assemblée passe à l'ordre du jour, sans qu'aucune véritable solution ne soit proposée pour la famille royale. Elle demeure alors en prison, faute de mieux.

Le silence de la Convention s'explique par la complexité de la situation. Légalement, la famille de Louis XVI est innocente. Cependant, Marie-Antoinette est une régente en puissance et le fils de Louis XVI est le nouveau roi, Louis XVII[36]. D'emblée, une telle situation écarte l'hypothèse d'une libération de la famille royale sur le territoire français : elle servirait immanquablement de point de ralliement aux contre-révolutionnaires. Reste à savoir quel sort lui réserver. Si la Convention ne tranche pas la question officiellement, l'opinion publique, elle, en débat. Certains proposent le bannissement, à l'instar du journal démocrate *Les Révolutions de Paris* :

> Quelle doit donc être notre conduite à l'égard de la famille de Louis Capet ? Si nous devons être généreux, nous devons être aussi prudents. Ces misérables restes sont peu dangereux pour la nation entière ; mais ils peuvent l'être pour des particuliers. [...] Pour écarter ces maux individuels, pour nous délivrer de la présence odieuse des commensaux, des complices du tyran, chassons et sa femme, et sa sœur, et ses enfants. Ce sera leur rendre service à eux-mêmes. Cette famille ne doit pas sans doute aimer une terre rougie du sang de son chef et de ses amis ; [...] elle sera soulagée en vous quittant, et la France elle-même se trouvera allégée. L'on n'aura rien à vous reprocher[37].

Le bannissement, selon ceux-ci, n'est pas particulièrement dangereux dans la mesure où, déjà, les princes, frères du roi, mobilisent les émigrés. La présence de Louis XVII ne changerait pas grand-chose à la situation. En outre, cette solution aurait pour mérite de montrer que la République ne cherche pas à se venger mais à être juste. C'est la même logique que celle mise en œuvre par la Commune de Paris à l'égard des prisonniers.

Les plus radicaux, à l'instar du *Père Duchesne* de Jacques Hébert, opposent au bannissement la mort pure et simple :

> Une autorité qui est assez puissante pour détrôner un roi commet un crime contre l'humanité si elle ne profite pas du moment pour l'exterminer lui et sa bougre de race. Que dirait-on d'un benêt qui, en labourant son champ, viendrait à découvrir une nichée de serpents, s'il se contentait d'écraser la tête du père et qu'il fût assez poule mouillée pour avoir compassion du reste ; s'il disait, en lui-même, c'est dommage de tuer une pauvre mère au milieu de ses enfants, tout ce qui est petit est si gentil ; emportons ce joli nid à la maison, pour divertir mes petits marmots ? Ne commettrait-il pas, par bêtise, un très grand crime ; car, foutre, les monstres qu'il aurait réchauffés et auxquels il aurait ainsi conservé la vie ne manqueraient pas, pour le récompenser, de darder, lui, sa ménagère et sa petite marmaille qui périraient, victimes de sa pitié mal entendue ? Point de grâce ; autant qu'il nous tombera sous la main d'empereurs, de rois, de reines, d'impératrices, délivrons-en la terre[38].

Hébert s'acharne bien davantage sur les princesses que sur les enfants dans ses autres numéros. Il n'empêche qu'il ne les exclut pas, par principe, du châtiment réservé à leurs parents. Très peu de temps après la mort du roi, il intervient au Conseil général de la Commune de Paris, dont il est substitut du procureur, pour mettre en garde les Parisiens contre le fils de Louis XVI qui représente un danger réel du fait même de son jeune âge. De manière générale, Hébert s'emploie à stigmatiser la famille royale et en fait le bouc émissaire des maux qui frappent alors la France, et ce à des fins toutes politiques : obtenir davantage d'audience et davantage de pouvoir sur la Commune. Sections et sociétés populaires parisiennes lui prêtent une oreille attentive. A la fin du mois de mars 1793, la section du Finistère demande au Conseil général de faire une pétition pour exiger la mise en jugement de la reine et de Madame Elisabeth[39].

Les désirs des radicaux ont cependant peu de chances d'aboutir au printemps 1793. L'idée qui prévaut toujours au sein de la Convention est que la famille royale est un otage et donc que, d'une manière ou d'une autre, elle peut servir de moyen de pression sur les ennemis de la France. Le ministre des Affaires étrangères, Lebrun, et, au Comité de salut public, Danton et Hérault de Séchelles, cherchent à faire éclater la coalition contre la France qui s'est élargie à l'Angleterre, l'Espagne, Naples, Modène, Parme et Venise depuis la mort de Louis XVI. Pour cela, plusieurs pistes sont possibles, dont l'une consiste à libérer la famille royale contre une suspension d'armes. On ne sait, à dire vrai, pas grand-chose de ces négociations, restées secrètes parce qu'elles pouvaient fort bien passer pour un acte contre-révolutionnaire[40]. Les premières ouvertures françaises à l'Autriche sont faites par Dampierre, successeur de Dumouriez sur le front belge. Il propose, au nom du Comité de salut public, d'échanger la famille royale contre les députés Quinette, Bancal, Lamarque et Camus et l'ancien ministre de la Guerre Beurnonville, livrés par Dumouriez au moment de sa trahison du mois d'avril. Il demande également un armistice général. Le prince de Cobourg reçoit de l'empereur lui-même l'ordre de refuser toute négociation jusqu'à l'arrivée du plénipotentiaire désigné par Vienne. François II est sceptique quant à la volonté de paix du gouvernement français et considère que, si c'est une marque d'affaiblissement, il faut au contraire en profiter pour poursuivre l'offensive. Néanmoins, il précise que si Dampierre reparle du sort de la famille royale, Cobourg peut accepter le principe de négociations sur le sujet[41]. L'empereur cherche à concilier le sentiment dynastique avec ses propres intérêts politiques en séparant les deux types de négociations. Il accepte un échange de prisonniers mais refuse de faire de cet échange un prétexte à un armistice ou à la paix. Finalement, les premières tentatives de négociations échouent.

Par la suite, le Comité change de tactique et cherche à gagner les Etats italiens à l'alliance française. Cette démarche a pour but de réduire la coalition et, dans le même temps, d'amadouer l'Autriche par le biais de ces Etats qui lui sont étroitement liés, plusieurs archiducs et archiduchesses régnant en Italie[42]. Différents ambassadeurs sont dépêchés dans la Péninsule à la fin du printemps 1793. Charles-Louis Huguet de Sémonville doit passer par Florence avant de prendre son poste à Constantinople. Hugues-Bernard Maret part pour Naples mais doit d'abord se rendre à Venise et Florence. Leurs instructions officielles portent sur le partage des Etats du pape. Officieusement, Maret, qui doit se concerter avec Sémonville, est autorisé à proposer la libération de la famille royale contre une alliance en bonne et due forme[43]. Le projet échoue. D'abord, ses initiateurs du côté français sont écartés du pouvoir. Danton notamment quitte le Comité de salut public le 10 juillet. En outre, les ambassadeurs connaissent un sort peu enviable : Maret et Sémonville sont capturés le 24 juillet par les Autrichiens alors qu'ils se trouvent en Suisse, récusés comme ambassadeurs et faits prisonniers. De manière générale, le gouvernement autrichien ne semble pas considérer la libération de la famille royale comme une priorité, soit qu'il la regarde comme impossible, soit qu'il sous-estime le risque qu'elle court à rester emprisonnée en France. L'ancien ambassadeur d'Autriche Mercy-Argenteau s'est démené en vain pour que son gouvernement fasse libérer Marie-Antoinette. Le vice-chancelier d'Empire, le baron François-Marie de Thugut, responsable de la politique étrangère, ne lui a manifestement jamais répondu[44].

Entre espoirs et désespoir

Après le 21 janvier, la Commune s'attendait manifestement à ce que la Convention décide de libérer les prisonniers du Temple ou, en tout cas statue sur leur sort. La surveillance se relâche quelque peu, et le commandant général de la garde nationale demande la diminution de la garde, ce qui lui est refusé. L'attentisme de la Commune bénéficie néanmoins aux prisonniers. Marie-Antoinette obtient ainsi sans peine des vêtements de deuil pour toute la famille et, à plusieurs reprises, la venue du médecin Brunier pour Marie-Thérèse. Pendant quelque temps, les prisonniers ne sortent plus du tout mais, à la fin du mois de février 1793, leurs gardiens leur proposent de nouveau des promenades. Comme les princesses refusent de passer devant la porte de la chambre de Louis XVI, elles sont autorisées à se dégourdir les jambes sur la plate-forme de la tour. A la fin du mois de mars encore, Chaumette, procureur général de la Commune, se rend au Temple pour demander aux prisonnières si elles ont besoin de quoi que ce soit. Il insiste ensuite, dans son rapport, sur leur satisfaction et l'humanité montrée par les représentants de la Commune[45].

Comptant sur ce léger relâchement de la surveillance, quelques royalistes préparent l'évasion de la famille royale. La première tentative est l'œuvre du général de Jarjayes, agent occasionnel de Louis XVI et époux d'une des femmes de chambre de la reine. Il a trouvé un complice en Toulan. Comme l'aide d'un seul municipal est insuffisante, Toulan s'associe un autre commissaire de la Commune, professeur de rhétorique, Jacques-François Lepître. Ce dernier demande, en échange de son aide, une forte somme d'argent : 200 000 livres en tout, dont 100 000 payables aussitôt – ce dont il ne se vantera pas dans ses souvenirs, rédigés sous la Restauration[46]. Le plan d'évasion est assez simple. La reine et Madame Elisabeth devront prendre la place de Toulan et Lepître quand viendra leur tour de garde et les enfants celle des deux enfants de l'allumeur de quinquets. Puis tous gagneront l'Angleterre. Les deux commissaires ayant, d'une part, réussi à se substituer aux membres de la Commune qui n'ont pas envie d'être de garde et, d'autre part, truqué le tirage au sort qui a lieu pour désigner les tours de garde des commissaires, se retrouvent plus souvent qu'ils ne le devraient auprès des prisonniers. La manœuvre est assez facile tant la tâche est une corvée pour les membres du Conseil général de la Commune, prêts à tout pour s'y soustraire[47]. Tandis que Madame Royale entraîne son frère dans une des tourelles pour jouer, afin d'éviter toute indiscrétion de la part de l'enfant, les commissaires informent la reine et Madame Elisabeth de l'avancement du projet. Jarjayes lui-même finit par se rendre au Temple, sous un déguisement, pour voir si l'évasion est réalisable. Trouvant les mesures de surveillance trop strictes, il finit par proposer à la reine de s'échapper seule. Celle-ci refuse de laisser ses enfants et abandonne le projet[48].

Un autre est mis au point peu de temps après par l'impénitent conspirateur qu'est le baron de Batz[49]. Assuré de la complicité d'un capitaine-commandant de la garde nationale, Cortey, et d'un municipal, Michonis, ainsi que de la passivité d'une partie du bataillon de Cortey, il prévoit de faire évader les princesses en leur fournissant des uniformes de gardes nationaux, tandis que Louis XVII s'enfuirait encadré par une patrouille. Au dernier moment, semble-t-il, le projet est dénoncé par Antoine Simon, qui fait arrêter Michonis. Celui-ci réussit à faire croire à sa bonne foi, mais le projet a échoué[50].

L'effet immédiat de ces tentatives est de raviver la méfiance à l'égard des prisonniers et d'entraîner un renforcement des mesures de sécurité au Temple. Le 1er avril 1793, la Commune prend un long arrêté destiné à rappeler le personnel municipal à la plus grande vigilance. Toute conversation « familière » avec les captifs est interdite. Aucun employé n'a plus le droit de monter dans la tour ; Tison et sa femme sont consignés dans l'enceinte du Temple ; toutes les personnes tirées au sort pour en assurer la garde passent par un vote épuratoire : les membres du conseil du Temple votent pour les confirmer ou non dans leur fonction. On rappelle également que les commissaires doivent toujours être deux auprès des prisonniers. Enfin, le Conseil général demande que l'on mure les créneaux de la plate-forme où se promène la famille royale pour qu'elle ne puisse être vue[51]. Ces mesures accroissent les tensions au sein du Temple puisqu'elles alourdissent les tâches des serviteurs. Les Tison sont particulièrement mécontents parce qu'ils sont, finalement, eux aussi prisonniers et ne peuvent plus, entre autres choses, voir leur fille. Afin d'obtenir un adoucissement à leur sort, ils accusent à leur tour, au mois d'avril 1793, les commissaires Toulan, Lepître, Brunod, Moelle et Vincent « d'avoir eu des conférences secrètes avec les prisonniers du Temple, de leur avoir fourni de la cire et des pains à cacheter, des crayons, du papier, et enfin de s'être prêtés à des correspondances secrètes[52] ». Les chambres des princesses sont fouillées, sans résultat, ce qui permet l'acquittement des commissaires arrêtés. Mais, à partir de là, les tracasseries ne cessent de se multiplier. Le 30 avril, une commande de souliers donne lieu à un nouvel arrêté du Temple décrétant que désormais toutes les fournitures seront fabriquées par des personnes connues de la Commune et contrôlées soigneusement par les commissaires. L'arrêté précise que ces commandes seront limitées au strict minimum. Au début du mois de mai, le Conseil général s'oppose à la venue de Brunier pour soigner une maladie sérieuse du Dauphin et convoque le médecin des prisons, par souci d'égalité précise-t-on[53].

A la fin du mois de juin, une nouvelle rumeur de complot vient alourdir encore le sort de la famille royale : le général Arthur Dillon, qui sert la République mais dont la famille était très proche de la Cour avant la Révolution, est accusé d'avoir voulu délivrer le jeune roi du Temple et proclamer sa mère régente. Arrêté, il dément le projet de rétablir Louis XVII, non celui d'un coup de force contre la Convention[54]. Par précaution, cette dernière décide néanmoins de séparer Louis XVII de sa mère. L'enfant représente un danger politique important, il faut donc le faire disparaître ou, à tout le moins, faire oublier sa condition de prince, afin qu'il ne puisse remonter sur le trône. En hommes des Lumières attachés aux vertus de la pédagogie, les Conventionnels décident de lui faire donner une éducation républicaine, censée effacer ses origines royales. Le jeune prince est donc confié au cordonnier Antoine Simon, très lié semble-t-il à Hébert[55]. Il reste cependant au Temple, au deuxième étage de la grosse tour, juste au-dessous d'une famille qu'il ne reverra pourtant plus jamais.

Après ce départ, les prisonnières sont enfermées encore plus étroitement :

> Les municipaux ne restèrent plus chez ma mère ; nous fûmes nuit et jour enfermées sous les verrous. Les gardes ne venaient plus que trois fois par jour pour apporter les repas et faire la visite des barres de fer des fenêtres, pour voir s'ils *[sic]* étaient en ordre[56].

En fait, Tison demeure encore à leur service, mais sa femme, devenue folle après la dénonciation des municipaux, a été enfermée. Les prisonnières parviennent cependant à obtenir des nouvelles de l'extérieur. Le rôle joué par Cléry jusqu'au mois de janvier 1793 a été repris par Turgy. Les princesses s'informent des gens qu'elles connaissent, de l'état du jeune Louis XVII comme des événements politiques. A l'extérieur de la prison, Toulan, surnommé Fidèle, Hue, surnommé Constant, et Mme de Sérent, ancienne dame de Madame Elisabeth, s'efforcent de servir les trois femmes, non sans peine, on s'en doute. Toulan, à la fin de l'été, va jusqu'à louer un appartement en face de la prison, dans lequel il joue du cor pour divertir les princesses[57]. Mais ces contacts sont des exceptions, tandis que leur isolement s'accroît.

Les Capets, ennemis du peuple

Au cours de l'été 1793, le climat politique change. La France est défaite sur tous les fronts, une partie de la province est insurgée, la crise économique due à la guerre entraîne chômage et disette. Le 13 juillet, l'assassinat du journaliste Jean-Paul Marat, très influent sur le peuple parisien, entraîne une surenchère des courants extrémistes qui se réclament ses successeurs. Ces derniers exercent de fortes pressions sur la Convention, alors dominée par les Montagnards, membres du club des Jacobins. S'ils sont démocrates, ces derniers ne sont pas nécessairement prêts à céder à toutes les revendications des meneurs radicaux. C'est dans ce contexte que la question des prisonniers du Temple est de nouveau abordée. Le 1er août 1793, la Convention vote un décret présenté par Bertrand Barère au nom du Comité de salut public. Les premières mesures concernent la défense du pays. Elles envoient en mission dans le Nord les représentants Billaud-Varenne et Niou pour mettre le département en défense, demandent aux administrations centrales et locales de renforcer la surveillance des ports, dénoncent en bonne et due forme la barbarie du « gouvernement britannique ». Par ailleurs, les biens de « toutes les personnes qui ont été ou qui seront hors de la loi par décret de la Convention » sont confisqués[58]. Suivent les mesures concernant la famille royale. Celles-ci sont donc clairement présentées comme des mesures de salut public *stricto sensu*, comme la conséquence logique d'une situation extérieure critique.

> Art. 6 : Marie-Antoinette est renvoyée au tribunal extraordinaire. Elle sera transférée sur-le-champ à la Conciergerie.
>
> Art. 7 : Tous les individus de la famille Capet seront déportés hors du territoire de la République, à l'exception des deux enfants de Louis Capet et des individus de la famille qui sont sous le glaive de la loi.
>
> Art. 8 : Elisabeth Capet ne pourra être déportée qu'après le jugement de Marie-Antoinette.
>
> Art. 9 : Les membres de la famille Capet qui sont sous le glaive de la loi seront déportés après le jugement s'ils sont absous.
>
> Art. 10 : La dépense des deux enfants de Louis Capet sera réduite à ce qui est nécessaire pour l'entretien et la nourriture de deux individus.
>
> Art. 11 : Les tombeaux et mausolées des ci-devant rois, élevés dans l'église de Saint-Denis, dans les temples et autres lieux dans toute l'étendue de la République, seront détruits le 10 août prochain[59].

Le décret entend régler définitivement le sort de la dynastie capétienne en France. Même les corps des anciens rois doivent être détruits, pour annihiler jusqu'au souvenir de la monarchie. Le choix de la date du 10 août n'est naturellement pas un hasard. La destruction symbolique de la royauté célèbre le premier anniversaire de sa destruction politique. Les membres vivants de la dynastie doivent quitter le territoire s'ils ne sont pas condamnés à mort. Marie-Antoinette, autrichienne, donc ennemie irréductible de la France, monnaie d'échange inutile, est abandonnée par la Convention à la vindicte des sections parisiennes et des sociétés populaires. Les articles 7 et 9 englobent les Orléans, devenus eux aussi suspects à la suite de la trahison du duc de Chartres, fils aîné du duc d'Orléans, passé à l'ennemi en même temps que Dumouriez. Depuis le mois d'avril, Philippe Egalité, ses fils cadets, les ducs de Beaujolais et de Montpensier, et sa sœur, la duchesse de Bourbon, ainsi que le prince de Conti sont emprisonnés au fort Saint-Jean, à Marseille. Tous doivent être déportés, à l'exception du duc d'Orléans qui attend son procès.

Seuls de toute la dynastie, les enfants restent prisonniers parce qu'ils sont « des otages pour la République » : leur vie répond de la survie du nouveau régime. Mais là n'est pas la seule raison de leur maintien en détention. Après tout, un seul enfant aurait pu suffire comme otage et, à l'inverse, Madame Elisabeth pouvait constituer une garantie supplémentaire. Le motif semble évident en ce qui concerne celui qui est désormais Louis XVII pour les royalistes. Il est le roi de France. Malgré les assertions des partisans du bannissement, la présence du jeune roi à l'étranger risquerait de galvaniser la Contre-Révolution. Les comtes de Provence et d'Artois, sans être tout à fait quantité négligeable, ont du mal à se faire entendre des puissances et à asseoir une quelconque légitimité sur les émigrés. La présence de leur neveu pourrait leur procurer un appui inespéré – même si cela viendrait ruiner leurs ambitions personnelles. Par ailleurs, dans le contexte crucial que traversait la France, alors que la Vendée et Toulon s'étaient révoltées au nom de Louis XVII, il aurait été de mauvaise politique de libérer le prince. Son maintien en prison était donc inévitable. Celui de Marie-Thérèse est plus surprenant, et la justification qu'y apporte Barère plus encore :

> Ici s'applique la loi de l'égalité. Ce n'est pas à des républicains à maintenir ou à tolérer les différences que la superstition du trône avait établies[60].

Il renvoie dos à dos la Constitution de 1791 et la tradition d'Ancien Régime. La loi salique n'est qu'une « superstition ». Autrement dit, le Comité de salut public considère que la fille de Louis XVI pourrait succéder à son père aussi bien que son frère. C'est donc au titre d'héritière de Louis XVI que la princesse est maintenue au Temple. Aucune différence n'est faite entre les deux enfants.

Finalement, le décret n'est pas entièrement appliqué : aucun des Bourbons n'est banni. Faut-il y voir une pression des sociétés populaires qui voulaient leur exécution ou la prudence du Comité de salut public qui les gardait comme monnaie d'échange, non pas tant peut-être avec l'étranger qu'avec l'extrême gauche de l'Assemblée et les sociétés populaires ? Rien ne permet de le préciser. En revanche, c'est bien à la suite de ce décret que Marie-Antoinette est déférée à la Conciergerie. Des gardes viennent la chercher dans sa cellule sans fournir aucune explication à Madame Elisabeth ni à Marie-Thérèse. La reine est finalement exécutée, après un très long emprisonnement, le 16 octobre 1793. Personne ne prévient les prisonnières du Temple. Marie-Antoinette leur avait pourtant adressé à chacune une lettre d'adieu qui ne leur a jamais été communiquée. Marie-Thérèse n'en aura connaissance que sous la Restauration, une vingtaine d'années plus tard.

La mort de Marie-Antoinette ne satisfait néanmoins pas les sans-culottes parisiens qui lancent une véritable offensive contre les derniers membres de la famille royale par le biais de la Commune de Paris. Un mois plus tard, en effet, Chaumette, s'effrayant des dépenses occasionnées par les prisonniers au Temple, demande qu'une pétition soit portée à la Convention pour obtenir le jugement – et donc la mort – de Madame Elisabeth et le transfert des enfants dans une prison ordinaire[61]. Huit jours après, la pétition, qui oppose les conditions de vie confortables de la famille royale à la pauvreté des sans-culottes, est présentée à la Convention. La Commune sacrifie Madame Elisabeth et les enfants de Louis XVI à sa popularité auprès du peuple parisien. En outre, cette dénonciation est une manière pour les membres éminents de la Commune, tels Hébert et Chaumette, de faire oublier les rumeurs qui circulent sur leur compte au début de l'automne 1793, à la suite de la dénonciation de certains d'entre eux comme royalistes. Demander la tête de Madame Elisabeth vaut certificat de républicanisme aux yeux des Parisiens.

La Convention ne cède cependant pas à ces instances. Quelques jours avant que la pétition n'y soit présentée, Robespierre, dans une séance des Jacobins, avait déjà écarté la proposition en soulignant que Madame Elisabeth n'était pas particulièrement dangereuse et qu'il ne voyait pas l'utilité d'accéder à la requête de la Commune. Au début de l'année, de nouvelles pétitions sont présentées par certaines sections mais elles n'ont pas plus de suite que les précédentes. La dernière est lue à l'Assemblée le 15 mars 1794[62].

La Commune n'a certes pas réussi à obtenir gain de cause auprès de la Convention mais elle a complètement changé de politique à l'égard des prisonniers : le désir absolu d'égalité, la crainte du complot contre-révolutionnaire dictent au conseil général des mesures radicales. Au cours de l'automne 1793, la Commune réforme l'administration du Temple. La cuisine pour les prisonniers est supprimée ainsi que l'argenterie de service, remplacée par de l'étain. La nourriture est réduite au nécessaire, « le potage et la bouillie ». Tison est gardé à vue et plus personne ne s'occupe du service des princesses. Enfin, un tour doit être installé à l'entrée de la chambre des prisonnières, afin que les commissaires n'aient plus à pénétrer jusqu'à elles pour leur porter la nourriture. Le tour n'est jamais construit, les gardiens se contentant de déposer rapidement les plats à la porte et de partir aussitôt après. Mais pour le reste, il semble que la réforme ait été suivie, sinon immédiatement, du moins dans le cours de l'hiver[63]. La diminution des dépenses est, sur le moyen terme, fort importante. On passe de 79 527 livres pour les mois de mai, juin, juillet 1793 – soit 26 509 livres par mois – à 33 828 livres pour les mois de floréal, prairial, messidor et thermidor an II (20 avril-18 août 1794) – soit environ 8 457 livres par mois, gages du personnel inclus, ce qui n'est même pas le cas dans le premier compte. Toute une partie du personnel est supprimée à cette occasion. Jusque-là, la Commune employait une quarantaine de personnes à l'administration du Temple ; elles ne sont plus que vingt pendant l'automne. L'alimentation subit la réduction la plus considérable, puisqu'on passe de 44 871 livres pour l'été 1793 à 8 662 livres pour la fin de l'hiver 1794 et 15 229 livres pour le printemps et l'été de la même année[64]. Les prisonniers sont moins bien nourris. Les princesses n'ont plus droit ni aux œufs ni au poisson, si bien qu'Elisabeth, durant le Carême, préfère jeûner plutôt que de devoir manger de la viande. Viande qui a fini également par être supprimée, sauf la volaille, maintenue à l'initiative du chef de cuisine. La réforme entraîne par ailleurs une recrudescence de la méfiance à l'égard des prisonnières et l'apparition de procédés relativement brutaux. Les princesses sont fouillées plusieurs fois par jour durant l'hiver et les moindres objets trouvés sont confisqués[65]. Leurs gardiens leur adressent la parole le moins possible, de crainte d'être accusés de complicité.

Les princesses sont traitées comme des parias mais supportent mieux cette situation que l'ancienne promiscuité. Restent le froid et l'ennui. Pour lutter contre ces deux maux, Madame Elisabeth oblige Marie-Thérèse à conserver un emploi du temps strict. Elles se lèvent avec le soleil, font leur toilette, s'habillent, nettoient leur chambre. Leur journée est ensuite occupée par les travaux manuels, des marches forcées à travers la pièce, montre en main, pour éviter le manque d'exercice, et par la prière. Madame Elisabeth a toujours été très pieuse et l'emprisonnement n'a fait qu'accentuer ce trait de caractère. Elle a une dévotion particulière pour le Sacré-Cœur auquel elle a écrit une prière qu'elle laissera à sa nièce. L'énergie de la sœur de Louis XVI, son refus de tout abattement, inspirés par une confiance profonde en la Providence divine, ont permis à Marie-Thérèse de surmonter l'épreuve de l'emprisonnement. Les principes inculqués par sa tante la guideront durant les derniers mois qu'elle passera au Temple.

L'embellie de Thermidor

Alors que durant tout l'hiver la Convention avait refusé de céder aux pressions populaires, Madame Elisabeth est à son tour arrêtée et exécutée le 10 mai 1794, sans que l'on sache vraiment pourquoi. Seuls survivent désormais les deux enfants de Louis XVI et de Marie-Antoinette, enfermés dans leurs appartements, chacun à un étage de la grosse tour du Temple. Les mois qui suivent la mort de sa tante sont sans doute la période d'emprisonnement la plus éprouvante pour Marie-Thérèse. Ses conditions de vie se dégradent encore. Depuis le printemps 1794, elle n'a plus de chandelles : elle est donc obligée de se coucher dès la nuit tombée. Dans le courant du mois de juillet, on lui supprime son briquet : elle ne peut plus faire de feu, malgré la fraîcheur du donjon. Enfin, elle n'a plus de bas ni de souliers, et plus guère de chemises[66]. Mais c'est psychologiquement que l'emprisonnement est le plus difficile à supporter. Elle qui avait demandé une présence féminine, sur les conseils de sa tante, pour des raisons évidentes de sécurité personnelle – ce qui lui avait été refusé –, se retrouve seule face à ses gardiens, ce qui l'inquiète. Si elle ne fait plus mention, durant cette période, de fouilles fréquentes, les commissaires effectuent de temps à autre des rondes de nuit au cours desquelles ils l'éveillent pour s'assurer de sa présence. Le reste du temps, elle ne les voit qu'au moment des repas. Pour se défendre et maintenir une barrière entre elle et eux, la princesse ignore leur présence et ne leur adresse plus la parole[67]. Marie-Thérèse se replie donc sur elle-même et souffre tout autant de l'ennui que de la peur. Elle n'a plus de livres ni de quoi écrire, il ne semble lui rester que quelques ouvrages manuels pour s'occuper, encore les gardiens redoutent-ils l'usage qu'elle pourrait faire d'aiguilles. Comme maints prisonniers, elle se distrait en écrivant des graffitis sur les murs : « Vive ma bonne mère que j'aime bien et dont je ne peux savoir des nouvelles ! » ou encore : « Charlotte est la plus malheureuse personne du monde : elle ne peut obtenir de savoir des nouvelles de ses parents, ni d'être réunie à sa mère, quoiqu'elle l'ait demandé mille fois[68]. » La princesse s'interroge toujours sur le sort du reste de sa famille, continuant à penser que sa mère et sa tante ont été simplement transférées dans une autre prison.

Le 27 juillet 1794 (9 thermidor an II), la majorité de la Convention se révolte contre Robespierre qui, depuis environ un an, impose ses volontés au Comité de salut public, le plus important des comités de la Convention. Arrêté avec ses partisans, il est exécuté le lendemain. Sa chute ayant entraîné celle de la Commune, l'administration de la prison est attribuée au Comité de sûreté générale qui confie aussitôt au seul Jean-Christophe Laurent la garde des prisonniers[69]. Laurent, un jeune homme de vingt-quatre ans, est nommé grâce à l'appui de Barras, un des hommes forts du moment, sans doute heureux de pouvoir garder un œil sur les enfants de Louis XVI[70]. On lui adjoint un nouvel économe, Liénard. Tous deux entreprennent de réduire une fois de plus les dépenses du Temple. Liénard s'insurge en constatant la mauvaise qualité de la nourriture et les prix exorbitants demandés par les fournisseurs, essentiellement parce qu'ils ne sont pas payés à temps. Par la même occasion, il propose de réduire le personnel. Quant à Laurent, il souhaite diminuer la garde, dont le nombre est équivalent à celui employé quand Louis XVI était dans la tour, soit deux cent quarante hommes, à une centaine, ce qui permettrait de faire baisser les frais de chauffage et d'éclairage. On ne sait ce qu'il advint de ce dernier rapport, mais le premier aboutit à un arrêté de la Commission nationale des administrations civiles, police et tribunaux du 25 septembre 1794 dont on ne connaît pas la teneur exacte. Il semble néanmoins que les mesures adoptées aient été des plus drastiques puisque le personnel du Temple se trouve réduit à quatorze personnes seulement[71]. Restriction du personnel à laquelle est ensuite fait une entorse puisqu'on adjoint à Laurent un second, Gomin, le 8 novembre 1794.

Avec Thermidor, les lois ne changent pas et, en théorie, rien n'est fait pour adoucir la captivité de la princesse, non plus que celle de son frère. Mais, en réalité, la personnalité de leurs gardiens améliore considérablement leur situation. La princesse ne cesse de louer Laurent dans ses mémoires. Bien que républicain, il s'est soucié du sort des enfants et, le premier, a amélioré les conditions de vie du prince. Gomin le seconde efficacement dans ses initiatives. Ce dernier, né en 1757, tapissier dans l'île Saint-Louis, est un homme dont le royalisme, avant son entrée au Temple, n'est pas avéré. Il semble pourtant que ce soit sur la recommandation indirecte d'un certain marquis de Fenouil qu'il ait été choisi, à sa grande surprise, pour garder les enfants royaux[72]. Pris de pitié à la vue du jeune prince, il s'en occupera plus particulièrement. A la fin du mois de mars 1795, Laurent se retire du Temple, à cause du décès de sa mère[73]. Il est remplacé par Etienne Lasne, peintre en bâtiment, ancien garde-française, du même âge que Gomin. Républicain bon ton, il se laisse lui aussi attendrir par les conditions de vie des prisonniers. Ces gardiens permanents logent dans la salle du Conseil, au rez-de-chaussée de la tour, où tous les jours vient les rejoindre un représentant d'une des sections de Paris, chargé de les surveiller autant que de les assister. Ce qui ne les empêche pas de se montrer plus attentionnés à l'égard des prisonniers. Ils ne les tutoient plus. Gomin s'incline même devant la princesse pour prendre congé. Ils lui fournissent ce qu'ils peuvent obtenir sans trop se compromettre, notamment papier et crayons, de quoi faire du feu, des chandelles et des livres. Marie-Thérèse obtient même, au printemps, de se promener sur la tour, alors qu'elle n'était pas sortie depuis le mois de septembre 1793 au mieux[74].

Si l'entregent des gardiens adoucit les conditions de vie des enfants de Louis XVI, leur sort n'est évoqué à la Convention qu'à la mi-septembre 1794, à l'occasion de la découverte d'une conspiration royaliste en Lozère et en Ardèche. Dans un vocabulaire qui n'a rien d'édulcoré, Jean-Baptiste Jourdan, dit Jourdan de la Nièvre, s'interroge sur le sort du « fœtus capétien », aussitôt soutenu par Pierre-Joseph Duhem qui demande que la nation « vomi[sse] » la « famille infernale des Capets », perpétuel ferment de guerre civile[75]. Cette première intervention n'a pas de suite. Il faut attendre la fin de l'automne 1794 pour que la question resurgisse. Le contexte change en effet rapidement au cours du mois de novembre lorsque l'on commence à liquider la Terreur et « les terroristes ». Le club des Jacobins, qui a conduit la politique de la France de l'an II – de l'automne 1793 à l'été 1794 –, est fermé le 12 novembre 1794. Les horreurs commises par certains sont dévoilées au grand jour : le 23 novembre 1794, Carrier, représentant en mission à Nantes, responsable de véritables massacres, est ainsi mis en accusation. A la faveur de cette atmosphère quelque peu délétère – certains meneurs du jour n'ayant pas franchement les mains propres non plus –, un changement de régime paraît possible non seulement aux contre-révolutionnaires purs, mais aussi à certains modérés qui regrettent la Constitution de 1791. On ne parle certes pas ouvertement de rétablir la monarchie – un tel discours étant passible de la peine de mort –, mais certaines allusions montrent que le vent tourne. Les enfants de Louis XVI réapparaissent alors dans le débat politique.

Au mois de novembre 1794, plusieurs journaux racontent que ceux-ci ont bénéficié de mesures de clémence, qu'ils ont été réunis et qu'on leur a donné des instituteurs, ce qui laisse supposer une éventuelle libération. Pour éviter que l'opinion ne se méprenne sur les intentions du gouvernement, Jean-Baptiste Mathieu, au nom du Comité de sûreté générale, fait un rapport à la Convention sur les conditions d'emprisonnement des enfants de Louis XVI. Mathieu qualifie les assertions des journalistes de « fable royaliste » et présente les mesures réelles prises au Temple. Il précise que le « Comité de sûreté générale n'a eu en vue que le matériel d'un service confié à sa surveillance ; qu'il a été étranger à toute idée d'améliorer la captivité des enfants Capet ou de leur donner des instituteurs. Le Comité et la Convention savent comme *[sic]* on fait tomber la tête des rois, mais ils ignorent comment on élève leurs enfants[76] ». Le Comité de sûreté générale cherche ainsi à saper tout espoir de restauration.

Quelques semaines plus tard, durant la séance du 28 décembre 1794, Duhem lance une nouvelle offensive antiroyaliste en faisant la lecture de la brochure de Jacques-Vincent Delacroix, *Le Spectateur français pendant le gouvernement révolutionnaire*, ouvrage qui réclamait le retour à la Constitution de 1791 et, par conséquent, le retour de la royauté. Le chahut est grand dans l'assistance. C'est ce moment que choisit Marie-Joseph Lequinio pour aborder de nouveau la question des enfants et demander un rapport des comités de la Convention sur ce sujet. Ce rapport est rendu, au nom des Comités de salut public, de sûreté générale et de législation de la Convention, par Cambacérès, le 23 janvier 1795. Après avoir évoqué la possibilité du bannissement des enfants de Louis XVI, il explique que ce bannissement permettrait de donner aux ennemis de la République une arme supplémentaire. Le jeune roi est moins dangereux entre les mains des républicains qu'entre celles de la coalition[77]. Par conséquent, les enfants doivent rester en prison.

Au cours de ces débats, seuls le maintien en prison ou le bannissement sont envisagés. La mise à mort des princes n'est jamais évoquée. Certes, même pendant l'hiver 1793, il n'y avait guère qu'Hébert pour la proposer, mais sans provoquer de protestations véhémentes. Il en va différemment un an plus tard. Le contexte antiterroriste a pour conséquence une sensibilité plus forte à toute allusion à la violence. La mésaventure du député Jacques Brival le prouve. Mécontent du rapport des Comités, pourtant voté par l'Assemblée, il prend la parole dans la séance du 23 janvier 1795. Répétant les arguments de Duhem et de Jourdan, employant leur vocabulaire, il déclare que la présence des enfants en France est un risque pour la République, laquelle ne pourra véritablement s'instaurer durablement que si on se débarrasse de la famille de l'ancien roi. Il rappelle que, malgré leur innocence, les enfants de Louis XVI ne réussiront jamais à se débarrasser de l'idée qu'ils ont un héritage à défendre. Il déclare ensuite que « depuis le 10 thermidor il [a] été commis beaucoup de crimes inutiles mais qu'un nouveau crime serait utile[78] », ce qui déclenche aussitôt les protestations de ses collègues. Bourdon de l'Oise lui rétorque qu'« il n'y a pas de crimes utiles[79] ». Brival est donc obligé de se reprendre pour proposer simplement le bannissement. Le député s'est toutefois senti suffisamment attaqué pour se justifier le lendemain. Il écrit au rédacteur du *Journal de Paris* que ses paroles ont été déformées dans ses colonnes. Puis il publie son discours pour se disculper définitivement[80]. Les réactions suscitées par ce qui n'était peut-être qu'un lapsus montrent bien que l'atmosphère politique a changé.

Certes, on ne veut plus de royauté, mais les exécutions ne sont plus de mises – provisoirement du moins.

Reste à déterminer pourquoi on choisit finalement, une fois de plus, de garder les enfants en prison. Cambacérès ne s'étend pas sur le sujet, il considère simplement que si le prince avait émigré, la République aurait cherché à s'en emparer et l'aurait gardé si elle y était parvenue[81]. On comprend, somme toute, que Brival soit resté quelque peu perplexe face à cette justification-fiction. Il n'était pas le seul. Voici ce que l'ancien journaliste constitutionnel Jacques Mallet du Pan, devenu informateur de la cour de Vienne, explique à l'empereur dans une lettre du 1er février 1795 :

> Dans les mêmes vues et par les mêmes motifs, les modérés avaient renouvelé la demande faite il y a trois mois par les Jacobins d'un rapport destiné à faire prononcer la déportation du jeune roi et des autres personnes de la famille de Bourbon. Nul homme instruit n'a cru un moment à la sincérité de cette intention ni à ce bannissement de la Maison royale. En effet, le rapport ayant été lu dans la séance du 22, l'Assemblée a rejeté cette mesure. Elle avait contre elle l'intérêt qu'inspire au peuple l'âge, l'innocence, les malheurs du jeune prince ; c'était se dessaisir d'un otage précieux ; c'était s'enlever la ressource que pourrait en tirer un jour la faction conventionnelle quelconque, que ses dangers, que la crainte d'une insurrection, que le désir de finir l'anarchie reconduiraient à la monarchie[82].

Mallet du Pan considère qu'il existe au sein de la Convention un groupe d'hommes qui, monarchistes constitutionnels ou républicains tièdes, envisageraient de rétablir la royauté, selon la Constitution de 1791 :

ce sont eux qu'il appelle les « modérés ». Il définit ce courant comme un « mélange de républicanisme et de regrets sur la monarchie[83] ». Ce groupe d'hommes aspire à la paix civile, à condition que ses intérêts soient préservés. Pour Mallet du Pan, la décision des comités est donc dictée par les principes de modération. Il se trouve en effet que les propositions de bannissement émanent clairement d'anciens Jacobins, restés Montagnards dans l'âme, excepté peut-être Jourdan, au profil nettement plus modéré. Lequinio et Duhem seront même poursuivis par la suite, le premier pour ses activités de représentant en mission, le second pour ses prises de position contre les mesures « réactionnaires » de la Convention[84]. L'analyse de Mallet du Pan, au reste souvent extrêmement pertinente, est donc probablement juste, ou peu éloignée des calculs qui ont eu lieu au sein des comités. Les enfants de Louis XVI sont gardés en prison à toutes fins utiles. Ils n'y sont pas moins dangereux que si on les envoyait à l'étranger, mais au moins le gouvernement peut les surveiller et les utiliser. Peut-être Mallet du Pan dit-il vrai encore quand il parle du poids de l'opinion publique dans cette décision : objets et écrits royalistes tendent à se multiplier après Thermidor.

Royalisme et sentiments

Le 10 août a entraîné la disparition de la monarchie, mais aussi celle de l'opinion monarchiste qui n'a plus le droit de s'exprimer comme telle : le 4 décembre 1792, la Convention adopte le décret stipulant que « quiconque proposera de rétablir en France les rois ou la royauté, sous quelque dénomination que ce puisse être, sera puni de mort[85] ». La loi est durcie et précisée, le 29 mars 1793, puisqu'elle punit de mort « quiconque sera convaincu d'avoir composé ou imprimé des écrits qui proposent le rétablissement de la royauté en France, ou la dissolution de la représentation nationale[86] ». Elle ne s'applique pas qu'aux écrits politiques, mais, par extension, à toutes les manifestations de sympathie à l'égard de la famille royale, des chansons aux portraits. Des attitudes jugées provocatrices sont elles aussi sévèrement condamnées. Un certain Joseph Duhamel aurait ainsi été condamné à mort par le tribunal révolutionnaire pour avoir pleuré au moment de l'exécution de Marie-Antoinette[87].

Les partisans d'un retour de la royauté n'ont donc plus guère le choix qu'entre la clandestinité et la publication à l'étranger. Londres, Bruxelles, Augsbourg deviennent autant de lieux de production d'ouvrages sur la famille royale à destination des émigrés, de la France, mais aussi des élites européennes qui suivent avec attention la politique française. En France, les rafles qui ont lieu dans l'hiver 1793-1794 chez les libraires parisiens montrent que certains d'entre eux montent de véritables réseaux de distribution d'ouvrages royalistes. Cette production n'est ni centralisée ni commanditée. Elle est le fait d'écrivains, d'artistes et d'éditeurs qui agissent mus par leurs propres convictions et/ou par un certain intérêt commercial. L'opinion royaliste demeure donc extrêmement active. On recense trente-neuf ouvrages concernant Louis XVI et Marie-Antoinette pour la seule année 1793, chiffre auquel il faut ajouter les très nombreuses estampes et les chansons[88].

Les épisodes de la vie des prisonniers du Temple constituent la matière première de cette production. Le support qui a d'abord le plus véhiculé ces scènes est l'estampe : on assiste, à partir de 1793, à la création d'un véritable cycle royal créé par cinq éditeurs qui se spécialisent dans la production contre-révolutionnaire : les Londoniens Paulo Colnaghi, Carlo Lasinio, Mariano Bovi, l'éditeur d'Augsbourg Martin Engelbrecht, enfin le seul Français, Jean-Baptiste Vérité[89]. Ils utilisent essentiellement comme modèles les peintures de Jean-Jacques Hauer, Domenico Pellegrini et Charles Bénazech et emploient chacun un graveur spécialisé dans cette tâche : Colnaghi s'associe Francesco Bartolozzi, Engelbrecht, Johann Carl Schleich. Quant à Lasinio et Bovi, ils gravent eux-mêmes, ce dernier dessinant ses propres œuvres, à leur tour reproduites par ses concurrents. Prises dans leur ensemble, les estampes de ces artistes retracent sensiblement les mêmes événements :

- La première séparation de Louis XVI et de sa famille, qui représente le moment où le roi est conduit dans la grande tour du Temple.
- Le procès de Louis XVI.
- Les adieux de Louis XVI à sa famille le 20 janvier 1793.
- La mort de Louis XVI.
- La séparation de Louis XVII et de sa famille.
- Le procès de Marie-Antoinette.
- La mort de Madame Elisabeth.

Elles créent une histoire formatée, reprise partout comme une vérité établie. Les témoignages postérieurs prouvent la fausseté des faits tels qu'ils sont décrits mais cette reconstitution imaginaire offre une version immédiatement et facilement compréhensible de ce qui se passe à l'intérieur du Temple. Cette accessibilité provient de la forme que revêt ce cycle. Toutes les scènes utilisent des ressorts dramatiques dans le goût des romans sentimentaux de la fin du XVIIIe siècle. C'est tout particulièrement vrai des scènes familiales, dans lesquelles Marie-Antoinette tient le premier rôle[90]. Tour à tour désespérée, protectrice ou résignée selon la sensibilité des artistes, elle est toujours pathétique. Les enfants sont représentés dans le même registre. Madame Royale est une innocente figure blanche, faible et en pleurs, souvent évanouie ou réfugiée dans les bras d'un de ses parents. Elle ne prend quelque consistance que dans les estampes de Pellegrini représentant les épisodes de l'emprisonnement de Madame Elisabeth. Sur un modèle très proche de celui de Marie-Antoinette dans le reste du cycle, elle est alors une héroïne courageuse qui lutte contre son destin en défendant sa tante, puis en empêchant les gardiens de s'emparer d'elle. Le discours iconographique transforme les princes en autant de héros sentimentaux, reléguant ainsi au second plan le contenu idéologique qu'il véhicule.

Ecrivains et artistes de sensibilité royaliste cherchent en effet d'abord à émouvoir le lecteur ou le spectateur sans directement aborder les questions politiques. Ils s'expriment souvent au nom d'un idéal de justice universel. Un ouvrage de Louis-Germain Petitain, *Un mot sur deux individus auxquels personne ne pense et auxquels il faut penser une fois,* paru au mois d'avril 1795, est assez révélateur de ce type de procédé. Revenant d'abord sur la décision de la Convention de garder les enfants de Louis XVI en prison, il dit la juger sage et conforme aux intérêts du pays. Néanmoins, il souligne l'innocence de ces enfants, sacrifiés à la raison d'Etat. En conséquence, il demande un adoucissement de leurs conditions de détention et, notamment, qu'on leur permette d'avoir des maîtres et de se cultiver pour occuper leurs journées. Petitain fait alors appel aux sentiments « de justice et d'humanité[91] » de tous les Français. Il se situe ainsi en terrain neutre ou plutôt sur un terrain supposé être celui de la vertu républicaine. Il prend soin, en outre, de préciser que sa brochure n'est pas le fruit d'un parti pris politique, autrement dit qu'il n'est pas royaliste ; c'est naturellement faux : Louis Petitain est un royaliste constitutionnel. Cette rhétorique lui permet néanmoins à la fois d'échapper aux accusations directes et de toucher un public plus large que celui des partisans d'une restauration. Petitain croit à la valeur du sentiment et des émotions au sein de la société, qui doivent pouvoir transcender jusqu'aux clivages politiques[92].

Les écrivains et artistes royalistes placent ainsi le sentiment au centre de leur discours politique, l'utilisant comme arme contre-révolutionnaire. Ils ont souvent recours aux figures de Marie-Thérèse-Charlotte et de Louis XVII parce qu'elles accentuent l'aspect pathétique de la situation de la famille royale. C'est ainsi au nom de ces enfants que Mme de Staël, dans ses *Réflexions sur le procès de la reine,* parues à Londres en 1793, réclame l'acquittement de Marie-Antoinette. Elle insiste sur le fait que la mort de cette dernière laisserait ses enfants seuls et sans appui. Dans la *Lettre de Madame Elisabeth adressée à la Convention nationale avec les discours des deux enfants du ci-devant roi de France,* sans doute publiée à la fin de l'été 1793, quand Marie-Antoinette est à la Conciergerie, les enfants royaux défendent leur mère sur le point d'être condamnée à mort. Reprenant des arguments semblables à ceux de Mme de Staël, ils expliquent que la reine n'est que l'épouse du roi, qu'elle n'a donc aucun pouvoir et ne peut être politiquement coupable. Ils supplient donc la Convention de l'épargner, sans quoi eux-mêmes se verraient condamnés à plus ou moins long terme, apparaissant à la fois comme des intercesseurs et des victimes, ou plutôt des intercesseurs parce que victimes[93].

Le sentimentalisme royaliste est doloriste : les douleurs de la famille royale sont au centre du propos, les larmes coulent à flots et la mort est omniprésente. Cette tonalité si particulière n'est pas exclusive à cette famille de pensée. Elle est très à la mode dans toute l'Europe en cette extrême fin du XVIIIe siècle. En France, ce qu'on appelle la « Poésie de la nuit et des tombeaux[94] » connaît une grande vogue depuis 1769, date de la traduction des *Nuits* d'Edward Young par Le Tourneur. Il y a donc rencontre entre une sensibilité particulière aux thèmes funèbres, partagée par tous – Robespierre comme Manon Roland lisent Young –, et la réalité du sort de la famille royale, rencontre sans doute favorisée par le fait qu'une grande partie de la production monarchiste de la période provient de Londres. Dans un premier temps, entre la mort de Louis XVI et le début de l'année 1795, on retrouve cette sensibilité surtout dans les estampes. Les portraits des enfants royaux sont ainsi souvent imprégnés de ces motifs funèbres, en particulier, pour autant que l'on puisse dater les estampes, après la mort de leurs parents : ils sont alors orphelins et prisonniers, ce qui donne matière à toute une série de représentations de leur situation malheureuse. Le plus souvent, le frère et la sœur sont représentés sur des estampes différentes se faisant pendant. Deux catégories de portraits existent dans cette veine sépulcrale. D'abord, les portraits en buste, de facture en apparence classique mais dont la tonalité sinistre s'exprime par le symbolisme d'un cadre ou d'une légende. C'est le cas par exemple de celui de Madame par Claessens et Sauvage, qui la représente en deuil sur un fond noir avec pour lettre, au bas de la tablette du cadre : « De mes larmes au Ciel j'offre le sacrifice. » L'autre catégorie de portraits représente les enfants priant ou pleurant sur les cendres de leurs parents[95]. Le portrait de Madame édité par le Londonien Colnaghi rassemble tous les ingrédients du genre : urne funéraire, saule pleureur, princesse tordue de douleur et pleurant devant l'urne. La lettre de ce portrait est véritablement tragique : « Puisque mon père et ma mère m'ont été enlevés, Seigneur, élève-moi aussi près de toi. » Le désarroi causé par le décès de ses parents pousse la princesse à demander la mort. Ce type d'estampe est un appel à la compassion en même temps qu'il souligne une inquiétude latente chez les royalistes : la mort successive des membres de la famille royale laisse planer un doute sur le sort des enfants qui leur ont survécu[96].

3

L'Orpheline du Temple

Le 8 juin 1795, le jeune Louis XVII meurt sans jamais avoir revu sa sœur. Plus que des mauvais traitements infligés par Simon, parti du Temple au mois de janvier 1794, l'enfant a souffert de déplorables conditions d'hygiène, de solitude et, finalement, d'une forme de tuberculose fort semblable à celle qui a emporté son frère quelques années plus tôt. Marie-Thérèse n'apprendra cette mort, comme celle de sa mère et de sa tante, qu'un peu plus tard dans le courant du mois de juin, quand ses conditions de détention se seront améliorées. Dans les mémoires qu'elle écrit précisément au cours de l'été 1795, c'est cette mort qu'elle choisit pour clore son récit, soulignant au passage que, finalement, elle était peut-être le meilleur des sorts[1]. La princesse ne dit rien de ses derniers mois d'emprisonnement. Par pudeur, sans doute, mais aussi parce que ses mémoires sont avant tout un martyrologe dont, seule survivante, elle est nécessairement exclue. Ce silence laisse dans l'ombre un certain nombre d'événements ; pour l'historien, il est d'autant plus pesant que jamais, à l'extérieur de la prison, on n'a tant parlé de la princesse qu'entre juin et décembre 1795. En effet, immédiatement après la disparition de l'héritier du trône, articles de journaux, brochures, chansons la concernant se multiplient. Empruntant aux formes sentimentales et romanesques en vogue à cette époque, cette production sert, directement ou non, la cause royale que Marie-Thérèse finit par incarner. La princesse devient ainsi une prisonnière encombrante que la Convention va chercher à monnayer au mieux de ses intérêts. Six mois après la mort de son frère, elle est finalement libérée après de laborieuses négociations avec l'Autriche.

La jeune infortunée

La mort de Louis XVII au Temple est annoncée officiellement à la Convention le lendemain, 9 juin 1795. Dès le 12 juin, *Le Courrier républicain* déclare que « tout le monde s'accorde à dire que son intéressante et innocente sœur a été assez longtemps malheureuse et qu'il n'y aurait point d'inconvénient à la rendre à ses parents[2] ». Le 13, *La Quotidienne* rebondit sur cette idée et dénonce l'état de santé de la princesse qui risque de la conduire « au tombeau[3] ». Le même article est repris intégralement le 14 juin dans les *Annales patriotiques et littéraires de la France*, et, avec des aménagements, le lendemain, dans les *Nouvelles politiques nationales et étrangères. Le Messager du soir* du 14 juin propose de remettre la princesse à sa cousine, la duchesse d'Orléans, alors en liberté surveillée. Enfin, le 16 juin 1795, c'est au tour du *Journal de Perlet* de réclamer sa libération. Il propose lui aussi de la réunir à ses parentes encore en France. En quelques jours, une grande partie de la presse a pris position en faveur de la fille de Louis XVI, devenant le fer de lance d'une production protéiforme. Brochures, poèmes de toute facture se multiplient avec un certain succès[4]. Le *Mémoire adressé à la Nation pour Marie-Thérèse-Charlotte de Bourbon*, de Claude-François Beaulieu, connaît ainsi deux éditions en quelques semaines et au moins une contrefaçon[5]. Il semble également que plusieurs pétitions réclamant la mise en liberté de la princesse, dont celle de citoyens d'Orléans, aient été portées à la Convention, sans succès[6].

A la même période, un groupe de fidèles de la famille royale loue un appartement constitué de deux chambres et situé au quatrième étage de la rotonde du Temple pour y organiser des concerts en l'honneur de Marie-Thérèse. L'assistance est composée d'une centaine de personnes, dont des proches du souverain déchu : les couples Hue et Cléry, Jacques-François Lepître, Mme de Tourzel et ses filles. Quand la princesse sort pour ses promenades dans la cour, on entonne des romances de circonstance, créées par Mme Cléry, Jacques-François Lepître ou encore Mlle de Brévannes, future baronne de Charnacé[7]. La rotonde donnant directement dans la cour de la prison, la princesse peut profiter des concerts. Parfois, des informations importantes se glissent dans ces romances. On lui fait ainsi connaître sa libération prochaine par ces vers :

> Calme-toi, jeune infortunée,
> Ces portes bientôt vont s'ouvrir :
> Bientôt, de tes fers délivrée,
> D'un ciel pur tu pourras jouir.
> Mais, en quittant ce lieu funeste,
> Où règnent le deuil et l'effroi,
> Souviens-toi, du moins, qu'il y reste
> Des cœurs toujours dignes de toi[8].

Au début de l'automne 1795, ces réunions se multiplient et leur assistance s'accroît, ce qui oblige à louer un autre appartement, rue de Beaujolais[9]. Véritable foyer de propagande royaliste, elles accueillent divers artistes. On y trouve ainsi le comte de Paroy, parent éloigné des Polignac, qui, tout au long de la période révolutionnaire, entretient une intense activité de peintre et graveur contre-révolutionnaire. Il croque ainsi la princesse en train de dessiner dans la cour du Temple et en tire une gravure dont les nombreux exemplaires subsistants prouvent le succès[10]. Un autre artiste réalise le portrait de Marie-Thérèse « au télescope », autrement dit à partir d'une sorte de longue-vue. Les réunions de la rotonde du Temple contribuent ainsi à la création d'une figure sentimentale de Marie-Thérèse.

En effet, ouvrages et articles ne se contentent pas de réclamer la libération de la princesse : ils l'inventent ou la réinventent. Le public sait fort peu de chose de la personnalité de Marie-Thérèse qui n'a que seize ans et est enfermée depuis près de trois ans. Peu d'informations concrètes filtrent du Temple, toujours isolé de l'extérieur. La jeune fille n'a d'ailleurs aucun moyen de communiquer avec le public et son entourage refuse de prendre des initiatives susceptibles de les conduire à la guillotine. Le portrait véhiculé par les peintres, journalistes et écrivains est donc totalement imaginé.

Le matériau de départ reste l'image traditionnelle des princesses : il n'est pratiquement pas un écrit qui ne fasse mention de sa beauté, à un moment où à un autre, souvent en utilisant l'allégorie de la rose. Pour un poète anonyme, elle est tout simplement « la rose du Temple[11] ». Elle est également pieuse et vertueuse. Seule sa « piété héréditaire[12] » lui permet de supporter sa prison. Le comte Antoine Ferrand, dans son *Eloge funèbre d'Elisabeth-Philippine-Marie-Hélène de France,* en fait l'émule de sa tante, dont il célèbre la dévotion[13]. Ces formules issues du corpus traditionnel des images princières, facilement décryptables et utilisables, sont cependant rénovées et des images empruntées au goût sentimental de la période s'y superposent.

A la fin de l'été 1795, *La Quotidienne*, journal royaliste, publie des « Bulletins du Temple » dont on ne connaît pas l'auteur. Il s'agit d'un récit continu, d'une sorte de mini-roman-feuilleton qui commente les lectures de la prisonnière, les visites qu'elle reçoit, ou encore sa toilette. Cette dernière semble susciter particulièrement l'attention des lectrices, puisque l'un des bulletins se sent tenu de préciser aux « élégantes » que Marie-Thérèse ne porte pas de perruque et que la belle couleur de ses cheveux est tout à fait naturelle[14]. Chaque bulletin raconte un épisode de la vie de la princesse sous forme de petite scène où sont mis en valeur les sentiments des personnages et la manière dont ils les expriment :

> La fille de Louis XVI était au jardin lorsque Mme de Tourzel et Mme sa fille y arrivèrent.
>
> Avec quel empressement la prisonnière courut à elles, se précipita dans leurs bras, pressa la jeune dame contre son cœur ! Elle avait été la première compagne, la plus tendre amie de son enfance.
>
> Quel tableau touchant ! Quel attendrissant spectacle ! Aucun de ceux qui en furent témoins ne put retenir ses larmes : elles étaient délicieuses : c'était celles du sentiment[15] !

La rhétorique vise à créer une empathie entre les protagonistes de ces scènes et le lecteur. Le procédé utilisé ici est celui que l'on retrouve dans les romans sentimentaux. Ceux-ci se construisaient autour de moments clés descriptifs, véritables tableaux écrits entre lesquels la narration n'était qu'un mince fil directeur. Le tableau devait non pas tant rendre compte avec précision de la situation que communiquer au lecteur l'émotion éprouvée par les personnages. Par ce procédé, qui est à rapprocher de celui employé dans les estampes du cycle royal, Marie-Thérèse est transformée en héroïne romanesque. Sa situation s'y prête. La trame de sa vie répond rigoureusement aux critères du roman sentimental. Née princesse, la Révolution l'a plongée dans le malheur. Jeune fille de seize ans, orpheline, elle est persécutée malgré son innocence. On attend donc un dénouement heureux qui serait ici sa libération[16]. Une romance de Demoustier qui a connu un grand succès, *Pétition d'une jeune infortunée,* condense tous les clichés sentimentaux pour les appliquer à la princesse. Marie-Thérèse y apparaît comme une demoiselle sans défense, pleurant ses parents et réclamant un droit à la pitié, quitte à renoncer à son rang princier[17]. Cette figure sentimentale est déclinée à travers différentes thématiques qui, tout en appartenant à des répertoires littéraires connus de tous, sont particulièrement évocatrices pour les royalistes.

Le genre pastoral est ainsi fréquemment utilisé, comme dans la *Romance sur le chien et la chèvre élevés par Marie-Thérèse dans le Temple* :

> La fille des rois est bergère,
> Une chèvre forme sa cour ;

Elle a conservé l'art de plaire ;
Elle est encore reine d'amour :
Flore lui cède sa couronne,
Son sceptre est un bouquet de fleurs
Le frais gazon forme son trône,
Et son empire est dans nos cœurs[18].

La pastorale permet de présenter Marie-Thérèse hors de tout apparat princier, dans une simplicité étudiée. La princesse est comparée à une humble bergère dont la douceur et la bonté sont évoquées à travers l'affection qu'elle porte à ses animaux de compagnie. On retrouve dans ces écrits le goût de l'aristocratie de la fin du XVIIIe siècle pour la nature, pour une campagne paisible où l'on peut vivre de manière authentique, loin des faux-semblants de la société, ce que souhaitait Marie-Antoinette en construisant son hameau à Versailles. Mais on peut y percevoir aussi une nostalgie d'une société idéale sur laquelle des souverains régneraient par la douceur. Le discours pastoral peut donc aussi être interprété comme un discours contre-révolutionnaire sur un âge d'or perdu. Les animaux de Marie-Thérèse, son chien Coco notamment, deviennent alors des emblèmes de la fidélité monarchique :

Son chien fidèle accompagne ses pas
Toute la terre l'abandonne
Sa chèvre et son chien seuls ne l'abandonnent pas[19].

On retrouve la même ambiguïté quand l'histoire de Marie-Thérèse se pare des couleurs du genre troubadour. Né dans la seconde moitié du XVIIIe siècle, il n'a pas de signification politique, ou, en tout cas, celle-ci n'est pas univoque. C'est néanmoins un imaginaire prisé des royalistes qui y voient l'exaltation de valeurs qu'ils considèrent comme leurs. Au premier rang de celles-ci figure aussi la fidélité, incarnée cette fois par la figure du troubadour[20]. Dans la rotonde du Temple, les anciens serviteurs de la famille royale, prêts à tout pour distraire la princesse et lui rendre hommage, se comparent volontiers à celui qui est le héros de l'opéra *Richard Cœur de Lion*, de Sedaine et Grétry, le plus grand succès musical de la dernière décennie du règne de Louis XVI. L'opéra relate la quête de Blondel, serviteur de Richard alors emprisonné par Léopold d'Autriche, pour délivrer son maître. Il se fait passer pour un troubadour aveugle et chante au pied de la tour où est détenu le roi afin de l'informer de sa présence et de ses projets. S'inspirant de ce thème, Mlle de Brévannes compose une romance dans laquelle Hue est comparé à Blondel et Lepître écrit pour son propre compte la chanson du *Vieux troubadour*. Une autre romance du même type, *Le Chœur béarnais*, ou *Le Troubadour béarnais*, inventée d'abord pour Louis XVI par Gabriel-Joseph d'Eaubonne, est adaptée au sort de sa fille[21] :

Un troubadour béarnais,
Les yeux inondés de larmes,
A ses montagnes chantait
Ce refrain source d'alarmes :
La fille du roi Louis
Est en prison dans Paris[22].

De manière plus anecdotique, on trouve la princesse intégrée à la mythologie ossianique. L'Ossian de Macpherson appartient en effet au même univers que la littérature troubadour ou que la poésie nocturne évoquée précédemment. Ces genres naissent sensiblement au même moment et ont en commun de réhabiliter un imaginaire qui plonge ses racines dans le Moyen Age, que ce soit celui des châteaux forts et des abbayes, des valeureux chevaliers ou des bardes et troubadours[23]. Et c'est l'ensemble de cet imaginaire littéraire qui inspire les thuriféraires de Madame. Claude-François Beaulieu met en exergue de son *Mémoire* une citation d'Ossian. Joseph Michaud publie pour sa part un long poème inspiré du même ouvrage : *Chant de Selma sur la mort de son père Fingal.* L'œuvre de Macpherson y est suivie d'assez loin : la princesse est baptisée Selma, alors que ce nom est celui du palais d'Ossian[24]. On emprunte à l'écrivain une atmosphère plus qu'une histoire. Une atmosphère lugubre : la princesse s'adresse à la lune et appelle la mort de ses vœux. Le genre ossianique renoue avec la tonalité funèbre qui marque durablement le personnage de Marie-Thérèse.

C'est en effet cet aspect qui l'emporte : la princesse est avant tout une héroïne dans le goût des romans noirs ou gothiques importés d'Angleterre et acclimatés en France à la fin du siècle, qui dépeignent le sort souvent sinistre de jeunes femmes livrées à la persécution d'hommes plus ou moins malintentionnés dans des lieux sordides et abandonnés, généralement moyenâgeux. L'histoire de Marie-Thérèse recoupe là aussi toutes les caractéristiques de ce type de littérature[25]. Tout d'abord, elle est intimement liée à l'élément architectural d'origine médiévale dans lequel elle est recluse. La gravure de Paroy intitulée *Le Temple* atteste bien de la fascination qu'exerce le bâtiment en lui-même : la princesse apparaît certes au premier plan mais elle est pratiquement écrasée par l'édifice. La prison, par métonymie, en arrive à désigner celle qui s'y trouve enfermée. Dès l'été 1795, celle-ci est fréquemment appelée « la prisonnière du Temple » ou « l'Orpheline du Temple[26] ». Ensuite, Marie-Thérèse est une victime, et le Temple un lieu de souffrances : la princesse y subit les persécutions des commissaires de la Commune de Paris qui sont pour Michaud dans son *Opinion* des « bourreaux couverts du sang de sa famille[27] ». Enfin, les malheurs de Marie-Thérèse sont si grands qu'elle songe sans cesse à la mort et l'appelle de ses vœux.

> Seule avec sa douleur, livrée à elle-même, entourée de gardes et de verrous, elle n'a point d'amie qui soulage ses maux en les partageant ; elle n'a point de distraction aux chagrins qui la dévorent ; elle a sans cesse devant les yeux la place et l'image de ses parents ; semblable à la rose nouvelle qui, attaquée par un ver rongeur, languit et dessèche sur sa tige, elle rendra bientôt à la terre cette brillante dépouille qui aurait dû faire l'ornement et les délices de la société. Peut-être attend-elle avec impatience le moment fatal qui la réunira à sa famille. Dans l'état où elle est, l'existence peut-elle être un bienfait[28] ?

Au fur et à mesure de la parution des articles et ouvrages la concernant, Marie-Thérèse devient une héroïne de fiction dont l'ancrage dans le réel s'amenuise. Son histoire telle qu'elle est racontée touche le public car ses auteurs puisent leur inspiration dans l'air du temps. S'intéresser au sort de la princesse ne relève donc pas nécessairement du plus pur royalisme[29]. Cela peut cependant y conduire. C'est toute l'ambiguïté de cette production sentimentale conçue sinon totalement, du moins en partie, comme une formidable arme politique.

Une future reine ?

Marie-Thérèse devient une princesse à la mode au cours de l'été 1795, mais cette mode ne doit rien au hasard. Elle est majoritairement élaborée par des personnalités « de droite », autrement dit des royalistes ou des républicains modérés[30]. Ainsi Joseph-François Michaud, auteur à la fois de *L'Opinion d'un Français sur la détention de Marie-Thérèse-Charlotte de Bourbon* et de l'almanach *Les Adieux de Marie-Thérèse de Bourbon,* sous le pseudonyme de M. d'Albins. Fervent défenseur de la royauté, il a participé à la défense des Tuileries le 10 août 1792 et a dû se cacher par la suite. Il est le fondateur du journal royaliste *La Quotidienne,* qu'il recréera en 1814 en en faisant le fer de lance d'un royalisme militant et peu conciliant[31]. Tous les auteurs ayant écrit sur Marie-Thérèse n'ont pas un profil si affirmé. Charles-Albert Demoustier, à qui l'on doit la *Pétition d'une jeune infortunée,* est un écrivain prolixe dont rien ne permet d'affirmer qu'il ait été un sympathisant de la cause royale[32]. Bien que n'étant pas tous royalistes à proprement parler, les journalistes et écrivains de droite[33] ont en commun le refus de la politique démocratique de la « république jacobine » des années 1792-1794 et s'opposent, de manière plus ou moins larvée, à la Convention, soit parce qu'ils veulent changer de régime politique, soit parce qu'ils regardent cette assemblée comme corrompue et indigne de diriger le pays[34].

La Convention dite thermidorienne, c'est-à-dire l'assemblée élue en 1792 et épurée de ses éléments robespierristes depuis la fin du mois de juillet 1794, est plutôt impopulaire au printemps 1795. Le pays traverse alors une grave crise économique dont le gouvernement est rendu responsable. En outre, l'opinion se méfie de ces conventionnels dont certains sont soupçonnés de corruption ou de massacres au temps de la Terreur. Une certaine nostalgie du royalisme resurgit dans le pays, et s'accentue nettement à la fin de l'été. La nouvelle Constitution, en préparation depuis plusieurs mois, doit être promulguée et soulève un immense espoir. Or, cet espoir est vite déçu. La Convention, par deux décrets des 22 et 30 août 1795, connus sous le nom de décrets de Fructidor, décide de la reconduction des deux tiers de ses membres dans les conseils du nouveau régime, le Directoire. Autrement dit, la politique suivie a fort peu de chance de changer, et le personnel politique va rester en place. Ce contexte bénéficie à la droite qui, au cours de l'été 1795, devient majoritaire dans les sections et domine la capitale. Quand paraissent les décrets de Fructidor, elle décide de réagir à ce qu'elle regarde comme un coup de force. Le 13 vendémiaire an IV (5 octobre 1795), les sections parisiennes déclenchent une insurrection contre la Convention. Elle est sévèrement réprimée et les forces de droite, royalistes en particulier, sont provisoirement réduites au silence.

Durant toute cette période, qui va du mois de juin au mois d'octobre 1795, la presse de droite lutte donc contre la Convention. Cette presse est puissante, ses titres très nombreux et ses tirages fort importants : *La Quotidienne* tire à environ 8 000 exemplaires et *Le Messager du soir* à 12 000 exemplaires. En outre, elle est très bien organisée puisque des réunions régulières décidant de la ligne éditoriale ont lieu chez les propriétaires du *Journal des débats,* les frères Bertin[35]. Dans le combat d'opinion, elle se sert de Marie-Thérèse. Les articles et les brochures que les différents journalistes publient à son sujet sont conçus comme autant d'armes contre la Convention thermidorienne, qui devient la complice de la Terreur et le bourreau de la princesse. Implicitement, les vertus de Marie-Thérèse et de la famille royale sont opposées à la corruption des représentants du peuple dans un discours rappelant les bienfaits d'une monarchie placée entre les mains de princes aux qualités éprouvées.

Nombre de républicains ne s'y trompent pas :

> Des journalistes, dont il n'est pas bien difficile de connaître les intentions, donnent journellement le bulletin du Temple et ne cessent de s'apitoyer sur le sort de l'infortunée fille de Capet. « L'aimable princesse, disent-ils, pourrait bien ne pas quitter la France, ni même Paris. Dans l'état actuel des choses, ajoutent-ils, ceci nous paraît une énigme. Sans doute le temps nous en donnera le mot. Nous désirons bien vivement qu'il soit, autant qu'il est possible, favorable à *l'auguste captive,* et au bien public. » Le mot de votre énigme, messieurs, n'est pas bien difficile à deviner et, sans être sorcier, nous allons vous le dire : vous conservez toujours l'espérance de faire de votre adorable princesse une reine de France, dont vous serez ensuite les plats et misérables valets[36].

La démarche de la droite est clairement dénoncée et justement analysée : sous couvert de beaux sentiments, elle mène un combat politique qui vise à une restauration. Mais, dans ce combat, elle se heurte à deux obstacles.

Tout d'abord, elle n'a aucune unité idéologique. Les royalistes en forment le noyau dur mais ils sont divisés en deux camps au moins : les constitutionnels et les royalistes « simples »[37]. Les premiers sont les partisans d'une monarchie qui fonctionnerait sur les bases de la Constitution de 1791. Les seconds considèrent que la souveraineté réside dans la seule personne du roi et que l'hérédité et le droit divin sont les seules sources de légitimité. Leurs positions sont difficilement conciliables. Quant aux républicains modérés, leur alliance est nécessairement circonstancielle et le rétablissement monarchique ne peut être pour eux qu'une question secondaire. C'est pourquoi, au moment de l'insurrection de Vendémiaire, le programme des sections parisiennes est conçu sur le plus petit dénominateur commun : l'opposition à la Convention. Le mot d'ordre est d'approuver la constitution tout en rejetant les décrets prorogeant les deux tiers des députés. Il n'est pas question de roi, du moins officiellement[38]. La nouvelle constitution prévoyait un pouvoir exécutif indépendant des assemblées, susceptible cependant d'être par la suite exercé par un roi.

Or, le deuxième problème de la droite est précisément la question du prétendant, car la mort de Louis XVII lui ôte son seul candidat consensuel. Le jeune roi avait pour lui la légitimité et un âge laissant espérer que l'on pourrait faire son éducation et lui imposer une monarchie modérée. A sa mort, la légitimité passe à son oncle, le comte de Provence, désormais Louis XVIII[39]. Mais l'un des premiers actes du nouveau prétendant est de réaffirmer, dans la déclaration de Vérone du 7 juillet 1795, la souveraineté absolue du roi. Ce qui a pour effet de le perdre dans l'opinion des monarchistes constitutionnels, les plus nombreux. D'autres noms de candidats sont alors avancés, principalement celui du duc d'Orléans[40]. Néanmoins, sa parenté avec un régicide – son père, Philippe Egalité, a voté la mort du roi – rend difficile son accession au pouvoir pour une grande partie des royalistes, même modérés.

Finalement, pour réconcilier les deux branches du royalisme, il ne reste guère que Marie-Thérèse, qui a pour elle la légitimité de la souffrance et du malheur. Non seulement elle est la fille du dernier roi, mais elle est aussi celle d'un « martyr ». Sa jeunesse, le fait qu'elle n'ait pas émigré sont aussi un avantage : elle apparaît comme plus perméable aux idées nouvelles et, le cas échéant, plus malléable. En dépit de la loi salique, c'est vers cette solution que semblent s'acheminer une grande partie des royalistes durant l'été 1795. Mallet du Pan et l'un des correspondants du prince de Condé, l'abbé Aimé, affirment tous deux que la « pluralité des royalistes les moins factieux [...] se tourne trop généralement vers le jeune duc d'Angoulême et Madame Royale[41] ». Le projet était donc de la marier à son cousin germain, en faveur duquel leur oncle, Louis XVIII, aurait abdiqué. Cela présentait l'avantage de respecter la dévolution normale de la couronne de France, tout en donnant le trône à la très populaire fille de Louis XVI. Le duc d'Angoulême, en effet, ne peut recueillir pour lui-même les suffrages royalistes. Parti à treize ans en émigration, vivant depuis auprès de son père, le fils du comte d'Artois est un parfait inconnu en France. On lui réserve le rôle de consort, malgré ses titres propres à la couronne de France. Cette solution est celle qui séduit manifestement le plus grand nombre de royalistes et qui prévaut encore dans les années suivantes à chaque espoir de restauration[42]. La répression de l'insurrection du 13 Vendémiaire puis les échecs répétés des monarchistes à prendre le pouvoir en 1797 et 1799 ont seuls empêché Marie-Thérèse de monter sur le trône de France.

Le Temple s'entrouvre

La mort de Louis XVII a pour effet immédiat l'amélioration des conditions de détention de sa sœur. Il est très probable que le Comité de sûreté générale ait changé de politique sous la pression de l'opinion publique qui attribuait à sa négligence la mort du jeune roi et prétendait que sa sœur allait mourir à son tour. La campagne de presse en faveur de Marie-Thérèse débute, nous l'avons vu, le 12 juin 1795. Le lendemain, le Comité de sûreté générale demande à la commission administrative de police de lui fournir le nom de « trois femmes honorables » sous quarante-huit heures, afin d'en choisir une pour séjourner auprès de la princesse. Un autre arrêté, pris le même jour, sollicite des gardiens de la princesse un rapport sur les besoins matériels de cette dernière et sur la nourriture du Temple[43].

Le 20 juin 1795, le Comité de sûreté générale arrête que Madeleine-Elisabeth-Renée Hillaire de La Rochette, épouse Bocquet de Chanterenne, sera placée « pour [...] servir de compagnie » à Marie-Thérèse[44]. Mme de Chanterenne est née en 1762 d'un père armateur, peut-être noble, en tout cas ruiné pour avoir avancé de l'argent pour certaines expéditions maritimes du bailli de Suffren sous le règne de Louis XVI. Elle épouse tardivement, à la fin de l'année 1794, un veuf de cinquante-sept ans, Joseph-Louis Bocquet de Chanterenne, ancien président de l'élection de Meaux[45]. La nomination de Mme de Chanterenne est très probablement due aux relations de son père et de son mari. Le premier, Robert-Alexandre Hillaire de La Rochette, avait obtenu une place comme chef de bureau chargé de la liquidation de la Compagnie des Indes qui détenait le monopole du commerce avec l'Orient. On ne sait dans quelle mesure il a pu se trouver mêlé aux affaires de concussion liées à cette liquidation, mais il est assez probable qu'il en ait connu au moins certains aspects et qu'il en ait gardé des relations utiles. Quant au second, il siège, grâce à l'entregent de son beau-père, à la commission administrative de la police de Paris chargée de choisir une compagne pour l'illustre captive.

A ces recommandations familiales, Mme de Chanterenne ajoute un profil adéquat, n'ayant aucun lien avec la famille royale. Symptomatiquement, la presse la dit néanmoins femme de chambre de Marie-Antoinette, comme si la compagne de la princesse ne pouvait qu'être issue de la domesticité royale. Elle est inconnue du milieu royaliste, si bien que les journaux ont quelque peine à transcrire convenablement son nom et si elle a un frère émigré, la famille a, semble-t-il, réussi à faire oublier ce parent suspect[46]. L'entourage de Mme de Chanterenne est donc suffisamment neutre ou discret politiquement pour ne pas inquiéter le gouvernement. En outre, elle présente les compétences nécessaires, aux yeux du Comité de sûreté générale, pour éduquer Marie-Thérèse :

> Elle a été élevée avec soin et avec succès dans une aisance modérée.

> Quoique ayant habité longtemps la campagne, elle n'est point déplacée à la ville : ses sociétés, sans être très brillantes, ont toujours été choisies.
>
> Elle parle bien le français, l'écrit avec facilité et correctement. Elle sait aussi l'italien et un peu d'anglais.
>
> L'étude des langues, de l'histoire, de la géographie, la musique, le dessin, les travaux amusants et utiles de son sexe ont été les occupations de sa vie[47].

Deux critères ont retenu l'attention du Comité : son éducation et son milieu d'origine. Sur le premier point, elle a reçu une bonne instruction mais dans les limites « convenables à une femme ». Elle peut ainsi former et distraire Marie-Thérèse sans lui inculquer des idées dangereuses. En outre, son milieu, aisé mais en retrait des cénacles influents, en fait un instrument docile du gouvernement sans qu'elle soit pour autant totalement déplacée auprès de la princesse.

Son rôle consiste à s'occuper de la princesse et, probablement aussi, à la surveiller, même si ses convictions la portent vraisemblablement vers le royalisme. Elle doit ainsi rédiger des rapports réguliers sur la prisonnière pour le Comité de sûreté générale[48]. La tâche qu'on lui a assignée est lourde : elle ne peut sortir du Temple « que pour affaires indispensables[49] ». En outre, si elle est nourrie et logée, ses indemnités ne sont pas fixées immédiatement. Elle ne retire donc que peu de profit de ce poste, tout en étant elle-même en liberté surveillée. Si la conviction n'a pas guidé son choix, elle a fait un mauvais calcul. Au demeurant, les choses semblent très bien se passer avec la jeune fille qui manifeste une vive affection à celle qu'elle surnomme « Rennette ». Marie-Thérèse correspondra avec elle pendant son exil, l'autorisant à servir Caroline Murat, la sœur de Napoléon Ier devenue reine de Naples, et, dès son retour en 1814, lui fera verser une pension jusqu'à sa mort en 1838[50].

Quand Mme de Chanterenne arrive au Temple, Marie-Thérèse est seule dans sa prison depuis plus d'un an. Si les gardiens d'après Thermidor lui ont permis de retrouver des conditions de vie décentes, depuis la mort de sa tante, elle a passé le plus clair de son temps seule, sans personne à qui parler et sans pouvoir sortir de sa chambre. Physiquement, l'épreuve a dû la marquer, mais il est difficile de savoir dans quelle mesure. Le seul portrait de la princesse qui ne soit pas complètement inventé et date de cet été 1795 est celui dit « au télescope », dont il est difficile de tirer grand-chose. Les témoins de cette période n'en ont pas fait non plus de description précise. Marie-Thérèse a vraisemblablement pu échapper à la maladie et à l'état de délabrement général dont a été victime son frère en suivant les conseils de sa tante qui l'obligeait à conserver des horaires réguliers et à marcher à pas rapides dans sa chambre au moins une demi-heure par jour. Malgré tout, Marie-Thérèse devait être plutôt affaiblie pour que la première préoccupation de Mme de Chanterenne ait été de demander le rétablissement de ses promenades dans l'enceinte du Temple[51].

La nouvelle compagne de la princesse parvient ensuite à améliorer son environnement matériel. La commission des secours achète vêtements et fournitures diverses dont on connaît le détail grâce au démenti donné par le Comité de sûreté générale aux assertions de la presse qui prétendait que la princesse vivait dans le dénuement le plus total.

Les comités de gouvernement veillent avec soin à ce que les objets essentiels à sa propreté et à son entretien lui soient fournis avec exactitude. C'est par suite de leurs arrêtés que, depuis plus d'un mois, il a été fourni vingt-sept chemises de toile de Hollande super fine, six paires de bas de soie de couleur, six paires de souliers, deux déshabillés de taffetas de couleur, deux déshabillés de pékin et de cotonnade avec taffetas de Florence pour doublure. On a fait réparer de sa garde-robe tout ce qui était susceptible d'être encore mis, et notamment six redingotes de basin blanc pour le matin. Le dessin, la lecture et la promenade occupent tous ses instants ; elle a du papier, des crayons, de l'encre de Chine et des pinceaux. On ne lui refuse aucun des livres qui paraissent lui faire plaisir. Ceux qu'elle lit le plus attentivement sont les *Mondes* par Fontenelle et l'*Histoire de France* par Velly[52].

La vie de Marie-Thérèse retrouve donc un cours plus normal et Mme de Chanterenne veille à reprendre son éducation. La princesse a en effet du mal à parler distinctement, par manque de pratique, et son instruction a été laissée en friche. Marie-Thérèse reprend la lecture et doit rédiger des essais, notamment sur les histoires de France et d'Angleterre. Elle dessine également et, par beau temps, pose son chevalet dehors, prétexte pour que ses admirateurs puissent la voir depuis les fenêtres de la rotonde voisine.

Sur le plan psychologique, Mme de Chanterenne semble apporter à la princesse le réconfort dont elle a besoin. C'est vraisemblablement par elle que Marie-Thérèse apprend la mort des différents membres de sa famille, ce qui met fin à une longue et éprouvante incertitude. Si l'épisode du Temple et son cortège de morts ont indéniablement constitué pour la princesse un lourd traumatisme, son silence sur le sujet constitue un obstacle pour l'historien. Les mémoires qu'elle rédige au Temple, sans que l'on sache s'ils faisaient partie des exercices imposés par Mme de Chanterenne ou s'ils émanaient de sa propre volonté, ne révèlent ainsi presque rien de ses pensées intimes. Marie-Thérèse s'efface de son plein gré devant la légende dorée familiale.

L'arrivée de Mme de Chanterenne a été connue du public avec un peu de retard. Les *Nouvelles politiques nationales et étrangères,* un des premiers journaux à répandre la nouvelle, l'annoncent le 23 juin 1795, sous une forme erronée puisqu'elles prétendent que la princesse a deux compagnes et qu'elle a été envoyée à la campagne. Le Comité de sûreté générale n'a donc rien communiqué à la presse, pas plus le décret demandant le placement d'une femme auprès de la princesse que l'arrêté de nomination. A la suite de cette nouvelle, plusieurs femmes de l'entourage de la princesse, Mmes Hue, de Mackau et de Fréminville, demandent à leur tour à partager son emprisonnement ou, tout du moins, à la voir[53]. Elles essuient un refus, vraisemblablement en raison de leur proximité avec l'ancienne cour et de leurs possibles liens avec la Contre-Révolution.

Pourtant, des autorisations de visite furent accordées à quelques personnes, mais plus tard, dans le courant du mois d'août. La première d'entre elles est donnée à un personnage fantasque et improbable, Stéphanie-Louise de Bourbon, comtesse de Montcairzin. C'est du moins ainsi qu'elle prétend s'appeler depuis plusieurs années. Elle se dit la fille illégitime du prince de Conti et de la duchesse de Mazarin, d'où son titre qui est l'anagramme des noms de ses parents supposés. En réalité, cette femme, folle sans aucun doute, se nommait Anne-Louise-Françoise Delorme et avait épousé un procureur du bailliage de Lons-le-Saunier, M. Billet, dont elle était veuve. Se réclamant de sa parenté avec Marie-Thérèse, elle demande, dès le 22 juin 1795, à être réunie à sa « cousine » dans sa prison. Habilement, elle fait parvenir une pétition à la Convention et l'envoie dans le même temps à un journaliste des *Nouvelles politiques nationales et étrangères* qui publie son texte et s'associe à sa demande, suivi par d'autres journaux de droite. Malgré cette publicité, elle n'obtient d'abord rien. Mais elle revient à la charge les 20 juin et 12 juillet 1795 pour obtenir la simple permission de voir la princesse, n'hésitant manifestement pas à faire le siège des membres du Comité de sûreté générale. Enfin, le 18 juillet, elle obtient gain de cause et peut rendre visite à Marie-Thérèse au Temple. La victoire de Stéphanie-Louise est néanmoins de courte durée. Elle parvient à se rendre à trois reprises dans la prison, mais le 28 août l'entrée lui en est interdite, sur le vœu, semble-t-il, de la princesse, qui a dû se lasser de ce curieux personnage[54]. Cette aventure a malgré tout eu le mérite d'ouvrir le Temple sur l'extérieur. Un arrêté du 2 septembre 1795 autorise Mme de Tourzel, qui en avait elle aussi fait la demande, à aller rendre visite à Marie-Thérèse trois fois par décade[55]. Une semaine plus tard, c'est au tour de Mme de Mackau d'obtenir cette permission, en alternance avec Mme de Tourzel et sa fille[56].

Si la surveillance se relâche donc autour de Madame durant l'été 1795, les raisons qui ont poussé le Comité de sûreté générale à autoriser ces visites sont mal éclaircies. Les relations personnelles ont assurément joué. Il semble que François Bergoing, membre du Comité de sûreté générale depuis le mois de mars, ait facilité les démarches de la prétendue Stéphanie-Louise et de Mme de Mackau. Cette dernière bénéficiait par ailleurs du réseau de son fils, diplomate, qui a fait jouer ses relations républicaines et alsaciennes en demandant son aide à Reubell, un des membres du Comité de salut public. Par ailleurs, après le 10 août 1795, le gouvernement français sait que l'Autriche a accepté d'accueillir la princesse. Dans ces conditions, les comités ont probablement jugé qu'il n'était plus indispensable de maintenir des mesures draconiennes à son endroit, d'autant qu'il lui faudra une suite, même peu nombreuse, pour son voyage. Ces autorisations de visite sont peut-être autant de tests de la fiabilité des candidates à ce départ. Toutes les visiteuses ont en effet le désir d'accompagner la princesse dans son prochain exil[57].

Soupçons autour du Temple

Le 13 Vendémiaire n'a pas entraîné de changements sensibles dans les conditions de détention de Marie-Thérèse. Si les concerts donnés dans la rotonde par l'entourage de la princesse ont manifestement cessé, elle continue à recevoir de la visite. Mais un autre incident donne lieu à un regain de sévérité à son égard : l'arrestation de Pierre-Jacques Lemaître, un des agents du comte d'Antraigues. Emmanuel-Louis-Alexandre de Launay, comte d'Antraigues, avait mis en place, avec l'aide de l'ambassadeur d'Espagne à Venise, Las Casas, un réseau d'espionnage durant l'été et l'automne 1791. Le comte et ses agents, royalistes simples, étaient, en 1795 tout au moins, des soutiens de la politique des frères de Louis XVI et des partisans d'une Contre-Révolution violente. Le 12 octobre 1795, Lemaître, l'un des quatre principaux agents du réseau du comte en France, est donc arrêté et sa correspondance saisie. Le 8 novembre suivant, il est condamné à mort et, deux jours plus tard, exécuté[58], signant la fin du réseau d'espionnage d'Antraigues en France et jetant de nouveau le soupçon sur le Temple.

En effet, le jour même de la condamnation de Lemaître, Mme de Tourzel est arrêtée pour « conspiration contre la sûreté de l'Etat[59] ». La marquise reste trois jours au secret. Le lendemain de son arrestation, le Directoire, fraîchement nommé, décide d'interroger Marie-Thérèse et Mme de Chanterenne sur cette nouvelle « conspiration ». Deux jours plus tard enfin, un arrêté interdit à quiconque d'entrer dans le Temple et place Mme de Chanterenne au secret. Cette dernière se plaint amèrement, à plusieurs reprises, de sa situation auprès du gouvernement, mais sans résultat. Elle est retenue prisonnière au Temple, sans contact avec aucun membre de sa famille, jusqu'à la libération de la princesse, à la fin du mois de décembre[60].

Le motif de cette sévérité est simple : le Directoire aurait saisi une lettre prouvant les liens entre Mme de Tourzel et le réseau d'Antraigues. En effet, l'ancienne gouvernante des Enfants de France, sans être impliquée réellement dans l'agence de renseignements du comte d'Antraigues, a servi d'intermédiaire entre la prisonnière du Temple et son oncle Louis XVIII. Or, depuis l'installation du frère de Louis XVI à Vérone, durant l'été 1793, et celle d'Antraigues à Venise au mois de novembre de la même année, les liens entre le comte et le prince se sont affermis. Antraigues sert de principale source d'information au prétendant et ce dernier utilise son réseau pour faire parvenir des lettres à Mme de Tourzel, entre autres. L'ancienne gouvernante des Enfants de France remet ainsi, dès sa première visite, une lettre de Louis XVIII à sa nièce et la réponse de celle-ci parvient au prince émigré par le même circuit. Par ailleurs, la princesse ayant réclamé des nouvelles de l'état du pays et de l'Europe, un des agents d'Antraigues, l'abbé Brottier, se décide à lui faire parvenir une sorte de résumé de la situation politique de la France. Il lui en écrit ensuite un second, sur les ordres mêmes de Louis XVIII, extrait de sa correspondance secrète avec Antraigues[61]. Ces rapports passent aussi, très probablement, par l'intermédiaire de Mme de Tourzel. La complicité de cette dernière permet à la princesse de rompre son isolement, contre la volonté du gouvernement.

L'affaire Lemaître vient rappeler au Directoire que la prisonnière du Temple demeure une pièce importante dans le jeu de la Contre-Révolution et qu'elle requiert de sa part une attention soutenue. La princesse est resserrée étroitement dans sa prison pendant les mois de novembre et décembre 1795. A l'extérieur, plus rien ne filtre. Lasne et Gomin, le 20 novembre 1795, rapportent ainsi que le commandant de la garde, Chanet, leur a demandé qui ils gardaient réellement. Quelques jours plus tard, les journaux prétendent que Marie-Thérèse est partie pour Vienne, dans le plus grand secret[62]. Le Directoire a réussi à l'isoler de nouveau et à la soustraire aux regards trop curieux de l'opinion publique.

Quelque temps après l'affaire Lemaître, un incident diplomatique conforte le Directoire dans sa sévérité. Le comte Carletti, ambassadeur de Toscane en France, se préoccupe depuis plusieurs mois du sort de Marie-Thérèse. En juin 1795, il réclame la princesse pour son maître le grand-duc de Toscane, son cousin germain. Il essuie un refus sec de la part du gouvernement : les puissances étrangères n'ont pas à s'immiscer dans les affaires de la République. Pendant quelque temps, le comte Carletti se contente de cette réponse mais le 29 novembre 1795 il demande à présenter ses hommages à la princesse avant son départ. Il considère que, comme seul ministre étranger représentant l'un de ses parents, il doit lui présenter ses devoirs. La réponse du Directoire ne se fait pas attendre : il expulse purement et simplement l'ambassadeur. Charles Delacroix, ministre des Relations extérieures, dans la lettre qu'il envoie à Miot, ambassadeur de France en Toscane, considère que « M. Carletti a manqué essentiellement, lorsqu'il s'est permis, étant envoyé auprès d'une république, de vouloir rendre de prétendus devoirs à une personne que les lois constitutionnelles de cette république ne considèrent que comme un individu isolé et sans qualité et ne jouissant d'autres droits que ceux que sa position lui donne à l'humanité et aux égards des autorités chargées de son sort ». Le geste de l'ambassadeur toscan est regardé comme une mise en cause directe du statut de la République, comme un défi lancé à la nation française. La réaction du gouvernement est d'autant plus vive qu'il est alors en délicatesse avec la Toscane dont le grand-duc ne marque aucun empressement à empêcher les actions antifrançaises commises à Livourne, ni à expulser les émigrés de son territoire. Considérant néanmoins que Carletti n'a pas agi avec l'accord de son gouvernement, Delacroix réclame un autre ambassadeur. Le comte a en effet toujours affirmé agir officieusement et présenté ses démarches pour voir Marie-Thérèse ou obtenir son départ comme des initiatives personnelles. Il semble effectivement que les instructions de Carletti aient clairement comporté l'ordre de ne pas se mêler de ce qui regardait la fille de Louis XVI. En outre, il a été disgracié à son retour en Toscane[63] : il aurait donc agi de son propre chef. Son attitude a pour double effet d'entretenir la méfiance du Directoire à l'égard de la prisonnière du Temple et de ramener l'attention du public sur elle.

Le gouvernement fait en effet publier l'intégralité de l'affaire dans les journaux, dont *Le Moniteur*. La surprise le dispute à l'incrédulité dans les articles qui accompagnent cette publication. *Le Moniteur* déclare que le gouvernement devait avoir de bonnes raisons d'agir ainsi et que la République ne peut trop se méfier des puissances étrangères, tout en se demandant si publier une correspondance diplomatique est bien légal[64]. Les *Nouvelles politiques* trouvent les explications données par le Directoire « trop peu authentiques pour mériter d'être publiées[65] ». Le reste des journaux soulignent que la réaction du gouvernement est disproportionnée et soupçonnent d'autres motifs. Les plus audacieux s'insurgent contre la réaction du Directoire :

> Mais, dites-vous, nous sommes républicains, l'égalité est notre idole et la fille d'un roi n'est pas plus à nos yeux que la fille d'un cordonnier. Républicains, je vous

admire ; mais vous ne prétendez pas sans doute obliger le monde à penser comme vous. Comment donc osez-vous blâmer le ministre d'un prince souverain de parler avec respect de la parente de son maître ? Et d'ailleurs, descendez dans votre conscience, interrogez votre cœur ; si cette infortunée paraissait devant vous à côté de la plus jolie lingère du monde, sur qui se fixeraient le plus souvent vos regards ? A qui prêteriez-vous une oreille plus attentive ? Votre cœur ferait mentir à chaque instant vos principes fastueux et vous seriez tous les premiers forcés de *respecter*[66].

Cet article met en lumière ce qui est, finalement, le véritable enjeu de l'affaire : l'attitude à adopter à l'égard d'une princesse royale. En interrogeant Marie-Thérèse pour l'enquête sur Lemaître comme une simple particulière, en expulsant Carletti, le Directoire réaffirme l'indépendance de la République et son détachement vis-à-vis de la royauté. Si la princesse doit être traitée avec certains égards, ce n'est qu'en vertu de son utilité pour la République.

La libération

L'affaire Carletti survient à un moment où le sort de Marie-Thérèse apparaît comme déjà réglé. Le 30 juin 1795, Treilhard, au nom du Comité de salut public, présente à la Convention un rapport dans lequel il propose que la princesse soit remise à l'Autriche en échange des députés et ambassadeurs français retenus par le gouvernement autrichien. Le décret proposé est immédiatement voté : c'est un véritable ultimatum que le Comité de salut public impose à l'Autriche qui n'a jamais fait aucune démarche pour récupérer la princesse. La décision du Comité est envoyée par l'intermédiaire des généraux français aux généraux autrichiens et le marquis de Barthélemy est chargé de la communiquer aux alliés de la France et aux neutres. Le Comité veut le plus de publicité possible autour de cette déclaration :

> Il faut que tout le monde connaisse la proposition faite à l'Autriche et qu'on sache enfin si elle préférera le plaisir de perpétuer des actes de violence que rien ne peut excuser à celui de procurer la liberté à ses parents, à ses amis[67].

L'Autriche est mise au pied du mur par la « générosité » française. De fait, son gouvernement est fort ennuyé. Le baron de Thugut, qui s'occupe de la diplomatie autrichienne, apprend la nouvelle par voie de presse et envisage un moment de ne pas y répondre. Il trouve que l'échange est inconvenant – on n'échange pas une cousine de l'empereur contre des ministres républicains – et craint surtout les dépenses occasionnées par l'accueil de la princesse[68]. Néanmoins, il est impossible à l'Autriche de refuser de recevoir Marie-Thérèse une fois que l'empereur a eu officiellement connaissance des exigences françaises. Le 30 juillet, François II adresse au commandant de ses armées, le maréchal Clerfayt, une note acceptant les termes de l'échange mais exigeant que, par la même occasion, les prisonniers de guerre, dont il cherche à obtenir la libération depuis l'hiver, fassent eux aussi l'objet d'un échange. Le gouvernement français désigne alors

Jacques-Augustin Bacher, secrétaire-interprète de l'ambassade de France en Suisse, comme agent chargé de ces négociations. Ce dernier a pour mission d'accepter sous la condition *sine qua non* de l'échange des représentants français contre « la fille du dernier roi des Français[69] ».

Les négociations commencent donc entre Bacher et le baron de Degelmann, ministre d'Autriche en Suisse, par l'intermédiaire du bourgmestre de Bâle, Peter Burckhardt (francisé en Bourcard). Dès la mi-septembre, le cartel d'échange des prisonniers de guerre est réglé et il n'est plus question que des prisonniers politiques. Marie-Thérèse doit être échangée contre les députés livrés par Dumouriez au moment de son passage à l'ennemi au mois de mars 1793, à savoir Armand-Gaston Camus, François Lamarque et Nicolas-Marie Quinette, le député Jean-Baptiste Drouet, capturé dans les Ardennes par les Autrichiens, et les ambassadeurs Charles-Louis Huguet de Sémonville et Hugues-Bernard Maret, pris en Valteline au mois de juillet 1793, alors qu'ils se rendaient en mission diplomatique dans les cours italiennes[70]. Trois points achoppent au cours des négociations.

Le premier est la volonté de la cour d'Autriche de voir Mme de Tourzel accompagner la princesse à Vienne, volonté formulée fermement à plusieurs reprises. Le gouvernement autrichien souhaite que la princesse n'arrive pas complètement seule à Vienne, mais il faut que la personne soit fiable politiquement et moralement. Seule Mme de Tourzel semble remplir ces conditions aux yeux des Autrichiens. Dans un premier temps, le Comité de salut public ne fait aucune difficulté, mais, à la fin du mois d'octobre 1795, Charles

Delacroix, le ministre des Relations extérieures, exclut formellement Mme de Tourzel du cortège de la princesse, sans toutefois communiquer cette décision aux Autrichiens. On suggère alors au ministre de substituer Mme de Mackau ou sa fille, Mme de Soucy, à Mme de Tourzel. La première étant trop âgée, c'est sur sa fille, elle aussi ancienne sous-gouvernante des Enfants de France, que le choix se porte. La raison du rejet de Mme de Tourzel n'est jamais clairement formulée. D'après les dires de Mme de Soucy, elle aurait été soupçonnée par le gouvernement français de liens avec l'Autriche, ce que confirme sa fille, Pauline de Tourzel, dans ses mémoires, en disant que l'on craignait qu'elle et sa mère n'encourageassent un mariage autrichien. Quoi qu'il en fût, la découverte, quelques semaines plus tard, des liens entre Mme de Tourzel et Lemaître rendait son départ impossible. Bacher se contente pour sa part d'expliquer à Degelmann que c'est la princesse elle-même qui a préféré Mme de Soucy à Mme de Tourzel, ce qui est faux mais permet de ne pas donner à l'Autriche de motif de rompre les négociations[71].

Le deuxième point d'achoppement est la question des princes de la famille de Bourbon toujours en France. Marie-Adélaïde de Bourbon-Penthièvre, duchesse d'Orléans, ses deux fils cadets, le duc de Montpensier et le comte de Beaujolais, Louise-Bathilde d'Orléans, duchesse de Bourbon, et le prince de Conti étaient toujours emprisonnés. Le décret de la Convention mentionnait que ceux d'entre eux qui le désiraient pourraient partir avec la princesse en Autriche. Le gouvernement de l'empereur veut savoir de quoi il retourne et s'assurer à la fois de la sûreté des princes et de leurs revenus en cas de départ de France. Aussi Degelmann insiste-t-il pour connaître leurs intentions et l'étendue de leurs fortunes. Le Comité de salut public puis Delacroix se montrent extrêmement réticents à donner une indication quelconque à ce sujet. Bacher explique que ces princes ont toujours servi la République et qu'ils n'éprouvent donc pas le besoin de partir. Quand les jeunes princes d'Orléans tentent de s'évader et que l'affaire revient aux oreilles de Degelmann, il s'entend répondre qu'il n'avait jamais été question des princes d'Orléans, aux mains de la justice française[72]. Les négociations sont alors trop avancées pour que l'Autriche puisse reculer et, dans le fond, elle n'est probablement pas mécontente de ne pas avoir à se charger de l'entretien de plusieurs princes.

Enfin, dernier élément problématique, du côté français cette fois : la question des effets des prisonniers. Mme de Sémonville et Mme de Montgeroult, dont le mari est mort en captivité, veulent la restitution de leurs biens, surtout de leurs bijoux, subtilisés par les Autrichiens au moment de la capture de leurs époux. Degelmann, considérant que les négociations sont terminées au moment où cette réclamation lui parvient, refuse tout inventaire des objets réclamés par les prisonniers et leurs familles. Au final, tout est restitué mais Degelmann insiste sur le fait que c'est une grâce particulière de la cour d'Autriche et en aucun cas un dû aux prisonniers républicains[73].

Deux logiques s'opposent donc au cours de ces négociations. D'un côté, les Autrichiens y voient une affaire dynastique qu'on les oblige à régler à la face de l'Europe et dont ils comptent s'acquitter le mieux possible. A l'inverse, les républicains français veulent mettre en avant leur bon droit. Les prisonniers détenus par l'Autriche le sont indûment et tout doit être fait pour les restaurer dans leur honneur. Les Bourbons, du point de vue français, ne sont plus qu'une monnaie d'échange qu'il s'agit de faire valoir au mieux et les assurances données à l'Autriche ne sont rien comparées aux intérêts de la République. Dans cette négociation, en effet, le gouvernement français fait preuve d'une dissimulation qu'il ne cesse pourtant de reprocher à son adversaire et, au bout du compte, ce sont les exigences autrichiennes qui ne sont pas remplies, non les demandes françaises. Le gouvernement français est en outre responsable de la longueur des négociations. Les prisonniers détenus par l'Autriche sont à Fribourg, prêts à être échangés aux environs du 15 novembre, et le prince de Gavre, chargé d'escorter la princesse, se trouve à Bâle dix jours après. L'échange n'a pourtant lieu qu'un mois plus tard, sans doute à cause de la mise en place du Directoire à Paris. Toujours est-il que l'attente suscite l'impatience des Autrichiens qui menacent de partir[74]. Enfin, la princesse quitte Paris dans la nuit du 18 au 19 décembre 1795.

Que retire, finalement, le gouvernement français de cette négociation imposée à l'Autriche ? Les ministres et députés détenus en Autriche y étaient depuis plus de deux ans et l'on ne s'en était pas préoccupé auparavant, pas même quand l'empereur avait proposé l'échange de prisonniers de guerre. Cette transaction n'a vraisemblablement été, de la part du gouvernement français, qu'un prétexte pour ouvrir un dialogue et rechercher la paix. La politique extérieure de la France thermidorienne et directoriale en 1795 repose sur le désir de paix, mais d'une « paix glorieuse » qui doit permettre de stabiliser le régime et de terminer la

Révolution. Dans le même temps, la France doit pouvoir s'imposer face aux monarchies européennes et être reconnue comme république[75]. Les républicains considèrent d'abord qu'ils doivent s'allier avec la Prusse pour retrouver une place dans l'ordre européen. Mais, malgré la signature de la paix au printemps 1795, cette piste se révèle décevante. Le Comité de salut public change alors de tactique et tente de gagner l'alliance ou la neutralité autrichienne. Et c'est là qu'interviennent à la fois l'échange de la princesse et l'envoi, en parallèle, d'agents auprès de la cour autrichienne. Un certain Meresuin propose un armistice à Thugut, probablement au début de l'été 1795, puis le marquis de Potérat est envoyé à Vienne à la fin du mois d'août, tandis que Degelmann reçoit à la même époque la visite d'un émissaire du Comité de salut public, Charles Thé-remin. On ne connaît pas le détail des discussions qui ont lieu entre ces envoyés et les ministres autrichiens mais, le 27 novembre, Potérat reçoit les pleins pouvoirs pour négocier la paix. Le même jour, un autre arrêté du Directoire ordonne l'accélération du processus d'échange. Jouant des solidarités dynastiques entre Bourbons et Habsbourg, le gouvernement français a offert Marie-Thérèse en échange d'un traité de paix. Cette politique est un échec : à ce moment-là, l'Autriche n'envisage pas sérieusement de signer la fin des hostilités, encore moins de reconnaître le nouveau régime[76].

Français et Autrichiens s'accordent au moins sur un point : l'échange doit avoir lieu dans la plus grande discrétion. Pour le gouvernement français, il s'agit d'éviter tout mouvement de curiosité ; pour le gouvernement autrichien, c'est une question de décence : les circonstances et la situation de la princesse ne peuvent se prêter à des manifestations d'éclat. Marie-Thérèse quitte Paris de nuit et ce départ n'est connu du public que quelques jours plus tard par un entrefilet, probablement de source officielle, dans lequel la princesse est étrangement nommée Charlotte-Antoinette. Les consignes données au capitaine de gendarmerie Méchain, chargé de l'escorte de Marie-Thérèse, lui imposent le plus strict anonymat. Ses passeports indiquent qu'il voyage avec sa femme, jouée par Mme de Soucy, et sa fille, Sophie, qui n'est autre que la princesse[77]. La suite de Madame, fort réduite, est composée du fils de Mme de Soucy, et d'une de ses femmes de chambre, de Hue, Baron et Meunier qui voyagent dans une voiture séparée. L'échange a lieu également de nuit, le 26 décembre, dans la maison de campagne d'un riche commerçant de Bâle, M. Reber, près de la ville dont les portes ont été fermées à la tombée du jour pour éviter tout afflux de curieux. Là, seule la princesse est remise à l'Autriche, tandis que les représentants et ambassadeurs français sont acheminés jusqu'à Bâle.

Malgré ces précautions, toute publicité n'est pas évitée et l'anonymat de la princesse ne tient pas. Le comte Carletti, qui précède par hasard la voiture de Méchain, s'empresse de faire connaître l'identité de la personne qui voyage à quelque distance de lui. En outre, Marie-Thérèse n'accepte pas de jouer le rôle qu'on lui impose. Elle ne supporte pas la familiarité de Méchain, qui l'appelle Sophie, et ne cesse de lui donner du « Monsieur ». Dès Provins, la princesse est reconnue. A Chaumont, leur hôtel est pris d'assaut par une foule curieuse et manifestement bien intentionnée[78]. A Bâle encore, au moment de son départ, un certain nombre de personnes se rassemblent sur le chemin de la princesse « avec de grosses lanternes élevées en l'air[79] » pour lui rendre hommage. Au demeurant, cela n'empêche pas que les députés et ambassadeurs libérés aient droit eux aussi à un bon accueil de la part des Bâlois.

L'événement ne s'est donc pas déroulé avec toute la discrétion souhaitée, mais il n'a pas donné lieu non plus à des débordements, d'un côté ou d'un autre. Il a néanmoins offert l'occasion, pour les partisans de la royauté, de véhiculer une nouvelle image de la princesse. Carlo Lasinio grave ainsi deux estampes qui viennent clore le cycle royal entamé avec les représentations des derniers instants de Louis XVI. Il décompose l'épisode en deux tableaux : la sortie du Temple et l'échange à proprement parler, où les prisonniers français figurent probablement au second plan[80]. Ces estampes célèbrent la fin de l'emprisonnement de la famille royale et de son supplice : elles appartiennent entièrement à l'imaginaire contre-révolutionnaire. En revanche, la représentation de l'échange la plus diffusée, publiée par Christian de Mechel à Bâle, a un sens bien différent[81]. Elle est plus descriptive et, dans le même temps, plus exacte, puisque le peintre, Antoine-Louis-François Sergent, a, semble-t-il, suivi la princesse depuis Paris jusqu'à l'entrée de la maison Reber[82]. Cette estampe ne célèbre rien mais informe sur un épisode supplémentaire de la Révolution française. Sergent est d'ailleurs le seul à réaliser un pendant à cette scène en peignant l'arrivée des prisonniers français à Riechen, près de Bâle. C'est encore Sergent qui peint le premier portrait de la princesse après sa captivité. Il en fait plusieurs copies dès son arrivée à Bâle, sur la demande de proches des princes : un exemplaire est expédié au prince de Condé et un autre à la princesse de Piémont, tante de Marie-Thérèse. Ce portrait est également publié chez Mechel quelques jours après l'arrivée de la princesse. Le graveur anglais Valentine Green et le peintre Charles Dabos en feront une deuxième version, dédiée à la princesse anglaise Charlotte-Augusta de Hanovre. Ce portrait, qui ne « flatte » pas la princesse, connaît pourtant encore d'autres variantes. Il est pour l'Europe le visage de l'Orpheline du Temple libérée de la Révolution[83].

4

L'exil
(1795-1814)

Marie-Thérèse quitte son pays à contrecœur : « Je n'oublierai jamais que je suis française », aurait-elle dit en pleurant à Bacher au moment de sa remise aux mains du baron Degelmann[1]. Peut-être pressent-elle alors qu'elle part pour un long moment ; elle attendra vingt ans avant de pouvoir retourner en France. Durant ces vingt années, elle va être accueillie par différents monarques européens qui sont, sinon tous ses parents, du moins des anciens alliés de sa famille. Le plus souvent, les souverains régnants ne s'occupent guère des exilés qui les gênent dans leurs manœuvres politiques. Néanmoins, ils se sentent tenus d'offrir à la survivante de la famille royale française un minimum de soutien, au nom d'une forme de solidarité dynastique qui, si elle n'est pas sans faille, est profondément ancrée dans la mentalité des monarques de l'époque. Dans un premier temps, Marie-Thérèse est à Vienne, dans la famille de sa mère. Elle ne s'y rend pas de gaieté de cœur, mais, finalement, les trois années qu'elle y passe sont sans doute les plus heureuses de toutes celles de son exil : elle y occupe son rang, aux côtés de princes et de princesses de sa génération. Les impératifs dynastiques vont cependant l'arracher à ce cocon et elle rejoint en 1799 le frère de son père, le comte de Provence, devenu Louis XVIII pour les royalistes. Le prétendant au trône de France cherche à capter la popularité de sa nièce et en fait une pièce essentielle de sa politique dynastique et de la propagande royale. Attachée désormais à la destinée de son oncle, Marie-Thérèse le suit pas à pas dans ses errances à travers l'Europe.

La famille impériale

Le baron de Thugut avait accueilli sans empressement excessif l'annonce de l'arrivée de Marie-Thérèse à Vienne :

> D'ailleurs, la princesse par elle-même ne saurait qu'être embarrassante. Qu'en ferait-on ? La mettrait-on en seconde avec Madame l'archiduchesse Marianne *[sic]* au chapitre de Prague ? Proposerait-on à la reine de Naples de s'en charger[2] ?

Du point de vue du ministre autrichien, la princesse risque d'être un poids mort. La famille impériale est déjà nombreuse, et une bouche supplémentaire n'est pas forcément la bienvenue. Cependant, l'hostilité de Thugut, qui ne verra quasiment pas la princesse de tout son séjour à Vienne, ne reflète probablement pas l'avis de la famille impériale : le fonctionnement de la maison de Habsbourg-Lorraine ne pouvait se permettre de rejeter purement et simplement Marie-Thérèse-Charlotte. La dynastie de Habsbourg-Lorraine, toute récente, est née de l'union de Marie-Thérèse d'Autriche, reine de Hongrie et de Bohême, et de François de Lorraine, dernier des ducs de Lorraine, qui avait cédé son duché à

Stanislas Leszczyński, beau-père de Louis XV, en échange de la Toscane. Marie-Thérèse avait hérité des territoires des Habsbourg en vertu d'une loi impériale, la pragmatique sanction de 1713, prise par son père, l'empereur Charles VI. Jusque-là, les femmes ne succédaient pas à leur père dans les territoires héréditaires de la maison de Habsbourg[3]. Marie-Thérèse a donc dû imposer sa légitimité à l'intérieur de ses propres Etats, notamment en développant une importante propagande autour des ancêtres des deux époux. Elle renouvelle en outre la politique dynastique des Habsbourg en tissant un solide système d'alliances, formidable atout de politique extérieure. Ce « système marie-thérésien[4] » repose sur une forte solidarité familiale. C'est ainsi que l'impératrice avait pris l'habitude de correspondre avec toutes ses filles mariées pour leur dicter leur ligne de conduite et les employer à la politique étrangère de Vienne. Cela n'a d'ailleurs guère porté chance à ces princesses, généralement très mal vues de leur peuple, Marie-Antoinette la première. Par ailleurs, les membres de la famille impériale voyagent beaucoup, plus que les Bourbons ou les Hanovre. Les relations entre archiducs sont ainsi sans doute plus étroites que dans n'importe quelle autre dynastie européenne. Or, Marie-Thérèse-Charlotte est fille d'une archiduchesse et petite-fille de l'impératrice Marie-Thérèse, fondatrice de la dynastie. Cette filiation rend pratiquement impossible son abandon par la Maison d'Autriche. C'est au nom de cette solidarité dynastique que la reine de Naples, Marie-Caroline, tante de Marie-Thérèse, propose spontanément de veiller sur la princesse, qu'elle recommande ensuite chaudement à sa fille l'impératrice[5].

Cette solidarité dynastique se révèle d'autant plus incontournable dans le cas de Marie-Thérèse qu'elle est auréolée de ses malheurs et de ceux de ses parents. Les prisonniers du Temple apparaissent comme les victimes d'un peuple impie ; leurs malheurs leur confèrent une réputation de héros et de martyrs. La famille impériale autrichienne manifeste beaucoup d'admiration pour la famille royale française emprisonnée et la constance qu'elle a, dit-on, montrée dans ses malheurs. On sait que l'archiduchesse Marie-Anne, sœur de l'empereur François, vouait un véritable culte à Madame Elisabeth. Marie-Caroline, quant à elle, entretient avec ferveur la mémoire de sa sœur Marie-Antoinette, dont elle était très proche. Vers 1795, elle commande au peintre Peter-Eduard Stroely des miniatures de toute la famille de Naples sur lesquelles elle se fait représenter en manteau fleurdelisé devant le buste voilé de sa sœur défunte et fait représenter sa propre fille, Marie-Antoinette, en train de déposer des fleurs sur un autel frappé de fleurs de lys, en hommage à sa tante et homonyme. Elle fait aussi peindre un portrait de Marie-Thérèse, d'après une miniature que celle-ci lui a fait parvenir. La princesse y est montrée en pied, en deuil, auprès des urnes funéraires de ses parents, un texte à la main, probablement le testament de Louis XVI[6]. Elle suscite donc l'intérêt auprès de ses parents autrichiens d'un point de vue à la fois personnel, dynastique et idéologique.

De son côté, en revanche, Marie-Thérèse n'éprouve guère de sympathie *a priori* pour sa famille autrichienne. Son entourage, depuis Madame Elisabeth, très proche de ses frères émigrés, jusqu'à Mme de Tourzel, était au moins réservé à l'égard de la Maison d'Autriche. Dans ses mémoires, Marie-Thérèse accuse même directement l'empereur d'avoir laissé mourir sa mère[7]. Le trajet entre Bâle et Vienne n'éteint en rien ses préventions. A Bâle, Madame a été prise en charge par le grand maître de sa future Maison, le prince de Gavre, qui a reçu des consignes très strictes : aucun Français ne doit approcher la princesse sur son chemin. Elle n'a pas le droit non plus de prendre contact avec ses oncles paternels en exil. Elle doit attendre d'être à Füssen, dans le Tyrol, chez son grand-oncle, l'archevêque-électeur de Trèves Clément de Saxe, pour pouvoir écrire à Louis XVIII en toute sûreté. Enfin, le premier contact avec la famille impériale est plutôt mauvais. Le 1er janvier 1796, à Innsbruck, Marie-Thérèse rencontre sa tante Elisabeth d'Autriche, abbesse du chapitre des dames nobles de la ville. Elle avait été destinée à Louis XV dans sa jeunesse mais défigurée par la petite vérole avant que les négociations n'aboutissent. Plus tard, après la mort de leur mère, Joseph II l'avait exclue de la Cour avec leur sœur Marie-Anne, l'empereur ne voulant plus de ces sœurs à la trop forte personnalité qui avaient une fâcheuse tendance à se mêler de politique. Elisabeth, en accueillant Marie-Thérèse, lui ordonne sans ménagement une soumission complète à l'empereur, et lui explique qu'elle est destinée à monter sur le trône de France au côté de l'archiduc Charles, frère de François II. Ces propos déplaisent souverainement à la princesse, qui part d'Innsbruck très mécontente et fort prévenue contre la politique autrichienne[8].

Dans ces conditions, son arrivée à la Cour ne se fait pas sans difficulté. Dans un environnement très antifrançais et contre-révolutionnaire, Marie-Thérèse proclame son attachement à son pays et refuse de condamner les révolutionnaires en bloc, n'incriminant que les robespierristes. Sans doute faut-il mettre cette attitude sur le compte de Mme de Chanterenne : le reste de la famille royale n'était guère enclin à l'indulgence et Madame elle-même, quelques années plus tard, se montrera moins clémente. Mais, sur le moment, la princesse fait preuve d'une magnanimité qui choque profondément la cour de Vienne. En outre, Marie-Thérèse se révèle dotée d'un tempérament déterminé, impatient, qui surprend désagréablement. A cela s'ajoute une forme de rudesse dans sa manière d'être, due sans doute à la fois à une certaine timidité et à la perte de repères induite par la prison. La méfiance qu'elle suscite est telle que l'ambassadeur d'Angleterre en Autriche conseille à François II de se débarrasser de son encombrante cousine. L'empereur n'en fait rien mais, dans un premier temps, maintient Marie-Thérèse dans un certain isolement en attendant vraisemblablement qu'elle s'acclimate et change de dispositions d'esprit[9]. Sa patience est récompensée : d'abord rétive, Marie-Thérèse se lie peu à peu à ses parents autrichiens.

La famille impériale est nombreuse. Marie-Thérèse d'Autriche avait eu seize enfants, dont dix avaient survécu, et son fils Léopold II autant. Si les oncles et tantes de Marie-Thérèse ne vivent, pour la plupart, plus à Vienne, le palais de la Hofburg, résidence habituelle de la cour impériale, abrite pratiquement tous ses cousins germains ainsi que les enfants du couple impérial. Les préjugés qu'elle pouvait nourrir à l'égard de François II tombent très vite. Si l'empereur est jaloux de son autorité et n'aime guère être contredit sur le plan politique, c'est dans son intérieur un homme simple et agréable. Les rapports que lui et la princesse entretiendront tout au long de leur vie montrent une réelle affection et une estime réciproque. Quand, dans le courant de l'année 1796, François II commande une série de portraits miniatures pour sa collection personnelle au peintre Friedrich Heinrich Füger, Madame a droit au sien, à l'égal des autres archiduchesses. Marie-Thérèse lui manifeste pour sa part une très vive reconnaissance et le considère comme son « libérateur ». Avec l'impératrice, les relations ne sont pas aussi bonnes. Marie-Thérèse de Bourbon-Naples est la deuxième épouse de François II et la fille de l'archiduchesse Marie-Caroline, elle est donc Bourbon et cousine germaine de la princesse. Leurs rapports sont pourtant exécrables. La popularité de la princesse française aurait incommodé sa cousine, personnage par ailleurs fantasque qui ne s'entend pas non plus avec le reste de la famille impériale[10].

Marie-Thérèse est, en revanche, très proche de l'archiduchesse Marie-Christine, ancienne gouvernante des Pays-Bas, chassée de son gouvernement par la Révolution. Marie-Christine avait épousé un oncle de Louis XVI, frère de la dauphine Marie-Josèphe de Saxe, Albert de Saxe-Teschen. Le couple s'intéresse suffisamment à la princesse pour que le décès de Marie-Christine, en 1798, soit accueilli avec un certain soulagement par l'entourage de Louis XVIII. On craignait que l'attachement de la princesse pour sa tante ne lui fasse souhaiter de s'installer définitivement à Vienne. Marie-Thérèse trouve également une affection quasi maternelle auprès de l'archiduchesse Marie-Anne, sœur de François II, abbesse du couvent des dames nobles de Prague, qui est à la Cour au moment de son arrivée. Marie-Anne semble se préoccuper tout particulièrement de l'éducation religieuse de la princesse. Marie-Thérèse se rendra d'ailleurs auprès d'elle à Prague, mais sans grand enthousiasme. Si elle rend justice à la gentillesse de sa cousine, sa faiblesse physique lui répugne[11].

Les frères et sœurs de l'empereur composent la société habituelle de la princesse : les « jeunes archiducs », les cinq jeunes frères de François II, Antoine, Jean-Baptiste, Rainier, Louis-Joseph et Rodolphe, nés entre 1779 et 1788, et leurs sœurs Clémentine et Amélie qui sont sensiblement du même âge que Marie-Thérèse. Au printemps 1797, l'archiduchesse Clémentine part épouser le fils aîné du roi de Naples. Amélie et Marie-Thérèse, déjà fort proches, le deviennent encore plus. Malheureusement, l'archiduchesse tombe gravement malade à la fin du mois de novembre 1798, d'une « maladie de poitrine », et meurt un mois plus tard[12]. Marie-Thérèse venait de perdre sa tante préférée, Marie-Christine. Elle se retrouve donc très seule au début de l'année 1799. La présence des archiducs et des enfants de François II, dont la jeune Marie-Louise, future épouse de Napoléon, ne comble pas tout à fait les pertes qu'elle a subies.

Archiduchesse d'Autriche ?

Bien qu'étrangère et Fille de France, Marie-Thérèse occupe à la cour de Vienne le rang d'une archiduchesse. Elle n'a pas à proprement parler de Maison, la structure n'existant pas pour les princesses en Autriche.

On nomme auprès d'elle un grand maître, François-Joseph Rasse, prince de Gavre, qui est allé la chercher à Bâle. Celui-ci meurt en 1797 et est alors remplacé par le comte Esling. Le pendant féminin du grand maître, la grande maîtresse, est le personnage le plus important de l'entourage de Marie-Thérèse. L'empereur choisit pour elle Josépha de Chanclos. D'origine flamande, âgée d'une cinquantaine d'années, elle a d'abord été la grande maîtresse de la première épouse de François II, Elisabeth de Wurtemberg, et elle est, en même temps que la grande-maîtresse de Madame, celle de la fille aînée de l'empereur, Marie-Louise. Elle est sans cesse auprès de Marie-Thérèse, contrôlant aussi bien le fonctionnement de sa Maison que ses visiteurs et son courrier. Accusée fréquemment par les Français d'être toute dévouée à l'empereur, il semble qu'elle se soit montrée au contraire très compréhensive avec la princesse, fermant les yeux, autant que sa fidélité au souverain autrichien le lui permettait, sur les correspondances de celle-ci et évitant parfois à Louis XVIII de commettre des impairs à l'égard de François II. Elle reste par la suite le chargé d'affaires de la princesse à Vienne, s'occupant de gérer ses biens en Autriche jusqu'à sa mort, en 1810. Elle introduit auprès de Marie-Thérèse sa nièce, Marie-Françoise-Romana de Roisins, dite Fanny, qui épouse un peu plus tard le comte Nicolas Esterhazy. Celle-ci fut, durant toute sa vie, l'amie la plus fidèle de la princesse. Après le départ de Vienne de cette dernière, elles se revirent à plusieurs reprises, notamment en France, et entretinrent une correspondance régulière, que nous n'avons malheureusement pas retrouvée[13].

A la cour de Vienne, les princes ne vivent pas en perpétuelle représentation. L'intimité que les souverains ont cherché à se créer à Versailles est une norme dans la capitale autrichienne. Pendant les trois premiers mois de son séjour, la princesse ne voit quasiment personne. Elle a pris le deuil de ses parents et ce grand deuil ne lui permet pas de recevoir du monde. Sa présentation officielle à la Cour a lieu le 6 mars 1796. A cette occasion, elle reçoit l'empereur et l'impératrice devant ses appartements. L'impératrice lui présente les épouses des ambassadeurs, puis sa grande maîtresse et le grand chambellan lui présentent les autres membres de la Cour. Le soir, la princesse se rend au théâtre avec les archiduchesses, pour la première fois depuis son arrivée à Vienne. A partir de ce moment-là, elle reçoit à la Cour comme les autres membres de la famille impériale, tenant régulièrement un cercle auquel se rendent, sur son invitation, les membres de la haute noblesse de l'Empire et quelques Français présents à Vienne[14].

Traitée comme une archiduchesse à la Cour, elle l'est aussi sur le plan diplomatique. A sa demande, ses intérêts sont défendus au même titre que ceux des membres de la famille impériale lors des tractations avec la France à Leoben. Les ambassadeurs autrichiens et napolitains discutent âprement des compensations que la princesse et les archiducs, spoliés au cours des campagnes précédentes, pourraient obtenir du gouvernement français. En ce qui concerne Marie-Thérèse, ils vérifient que la dot de Marie-Antoinette a été intégralement payée, réclament une compensation pour Saint-Cloud et Rambouillet, propriétés personnelles des souverains. Bonaparte, qui négocie au nom de la République française, refuse toute discussion sur le sujet, rappelant que pour la France la princesse n'est plus rien[15].

Au bout de quelques mois passés à Vienne, Marie-Thérèse semble être un membre à part entière de la famille impériale et de la cour d'Autriche. Néanmoins, on continue à l'appeler « Madame de France » : elle demeure une princesse étrangère, même si elle est alliée de la famille impériale. Le premier portrait officiel de Marie-Thérèse de France, peint par Füger en 1796, le rappelle sans équivoque : il représente la princesse en grand deuil, portant autour du cou un médaillon où figurent les bustes de ses parents et de son frère. Près d'elle, se trouve un manteau fleurdelisé, seul rappel explicite de son rang avec la tenture pourpre qui se trouve derrière elle. La tenue de deuil de la princesse, inhabituelle pour une femme non mariée, comme le médaillon qu'elle porte autour du cou soulignent sa filiation. Il en va de même du manteau fleurdelisé, rarement figuré sur les tableaux représentant les Filles de France au XVIIIe siècle et réservé en principe aux reines et Dauphines de France[16]. Tout rappelle son appartenance à la Maison de France*.

La situation de la princesse à Vienne est donc tout à fait exceptionnelle : elle reste une étrangère tout en étant traitée comme un membre de la Maison impériale. Et c'est sans doute ce paradoxe qui a entretenu pendant trois années les rumeurs de son mariage avec l'archiduc Charles, frère de François II. Cette alliance était le seul

* Ce tableau figure en couverture.

moyen de « régulariser » la situation de Marie-Thérèse à la cour de Vienne et de lui permettre de perdurer. Le bruit en court avec insistance dans la capitale autrichienne et dans les milieux diplomatiques européens. Le projet semble avoir été caressé d'abord par les membres de la famille impériale. Au mois de juillet 1795, l'archiduc Maximilien, archevêque de Cologne, écrit à sa sœur Marie-Christine, mère adoptive de Charles, qu'il serait bon de marier la princesse à leur neveu. Marie-Christine ne s'élève pas contre le principe mais souligne le peu de fortune des deux cousins. En théorie, Charles aurait dû hériter de ses biens aux Pays-Bas et du gouvernement de cette région, éventuellement élevée en principauté[17]. Or, la guerre a ruiné toutes les espérances de fortune du prince qui doit, selon Marie-Christine, contracter un riche mariage. Pourtant, au mois de janvier, l'archiduchesse Elisabeth affirme encore à Marie-Thérèse qu'elle épousera l'archiduc Charles. Quant à ce dernier, il semblerait qu'il ait été plutôt favorable à cet éventuel mariage, attiré par cette cousine plutôt jolie pour les critères de l'époque et nimbée de ses malheurs[18].

Une telle union était bien dans la logique de la Maison d'Autriche, qui avait faite sienne la sentence du roi de Hongrie Mathias Corvin : *« Bella gerant alii, tu, felix Austria, nube »* (Que d'autres fassent la guerre, toi, heureuse Autriche, marie-toi). Marie-Thérèse pouvait en effet être considérée comme une héritière. A ce propos, le tableau de Füger n'est pas dépourvu d'ambiguïtés. Le manteau fleurdelisé est un symbole de souveraineté et le deuil porté par la princesse rappelle qu'elle est la seule survivante de la branche aînée de la Maison de Bourbon. Ces signes peuvent être des marqueurs dynastiques mais aussi signaler un héritage que la princesse a le droit de revendiquer. Monseigneur de La Fare, représentant de Louis XVIII à Vienne, prétend, en 1798, que des opuscules contre la loi salique se vendent dans l'Empire[19]. L'archiduc Charles aurait par ailleurs déclaré en société que « la loi salique [...] ne saurait être invoquée avec quelque fondement contre les droits et les prétentions de la princesse royale de France[20] » et l'archiduchesse Elisabeth a clairement dit à sa nièce que le mariage avec son cousin Charles suppose qu'ils accèdent tous les deux à la couronne de France. Une telle possibilité n'avait, du point de vue autrichien, rien d'absurde, quand on considère la manière dont Marie-Thérèse d'Autriche avait succédé à son père. Semblable solution pouvait être envisagée pour Madame. La présence d'une princesse étrangère héritière d'un royaume et future épouse d'un archiduc à la cour de Vienne était en tout cas plus légitime et plus compréhensible que celle d'une parente pauvre dont l'empereur n'était pas même le tuteur légal.

L'union n'eut pourtant pas lieu, et si l'empereur comme le baron de Thugut ont toujours nié avoir pensé à ce mariage, il semble qu'en l'occurrence la volonté de Marie-Thérèse ait été le facteur déterminant. Non qu'elle ait eu quelque aversion personnelle pour l'archiduc Charles. A défaut d'être particulièrement séduisant, celui-ci était un prince intelligent et un stratège d'envergure, l'un des seuls adversaires dignes de ce nom de Napoléon Bonaparte. Le refus de Madame n'a en fait rien de circonstanciel. Dès sa sortie du Temple, la princesse considère que son attachement à la France et à la Maison de France – ce qui est tout un – prime tout le reste. Sur la route qui la conduit à Vienne, elle écrit à son oncle Louis XVIII en ces termes :

> Sire, j'attends avec impatience les ordres que mon roi et mon oncle voudra me faire passer sur ma conduite future. Je désirerais extrêmement d'être dans vos bras, et de pouvoir vous dire combien je vous aime et l'attachement que j'ai pour vous, qui ne changera jamais. Je vais à Vienne où je montrerai à l'empereur toute la reconnaissance que je lui dois pour le service qu'il m'a rendu en me donnant ma liberté. Mais j'assure mon oncle que, quelque chose qui m'arrive, jamais je ne disposerai de mon sort sans vous avertir et avoir votre consentement, et comptez sur votre nièce qui, comme son père, aimera toujours les Français et sa famille[21].

Marie-Thérèse remet ainsi son sort entre les mains de son oncle à la fois parce qu'il est son parent le plus proche et parce qu'il est son roi. Jamais elle ne se départira de cette attitude de respect absolu pour l'autorité qu'il représente, malgré les différends qui déchireront la famille royale. « Madame est ici tout ce qu'elle doit être, française, sujette et Bourbon[22] », écrit au roi Mgr de La Fare. Ce choix a pour conséquence le refus de toute alliance autrichienne. Madame se révolte violemment contre les propositions de l'archiduchesse Elisabeth à Innsbruck et les rumeurs qui circulent sur son compte, tant en ce qui concerne le mariage avec un archiduc que le projet de la faire monter sur le trône de France. Très rapidement, elle va s'en expliquer avec l'empereur, auquel elle affirme qu'elle n'épousera personne d'autre que son cousin le duc d'Angoulême, fils du comte d'Artois. François II ne s'oppose pas à une volonté si bien affirmée, en tout cas pas de manière frontale[23]. Marie-Thérèse étant Fille de France, un seul mariage est possible pour elle : celui qui l'unira à l'héritier de la couronne auquel elle doit transmettre des droits qui, pour symboliques qu'ils soient, n'en demeurent pas moins forts. Malgré l'accueil qu'elle reçoit de la cour de Vienne, elle refuse finalement d'être archiduchesse.

Entre deux eaux

Durant les trois années de son séjour à Vienne, Marie-Thérèse se trouve à plusieurs reprises dans une situation peu confortable, tiraillée entre sa place à la Cour et ses obligations de princesse française, vis-à-vis de sa famille paternelle et vis-à-vis des Français qui ont fui la Révolution.

La volonté de la cour d'Autriche de couper la princesse des Français ne fait guère de doute. Les membres de sa suite sont renvoyés en France, à l'exception de Hue, qui obtient *in extremis* l'autorisation de rester à Vienne mais n'est pas pour autant autorisé à la rencontrer régulièrement. Dans les premiers temps de son séjour, on interdit à sa propre famille de venir lui rendre visite. Le prince de Condé et le duc de Berry se voient ainsi opposer une fin de non-recevoir quand ils expriment à l'empereur le désir de venir rendre hommage à la princesse. Les émigrés et la cour de Vérone où résidait Louis XVIII étaient persuadés que cette attitude était liée aux projets de mariage du gouvernement autrichien. Trois types de considérations semblent en réalité guider la cour d'Autriche. On isole Marie-Thérèse tout d'abord pour des questions de bienséance. La princesse est en grand deuil et, tout juste sortie de prison, elle a besoin de se réhabituer à la vie de cour[24]. Ensuite, le gouvernement autrichien est extrêmement méfiant à l'égard de tout ce qui est français, soupçonné d'apporter des germes révolutionnaires au sein des territoires des Habsbourg. La loi sur les émigrés du 5 janvier 1793 les soumet à un contrôle très sévère. Les passeports ne sont délivrés qu'au compte-gouttes et les itinéraires des heureux élus très soigneusement balisés. De manière générale, les Français ont mauvaise presse à Vienne, même quand ils sont royalistes ou princes du sang. La société viennoise comme la famille impériale tendent à attribuer leurs travers à leur nationalité[25]. Enfin, les raisons purement politiques se révèlent probablement déterminantes. François II ne tient vraisemblablement pas à laisser se créer à sa cour, autour de Marie-Thérèse, un foyer de Français cherchant à influer sur la politique extérieure de l'Autriche. Il souhaite plus encore éviter que Louis XVIII se serve de sa nièce pour faire pression sur le gouvernement autrichien. Il est ainsi possible, comme l'on s'en plaint à Vérone, que la décision d'éloigner la princesse de tout Français ait été prise au moment où le comte d'Avaray, favori de Louis XVIII, attendait Madame à Innsbruck[26]. Si elle est reçue avec bienveillance comme petite-fille de Marie-Thérèse, sa qualité de princesse française ne doit pas contrarier l'équilibre de la cour d'Autriche. On juge donc préférable de la tenir à l'écart de ses compatriotes, au moins provisoirement. Après la présentation officielle de Madame et la fin de son grand deuil, il semble que l'interdiction n'ait plus été aussi stricte, même si ses relations et son courrier demeurent sous surveillance. Mais de ce point de vue, il n'y a guère de différence entre sa situation et celle de la famille impériale.

Les craintes de l'empereur ne sont pas sans fondement : Marie-Thérèse est assaillie d'un flot de sollicitations, en premier lieu celles de sa propre famille. Louis XVIII, peu écouté de François II et de ses ministres, qui ne prennent généralement pas la peine de lui répondre, encourage sa nièce à devenir son porte-parole auprès de son cousin. La princesse s'y emploie avec un médiocre succès. Dès le printemps 1796, elle doit intercéder pour son oncle auprès de l'empereur. Louis XVIII, en effet, contraint de quitter Vérone au mois d'avril 1796, décide de se rendre à l'armée de Condé, alors au service de l'Autriche, à Riegel. Le prétendant sait que l'empereur désapprouvera sa démarche, mais il compte sur sa nièce pour obtenir de lui l'autorisation de rester, sans résultat. Trois mois plus tard, c'est pour sa femme, Marie-Joséphine, qu'il demande à la princesse de s'entremettre. Celle-ci voudrait en effet s'installer sur les territoires de la maison d'Autriche. Puis c'est pour la princesse Louise de Condé, qui cherche une place dans un couvent à Vienne. A la fin de l'année 1798, c'est enfin pour la famille royale de Sardaigne, chassée de ses Etats par les armées révolutionnaires. Cette supplique-là est inutile puisque Marie-Thérèse est déjà intervenue de son propre chef auprès de François II. La princesse a parfois été embarrassée de ces nombreuses demandes[27]. Mais dans le même temps, intercéder pour sa famille dispersée par la Révolution fait partie de ce qu'elle considère comme ses devoirs et elle s'y emploie. Son attitude à l'égard des demandes pressantes émanant des émigrés de l'Empire est souvent plus réservée.

Marie-Thérèse reçoit de nombreuses lettres qui lui sont adressées directement ou par l'intermédiaire de Hue, Cléry ou encore Mme de Soucy. Souvent on lui écrit en même temps qu'à un de ses serviteurs. C'est le cas de l'officier à l'armée de Condé Vignon qui, après avoir été présenté à la princesse sur sa route, écrit à Mme de Soucy pour la remercier de l'avoir introduit auprès de la princesse et à la princesse elle-même pour la prier de le prendre à son service. Ces lettres d'émigrés vont du simple hommage aux demandes de secours pécuniaires. Le marquis de Beauharnais écrit ainsi à Hue, l'une de ses connaissances, pour qu'il lui obtienne une introduction auprès de la princesse. Un lointain parent de Mme de Tourzel demande de l'argent pour sa famille, ravagée par la petite vérole. Parmi les solliciteurs se trouvent un grand nombre d'ecclésiastiques qui cherchent le soutien de Marie-Thérèse pour avoir l'autorisation de rester durablement sur les territoires de la Maison d'Autriche. Ainsi, la sœur Adélaïde de Sainte-Foi, réfugiée en Suisse, à Fribourg, demande à Madame d'intercéder en faveur de deux autres religieuses pour leur obtenir un asile[28]. Pour tous ces Français, la princesse est une protectrice naturelle. Fille de leur ancien souverain pour lequel, disent-ils, ils ont émigré, elle leur doit aide et soutien.

La personne de Madame suscite d'abord un certain enthousiasme chez les émigrés. Les soldats de l'armée de Condé qui ont pu l'apercevoir soulignent sa beauté et son amabilité[29]. Après avoir assisté à sa première apparition officielle à la cour de Vienne, Axel de Fersen, ancien favori de Marie-Antoinette, note qu'elle a hérité certaines des habitudes de sa mère dans la manière de se comporter en public et s'exclame : « Quelle différence d'elle à toute sa famille ! Elle les éclipsait tous par sa figure et ses manières[30]. » Les quelques personnes qui ont la chance de la voir en particulier pleurent de joie et d'émotion sitôt qu'elle paraît et sortent conquis de leur entrevue. Les jeunes filles du couvent de la Visitation, privilégiées parce que vivant à côté du palais du Belvédère où Marie-Thérèse passe quelques semaines durant l'été 1797, ont pour jeu de prélever les cheveux de la princesse quand celle-ci vient leur rendre visite[31]. Les réactions qu'elle suscite rappellent ainsi à bien des égards celles qu'elle a connues en France : on y retrouve le même sentimentalisme et la même idéalisation. Les épreuves de Marie-Thérèse émeuvent et sont à la base de sa popularité. On lui rend un hommage d'autant plus enthousiaste que les princes, frères de Louis XVI, déçoivent, en particulier Louis XVIII – nous y reviendrons. Marie-Thérèse bénéficie ainsi de l'aura romanesque laissée par le Temple mais aussi du contraste avec les autres membres émigrés de sa famille.

Pourtant, cette image idéalisée s'effrite peu à peu et laisse place à un certain désappointement. Avant tout, l'intercession de Marie-Thérèse n'apparaît pas très efficace et la princesse ne répond pas toujours aux sollicitations. Elle se brouille ainsi avec le comte de Fersen. Celui-ci lui fait passer des notes réclamant le paiement de l'argent dû à Mme de Korff, qui avait avancé de très fortes sommes (262 000 livres) pour organiser la fuite de la famille royale au mois de juin 1791. Il prétend que la princesse doit absolument régler cette dette d'honneur, tandis que celle-ci, encouragée par Louis XVIII et François II, souligne qu'elle n'en a pas les moyens et se contente de donner 1 000 ducats aux dames en difficulté, avec sa parole de rembourser complètement la somme dès que l'occasion s'en présentera. Au demeurant, elle insiste vivement auprès de Louis XVIII pour réunir l'argent nécessaire au remboursement et finit par verser une pension à ses créancières en attendant de pouvoir régler sa dette[32]. Davantage peut-être que les délais demandés par la princesse, c'est la manière de faire qui a blessé l'ancien favori. Marie-Thérèse ne fait pas toujours preuve du tact requis. Elle refuse ainsi les offres de service de la princesse de Tarente sur un ton qui blesse profondément cette intime de Marie-Antoinette. Bien des années plus tard, Marie-Thérèse lui expliquera, lors d'une visite à Mitau, qu'elle était surveillée dans sa correspondance et qu'on l'empêchait d'agir à sa guise. Il n'empêche que le ton même de la lettre ne dépendait que d'elle. Fersen rapporte encore que la froideur de Marie-Thérèse a été telle à l'égard du duc de Polignac que celui-ci est sorti en pleurant de son cercle. En outre, même après sa présentation, la fille de Louis XVI refuse de recevoir qui que ce soit en audience particulière. L'ancien ambassadeur des Etats-Unis en France, Gouverneur Morris, qui n'est pourtant ni émigré ni quémandeur – au contraire, il vient rendre compte à Madame de fonds placés par ses parents –, ne peut obtenir une audience particulière, à moins de recourir au prétexte d'une audience de congé. Il en va de même pour les représentants de son oncle à Vienne, Mgr de La Fare puis le comte de Saint-Priest, qui s'en étonnent. Enfin, les Français trouvent qu'elle ne s'intéresse pas assez aux événements politiques, ne manifeste pas assez d'enthousiasme pour les royalistes qui combattent pour sa cause, ne parle pas assez de sa propre expérience. Bref, comme les Autrichiens à son arrivée, les émigrés la trouvent trop tiède pour la cause royale et la soupçonnent de modérantisme[33].

Le comportement de Madame finit ainsi par accréditer le bruit, répandu dès le moment de sa libération, qu'elle n'aime pas les émigrés. Déjà, Bacher rapportait à son gouvernement que la princesse avait demandé au prince de Gavre de lui épargner de les voir. Bien qu'au cours de son voyage Marie-Thérèse ait, au contraire, tout fait pour favoriser des rencontres avec des Français émigrés, la rumeur de sa défiance à leur égard se répand à Vienne. La Fare, pour rassurer Louis XVIII, affirme que cela ne concerne pas toute l'émigration mais ne dément pas totalement les bruits[34]. Vraisemblablement, l'attitude de Marie-Thérèse n'est pas commandée par une haine viscérale des émigrés. La foule de demandes qu'elle reçoit, la méfiance de la cour d'Autriche à l'égard des Français, son agacement manifeste face aux « pleureuses[35] » venues lui présenter leurs hommages et qu'elle fuit en se réfugiant au couvent de la Visitation expliquent qu'elle limite l'accès à sa personne et adopte une attitude distante. C'est un moyen simple de se préserver et de se laisser toute latitude pour agir comme elle l'entend.

Deux groupes de Français ont cependant droit à une attention plus particulière de sa part. Tout d'abord, les anciens serviteurs de la famille royale. Hue et Cléry restent à Vienne grâce à son entremise. Ils ne la voient certes pas très souvent, mais plus que la plupart des autres émigrés. Pourtant, même dans le cas de ces serviteurs que la princesse protège particulièrement, son champ d'action est extrêmement limité. Elle ne peut faire venir auprès d'elle les membres de son ancienne Maison, malgré la promesse faite à certains d'entre eux de les reprendre à son service dès qu'elle le pourrait. Le cas de Turgy est emblématique. Resté en France, il reçoit de Marie-Thérèse une pension, sans doute modeste. Au printemps de l'année 1798, ayant appris la prochaine publication du *Journal* de Cléry dans lequel il est nommé, il préfère s'enfuir et demande à la princesse un passeport pour Vienne qu'elle ne peut lui obtenir. Néanmoins, déjouant la bureaucratie autrichienne, il parvient à gagner la capitale des Habsbourg. Mais la princesse ne peut le garder auprès d'elle et l'envoie à Mitau, où se trouve Louis XVIII, avec sa recommandation[36]. C'est donc la limite de son crédit auprès de l'empereur et de ses moyens d'action, notamment financiers, qui empêchent la princesse de récompenser ses serviteurs ou de mieux traiter les émigrés en général. Sa dépendance à l'égard de François II est trop grande pour qu'elle puisse s'affranchir des réticences de la cour autrichienne.

Cela explique sans doute que le second groupe de Français avec lequel elle entretient des relations suivies soit celui des Lorrains de Vienne. Depuis le mariage du dernier duc de Lorraine de la Maison de Vaudémont, François-Etienne, avec Marie-Thérèse d'Autriche, de nombreuses passerelles existent entre le duché, passé définitivement dans l'orbite française, l'Empire et les Etats héréditaires de la Maison d'Autriche. La carrière de maints membres de la noblesse lorraine se déroule désormais entre la France et l'Autriche, avec trois points d'ancrage importants, Vienne, Nancy et Versailles. En

France, l'arrivée de Marie-Antoinette a mis en relief la spécificité de la noblesse lorraine et finalement, en Autriche, l'arrivée de Marie-Thérèse entraîne le même phénomène. L'appartenance de la princesse aux deux dynasties qui ont successivement régné sur la Lorraine est fréquemment rappelée. Un certain Cosme-Jean-Baptiste Marchand, bénédictin de la congrégation de Saint-Vanne, originaire de Nancy, s'adresse ainsi à elle en mentionnant qu'il est le descendant de la nourrice d'Elisabeth-Charlotte d'Orléans, duchesse de Lorraine, pour obtenir une place dans une abbaye des Etats héréditaires[37]. Bien des années plus tard, au mois de juillet 1814, Marie-Thérèse reçoit une députation de la noblesse lorraine emmenée par le duc de Choiseul-Stainville, qui dit « révé[rer] en elle le sang de nos rois et l'héritière de [nos] anciens princes dont ils ont toujours béni la mémoire[38] ».

A Vienne se trouvent des Lorrains émigrés et d'autres installés là depuis plusieurs années, mais les deux groupes tendent à se fondre en un seul, bien accepté par la société autrichienne, contrairement aux autres émigrés français. Les Lorrains émigrés trouvent un appui auprès de Mgr de La Fare, ancien évêque de Nancy, qui a pu se fixer à Vienne grâce à son titre et à l'appui de la reine Marie-Antoinette. Installé au couvent des Franciscains, il y reçoit de nombreuses visites, dont celles, fréquentes, des dames de Choisy, la mère et les trois filles célibataires, Lorraines émigrées comme La Fare. L'évêque de Nancy parvient à introduire ses protégées auprès de Marie-Thérèse, et celle-ci se lie tout particulièrement d'amitié avec Henriette de Choisy, l'aînée, âgée de trente-cinq ans. La Fare est par ailleurs très proche du maréchal de Ferraris, un

Lorrain lui aussi, mais passé au service de la Maison d'Autriche bien avant la Révolution. Les deux hommes se sont connus à Nancy, où la famille Ferraris vivait jusqu'en 1789. Tous les vendredis, le maréchal Ferraris reçoit les Lorrains de Vienne, émigrés ou non. Sa fille, Maria-Wilhelmine Ferraris, surnommée Molly, future comtesse Zichy, devient elle aussi une familière de Marie-Thérèse-Charlotte[39].

La spécificité du réseau lorrain permet finalement à celle-ci de concilier ce qu'elle doit à sa famille d'accueil et à son pays d'origine. La princesse n'évite pas ses compatriotes mais elle cherche à ménager l'empereur, sous la protection duquel elle est placée. La fréquentation de Lorrains ne contrarie pas le sentiment antifrançais de la cour impériale et ne froisse pas pour autant les susceptibilités patriotiques françaises.

Ecrire l'histoire du Temple

Les années de l'exil viennois sont importantes pour l'élaboration de l'imaginaire royaliste. A la libération de la princesse, on attend d'elle un témoignage sur ses années au Temple et une contribution à la vénération qui entoure ses parents depuis leur mort. Or, si la princesse, sur le plan personnel, est très fidèle à leur mémoire, s'enfermant toute la journée pour prier aux dates anniversaires de la mort des siens, elle répugne à toute publicité et refuse de faire publier les mémoires qu'elle a écrits au Temple. Il lui arrive même de s'opposer aux souhaits de son oncle à ce propos. Louis XVIII n'a en effet pas ces répugnances quant à l'exploitation de l'image de la famille royale. Il entretient au contraire soigneusement le souvenir de son frère, dont il se sert pour légitimer sa propre politique. Il fait ainsi venir auprès de lui l'abbé Edgeworth, confesseur de Madame Elisabeth et confesseur du roi dans ses derniers instants, et demande à Marie-Thérèse d'écrire une lettre à l'abbé exprimant sa reconnaissance, lettre qu'elle doit antidater. La princesse refuse tout net : elle ne voit pas l'utilité d'un tel mensonge[40]. En fait, Marie-Thérèse se montre réticente à toute instrumentalisation de ses propres sentiments. Peut-être est-ce pour cette raison qu'elle a abandonné la rédaction de ses souvenirs qui devaient reprendre ses mémoires et raconter l'histoire de sa famille depuis 1789 jusqu'à la mort de son frère et qu'elle avait sans doute entamée à Vienne.

Seul un passage restreint en est connu du public à cette époque : celui concernant l'arrestation de Varennes. Il est publié dans les *Mémoires concernant Marie-Antoinette, archiduchesse d'Autriche,* de Joseph Weber. Ce dernier était le frère de lait de Marie-Antoinette, qui l'avait emmené à la cour de France et placé dans les services du contrôle général des Finances. Après le 10 Août, Weber s'est réfugié à Londres, avant de retourner dans les Etats de la Maison d'Autriche où il bénéficie de la protection du couple Saxe-Teschen. Chargé de diverses missions par le gouvernement autrichien, il se trouve à Vienne au moment de l'arrivée de Marie-Thérèse, qu'il voit à plusieurs reprises et qui lui donne le manuscrit de son récit du « voyage à Varennes ». Il retourne ensuite en Angleterre pour y publier ses *Mémoires*[41]. Son livre paraît à Londres, d'abord en français puis en anglais, entre 1804 et 1809. On ne sait pas grand-chose de la diffusion de ces *Mémoires*. En revanche, le récit de la fuite du roi et de son arrestation à Varennes par la princesse a été reproduit en entier dans le principal journal de l'émigration à cette date, *L'Ambigu,* qui mentionne « l'impression presque religieuse que toutes les âmes sensibles doivent éprouver en le lisant[42] ».

Le reste des souvenirs de Marie-Thérèse demeure inédit. Cela ne signifie pas que personne n'en ait eu connaissance. Certains ont eu la chance d'en lire des passages sur le manuscrit de Mme de Chanterenne ou celui de Mme de Soucy ou encore sur des copies, probablement tirées du manuscrit de Mme de Soucy. En outre, les lettres de la princesse circulent librement. Mme de Chanterenne autorise la copie de celles que la rescapée du Temple lui a écrites pendant son voyage à Vienne. L'évêque de Nancy demande pour sa part la copie des lettres de la princesse à ses correspondants[43]. Mais si ces démarches prouvent la vénération dont Marie-Thérèse fait l'objet parmi les royalistes, elles ne sont nullement cautionnées par la principale intéressée qui, au mieux, les tolère.

Pour réservée qu'elle soit, la princesse n'éprouve pas de réticence à encourager et récompenser ceux qui écrivent sur les siens, comme Cléry. Jean-Baptiste Hanet-Cléry, né en 1759 dans la domesticité de la famille de Rohan-Guéménée, devient secrétaire du duc de Montbazon, fils aîné de la princesse de Guéménée, avant d'être placé auprès du duc de Normandie comme valet de chambre. Il se marie au sein de la domesticité royale à l'une des musiciennes de la reine, Marie-Elisabeth Duverger. Son parcours initial ne le distingue guère des autres membres du service subalterne des Maisons princières. C'est sa nomination comme serviteur auprès de la famille royale au Temple qui lui permet de jouer un rôle tout particulier. Il est en effet le seul valet autorisé à rester auprès de Louis XVI jusqu'à son exécution et on sait le rôle d'informateur qu'il a tenu auprès des princesses. A dire vrai, le parcours de Cléry n'est pas cristallin. Il avait vraisemblablement des accointances avec certains membres de la Commune de Paris, dont Dorat-Cubières, auteur d'un certain nombre de rapports larmoyants sur la famille royale. On ignore tout de la nature de ces relations. Elles lui seront en tout cas vivement reprochées par certains au cours de son séjour à Vienne[44].

Après le départ de Marie-Thérèse du Temple, Cléry se place sous sa protection. Il est autorisé à rester à Vienne, sous surveillance, dans une auberge où il entreprend la rédaction de son *Journal de ce qui s'est passé à la tour du Temple.* L'ouvrage raconte la vie des prisonniers du mois d'août 1792 au mois de janvier 1793, moment où Cléry est emprisonné. Le récit, entièrement construit autour des souffrances de la famille royale, est donc un véritable martyrologe dépeignant la patience angélique des illustres victimes face à des gardiens et à des autorités qu'il décrit comme des bourreaux.

Le livre est achevé très rapidement et envoyé pour relecture à Louis XVIII à Blankenburg ; Cléry y met le point final au début de l'automne 1797[45] et en donne lecture à Marie-Thérèse qui lui fait part de son approbation *via* Mgr de La Fare. Celui-ci écrit à Cléry qu'« elle a reconnu l'exacte vérité des faits et les preuves soutenues de votre zèle pour le service des augustes auteurs de ses jours[46] ». On ne saurait être plus concis, ni, de la part de quelqu'un qui a horreur de trafiquer la vérité, plus élogieux. Malgré le soutien de la princesse, l'empereur refuse la publication du livre dans ses Etats, pour des raisons à la fois politique – il est sur le point de signer un traité de paix avec la France – et idéologiques – le « martyre » de Louis XVI, pour exemplaire qu'il soit constitue un mauvais exemple à montrer au peuple. Cléry se rend donc à Londres pour se faire éditer. Le succès du livre est considérable. La seule année 1798 voit paraître sept éditions londoniennes en français. Une édition en anglais et une en italien sont publiées la même année. La première édition anglaise se serait vendue en trois jours à 6 000 exemplaires. Autre preuve *a contrario* du succès du *Journal,* une édition parodique à la paternité incertaine paraît à Londres en 1801. Traditionnellement, on l'attribue à un nommé Daujon et l'on accuse le gouvernement français d'être à l'origine de ce livre visant à briser l'image pieuse de la famille royale fabriquée par Cléry. Aucune des deux assertions n'est avérée et peut être s'agit-il d'une simple entreprise commerciale. Une édition française, authentique, aurait également existé, mais on n'en sait pas grand-chose. En revanche, on sait que Cléry, à son retour en France en 1803, songe à y faire publier son *Journal.* Il en obtient l'autorisation, mais à condition que la préface comporte un hommage au gouvernement du Premier consul, ce que Cléry refuse. Il repart pour les Etats de la Maison d'Autriche quelque temps plus tard et mourra en 1809 à Itzingen, sur le domaine de Mme de Rombeck. C'est Marie-Thérèse en personne qui fait élever un monument sur sa tombe et en choisit l'unique inscription : « Ci-gît le fidèle Cléry », démenti éclatant aux rumeurs persistantes sur le double jeu du serviteur et la plus insigne marque de reconnaissance que la princesse pouvait lui donner[47]. Par ce geste, elle fait aussi du *Journal* l'unique vérité sur le Temple, une véritable bible du royalisme.

La légitimité du malheur

En acceptant, dès sa sortie du Temple, les droits que Louis XVIII, comme son roi et son oncle et donc comme son tuteur, réclamait sur elle, Marie-Thérèse a renoncé à s'installer durablement à Vienne. A dire vrai, elle regrette peut-être par la suite cette déclaration faite à un moment où elle n'envisageait qu'avec répugnance un séjour à la cour impériale. Si elle ne revient jamais sur sa parole, elle ne fait pas non plus preuve d'un grand empressement à quitter Vienne pour la Russie où Louis XVIII s'est réfugié. On ne saurait s'en étonner. Matériellement, la princesse a plus à perdre qu'à gagner à rejoindre son oncle. Or, pour le prétendant à la couronne de France, son retour auprès de lui est absolument crucial, et la docilité à ses ordres une condition indispensable à sa survie politique.

Contrairement à Louis XVI, le comte et la comtesse de Provence ont réussi leur fuite au mois de juin 1791. Monsieur est arrivé à Bruxelles puis s'est réfugié à Coblence, Hamm, Turin, avant de s'installer à Vérone en 1794. C'est là que, le 8 juin 1795, il apprend la mort de son neveu Louis XVII qui fait de lui le roi de France en vertu des règles de succession de la monarchie française. Mais il est un roi faible, sans guère de soutien. Tout d'abord, les puissances européennes rechignent à le reconnaître. Les royalistes de France le rejettent généralement comme émigré et absolutiste et, dans l'émigration, les royalistes simples le regardent avec méfiance. Sa proposition de supprimer la gabelle en 1787, le vote de son bureau, lors de l'Assemblée de notables de 1788, pour le doublement du Tiers aux états généraux, sa justification « patriotique » à l'Hôtel de Ville après l'affaire Favras lui sont reprochés comme autant de preuves de jacobinisme[48].

Par ailleurs, Louis XVIII est un roi sans enfants et sans guère d'espoir d'en avoir. On a beaucoup glosé sur son impuissance supposée. En revanche, ses rapports avec sa femme, plus ou moins alcoolique, vraisemblablement lesbienne – elle entretient avec sa favorite, Mme de Gourbillon, des rapports tout à fait passionnels –, sont, sinon toujours mauvais, du moins distants, passé les premières années de mariage. Le prétendant à la couronne de France se trouve en tout cas dans la même posture dynastique que Louis XVI au début de son règne : son cadet, le comte d'Artois, est son successeur direct. Or, celui-ci a deux fils en âge de se marier qui assureront la succession de la dynastie. En outre, Louis XVIII, à cause d'un poids excessif, perd peu à peu ses moyens physiques et ne peut figurer le « roi de guerre » attendu par les émigrés, alors qu'Artois fait figure de combattant chevaleresque – à tort sans doute. Monsieur – titre récupéré par le comte d'Artois comme frère aîné du roi régnant – a les moyens de tenir la dragée haute à son frère, et ne manque pas de le faire. C'est lui le roi idéal des émigrés aux convictions royalistes pures[49].

Certes, Louis XVIII a pour lui la légitimité dynastique mais, contrairement à ce que suggère une lecture *a posteriori* de son émigration, elle est loin de constituer un rempart efficace contre les empiètements sur son autorité. Qu'est-ce qu'un roi qui n'est reconnu ni par ses pairs ni par ses sujets ? La légitimité n'a pas de valeur absolue, elle ne repose que sur une reconnaissance extérieure et sur un système de valeurs que la Révolution, en l'occurrence, a bouleversé[50]. La légitimité traditionnelle du souverain, qui reposait sur les lois fondamentales du royaume et la religion catholique, n'existe plus. La Constitution de 1791, la mort de Louis XVI, l'emprisonnement puis la mort de Louis XVII, l'émigration des frères du roi et des princes du sang ont mis à mal la succession dynastique. Il n'y a plus *un* mais *des* candidats possibles, selon qu'est pris en compte tel ou tel critère. La légitimité historique l'emporte-t-elle ? N'importe quel prince Bourbon peut faire l'affaire. Est-ce le critère du patriotisme ? La branche Orléans est favorisée. Il n'existe plus un seul système de légitimité du pouvoir monarchique, mais plusieurs. D'ailleurs, la notion de légitimité n'est pas encore au cœur du discours de Louis XVIII à cette période, preuve de sa faiblesse de roi exilé.

Cette recomposition des formes de légitimité monarchique profite finalement à Marie-Thérèse. Elle est Fille de France, ce qui lui confère un statut héréditaire et historique incontestable. La loi salique est certes un obstacle, mais elle a pu être rangée au rang des superstitions quand il s'est agi de maintenir la princesse en prison. L'argument pouvait donc être employé dans l'autre sens, et nous avons vu qu'il l'a été en France même. Mais surtout, Marie-Thérèse est pour tous les royalistes, non seulement de sang royal, mais du sang des victimes de la Révolution. Elle en tire une légitimité propre, laquelle surpasse celle de son oncle qui a fui la France et abandonné son frère. La manière dont les émigrés nomment la princesse dans le courrier adressé à Marie-Thérèse ou à ses serviteurs est éloquente. Laroche, ancien garde du corps, officier de l'armée de Condé, demande à Mme de Soucy de « le rappeler au souvenir de [son] illustre souveraine[51] ». Le bénédictin Marchand emploie la locution « auguste souveraine[52] ». Le marquis de Vienne, cousin de Mme de Tourzel, parle d'elle dans les mêmes termes[53]. Peut-être y a-t-il de la maladresse dans ces expressions, mais leur fréquence étonne, surtout de la part de gens qui ne sont pas censés ignorer la manière dont on s'adresse à une princesse.

Manifestement, une certaine confusion règne, jusque chez les princes. On a vu ce qu'il en était de la Maison d'Autriche, qui n'a aucune raison d'être attachée à la loi salique. L'attitude du comte d'Artois est bien plus troublante. Il envisage sans états d'âme l'abdication de son frère en faveur de son fils et de Marie-Thérèse, non sans arrière-pensées quant au pouvoir qu'il pourrait retirer de la situation. L'un des membres de son entourage, le comte de Sainte-Aldegonde, entretient une correspondance avec Jacques Mallet du Pan et consulte à plusieurs reprises ce dernier entre 1796 et 1797, de la part de Monsieur, sur les droits du duc d'Angoulême, étant entendu qu'il épousera sa cousine.

> Que faudrait-il faire pour mettre à profit les bonnes intentions qu'on manifestait l'année dernière au duc d'Angoulême ? Car vous conviendrez, mon cher Mallet, que puisque le roi ne sait pas reprendre sa couronne, et qu'au contraire il la perd sans ressource, il est essentiel, alors, de la faire passer à son neveu et à son héritier. Ce n'est point changer de dynastie. Louis XVIII résilierait

son droit à son neveu et tout serait dit. Monsieur est le meilleur des frères et le meilleur des sujets, mais il se perd lui-même ainsi que son fils en s'attachant trop à la ligne que le roi s'est tracée[54].

Mallet du Pan est d'abord horrifié par ce type de proposition qui contrevient à la fois aux lois fondamentales du royaume et à l'obéissance due à son souverain. Mais, dans le courant de l'année 1797, face à l'inactivité de Louis XVIII, il semble revenir de ses préventions sur le sujet et s'en entretient avec Sainte-Aldegonde. Malgré le mariage de la princesse en 1799 et sa présence continue auprès de Louis XVIII, cette idée persiste chez un certain nombre de royalistes. Marie-Thérèse demeure une souveraine possible. En 1802, depuis la frontière alsacienne, le duc d'Enghien, prince du sang de la Maison de Condé, regrette encore l'absence du duc d'Angoulême et « surtout » de sa femme près des frontières, où ils ne manqueraient pas d'être acclamés[55].

On voit ainsi à quel point les titres de légitimité de Louis XVIII étaient contestés, jusque dans sa propre famille, et le prétendant en était pleinement conscient. Lui aussi avait consulté Mallet du Pan après la mort de son neveu pour connaître l'état de l'opinion en France, et il lisait les journaux qui lui permettaient de constater la popularité de sa nièce. Inquiet d'un éventuel mariage autrichien, il va jusqu'à demander un rapport sur les prétentions possibles de la princesse à la couronne de Navarre. Non qu'il croie sérieusement que le gouvernement autrichien veuille faire main basse sur ces petits territoires du sud de la France, mais il redoute qu'il ne s'en serve comme monnaie d'échange contre des territoires en Italie ou dans l'Empire. Il lui faut, pour espérer récupérer un jour la couronne de France intacte, faire venir Marie-Thérèse auprès de lui et la marier au duc d'Angoulême[56].

Duchesse d'Angoulême

Pour réaliser ses projets, Louis XVIII doit surmonter plusieurs obstacles et d'abord amadouer l'Autriche. Ses rapports avec le gouvernement autrichien sont ambivalents. D'un côté, l'Autriche le soutient parce que « les intérêts les plus essentiels de la monarchie demandent que nous souhaitions que ces princes remontent sur le trône de leurs pères[57] ». C'est pourquoi elle verse une pension au prétendant et celui-ci a un représentant attitré auprès de l'empereur. D'un autre côté, il semble que la cour de Vienne méprise Louis XVIII et le comte d'Artois, considérés comme des trublions que l'on écarte sans cesse des décisions politiques[58]. Louis XVIII, pour sa part, soupçonne en permanence François II et ses ministres de s'employer à ruiner ses chances de remonter sur le trône. La libération de Marie-Thérèse exacerbe les tensions. Quand le prétendant apprend la prochaine libération de sa nièce, il intervient à plusieurs reprises pour que l'empereur la remette à l'un ou l'autre des membres de sa famille, mais sans jamais obtenir de réponse[59].

Louis XVIII s'efforce alors d'arracher le consentement de la princesse à un mariage avec le duc d'Angoulême, au moyen d'une rhétorique sentimentale et larmoyante qui doit toucher Marie-Thérèse et la rendre plus sensible à ses volontés. L'oncle s'empresse ainsi d'endosser le rôle de père de substitution dès la première lettre qu'il lui écrit, alors qu'elle est encore au Temple : « Regardez-moi, je vous en conjure, comme votre père, et soyez bien sûre que je vous aime et vous aimerai toujours aussi tendrement que si vous étiez ma propre fille[60]. » Plutôt que d'invoquer directement ses droits de tuteur, il préfère ainsi se présenter comme un père sentimental, ami et confident. Presque immédiatement, le mariage avec son neveu est évoqué. Louis XVIII demande à Mme de Tourzel d'en parler avec la princesse incarcérée mais il n'est pas certain que celle-ci ait pu le faire. En tout cas, dans les instructions qu'il donne à l'ancienne gouvernante des Enfants de France, il présente cette union comme le fruit de la volonté de Louis XVI et de Marie-Antoinette d'Autriche dont il n'est, prétend-il, que l'exécuteur testamentaire.

> J'ai la certitude que le roi et la reine, quand ils n'avaient pas d'autre enfant qu'elle, désiraient ce mariage. A la vérité, lorsqu'ils eurent des garçons, mon neveu cessa d'être un parti pour elle et ils changèrent d'avis. Mais je suis bien sûr que, s'ils vivaient et qu'ils eussent perdu leurs garçons, ils reviendraient à leurs premières intentions[61].

Cette version des faits, nuancée mais peu probable, comme nous avons déjà eu l'occasion de le dire, est aussi celle qu'il présente à sa nièce en termes déjà plus vagues, quelques semaines plus tard[62]. Peu à peu, les conditions précises posées par les souverains disparaissent de sa correspondance. Louis XVIII parle simplement à François II du « vœu du roi [son] frère[63] ».

Ses suppositions sont devenues certitude. Cette fable a plusieurs avantages. Elle est un argument supplémentaire auprès de l'empereur pour l'inciter à lui remettre la princesse et constitue également la preuve, pour les royalistes, que Louis XVIII respecte les volontés de son frère Louis XVI et qu'il est donc son digne héritier. Mais surtout, c'est l'argument le moins réfutable pour Marie-Thérèse qui, très sensible à la mémoire de ses parents, est incapable de lui opposer la moindre contestation. Dès le mois de janvier 1796, la princesse écrit à son oncle qu'elle accepte d'épouser le duc d'Angoulême. Néanmoins, les inquiétudes de Louis XVIII ne sont pas toutes levées. Tant que le mariage n'est pas célébré, il redoute un changement d'avis. A la fin de l'année 1797, craignant que sa nièce ne se soit ralliée à la maison d'Autriche, il envoie le marquis de Bonnay à Vienne afin qu'il lui fasse un rapport complet sur l'état d'esprit de la princesse à l'égard de sa famille française[64]. Le rapport est rassurant mais la cour d'Autriche ne déploie guère d'efforts pour remettre la jeune fille à son oncle.

Jusqu'en 1798, le gouvernement autrichien semble en effet très circonspect vis-à-vis du mariage de la princesse avec le duc d'Angoulême. Certes, dès le mois de janvier 1796, Madame assure son oncle que l'empereur y a donné son accord. De même, le comte de Saint-Priest, envoyé par Louis XVIII comme agent à Vienne, lui confirme les dires de sa nièce sur les bonnes dispositions de François II[65]. Cependant, Louis XVIII n'a jamais reçu aucune assurance officielle ni de l'empereur ni de ses ministres à ce sujet et redoute une opposition. Ces craintes ne sont pas totalement infondées : entre 1796 et 1798 l'Autriche cherche un accord avec la France – concrétisé par le traité de Leoben à l'automne 1797. A ce moment-là, l'annonce d'un mariage de la princesse française, avec la perspective de la naissance d'un héritier de la Maison de France, n'est pas particulièrement opportune du point de vue de Vienne, qui fait la sourde oreille aux demandes de Louis XVIII.

Durant l'année 1798, la situation évolue. D'une part, au printemps 1798, la rupture des relations entre la France et l'Autriche rend l'extradition de la princesse plus facile quant au principe, puisque le rétablissement de la monarchie des Bourbons est de nouveau à l'ordre du jour. D'autre part, Louis XVIII a gagné un allié de poids en la personne du tsar Paul Ier qui lui a offert de s'installer au palais de Mitau, en Courlande. Constatant qu'il n'obtient rien de lui-même, le prétendant a recours au souverain russe et, en l'espèce, aux services de son ambassadeur en Autriche, le comte Razomowski. C'est lui qui négocie avec le gouvernement autrichien les conditions de départ de Marie-Thérèse. François II et Paul Ier se partagent l'intégralité des frais du voyage de la princesse de Vienne à Mitau. Louis XVIII trouve bien la suite de la princesse un peu médiocre, compte tenu de son rang, mais il n'ose rien dire officiellement et se réjouit de voir sa nièce le rejoindre.

Le 3 juin 1799, Marie-Thérèse rejoint donc des parents de son père, qu'elle n'a pas vus depuis huit ans. Les journaux français de l'émigration, *Paris pendant l'année...* à Londres et le *Spectateur du Nord* à Hambourg, s'empressent de publier la nouvelle et rapportent le récit d'un certain abbé de Tressan, vraisemblablement employé pour l'occasion par Louis XVIII pour célébrer le retour de sa nièce.

> Le lendemain du retour de la reine, le roi se mit en voiture pour aller au-devant de Madame. Une route longue et pénible n'avait point altéré ses forces ; elle ne souffrait que du retard qui la tenait encore séparée du roi. Aussitôt que les voitures furent un peu rapprochées, Madame commanda d'arrêter. Elle descendit rapidement ; on voulut essayer de la soutenir, mais, s'échappant avec une incroyable légèreté, elle courut à travers les tourbillons de poussière vers le roi qui, les bras étendus, accourait pour la serrer contre son cœur. Les forces du roi ne purent suffire pour l'empêcher de se jeter à ses pieds. Il se précipita pour la relever et l'entendit s'écrier : « Je vous revois enfin... je suis heureuse... voilà votre enfant... veillez sur moi, soyez mon père[66]. »

C'est une famille royale unie par une affection indéfectible que l'abbé de Tressan montre aux Français. Louis XVIII entretient soigneusement cette image de père aimant, non seulement dans sa correspondance avec sa nièce, mais aussi avec les souverains étrangers ou leurs parents communs. Le calcul politique est évident. Louis XVIII n'ayant pas d'enfants, il « adopte » en quelque sorte sa nièce et son neveu, le duc d'Angoulême ; la première parce qu'elle est généralement regardée comme l'héritière de Louis XVI, le second parce que, d'après la loi de dévolution de la couronne, il doit monter sur le trône. Il s'approprie ainsi leur légitimité et bloque les ambitions du comte d'Artois qui demeure son héritier direct. Quelle part prennent les sentiments familiaux dans ces calculs politiques ? Il est assez difficile de le dire. Le prétendant ne connaît pas grand-chose de la jeune femme qui arrive à Mitau et qu'il n'a pas vue depuis huit ans. Il est vraisemblable qu'il ait admiré son caractère bien trempé, sa résolution. Quant à la princesse, il semble qu'elle ait accepté sans peine le discours de son oncle et ait fait preuve à son égard d'une confiance qu'on ne peut juger que déconcertante à l'aune de l'hostilité que ses propres parents manifestaient pour le comte de Provence. Sans doute l'influence de sa tante Elisabeth dans les derniers mois de son emprisonnement et son propre désarroi face à la mort du reste de sa famille expliquent-ils cette attitude soumise et attentive.

Les effusions du retour sont de toute façon brèves et les impératifs dynastiques reprennent le dessus. Dès le 10 juin, Marie-Thérèse épouse son cousin germain Louis-Antoine d'Artois, duc d'Angoulême. La cérémonie est célébrée dans la plus grande simplicité par le grand aumônier de la Cour, le cardinal de Montmorency, dans la grande salle du château de Mitau. Aucun des membres de la famille royale n'est présent, à l'exception du prétendant et de sa femme. En revanche, les autorités de Mitau y ont été conviées : cette union s'est faite grâce à la protection du tsar qui offre à la princesse un très luxueux collier de diamants et accepte de recevoir le contrat de mariage dans ses archives.

Si ces noces se font à la hâte, c'est que, en ce printemps 1799, jamais les espoirs de restauration ne sont apparus aussi tangibles. Les armées coalisées sont aux portes de la France, sur le point de l'envahir. Le Directoire n'a plus guère le soutien de la population. Par ce mariage, Louis XVIII veut montrer la vigueur de la dynastie et souligner l'union de tous ses membres. En outre, il s'emploie à mettre en valeur la figure de sa nièce, afin de retrouver la confiance des Français. Dans sa correspondance, dans les journaux, Marie-Thérèse apparaît comme la garante du pardon royal, comme « l'ange de paix » qui doit réconcilier les Français entre eux et avec la dynastie.

Depuis sa sortie du pays, le prétendant a soigneusement souligné l'indulgence de la princesse pour les Français tombés dans l'erreur. Il s'est notamment employé à diffuser le passage d'une des premières lettres qu'elle lui a adressées :

> J'ai une grâce à demander à mon oncle, c'est de pardonner aux Français et de faire la paix. Oui, mon oncle, c'est moi dont ils ont fait périr le père, la mère et la tante qui vous demande à genoux leur grâce et la paix[67].

Reprises, entre autres, dans une des estampes royalistes les plus répandues représentant la princesse d'après une des miniatures de Füger, ces paroles sont destinées à rassurer la population sur les intentions des Bourbons à leur retour en France. La propagande royaliste souligne en outre sans cesse la ressemblance physique et morale entre Marie-Thérèse et son père qui, dans son testament, largement diffusé tant par les autorités françaises que par la propagande royaliste, a pardonné aux Français leurs fautes et sa propre mort. Marie-Thérèse est ainsi doublement attachée à l'image du pardon royal, par ses propres écrits et comme héritière de son père.

Utile à la politique de Louis XVIII, le mariage n'a guère pris en considération le vœu des époux. Louis-Antoine d'Artois, duc d'Angoulême, est pratiquement un inconnu pour sa cousine, et vice versa. Pendant trois ans, ils ont échangé une correspondance inégale que Louis XVIII a encouragée par tous les moyens, faisant miroiter au duc les immenses qualités de sa future épouse et soulignant tout l'honneur qu'il y avait dans une telle union, tandis qu'il présentait à la princesse un duc d'Angoulême transi d'amour. Il semble surtout que le duc ait été pétrifié de timidité le jour où il a rencontré pour la première fois sa cousine. Chétif, ayant hérité, malheureusement pour lui, du physique de sa mère piémontaise, atteint d'une forme d'épilepsie, le duc d'Angoulême ne présente pas une tournure très agréable. Certains contemporains émettent à son sujet des jugements impitoyables : « Ce n'est pas un prince, c'est encore moins un homme, ce n'est rien ; c'est une enveloppe humaine et voilà tout[68] », écrit la duchesse d'Abrantès. Ce jugement, très partagé, est assez injuste. Si le duc est falot, il n'est pas idiot et ne manque ni de courage ni d'honnêteté. Jusqu'à son licenciement au début de l'année 1801, il dirige un régiment de l'armée de Condé, soldée par le tsar, d'une manière tout à fait honorable. Proche de son épouse par la piété, il est en revanche d'une certaine modération politique que Louis XVIII redoute au point de prendre la peine de le rappeler à la bonne doctrine monarchique peu de temps avant son mariage.

Le duc est manifestement tombé amoureux de sa femme. Marie-Thérèse, à l'époque de son mariage, si on en croit les portraits de Füger, n'est pas dépourvue d'attraits : sa peau blanche, ses yeux bleus, ses cheveux blonds correspondent aux critères d'une certaine beauté aristocratique. En outre, elle possède encore une fraîcheur que les années d'errance lui feront perdre rapidement.

Dans sa correspondance, le duc d'Angoulême souligne fréquemment quelle peine il a de quitter sa femme :

> Voila deux cruels mois que je viens de passer et il m'en reste encore un qui ne sera pas plus gai et qui ne me paraîtra pas moins long. Au moins ai-je la certitude que d'ici à un mois, je serai réuni à ma femme, loin de laquelle je suis le plus malheureux des hommes[69].

Même si les témoignages précis nous manquent du côté de la princesse, il semble que ces sentiments d'affection aient été réciproques. A chaque séparation, les époux s'écrivent fréquemment, se tutoyant et employant des surnoms affectueux l'un pour l'autre : la duchesse est « Mia Gioia ». Fait peu courant pour des princes, même en exil, ils font lit commun quand ils sont sous le même toit. Pourtant, malgré cette intimité, leur union reste stérile. Les contemporains ont fréquemment attribué cette stérilité à l'emprisonnement de la princesse au Temple. La princesse Louise de Condé prétendait ainsi que les Jacobins de Montargis – dont Manuel était le député – avaient empoisonné Marie-Thérèse pour éteindre complètement la dynastie[70]. Plus vraisemblablement, mais sans plus de preuves convaincantes, l'historiographie postérieure prétendra souvent que le duc d'Angoulême était impuissant et que le mariage n'avait pas été consommé. Cela semble peu probable, d'autant qu'à plusieurs reprises la princesse se croira enceinte. Il est tout simplement impossible de déterminer les causes de cette stérilité. Il est en revanche certain que ne pas avoir d'enfants a été un drame supplémentaire dans la vie de Marie-Thérèse.

L'espoir soulevé dans le milieu royaliste par cette union s'éteint avant même que l'on découvre sa stérilité. Quelques jours avant le mariage, les victoires de Brune et de Masséna sur la coalition amoindrissent les chances de retour des Bourbons en France. Au mois d'août 1799, les insurrections royalistes du sud de la France échouent. Au mois de novembre, le général Bonaparte s'empare du pouvoir et s'efforce de stabiliser le pays. Louis XVIII, plutôt admiratif du personnage, lui écrit pour tenter de le convaincre d'employer son prestige à restaurer le trône. Il n'obtient qu'une fin de non-recevoir. En rendant la prospérité à la France et en consolidant son propre pouvoir, le Premier consul compromet durablement les chances de Restauration.

Cour d'exil

Le tsar Paul Ier avait mis à la disposition de Louis XVIII le palais des grands-ducs de Courlande dans leur ancienne capitale, Mitau. Pour la première fois depuis le début de son exil, Louis XVIII se trouve logé dans un palais de prince souverain en rapport avec son rang. Cependant, Mitau est très loin de la France, ce qui limite nécessairement les échanges avec les royalistes et, surtout, le palais est fort endommagé : il a brûlé à deux reprises à la fin du XVIIIe siècle, ne conservant qu'une aile dans un état convenable. Son ameublement est lui aussi sommaire, limité aux reliquats des grands-ducs. Le prétendant, qui vit des pensions versées par les différents gouvernements européens de manière plus ou moins régulière, ne peut guère améliorer l'état des bâtiments. Malgré ses défauts, Louis XVIII s'accommode bien de cette demeure dans laquelle il peut réorganiser une véritable vie de cour.

Le prétendant considère en effet que l'existence d'une cour est indispensable à une royauté forte. Plus qu'un instrument de gouvernement, il la regarde comme le dispositif nécessaire au maintien du respect – pour ne pas dire de la vénération – de la personne royale. Marie-Thérèse partage le point de vue de son oncle à ce sujet. Sa vie durant, malgré des goûts personnels fort simples, elle restera très attachée à l'institution curiale. Il semble qu'on lui ait beaucoup répété que l'abandon de l'étiquette par ses parents, en particulier par sa mère, était en partie responsable de leurs malheurs. Nous avons vu à quel point cet « abandon » en lui-même était relatif mais pour les émigrés issus de l'ancienne Cour, telle était la vulgate.

La Maison de la duchesse d'Angoulême compte une dizaine de personnes et leurs domestiques respectifs. Sa constitution a été un des premiers soucis de Louis XVIII aussitôt installé à Mitau, avant même le mariage de la princesse. Il en choisit les membres sur proposition du comte d'Artois et avec l'accord de Marie-Thérèse. Les négociations entre les trois parties sont souvent âpres. Tous s'accordent sur un principe essentiel : la continuité du service. Tous les membres de la Maison de Madame proviennent de l'une ou l'autre des Maisons princières d'avant 1792. Il n'y a qu'une exception : Henriette de Choisy, issue de l'entourage viennois de Marie-Thérèse et imposée par elle. Cependant, même Mlle de Choisy n'est pas totalement étrangère au monde curial. Son oncle, le marquis d'Ourches, était au service du comte de Provence avant 1789. Néanmoins, ce n'est que l'influence de Madame qui lui vaut sa place à Mitau. Les candidats viennent donc du monde curial, mais il reste à opérer un choix à l'intérieur de ce vivier, d'autant plus drastique que quatre des membres de la famille royale sont morts au moment où est constitué l'entourage de Marie-Thérèse. En outre, le nombre des places ne peut être que limité au vu des circonstances. Logiquement, ce sont d'abord les membres de l'ancienne Maison des Enfants de France que l'on cherche à réemployer. Dès le début de son séjour à Vienne, la princesse a fait écrire à certains de ses anciens serviteurs par Mme de Chanclos en leur promettant de les prendre à son service dès que possible. Pourtant, il n'y a semble-t-il qu'une des femmes de chambre de la princesse, Anne Bazire, qui soit venue la rejoindre à Mitau. Il faut donc compléter avec des membres des Maisons du reste de la famille royale, essentiellement, puisqu'il faut des femmes, celles de Madame Elisabeth et de la reine. Là, les princes ne sont plus nécessairement d'accord. Artois cherche à placer les membres de la coterie Polignac à laquelle, par le biais de sa maîtresse, Mme de Polastron, il est resté lié. Louis XVIII s'y oppose, considérant que ce serait une erreur politique majeure que de placer auprès de la princesse des représentants de ce « clan » détesté de l'opinion publique. Finalement, l'accord se fait sur le nom de la duchesse de Sérent, ancienne dame d'atour de Madame Elisabeth et épouse de l'ancien gouverneur des ducs d'Angoulême et de Berry. Elle recueille tous les suffrages, celui de Monsieur, qui place ainsi quelqu'un de sa clientèle, celui de Louis XVIII, qui a la plus haute opinion d'elle, celui de la princesse enfin, qui avait déjà demandé, à son départ de France, qu'elle remplace Mme de Soucy[71]. Elle est donc nommée dame d'honneur et sa fille, future comtesse de Damas, est choisie comme dame « pour accompagner ».

Le choix de la duchesse de Sérent n'est vraisemblablement pas dû au seul critère de continuité. En effet, elle aurait servi de relais d'information à la famille royale durant son emprisonnement, sans que l'on connaisse précisément l'étendue de ses activités. Le critère de fidélité à la famille royale disparue semble ainsi avoir été tout aussi essentiel que celui de la continuité de service. C'est flagrant dans la manière dont le personnel subalterne de la Maison de la princesse a été choisi. Si Hue passe au service du roi, sa femme devient première femme de chambre de Madame. Marie-Thérèse engage aussi Turgy comme valet de chambre. La femme de ce dernier occupe la place de lingère de la Cour jusqu'à sa mort en 1805. La sœur de Mme Turgy, Mme Guignet, est employée un moment comme aide-lingère. Pour leurs bénéficiaires, ces places sont perçues comme des récompenses, aussi est-il difficile à la princesse de les leur refuser sans paraître ingrate. Le cas de Mlle Cléry est intéressant à cet égard. Cléry voulait placer sa fille aînée dans la Maison de la princesse qui n'en veut pas pour des raisons financières. Marie-Thérèse essaye d'abord d'empêcher Cléry de venir à Varsovie – où elle réside alors – avec sa fille, puis le pousse à la placer à Vienne. Elle cède finalement et prend Mlle Cléry comme femme de chambre en plus d'Anne Bazire[72]. Madame se trouve là confrontée à un problème guère différent de celui rencontré par ses parents avant la Révolution. Les liens entre maître et serviteurs obligent les deux parties. Il lui est difficilement possible de refuser ce qu'un fidèle de la famille royale aussi emblématique que Cléry attend d'elle légitimement d'après les usages de la Cour à la fin du XVIIIe siècle. La duchesse d'Angoulême, comme ses serviteurs, demeure attachée à un modèle dans lequel la continuité du service des princes est le reflet de la continuité monarchique. Si un tel système a l'avantage, surtout en exil, de fixer les fidélités, il risque d'entraîner une sclérose de l'institution curiale, problème qui se posera surtout sous la Restauration.

On constate encore la permanence de l'héritage d'Ancien Régime dans le strict maintien de la hiérarchie des rangs curiaux, en dépit des évolutions politiques. La fidélité ne prime pas le rang social, au grand dam de certains serviteurs dévoués qui s'estiment fort mal récompensés de leurs efforts pour la famille royale. Mme Hue se plaint par exemple d'être en butte à de perpétuelles « humiliations » et de ne pas être mieux considérée que la coiffeuse de la princesse. Elle estime anormal que des gens comme Saint-Priest, un ancien monarchiste constitutionnel, puissent être mieux traités qu'elle, dont les principes politiques sont demeurés purs[73]. Henriette de Choisy se heurte au même genre de conservatisme. Bien qu'elle ne puisse revendiquer autant de titres à la fidélité que le couple Hue, le lien personnel qui l'unit à la duchesse d'Angoulême lui en tient lieu. Mais ce type de fidélité-là ne l'emporte pas plus que l'autre sur le rang. Mlle de Choisy est issue d'une noblesse sans renom, tandis que beaucoup de candidates mieux situées dans la hiérarchie nobiliaire auraient pu prétendre à la place qu'elle occupe, ce qui explique sans doute qu'à Mitau la duchesse de Sérent et le comte de Saint-Priest lui aient réservé un mauvais accueil. Le fils du second décrit Henriette de Choisy comme « déjà vieille, de plus pauvre et laide, avec la figure et la démarche d'une bécasse, et une tournure d'esprit où les grâces de la province et du marais se confondaient au mieux[74] ». C'est sans doute pour pallier cette naissance sans éclat, peut-être pour lui confier ensuite la charge de gouvernante des Enfants de France, que le duc et la duchesse d'Angoulême cherchent à la marier au duc de Villequier, veuf et père de nombreux enfants. Le duc, d'abord réticent, finit par accepter de se remarier, sous la pression conjuguée des Angoulême et de ses enfants, mais l'alliance échoue, sans que les raisons en soient bien éclaircies. La dame de compagnie de la duchesse d'Angoulême demeure donc simple demoiselle de Choisy, ce qui, à défaut de résoudre le problème de sa présence, évite aux autres membres de la Cour de devoir lui céder le pas. Tardivement, en 1812, Louis XVIII lui concède un brevet de dame « pour accompagner » et l'autorise à porter le nom de comtesse de Choisy, aboutissement de sa difficile intégration à la cour des Bourbons exilés[75].

Les habitudes de la cour d'exil reprennent donc celles de la cour de France. Les rangs et prérogatives de chacun sont jalousement conservés et les princes se contentent d'arbitrer les querelles, en restant dans les règles habituelles du jeu curial. Marie-Thérèse occupe une place centrale dans cette petite cour. Certes, la reine, Marie-Joséphine de Savoie, a la prééminence, mais si, par nécessité dynastique, Louis XVIII a rappelé sa femme auprès de lui, il ne se fait guère d'illusions sur sa capacité à tenir une cour. Les témoins sont unanimes concernant l'aspect repoussant de la reine :

> Je n'ai jamais vu une femme plus laide ni plus sale. Les cheveux gris, coupés en hérisson, étaient couverts d'un mauvais chapeau de paille tout déchiré ; son visage était long, maigre et jaune ; sa taille, petite et grosse, soutenait je ne sais trop comment un jupon sale sur lequel flottait un petit mantelet de taffetas noir, tout en loques ; elle me fit peur la première fois que je la vis[76].

Ajoutons à cela que ses rapports avec son mari étaient exécrables. Louis XVIII l'avait en effet contrainte à abandonner sa favorite, Mme de Gourbillon, avec laquelle elle maintint pendant un moment une relation épistolaire enflammée. Ses relations avec Marie-Thérèse ne valent guère mieux. Les deux femmes se détestent cordialement. Marie-Joséphine n'avait jamais aimé la mère et reporte son aversion sur la fille. En outre, il semblerait – cause ou conséquence ? – que Marie-Thérèse ait eu un certain mépris pour la « petite » Maison de Savoie, ce qui ne devait pas améliorer les choses. Néanmoins, l'incapacité de Marie-Joséphine à tenir une cour laisse le champ libre à la duchesse d'Angoulême. C'est elle qui, si l'on ose dire, anime une cour où règne le plus souvent, semble-t-il, un ennui mortel. Il faut dire que les distractions ne sont pas légion : Mitau n'a guère d'attrait culturel et les rapports avec la noblesse de Courlande sont froids. Celle-ci passe le plus clair de l'année sur ses terres et n'apprécie pas la distance avec laquelle la reçoit la famille royale. Les parties de billard ou la chasse pour le duc d'Angoulême, la prière, les travaux manuels et les activités charitables pour la duchesse d'Angoulême rythment le quotidien. Seule l'étiquette, à laquelle veillent la duchesse et Louis XVIII, donne quelque solennité à la vie du palais. Encore est-elle particulièrement assouplie, promiscuité et manque de moyens obligent. La table royale, par exemple, accueille les principaux membres du service des princes et les visiteurs de marque. Chacun est servi par des domestiques, placés derrière les chaises. Il n'est pas non plus question d'habits de cour, compte tenu du peu de moyens des émigrés : pantalon et bottes sont tolérés dans l'intérieur du souverain[77]. L'étiquette permet aux princes de régler la conduite de leurs familiers et de préserver le respect dû à leurs personnes mais elle est réduite au minimum.

L'Antigone française

Pour la famille royale et sa nouvelle cour, Mitau apparaît comme un établissement durable. C'est sans compter avec le caractère fantasque du tsar Paul Ier. Ce dernier se prend peu à peu d'admiration pour Bonaparte et envisage de plus en plus sérieusement un rapprochement avec la France. Par ailleurs, une sordide cabale menée par une intrigante française, la marquise de Bonneuil, et par l'ancienne favorite de Marie-Joséphine, Mme de Gourbillon, réussit à convaincre le tsar de l'hypocrisie de Louis XVIII et de son entourage à son égard. Le 20 janvier 1801, Louis XVIII reçoit soudainement un ultimatum de Paul Ier lui intimant de quitter immédiatement la Courlande et les Etats russes. Le prétendant réussit simplement à obtenir une journée supplémentaire pour permettre à sa nièce de se recueillir le jour anniversaire de la mort de son père. Le 22 janvier, Marie-Thérèse, Louis XVIII et une poignée de serviteurs sont sur la route. Nul à Mitau ne s'attendait à pareil retournement de situation, aussi cette décision prend-elle la famille royale au dépourvu. Elle n'a aucune idée de l'endroit où aller et n'a rien préparé pour ce voyage, au plus fort de l'hiver rigoureux de l'Europe orientale. Marie-Thérèse ne possède même pas de passeport, ce qui laisse craindre des difficultés aux frontières. En outre, Paul Ier supprime la pension qu'il versait aux princes jusque-là et qui représentait leur principale source de revenus. La situation est catastrophique. Marie-Thérèse met en gage le collier de diamants du tsar pour permettre aux gardes du corps, renvoyés eux aussi, de rentrer. La famille royale, réduite alors à Louis XVIII et sa nièce, Marie-Joséphine et le duc d'Angoulême étant absents lors du départ, erre d'auberge en auberge avant de s'installer provisoirement à Memel.

De cet épisode difficile, Louis XVIII va, une fois encore, savoir tirer profit. Deux lettres datées de Memel et signées du comte d'Avaray sont publiées dans les journaux de l'émigration. Avaray était peut-être à l'origine de cette idée, mais le prétendant y a au moins donné son accord. Elles relatent, pour la première les difficultés du voyage de la famille royale expulsée de Courlande et pour la seconde la visite d'un navire arrimé à Memel par la duchesse d'Angoulême et la façon dont cette dernière vient au secours des gardes du corps chassés par le tsar. Le but de ces textes est de montrer les nouvelles épreuves qu'affronte stoïquement la famille royale. On y souligne la patience, la magnanimité, la générosité du prétendant et de sa nièce. Surtout, y apparaît une métaphore qui va faire florès, celle d'Antigone, appliquée à la duchesse d'Angoulême.

> Ah ! Mon cher, que n'ai-je, pour m'exprimer, tout ce que la nature m'a donné pour sentir ! Mon tableau serait plus vrai, c'est-à-dire non moins sublime que déchirant. Vous verriez, comme moi, à travers de *[sic]* vos larmes, notre cher maître, celui qui portera enfin, n'en doutez pas, une couronne éclatante, dans un misérable réduit, ayant pour tout espoir l'espoir d'en trouver un semblable le lendemain ; vous le verriez avec ce visage serein, cette bonté, cette grâce qui lui sont propres et que vous savez si bien apprécier, cherchant en vain des termes pour exprimer sa reconnaissance ; à côté de lui, la fille de tant de rois, nouvelle Antigone, cette nouvelle victime échappée aux bourreaux de sa famille, belle, touchante, rappelant enfin le meilleur des princes, sa courageuse mère et la vertueuse et sainte Elisabeth ; vous la verriez, mon ami, tenant sur ses genoux le chien devenu cher à toute âme sensible, compagnon de captivité du malheureux enfant royal, puis le seul témoin compatissant de ses longues souffrances à elle-même[78].

Le mythe d'Œdipe et de sa famille est remis à l'honneur à la fin du XVIIIe siècle, en particulier grâce à la tragédie de Jean-François Ducis, *Œdipe chez Admète*, parue en 1778, dont Nicolas Guillard tire un livret d'opéra en 1786, *Œdipe à Colone.* Celui-ci obtient un grand succès, précisément parce qu'il revalorise le personnage d'Antigone. L'histoire se concentre sur la période d'exil d'Œdipe, roi de Thèbes, et fait d'Antigone un modèle de piété filiale. La princesse est en effet le seul soutien de son père qu'elle accompagne dans ses errances[79]. Le thème connaît également une certaine vogue picturale puisque onze tableaux sur Œdipe, la plupart s'inspirant ou de l'opéra de Guillard ou de la pièce de Ducis, sont présentés au Salon entre 1785 et

1800. Beaucoup représentent Œdipe et Antigone, soit au moment où Œdipe, appuyé sur sa fille, est pris de folie, soit au moment où Antigone réconcilie son père avec son frère Polynice[80]. C'est donc dans un répertoire bien connu, une nouvelle fois, que le royalisme vient chercher ses références.

La comparaison entre Antigone et Marie-Thérèse apparaît pour la première fois à propos de Louis XVI. Dans son almanach, *Les Adieux de Marie-Thérèse de Bourbon*, Michaud écrit qu'au moment du 10 août, « [la princesse] suivit son père à l'Assemblée législative, sensible et généreuse Antigone, elle n'abandonna point Œdipe ; elle fut enfermée avec lui au Temple le 14 août, la veille de sa fête[81] ». L'allusion demeure manifestement exceptionnelle jusqu'à ce mois de janvier 1801 où elle est popularisée par les lettres d'Avaray et plus encore par la double gravure du comte de Paroy parue en 1805 et inspirée des événements. La première estampe représente Œdipe et Antigone et la seconde le prétendant appuyé sur le bras de la princesse, sous le titre de *L'Antigone française*[82].

Antigone apparaît comme le pendant antique de Marie-Thérèse. L'une et l'autre prêchent la réconciliation et la concorde civile, l'une et l'autre sont des modèles de piété envers les morts, l'une et l'autre soutiennent leur père exilé dans ses épreuves. Là s'arrête le parallèle, le reste du mythe ne se prêtant pas à une récupération politique facile. Marie-Thérèse est érigée en modèle de piété filiale et, par conséquent, de fidélité royaliste. Les soins que la princesse donne à son père sont ceux que tous les royalistes doivent donner au roi, leur père à tous. La gravure du comte de Paroy est la traduction la plus complète de cette image. L'attitude de la princesse envers son oncle qu'elle soutient pour avancer et le médaillon qu'elle porte autour du cou sont le rappel de sa piété filiale tant envers ses parents défunts qu'envers Louis XVIII. Coco, le chien de la duchesse, symbolise la fidélité à l'égard de la famille royale, comme l'attitude de Madame symbolise sa fidélité personnelle à l'égard de son oncle. Preuve de son succès, la gravure fut recherchée par la police française et parvint jusqu'à la princesse qui, d'après Paroy, « lui en accusa la réception, avec un témoignage flatteur de souvenir pour [lui][83] ». C'est l'un des rares exemples qui permettent de penser que Marie-Thérèse cautionne en partie la propagande de son oncle et n'est pas qu'un instrument docile des ambitions du prétendant.

Sous l'œil de la Providence

Sur la route qui les conduit à Memel depuis Mitau, Louis XVIII écrit au roi de Prusse pour lui demander asile. En vain. Frédéric-Guillaume III n'a pas envie de s'aliéner le Premier consul et ne veut pas donner abri aux princes. Louis XVIII recourt alors à Marie-Thérèse, dont il connaît la popularité dans les cours européennes. Il sait aussi qu'il sera politiquement plus délicat au roi de Prusse de répondre par la négative à la cousine de l'empereur. La duchesse d'Angoulême s'entremet donc, non pas auprès du souverain prussien, mais auprès de la reine, Louise de Mecklembourg-Strelitz, qui obtient l'asile pour la famille royale. Le roi de Prusse y met un certain nombre de conditions. La famille royale devra résider à Varsovie et rester incognito, autrement dit conserver le nom d'emprunt sous lequel les princes ont voyagé : le comte de L'Isle pour Louis XVIII et la marquise de La Meilleraye pour la duchesse d'Angoulême. Le soutien de Frédéric-Guillaume est donc personnel, et non pas politique. L'asile offert n'entraîne aucune reconnaissance du prétendant comme futur roi de France[84].

A Varsovie, la famille Poniatowski met à la disposition du roi exilé le palais Kazanowski. Là se retrouvent le duc d'Angoulême, la reine et, nouveau venu dans l'entourage de la princesse, son beau-frère, le duc de Berry. Ce dernier, après avoir séjourné un long moment en Angleterre, a combattu avec son frère dans l'armée de Condé. Il attache désormais ses pas à ceux de son oncle. Les conditions matérielles des émigrés sont de nouveau précaires. Hue se plaint de la difficulté à chauffer le palais et de la piètre qualité de l'ameublement. Pourtant, plus qu'elle n'avait pu le faire à Mitau, la famille royale prend part à la vie de la ville : Marie-Joséphine se rend fréquemment au théâtre et la noblesse de Varsovie est reçue au palais Kazanowski. Marie-Thérèse est en outre très populaire en raison de sa grande générosité[85].

Mais les tensions politiques s'accroissent entre Frédéric-Guillaume III et le prétendant, en raison des pressions de la France sur le souverain prussien. Bonaparte aurait voulu obtenir l'abdication de Louis XVIII pour assurer définitivement son propre pouvoir sur la France. Il le fait espionner et, en 1803, lui propose, en échange de son abdication, de gouverner le grand-duché de Varsovie. Or, Louis XVIII refuse ce marché, rappelant que ses droits sur la couronne de France sont incessibles. Il est convaincu que Dieu ne peut avoir abandonné la France, et donc ses rois, et qu'il remontera sur le trône car tel est le vœu de la Providence divine.

Toute la pensée royaliste est imprégnée de ce providentialisme qui interprète les malheurs rencontrés par les princes comme autant d'épreuves envoyées par le Très-Haut pour racheter les fautes de la France et des Français. Cette philosophie connaît un grand essor dans l'émigration dont elle permet de justifier les choix. La parution des *Considérations sur la révolution de France* du comte Joseph de Maistre en 1797 lui apporte cohérence et systématisme. L'influence de Maistre sur Louis XVIII et son entourage est certaine. Dès la sortie du livre, le comte d'Avaray félicite le comte de Maistre de la part de Louis XVIII[86]. Les *Considérations* offrent une explication simple de la Révolution et des errances royales. La Révolution, dans sa monstruosité même, fait partie d'un plan de la Providence destiné à régénérer la France, coupable d'avoir abandonné la religion au cours du XVIIIe siècle. Mais à terme, le retour du roi est nécessaire car c'est seulement avec lui que le pays retrouvera puissance et prospérité.

Cette foi en la Providence soutient Louis XVIII et sa famille pendant leur très long exil et leur permet de conserver un peu d'espoir, même après la proclamation de l'Empire, le 18 mai 1804. La réaction de Louis XVIII à cet acte est toute symbolique : il demande à tous les princes du sang de se réunir à Calmar, en Suède, pour signer une déclaration s'élevant contre l'avènement de ce nouveau régime. Cette dernière est un pur produit de la pensée providentialiste. Joseph de Maistre avait d'ailleurs été consulté avant son écriture, même si ses conseils furent peu suivis[87].

> Français ! Au sein de la Baltique, en face et sous la protection du Ciel, fort de la présence de notre frère, de celle du duc d'Angoulême, notre neveu, de l'assentiment des autres princes de notre sang qui, tous, partagent nos principes et sont pénétrés des mêmes sentiments qui nous animent ; attestant et les royales victimes et celles que la fidélité, l'honneur, la pitié, l'innocence, le patriotisme, le dévouement offrirent à la fureur révolutionnaire ou à la soif et à la jalousie des tyrans ; invoquant les mânes du jeune héros [le duc d'Enghien] que des mains impies viennent de ravir à la patrie et à la gloire ; offrant à nos peuples comme gage de réconciliation les vertus de l'ange consolateur que la Providence, pour nous donner un grand exemple, a voulu attacher à de nouvelles adversités, en l'arrachant aux bourreaux et aux fers, nous le jurons, jamais on ne nous verra rompre le nœud sacré qui unit inséparablement nos destinées aux vôtres, qui nous lie à vos familles, à vos cœurs, à vos consciences ; jamais nous ne transigerons sur l'héritage de nos pères ; jamais nous n'abandonnerons nos droits. Français ! Nous prenons à témoin de ce serment le Dieu de Saint Louis, celui qui juge les justices[88].

La déclaration est avant tout dynastique : elle réaffirme les droits imprescriptibles de la Maison de France sur le royaume en présence de tous les héritiers potentiels de la Couronne. La duchesse d'Angoulême, qui n'a pas été conviée puisqu'elle est exclue du trône par la loi salique, y est malgré tout citée, à l'exclusion de toute autre femme de la famille royale, parce qu'elle est la fille de Louis XVI, le chaînon manquant dans la lignée royale. Elle est présentée comme la garante de la « réconciliation », autrement dit du pardon des errements révolutionnaires, en vertu, précisément, du testament de son père. Elle y est aussi désignée comme l'instrument de la Providence, à la fois secours envoyé à sa famille et modèle de soumission aux décrets impénétrables du Ciel. Acte de foi, la déclaration s'est révélée un excellent outil de propagande et sa diffusion en France inquiète la police impériale qui lui fait une chasse impitoyable[89]. Elle est, enfin, cause de nouveaux tracas pour la famille royale. Bien que le texte n'ait pas été proclamé sur son territoire, le roi de Prusse, qui ménage encore Napoléon, exige le départ des princes de Varsovie.

Par chance, la famille royale chassée des Etats prussiens a un autre abri tout trouvé : le palais de Mitau. En effet, le tsar Alexandre Ier a succédé à son père, assassiné en 1801, et, dans sa volonté de s'opposer à la France, il est tout disposé à aider les Bourbons exilés. Il leur propose donc de revenir à Mitau quand il leur plaira, leur attribue de nouveau une forte pension et va jusqu'à proposer aux autres monarques européens de constituer une sorte de « pot commun » en faveur des Bourbons émigrés – ce que personne n'accepte. Au mois de janvier 1805, Louis XVIII se retrouve donc à Mitau avec son neveu, suivi, au mois d'avril, de la duchesse d'Angoulême et de la reine. Les habitudes prises les années précédentes reviennent dans toute leur monotonie, jusqu'en 1807 où la politique impériale française sort les princes de leur torpeur.

Ce sont d'abord les malheurs de la guerre qui frappent à la porte des exilés. Mitau est un carrefour important des routes du nord de l'Europe, et les troupes françaises et russes de la sanglante bataille d'Eylau s'y trouvent rapatriées. Les blessés sont accueillis dans l'aile inutilisée du château, transformée en écurie et débarras, et la duchesse d'Angoulême leur fait distribuer des secours par l'abbé Edgeworth, qui trouvera la mort au cours de cet épisode, ayant attrapé l'une des maladies transportées par les blessés.

Ensuite, les aléas des alliances diplomatiques frappent de plein fouet la petite communauté. Alexandre Ier, comme son père avant lui, est séduit par la personnalité de Napoléon Ier et par l'idée d'un partage du pouvoir en Europe entre deux grands pôles, l'un à l'est et l'autre à l'ouest. Mais il est aussi celui qui, depuis plusieurs années, s'est fait le défenseur fidèle des Bourbons. Pour se convaincre de la politique à suivre, il décide de leur rendre visite. Pour la première fois depuis qu'il est devenu le nouveau prétendant au trône, Louis XVIII reçoit un souverain. Pourtant, le tsar ressort de son entrevue avec les princes blessé par les manières de Louis XVIII qu'il juge hautaines, frappé par la médiocrité de ses interlocuteurs et convaincu qu'ils ne pourront jamais rentrer en France. Il signe donc sans guère de regrets le traité de Tilsit avec Napoléon, en 1807, scellant ainsi son alliance avec la France impériale. Cette fois, c'est Louis XVIII qui décide de quitter la Russie, considérant qu'il ne peut rester sur le territoire d'un allié de l'empereur des Français[90].

En réalité, Louis XVIII songeait depuis longtemps déjà à quitter la Russie pour s'installer en Angleterre. Plusieurs raisons l'y poussaient. Tout d'abord, la proximité avec la France. Il est plus facile de se tenir informé de l'évolution du pays, d'y envoyer des agents et d'en recevoir des nouvelles quand il n'y a que la Manche à traverser, et non un continent entier. Ensuite, la présence du reste de la Maison royale l'y incitait. Le comte d'Artois était installé à Edimbourg depuis 1795, les

Orléans et les Condés se trouvaient à Londres. Or, si, quand il s'était séparé de son frère en 1793, le prétendant considérait qu'il avait ainsi retrouvé un peu d'autonomie, le remède avait fini par se révéler pire que le mal. Depuis l'Ecosse, Artois faisait ce qu'il voulait sans tenir compte des avis de son frère. Enfin, l'attitude politique du gouvernement anglais, seul gouvernement à avoir combattu la France révolutionnaire avec constance depuis 1793, encourageait Louis XVIII dans ses projets. Néanmoins, ce même gouvernement représentait aussi un obstacle. L'Angleterre, qui pensionnait déjà la majorité de la Maison royale, ne se souciait guère d'accueillir ses membres manquants. Au vu de ces données, Louis XVIII, après avoir songé à s'installer en Suède – le roi Gustave IV était un allié fidèle –, décida de partir avec son neveu pour l'Angleterre sans prévenir quiconque. Une fois le prétendant sur les côtes anglaises, le gouvernement britannique, faisant contre mauvaise fortune bon cœur, l'autorisa à s'installer au nord de la capitale, à Gosfield Hall, où il attend le reste de la famille royale.

Au mois de juillet 1808, la duchesse d'Angoulême et Marie-Joséphine de Savoie débarquent à leur tour en Angleterre. Peu de temps après, la famille royale s'installe au château d'Hartwell, mis à sa disposition par sir George Lee. Bien que le bâtiment soit plus vaste que celui de Gosfield, il est trop petit pour accueillir les cent quarante personnes que compte la Cour. Des travaux importants sont immédiatement entrepris. On monte des cloisons et on aménage les combles, sans grand respect pour les lieux ou les désirs de leur propriétaire. Malgré les efforts et les dépenses, la petite cour demeure fort à l'étroit. Les finances des exilés ne se sont pas non plus améliorées. Depuis que le tsar a supprimé sa pension, la famille royale ne vit plus que sur les subsides du gouvernement anglais. Marie-Thérèse seule est relativement épargnée par cette pénurie, ayant toujours vécu de son propre revenu qui provient de l'argent placé en Autriche par ses parents quand ils préparaient leur fuite et de divers présents et legs de la famille impériale. Cependant, le coût de la vie dans une Angleterre frappée par le blocus napoléonien est exorbitant, et les exilés ont à charge tous leurs serviteurs[91].

Malgré ces difficultés financières récurrentes, la cour en exil n'a jamais rayonné autant qu'à Hartwell. Les visiteurs sont nombreux. Parmi eux, des Français émigrés à Londres depuis plusieurs années, mais surtout un grand nombre d'Anglais. La famille royale est accueillie à bras ouverts par la noblesse anglaise, surtout la noblesse catholique, souvent apparentée aux jacobites, partisans de la dynastie déchue des Stuarts, exilés en France après la chute de Jacques II en 1688. Ainsi, le marquis de Buckingham dont la résidence de Stowe est voisine de Hartwell et qui reçoit fréquemment la visite de l'un ou l'autre des princes, est catholique. Il en va de même des Jerningham, apparentés aux Dillon, qui rendent fréquemment visite « à la Cour ».

L'un des grands avantages de cette nouvelle résidence est, comme le souhaitait Louis XVIII, de réunir toute la Maison de France en un même lieu. Certes, le comte d'Artois continue à résider à Edimbourg la plus grande partie du temps et les princes du sang ont toujours un autre domicile, mais jamais jusque-là les princes exilés n'avaient été plus près les uns des autres. Marie-Thérèse voit pour la première fois depuis 1789 son beau-père, le comte d'Artois. La conversion de ce dernier à un catholicisme strict et dévot après la mort de sa maîtresse Mme de Polastron, ses préférences pour une royauté forte, sacrée, appuyée sur l'Eglise et la noblesse, le rapprochent de sa nièce, même s'il n'existe pas encore entre eux l'intimité que l'on trouvera quelque temps plus tard aux Tuileries. Marie-Thérèse fait aussi connaissance, non sans peine, avec le duc d'Orléans. Ce dernier, qui a combattu avec les armées révolutionnaires et est le fils du duc régicide Philippe Egalité, s'est réconcilié avec les frères de Louis XVI à son retour d'Amérique en 1800. Mais, pour Marie-Thérèse, le pardon et l'oubli royaux sont difficiles à accepter. A leur première rencontre, elle s'évanouit. Elle n'aura jamais beaucoup de goût pour Louis-Philippe, et encore moins pour sa sœur, Adélaïde, dont les idées avancées et le physique ingrat rappellent trop son père.

La présence de la famille royale, l'accueil de la noblesse anglaise confèrent à la vie en Angleterre des attraits auxquels Marie-Thérèse n'avait plus été habituée depuis Vienne. Elle retrouve en outre une certaine liberté de mouvement : elle se rend à plusieurs reprises dans les villes thermales de Bath et de Cheltenham, lieux de cure mais aussi de réunions mondaines. La lecture et les œuvres de charité occupent sinon la majeure partie de son temps. Sans doute la pieuse princesse considère-t-elle avec des sentiments mêlés son séjour dans un pays protestant. Sa satisfaction à entendre ses visiteurs lui exprimer leur adhésion à la religion catholique est flagrante et ne dénote pas une bien grande ouverture d'esprit. Elle ne manque cependant pas de curiosité et se rend à plusieurs reprises au seuil d'églises anglicanes pour observer la manière dont se déroule le culte et constater, vraisemblablement avec un certain soulagement, que tout se déroule dans un ordre et avec une ferveur remarquables[92].

Cette dévotion et cette bienfaisance, bien que marquées au sceau du catholicisme le plus pur, suscitent un grand respect chez nombre d'Anglais, catholiques ou non, et Marie-Thérèse connaît une certaine popularité dans son pays d'accueil. A son arrivée à Yarmouth, elle est acclamée par la foule. Il n'y a rien de particulièrement surprenant à cela. Beaucoup d'estampes et de livres concernant la famille royale ont été édités à Londres et en anglais, dont le *Journal de ce qui s'est passé à la tour du Temple*, de Cléry, que les Anglais lisaient comme un roman. Marie-Thérèse apparaît donc comme une héroïne vertueuse à laquelle certains rendent même un hommage en vers, à la manière de cet Herbert Croft qui écrit une longue pièce versifiée sur la princesse au moment de son départ pour la France[93].

Bien que la famille royale réside désormais près de la frontière française, jamais elle n'est apparue plus impuissante face à la vie politique du pays. Pendant des années, Louis XVIII et le comte d'Artois avaient mené un combat inlassable contre la Révolution en encourageant les rébellions et en menant des entreprises de propagande. Artois avait même été, en 1804, jusqu'à cautionner un projet d'assassinat du Premier consul qui avait entraîné l'exécution du duc d'Enghien, petit-fils du prince de Condé. Mais, après la déclaration de Calmar, il semble que la famille royale ait renoncé à tout plan d'envergure. Le ralliement plus ou moins contraint des puissances européennes à l'égard de Napoléon et le manque de moyens financiers qui en est la conséquence directe sont le premier facteur d'explication de ce silence royal. La politique intérieure de l'Empereur en constitue le second. En accordant l'amnistie aux émigrés en 1802, Bonaparte a coupé l'herbe sous le pied des Bourbons et les a privés non seulement d'un vivier de personnel mais aussi d'un public directement accessible. En outre, sa politique de ralliement de la noblesse, les mesures conservatrices qu'il n'hésite pas à prendre lui obtiennent l'adhésion d'un grand nombre de royalistes. Enfin, la censure impériale, infiniment plus rigoureuse que toutes celles qui ont précédé, décourage toute tentative de propagande d'envergure de la part des princes, même si, nous le verrons, en France certains continuent à propager leur image. En 1810, l'annonce du mariage de Napoléon avec la propre cousine de Marie-Thérèse, Marie-Louise d'Autriche, est accueillie avec consternation par la famille royale. Avec cette union, l'empereur des Français semble prendre pied dans les familles régnantes européennes et pouvoir fonder sa propre dynastie : jamais la légitimité même des Bourbons n'a été plus menacée.

Le salut vient d'Angleterre. Le roi George III est atteint depuis plusieurs années d'une porphyrie qui le rend incapable de gouverner des semaines entières. En 1810, son fils aîné, George, prince de Galles, obtient le titre de régent. Or, le prince de Galles est, à l'image de son père, un conservateur, proche des milieux catholiques – sa maîtresse, Marie-Anne Fitzherbert, est elle-même catholique. Non seulement il n'est pas question pour lui de soutenir Napoléon, mais il est un ferme partisan de la cause des Bourbons. Dès son accession au pouvoir, il reconnaît Louis XVIII comme roi de France. Lorsque Marie-Joséphine meurt, la même année, elle a droit à des obsèques princières et est enterrée à l'abbaye de

Westminster, nécropole des rois d'Angleterre. Rapidement, les rapports entre les deux familles se resserrent. Elles se rencontrent pour la première fois lors du bal que le prince régent donne le 19 juin 1811 pour l'anniversaire de son père. La famille royale de France fait alors sa première apparition publique à Londres. Le salon, préparé spécialement pour les recevoir, est orné d'un grand portrait de Louis XV et décoré de fleurs de lys. Le compte rendu en forme d'hommage au roi d'Angleterre qu'en dresse le curieux Ferdinand de Géramb, Autrichien alors au service de l'Espagne, consacre un long passage à la description du roi et surtout de la duchesse d'Angoulême – oubliant les autres princes français qui étaient sans doute présents[94]. Marie-Thérèse y semble entourée de tous les soins de la famille royale anglaise :

> En ce moment, Mme la duchesse d'York vint, avec cette grâce qui lui est particulière, prendre la main de l'auguste fille de Louis XVI, pour présenter cette princesse à l'hôte illustre qui l'avait invitée. Je vis avec attendrissement dans les traits de ce prince aimable, toutes les émotions dont j'avais été moi-même pénétré : l'accueil qu'il fit à Mme la duchesse d'Angoulême offrit les nuances réunies du respect, de la sensibilité et d'une aisance qui avait pour but de dissiper la contrainte d'une entrevue publique[95].

Par la suite, les rencontres sont fréquentes, en particulier entre le prince de Galles et Louis XVIII. A la fin de l'année 1812, une réunion des deux familles, anglaise et française, au complet, a lieu à Bath, chez le duc d'York[96]. Ces liens étroits ont sans aucun doute contribué par la suite à la restauration de Louis XVIII.

En 1813, une nouvelle coalition, composée de la Prusse, du Royaume-Uni, de l'Autriche et de la Russie, se forme contre Napoléon, bien décidée cette fois à en finir. Néanmoins, si ceux que l'on appelle les Alliés veulent régler leurs comptes avec « l'Ogre corse », ils tiennent la famille royale pour quantité négligeable. L'Autriche n'est pas nécessairement hostile au maintien de Napoléon, et encore moins à l'instauration d'une régence confiée à l'archiduchesse Marie-Louise. Le tsar Alexandre a peu d'estime pour Louis XVIII et songe à Eugène de Beauharnais, beau-fils de Napoléon, ou au maréchal d'Empire Bernadotte. Le prétendant ne bénéficie que du soutien de l'Angleterre et, du moins l'espère-t-il, d'une frange plus ou moins importante de la population française. Durant cette période, Louis XVIII entretient un certain nombre d'agents qui lui permettent de connaître l'évolution de la situation, dont un certain Taffard de Saint-Germain, à qui il a confié la création d'une « garde royale » à Bordeaux. Taffard le tient régulièrement informé de l'état d'esprit de la ville et de la région, de plus en plus favorable au royalisme. En effet, Bordeaux souffre du blocus contre l'Angleterre qui ne lui permet pas d'écouler ses marchandises. Au mois de décembre 1813, son député au corps législatif, Joseph Laîné, à l'occasion d'un rapport sur les négociations en cours avec les Alliés, s'élève contre la politique belliqueuse de Napoléon, traduisant ainsi à la fois les craintes des notables de l'Empire et celles de ses mandataires, las de la guerre et prêts à bien des compromis pour en sortir. Ces craintes sont entretenues et avivées par les royalistes issus de la garde royale de Taffard, mais aussi par d'autres organisations royalistes, comme celle des Chevaliers de la Foi, créée par Ferdinand de Bertier de Sauvigny et solidement implantée dans le Sud-Ouest. Ce n'est donc pas un hasard, si au mois de janvier 1814, Louis XVIII dépêche le duc d'Angoulême dans le sud de la France, auprès de l'armée anglaise conduite par Wellington. La présence du duc, époux de la fille de Louis XVI, au côté d'un général favorable aux Bourbons et d'une armée particulièrement bien tenue, pourrait permettre à la situation de se débloquer en faveur du roi[97].

Au début du mois de mars 1814, des émissaires des Chevaliers de la Foi bordelais se rendent auprès du duc d'Angoulême pour le persuader de venir à Bordeaux. Convaincu, le duc obtient de Wellington qu'il accepte de détacher six à sept mille hommes sous les ordres du général Beresford pour marcher sur la ville. L'armée anglaise arrive aux portes de Bordeaux le 12 mars à 9 heures du matin. Le maire, Jean-Baptiste Lynch, rallié aux royalistes et débarrassé des autres administrateurs impériaux qui se sont enfuis à l'approche de l'armée anglaise, se rend auprès de Beresford, qui lui assure venir en ami. Aussitôt, Lynch échange son écharpe tricolore contre une écharpe blanche, couleur de la royauté, et accompagne les Anglais dans la ville. A son arrivée, à trois heures de l'après-midi, le duc d'Angoulême est acclamé par une foule dont l'enthousiasme est soigneusement entretenu par les volontaires royaux et des agitateurs recrutés par Taffard[98].

Au nom du héros du jour, le duc d'Angoulême, est sans cesse associé celui de son épouse. Les propres proclamations du duc des 10 et 11 février 1814, aussi bien que celle du comte Lynch, le 12 mars, ne cessent de rappeler qu'il est le « gendre et le neveu de Louis XVI » et « l'époux de la fille de Louis XVI[99] », « l'époux d'une princesse dont les infortunes sont sans égales mais dont tous les vœux sont pour le bonheur de la France[100] ». La récurrence de ces périphrases est à la fois une reconnaissance de la place que le personnage de Marie-Thérèse occupe dans le royalisme et une manière de situer le duc d'Angoulême, quasi inconnu des Français, à l'intérieur même de la dynastie des Bourbons. Le mari est ainsi défini par rapport à sa femme – dont la renommée éclipse complètement la sienne – et à la famille de celle-ci, alors que c'est lui l'héritier de la couronne.

C'est à l'activisme bordelais que les Bourbons doivent en partie leur restauration. Pour les Alliés, l'épisode de Bordeaux est en effet le signe que les princes seront acceptés par l'opinion française ou au moins une partie de celle-ci. Par la suite, les événements se précipitent : le 3 avril, grâce aux intrigues de Talleyrand, le Sénat proclame la déchéance de Napoléon, et le 6 il appelle au trône « Louis-Stanislas-Xavier, frère du dernier roi des Français ». Le 12 avril, Monsieur entre dans la capitale, occupée par les troupes alliées, paré du titre de lieutenant général, et constitue un nouveau gouvernement provisoire. Quand ces nouvelles parviennent à Hartwell, la duchesse d'Angoulême ne se tient plus de joie et explique que « c'est peut-être la première fois de [sa] vie qu'elle [rit] d'aussi bon cœur[101] ». Son exil de vingt ans prend fin.

5

De la Restauration aux Cent-Jours : les derniers feux héroïques

Le 20 avril 1814, Louis XVIII, désormais reconnu par tous comme le roi de France, fait son entrée à Londres dans une voiture où ont pris place le prince de Condé, le prince régent et la duchesse d'Angoulême. Tout au long du chemin, les Londoniens arborent des cocardes blanches, nouvelle couleur de la France royale. Au cours d'une cérémonie à l'hôtel Grillon, Louis XVIII reçoit l'ordre de la Jarretière des mains du prince régent, geste qui symbolise l'union étroite entre les deux hommes et les deux peuples qu'ils représentent. Londres est la première étape du retour. Le 23 avril, le roi et sa nièce sont à Douvres pour traverser la Manche. Le 24, ils se trouvent à Calais, d'où ils s'acheminent par petites journées à Paris, multipliant les entrées solennelles dans les villes qu'ils traversent : Boulogne, Abbeville, Amiens, Compiègne enfin. Ils atteignent la capitale le 3 mai[1]. De ce que pense Marie-Thérèse durant ces journées de retour en France, nous ne savons rien. Sans doute est-elle bouleversée par des sentiments contradictoires ; peut-être est-elle tout entière à la joie qu'elle a manifestée au moment de son départ d'Angleterre. En tout cas, c'est sur elle que tous les yeux sont fixés. Marie-Thérèse est en effet le membre de la famille royale le mieux connu et le plus populaire. Malgré la censure, consulaire puis impériale, l'image de la princesse a continué à circuler sous diverses formes, lui conférant une aura romanesque que ses oncles ne peuvent guère revendiquer. Cette popularité est mise au service de la propagande monarchique qui cherche à donner une nouvelle légitimité à la royauté. Pourtant, malgré un retour finalement consensuel, les mécontentements s'accumulent contre la famille royale. Un mélange de maladresses de la part des princes, de susceptibilité de la part des élites napoléoniennes et d'ambitions politiques frustrées participent au retour de Napoléon au mois de mars 1815. Marie-Thérèse, alors à Bordeaux, met en défense la ville et fait preuve d'un courage qui impressionne aussi bien ses adversaires que ses alliés, mais brise l'image romantique et sentimentale qui l'entourait jusqu'alors.

Marie-Thérèse : entre littérature et réalité

Marie-Thérèse a vécu loin de France pendant vingt ans, soit une génération. On a souvent dit que les Bourbons avaient été oubliés pendant l'Empire. C'est faux dans le cas de Marie-Thérèse, même s'il est certain que son image en France n'a qu'un rapport assez vague avec la réalité. On se souvient ainsi de la fille de Louis XVI comme de la douce et belle jeune fille emprisonnée au Temple telle que la décrivaient les articles et poèmes des journaux. Un roman sentimental, *Irma ou les malheurs d'une jeune orpheline*, écrit par une romancière à succès, la baronne Brossin de Méré, et paru en 1799, a contribué à entretenir cette image. C'est un ouvrage assez étrange, qui synthétise nombre de poncifs du roman sentimental de la fin du XVIIIe siècle.

Il emprunte à la mode orientalisante, puisque l'action se situe en Inde dans les deux premiers tomes, tandis que les deux derniers se déroulent en Perse. Une partie du vocabulaire est adapté au cadre supposé du roman, mais cet Orient de pacotille ne trompe personne : l'Inde figure la France et la Perse, l'Autriche. *Irma* est aussi un roman à clés. Tous les noms des personnages sont des anagrammes plus ou moins réussies. Irma pour Marie(-Thérèse), Ximacelem pour Maximilien (Robespierre), Sbiloüs pour Louis XVI, ou Rantchêne pour Chanterenne. Les clés ne sont pas données dans toutes les éditions mais les allusions sont suffisamment transparentes pour être comprises. Ce texte est également un roman épistolaire. La première partie consiste en une longue lettre au fiancé bien-aimé de la princesse, le duc d'Angoulême, la seconde une lettre à Zulima, dont nous n'avons pas trouvé l'identification. L'histoire raconte le long emprisonnement d'Irma, persécutée par Ximacelem qui cherche à l'épouser après avoir assassiné son frère. Bien que son persécuteur finisse par mourir, Irma doit gagner la Perse, où elle rejette l'amour d'un prince persan (l'archiduc Charles) et finit par retrouver son cousin qu'elle aime depuis toujours. Malgré une narration distendue et le côté quelque peu artificiel des situations, *Irma* connaît un succès considérable. Le roman est édité dix fois entre 1799 et 1816 et suscite un tel engouement que Fouché, ministre de la Police de Napoléon, renonce à le saisir[2].

Au moment de son retour, Marie-Thérèse appartient donc au domaine de la littérature et de la mémoire, restant pour les Français la prisonnière du Temple. Au début de la Restauration, le poème de Joseph Tréneuil *L'Orpheline du Temple* rencontre ainsi un certain succès. L'ouvrage est un long monologue de la princesse enfermée dans sa prison qui synthétise tous les thèmes développés sur son compte pendant la Révolution. L'Orpheline du Temple y dit d'abord sa tristesse, ses peurs et sa volonté de mourir, avant de se reprendre et de demander au Ciel des forces pour supporter ou la prison ou l'exil. Le poème se termine sur l'évocation des cendres sans tombeaux des morts de la famille de France et sur le vœu de prospérité que la princesse fait pour son pays malgré les malheurs qu'elle a subis et qui l'attendent encore.

En trois mois, le poème de Tréneuil est réédité trois fois, et la princesse y gagne définitivement le surnom d'« Orpheline du Temple[3] ». Non qu'il n'ait jamais été employé jusque-là, mais on trouvait concurremment la « Jeune Captive », la « Jeune Infortunée » ou, tout simplement, « la prisonnière du Temple ». Désormais, quand il est question de la période d'emprisonnement de la princesse, on n'utilise plus guère que le nom employé par Tréneuil pour le titre de son élégie. La littérature en arrive à rejoindre la réalité.

> Mais il est une autre source encore de l'intérêt puissant qui nous attache à la lecture de ce petit poème : [...] c'est l'abondance de sentiments tendres et affectueux qu'il puise dans son âme et qui ne sont que l'expression fidèle de ce que pensait, disait et écrivait même l'illustre prisonnière du Temple[4].

La confusion est totale. L'œuvre de fiction qu'est *L'Orpheline du Temple* est élevée au rang de témoignage. Ce n'est plus un personnage littéraire qui parle, mais bien la duchesse d'Angoulême, fille de Louis XVI, qui vient de rentrer en France. Le public ne semble plus guère faire de différence entre personne réelle et personnage de fiction. Pourtant, quelle contraste entre la jeune fille partie en 1795 et la femme d'âge mûr qui rentre en France en 1814 ! Le maintien rigide, la parole brusque, les traits du visage émaciés, il ne reste guère de la grâce juvénile de Marie-Thérèse que son regard bleu et myope comme celui de son père. Elle a cependant grande allure et le public ne voit dans ses défauts que les stigmates de son triste passé. Ainsi l'infection oculaire qui lui rougit les yeux et dont elle souffre depuis Mitau est considérée comme le fruit de ses larmes et de ses veilles :

> L'attitude digne, noble et grave de Mme la duchesse d'Angoulême, son grand air et sa tristesse touchaient tous les cœurs. Ses yeux rouges semblaient fatigués par les larmes et on ne pouvait regarder cette princesse sans penser qu'elle était l'être du monde sur lequel les plus grandes infortunes s'étaient accumulées. Ces observations étaient les mêmes chez tout le monde[5].

Il faudra plusieurs mois pour que se révèle le décalage entre fiction et réalité. Au moment de son retour en France, Marie-Thérèse bénéficie d'une immense popularité. Tout au long de son trajet vers la capitale, elle assiste à des manifestations exacerbées de joie : des femmes s'évanouissent souvent sur son passage, sous le coup de l'émotion. Au théâtre, quand elle apparaît aux côtés de son oncle, elle provoque acclamations et crises de larmes. Ces marques d'enthousiasme peuvent aller jusqu'à l'adoration. Lorsque Marie-Thérèse arrive aux Tuileries, elle est accueillie par une dizaine de femmes désignées par le préfet de Paris qui s'agenouillent à son arrivée, provoquant son embarras[6]. La curiosité n'est pas exempte de ces manifestations. On se plaît à imaginer ce que la princesse peut penser à son retour, en particulier la manière dont elle fait le parallèle entre le présent et le passé. Mme Vigée-Lebrun compatit à la tristesse que Marie-Thérèse, pense-t-elle, doit éprouver en approchant de la Conciergerie[7].

Lamartine, dans son *Histoire de la Restauration*, écrit que « la duchesse d'Angoulême était le sentiment dans la cause de la Restauration[8] ». Autour d'elle se concentre en tout cas l'euphorie royaliste du retour. Elle est le seul membre de la famille royale à faire rêver, à avoir déjà son nom inscrit dans l'histoire du pays. C'est parce qu'il était conscient de ce phénomène que Louis XVIII avait tenu à faire venir la princesse auprès de lui dans son exil. Pour la même raison, il s'appuie sur sa popularité afin d'asseoir l'idéologie officielle du régime.

« Renouer la chaîne des temps[9] »

Le 6 avril 1814, le Sénat appelle sur le trône non pas Louis XVIII, par la grâce de Dieu roi de France et de Navarre, mais « Louis-Stanislas-Xavier, frère du dernier roi des Français », rejetant de la sorte toute la patiente construction idéologique de Louis XVIII qui avait toujours affirmé dans son exil la continuité du principe monarchique et considéré que la royauté n'avait jamais été interrompue de droit, même s'il elle l'avait été de fait. En outre, le Sénat impose au roi une Constitution, s'érigeant ainsi en représentant légitime d'une nation souveraine. Or, pour Louis XVIII, la souveraineté réside nécessairement dans la personne du roi. Il lui est donc impossible d'accepter cette Constitution. Dans un premier temps, néanmoins, il laisse planer le doute sur ses intentions, afin de préparer sa réplique. Le 2 mai 1814, par la Déclaration de Saint-Ouen, le roi refuse la Constitution sénatoriale tout en garantissant les libertés fondamentales des Français. Il prévoit l'« octroi » – c'est le terme employé – d'un texte constitutionnel qu'il appelle « charte », en référence aux chartes de communes du Moyen Age par lesquelles les rois de France avaient pu accorder droits et libertés à certaines villes du royaume. L'emploi du mot de « charte » éloigne le spectre de la souveraineté populaire et permet de souligner que c'est librement que le roi consent à limiter une partie de son pouvoir, pour le bien de son peuple.

La Charte instaure une monarchie limitée, dans laquelle l'essentiel du pouvoir royal traditionnel est conservé. Le roi possède l'intégralité des pouvoirs et la direction du gouvernement. Cependant, une Chambre des députés et une Chambre des pairs, héréditaire, sont créées, sur un modèle fort proche du système anglais. La Chambre des députés est élue, mais les pairs sont nommés par le pouvoir royal, inamovibles, et leur nombre n'est pas fixé. Ces deux chambres possèdent le droit de discuter, amender et voter les lois, mais elles n'en ont pas l'initiative. Le gouvernement est entièrement nommé par le roi et n'a aucun compte à rendre à une chambre dont il n'est pas l'émanation. Certes, le système n'est plus absolutiste, mais le pouvoir du roi reste immense[10].

Dans cette nouvelle organisation politique, Marie-Thérèse occupe une place fort semblable à celle qui était la sienne sous l'Ancien Régime. La Charte ne dit pas un mot des princes ou de la famille royale. Elle ne réaffirme même pas le principe de la loi salique. Louis XVIII considère en effet qu'il serait non seulement inutile mais dangereux de mettre par écrit ce fondement de la royauté. Inscrire le principe héréditaire dans la loi laisserait ouverte la possibilité de son abrogation. Marie-Thérèse retrouve donc son statut juridico-politique d'Ancien Régime, celui de Fille de France. Cependant, elle occupe dans la propagande royale une place incomparable qui vient donner à ce statut un relief particulier.

En effet, le principal défi de Louis XVIII à son retour est de légitimer son pouvoir et de réussir à faire de ses convictions une idéologie nationale, valable pour tous les Français. Dans cette construction idéologique, Marie-Thérèse occupe une place essentielle, dans le prolongement de celle qui était la sienne au cours de leur exil.

Marie-Thérèse est tout d'abord la dernière descendante de la branche aînée des Bourbons. Elle est « la fille de Louis XVI », le maillon manquant de la dynastie, qui relie Louis XVI et Louis XVII à Louis XVIII. Un point essentiel, puisque c'est la filiation dynastique qui légitime le pouvoir de Louis XVIII : c'est du sang des rois que les Bourbons tirent leur légitimité, et non des conquêtes ou de la volonté du peuple. De nombreuses estampes de la période représentant des médaillons de la famille royale dans l'ordre généalogique montrent ainsi la princesse dans ce rôle de passerelle d'une partie de la dynastie à l'autre. L'une d'entre elles la représente même entre son père et son frère, comme si elle était la seule héritière légitime des prédécesseurs de Louis XVIII[11].

Le discours royaliste ne relie pas Marie-Thérèse seulement à son père, mais aussi à l'ensemble de la dynastie : elle est « la fille des rois ». A Paris, au cours de la grande réception organisée à l'Hôtel de Ville pour le retour de Louis XVIII, on lui offre un bouquet de fleurs accompagné du poème suivant :

Eh bien ! De notre amour interprètes fidèles,
En France il est des fleurs qui toujours sont nouvelles !
En mille endroits divers, sur ce sol glorieux,
Nos reines ont laissé des roses immortelles
Nos princes des lauriers fameux !
Les Arts, en lettres d'or, ont gravé sur leur tige
BOUVINES, MARIGNAN, ARQUE, IVRY, FONTENOY !
Chacune de ces fleurs, par un brillant prestige,
Retrace un fait illustre ou rappelle un bon roi.
SAINT LOUIS est inscrit sur la palme Idumée ;
Sur les rameaux unis du lys et du laurier,
J'ai lu les plus grands noms de cette race aimée :
Les CHARLES, les LOUIS, HENRI, FRANÇOIS PREMIER,
Voilà de quelles fleurs la cité Lutèce
A formé son bouquet pour l'illustre princesse !
Bouquet vraiment royal qui, par le souvenir,
Rassemble en un faisceau plusieurs siècles de gloire,
Rappelle qu'à sa race appartient la victoire...
Et qu'avec nous la France à ses pieds vient offrir[12].

On rappelle ainsi la longue lignée dont est issue la princesse. C'est un thème fréquent lors des festivités organisées pour le retour de la famille royale. Le discours royaliste cherche en effet à reconstruire une histoire dynastique continue qui puisse rappeler au public que la Maison royale s'inscrit dans un continuum national millénaire. Puisqu'ils sont issus des rois qui ont constitué ce pays, les Bourbons sont intrinsèquement français, assènent les monarchistes. Et pour cause : après plus de vingt ans d'exil, on pouvait en douter.

Marie-Thérèse est ainsi non seulement le lien entre les rois de France présents et passés, mais aussi entre le roi de France et la nation. En effet, les princes sont tous des émigrés. Cela signifie qu'ils ont abandonné la France et, surtout, qu'ils ont combattu aux côtés des armées étrangères ou, tout du moins, qu'ils ont soutenu leurs activités pendant la Révolution puis pendant l'Empire. En outre, c'est la victoire de la coalition qui a permis à Louis XVIII de remonter sur le trône. Les Bourbons reviennent grâce à la défaite de Napoléon et des armées françaises. A l'amertume de cette défaite s'ajoute l'occupation du territoire – pire en 1815 qu'en 1814 –, avec son cortège de misères quotidiennes. Il est donc nécessaire de réaffirmer le caractère « français » des Bourbons. Or, seule la duchesse d'Angoulême peut acquérir sans contorsion le statut national. Elle n'a pas émigré, a subi la prison et les journaux royalistes ont souligné qu'elle avait quitté à contrecœur la France pour gagner l'Autriche. Chateaubriand popularise cette idée dans *De Buonaparte et des Bourbons* qui, à défaut d'avoir « plus profité [aux Bourbons] qu'une armée de cent mille hommes[13] », a au moins contribué à fixer certains motifs de la propagande monarchiste.

> Cette jeune princesse que nous avons persécutée, que nous avons rendue orpheline, regrette tous les jours, dans

les palais étrangers, les prisons de la France. Elle pouvait recevoir la main d'un prince puissant et glorieux, mais elle préféra unir sa destinée à celle de son cousin, pauvre, exilé, proscrit, parce qu'il était français et qu'elle ne voulait point se séparer des malheurs de sa famille. Le monde entier admire ses vertus ; les peuples de l'Europe la suivent quand elle paraît dans les promenades publiques, en la comblant de bénédictions : et nous, nous pouvons l'oublier ! Quand elle quitta sa patrie, où elle avait été si malheureuse, elle jeta les yeux en arrière et elle pleura[14].

La pieuse légende est en partie fondée, nous l'avons dit, mais elle est magnifiée par le discours royaliste qui fait de Marie-Thérèse une princesse toute française.

Pourtant, le terme même est ambigu. « Français » n'a assurément pas la même signification pour Louis XVIII que pour Napoléon. La France qui sert de référence dans le discours royal n'est pas la nation issue de la Révolution et célébrée encore par l'Empire. Celle-ci s'est constituée en grande partie en opposition avec la royauté. Souveraine, armée contre l'Europe des rois, elle ne peut, par essence, être reconnue par le nouveau monarque. Le terme « nation » lui-même ou l'adjectif « national » ne sont certes pas totalement bannis du discours royaliste, mais on leur préfère l'emploi de « France » et de « Français ». C'est donc à une autre France que se réfèrent les propagandistes monarchistes et les princes eux-mêmes, celle d'avant la Révolution, constituée autour de la dynastie capétienne et de l'ancienne symbolique royale[15]. Le lys royal envahit le paysage des représentations monarchiques. On le trouve naturellement sur les armes royales qui figurent dans tous les décors de festivité de la Restauration, sur le drapeau blanc, souvent frappé de fleurs de lys d'or, mais aussi dans les panégyriques et l'iconographie et jusque dans la création de l'ordre du Lys[16]. Le lys est l'emblème de la nation monarchique, et dans le même temps les princes eux-mêmes sont les lys. Dans de nombreuses estampes, ils sont représentés sous cette forme, ou leurs portraits en émergent, tandis que les silhouettes des victimes de la Révolution se dessinent dans les branches des fleurs. Car avant d'être un symbole national le lys est celui de la dynastie. La communauté de symbole entraîne la communauté de destin : le sort de la France des lys est lié aux Bourbons. En dernier ressort cela signifie que, pour les royalistes, la nation française s'incarne dans ses princes. Un sculpteur propose, pour un monument à la mémoire de Louis XVI, de représenter la France sous la figure de Marie-Thérèse, le sceptre dans une main, une branche de chêne et d'olivier dans l'autre[17]. Le projet n'a pas eu de suite mais il est l'aboutissement logique de l'émergence d'un contre-modèle national plongeant ses racines dans la tradition royale la plus ancienne, et qui est loin d'être accepté par tous.

Les difficultés de la Restauration

Il est assez malaisé de démêler avec précision les causes de ce que l'on appelle les Cent-Jours, autrement dit le retour de Napoléon au pouvoir en France depuis l'île d'Elbe où il avait été exilé. Une illusion rétrospective tend à souligner les nombreuses fautes politiques des Bourbons et à considérer que le régime de Louis XVIII était perdu d'avance. C'est aller un peu vite en besogne, même si la famille royale n'a pas toujours fait preuve du tact requis, en tout cas auprès des élites issues de l'Empire. Mais sa tâche n'était pas facile. Il lui fallait à la fois accepter ceux qui avaient servi Napoléon et récompenser ceux qui lui étaient restés fidèles. Deux domaines concentrent les récriminations et cristallisent l'aigreur des uns et des autres : la Cour et l'armée. A la Cour, le problème est double. Il s'agit d'abord de savoir qui doit occuper les places des Maisons des différents princes. Or il apparaît très vite que les princes préfèrent conserver leur entourage d'exil. Dans la Maison de Marie-Thérèse, on ne trouve ainsi aucun ancien serviteur de l'Empire. Elle garde le personnel qui l'entourait en exil et emploie autrement des gens liés d'une manière ou d'une autre à la cour d'Ancien Régime. Elle offre ainsi une charge de dame pour accompagner à Pauline de Tourzel – devenue comtesse Galard de Béarn –, la fille de son ancienne gouvernante. Les emplois curiaux ne sont pas seuls en cause. La manière dont la Cour est tenue froisse également bien des susceptibilités, et Marie-Thérèse est sans doute responsable de nombreuses désaffections. Elle fait souvent preuve d'une brusquerie qui déconcerte, même si elle n'est pas mal intentionnée. Ainsi, lorsqu'elle reçoit pour la première fois la maréchale Ney, elle l'appelle par son prénom, Aglaé, car elle la connaît depuis longtemps, sa mère, Mme Auguié, ayant été la femme de chambre de Marie-Antoinette. Mais le ton qu'elle emploie fait croire à la maréchale qu'elle se moque d'elle en usant de cette familiarité, alors que c'est manifestement tout le contraire : la duchesse appelle par leurs prénoms les comtesses de Boigne et de Béarn qui s'en trouvent honorées. Cet épisode, anodin en apparence, contribue pourtant à accréditer divers bruits sur l'hostilité de la duchesse d'Angoulême à l'encontre de la noblesse d'Empire. Elle est accusée notamment d'appeler les maréchales « les cuisinières de Buonaparte[18] ». Il ne semble pourtant pas que Marie-Thérèse ait exclu systématiquement les membres des nouvelles élites. Elle acceptera ainsi d'être la marraine des enfants des maréchaux Macdonald, Oudinot et Lauriston. Cependant, l'aristocratie impériale se sent mal à l'aise à la Cour et accuse les « émigrés » de prendre toutes les places. Les problèmes curiaux étaient sans doute inévitables. Les postes étaient peu nombreux, et les princes qui avaient quitté leur pays depuis si longtemps n'avaient pas nécessairement envie de se trouver entourés d'inconnus dont les intentions politiques pouvaient parfois leur paraître troubles.

Mais cette bataille était essentiellement symbolique et limitée à un nombre d'individus restreint, quelque influents qu'ils soient. Autrement plus problématique était la question de l'armée. De ce point de vue, les princes manquaient de prestige, Louis XVIII en particulier, qui était immobilisé par la goutte dans une chaise roulante. Quant aux ducs d'Angoulême et de Berry, ils avaient servi dans les armées des coalisés contre Napoléon, ce qui ne leur valait guère l'admiration des troupes. Par ailleurs, tandis que Napoléon avait fait de l'armée l'épine dorsale de son régime, le moyen de promotion sociale par excellence, telles n'étaient pas les intentions des Bourbons qui devaient donner à leurs alliés européens l'image d'un pays pacifique. La partie était donc difficile pour les princes, malgré le ralliement des maréchaux. Or, le gouvernement de Louis XVIII se montre maladroit à plusieurs reprises. Tout d'abord en recréant une Maison militaire, autrement dit une entité chargée de la défense personnelle du souverain, et en la peuplant d'un certain nombre de serviteurs fidèles, dont des émigrés ou des enfants d'émigrés. Ensuite en réduisant considérablement les effectifs de l'armée, par le licenciement d'un grand nombre d'officiers, qui doivent se contenter de la moitié de leur solde. Les soldats en général et ces demi-soldes en particulier se sentent frustrés et injustement mis à l'écart. Plusieurs officiers conspirent contre le pouvoir de Louis XVIII mais la découverte de ces conspirations n'inquiète personne. Elles prouvent pourtant que le feu couve.

D'autres aspects de la politique royale agacent l'opinion libérale, en particulier son volet religieux. Louis XVIII place la Restauration sous le signe de l'union retrouvée du trône et de l'autel. C'est Dieu qui a voulu le retour des Bourbons en France et qui soutient leur action. L'Eglise retrouve de fait sur la société et la politique une influence que le régime napoléonien lui avait déniée ; cette influence est soigneusement canalisée par le gouvernement de Louis XVIII qui entend la mettre au service de la monarchie. Cependant, là encore, certaines mesures se révèlent maladroites, comme le rétablissement des processions ou le respect obligatoire du dimanche comme jour de repos. Marie-Thérèse, présentée par les discours officiels comme un modèle de dévotion, en passe pour le plus fervent soutien et en retire là aussi une certaine impopularité.

Ces divers sujets de mécontentement n'auraient pas suffi à provoquer la chute des Bourbons si Napoléon, depuis l'île d'Elbe, n'avait eu la tentation de reprendre le pouvoir. Les rapports partiaux qui lui parviennent de France mentionnant le mécontentement croissant des

Français, il pense qu'il sera partout accueilli en sauveur. Il décide donc de gagner la France. Au début du mois de mars, il débarque à Golfe-Juan. Il remonte ensuite le sillon rhodanien, ralliant au fur et à mesure les régiments qui viennent à sa rencontre. La maladresse de Louis XVIII et de son gouvernement est alors insigne. Le 19 mars, le roi prononce devant les députés un discours flamboyant dans lequel il jure qu'il restera jusqu'au bout dans sa capitale pour la défendre, mais il préfère finalement s'enfuir avec son gouvernement et sa Maison militaire. Il part pour les Pays-Bas autrichiens d'où il espère ressaisir une fois de plus son pouvoir. Le 21 mars, Napoléon arrive aux Tuileries, où il ne tarde pas à recevoir l'hommage des mécontents de la Restauration.

Au moment où ces événements surviennent à Paris, le duc et la duchesse d'Angoulême sont à Bordeaux. Ils avaient décidé de se rendre dans cette ville pour le premier anniversaire du 12 mars 1814, jour où la ville s'était rendue au duc d'Angoulême et avait contribué ainsi de manière décisive à la Restauration. Le 5 mars 1815, les princes sont donc à Bordeaux où les notables les accueillent avec enthousiasme. La situation politique de la ville est assez particulière. Si la Restauration y a conforté les royalistes, qui tiennent désormais le haut du pavé et sont essentiellement des royalistes simples, le gouvernement de Louis XVIII les déçoit. Sur les principes, on le juge trop débonnaire à l'égard de la Révolution et, localement, la nomination du comte Charles Decaen comme gouverneur de Bordeaux et le maintien en place du préfet Bruslé de Valsuzenay – hommes jugés trop modérés – passent fort mal. L'adulation qui entoure le duc et la duchesse d'Angoulême apparaît donc comme une sorte de manifestation d'opposition à la politique de Louis XVIII. Le principal organe de presse de la ville, *Le Mémorial bordelais*, mène une opinion publique prête à se dévouer à des princes qui représentent une alternative au gouvernement décevant du roi. Dirigé par des royalistes fervents, dont Taffard de Saint-Germain, il fait du séjour du duc et de la duchesse d'Angoulême une marche triomphale dès leur arrivée[19].

> Chacun voulait voir [la duchesse], chacun voulait lui procurer des marques de vénération et de dévouement ; mais jamais ce désir n'était assez satisfait et partout où S.A.R. dirigeait ses pas, les acclamations redoublaient avec une vivacité dont il serait difficile de se faire une idée si l'on ne portait soi-même au fond du cœur les mêmes raisons d'amour et d'enthousiasme[20].

La description du *Mémorial*, assurément de parti pris, correspond en tout cas à ce que la duchesse d'Angoulême ressentit à son arrivée à Bordeaux : « Les cœurs volaient au-devant de nous ; c'était vrai, pas joué[21]. » Le Bordeaux royaliste a trouvé des princes selon son cœur, et Marie-Thérèse un peuple qui lui convient.

C'est le 9 mars qu'un courrier du roi annonce au duc et à la duchesse le débarquement de Napoléon dans le Sud et donne l'ordre au duc d'Angoulême de prendre le commandement des troupes à Nîmes. Faisant comme si de rien n'était, le duc participe aux réceptions de la journée et part dans la nuit. La duchesse décide de rester jusqu'au 13 mars, comme cela était prévu, et participe à la cérémonie commémorative du 12 mars, au cours de laquelle elle dépose la première pierre d'une colonne qui doit s'élever à l'endroit où a été reçu son mari[22].

Contrairement à ce qu'espérait le camp royaliste, l'avancée de Napoléon n'est pas endiguée. Le roi ordonne à sa nièce de rester là où elle est plutôt que de le rejoindre à Paris. Le 23 mars, le baron de Vitrolles, secrétaire d'Etat du gouvernement de Louis XVIII, arrive à Bordeaux de la part du roi pour transmettre à Marie-Thérèse « les pleins pouvoirs » puis repart organiser le gouvernement royal à Toulouse sous l'autorité du duc d'Angoulême. En l'absence du roi, en fuite, la princesse est la seule autorité souveraine de Bordeaux et de sa région. Elle organise alors son gouvernement et la défense de la ville. Elle crée un conseil réunissant les autorités de Bordeaux, au premier rang desquelles le gouverneur de la 11e division militaire, le comte Decaen, le maire, Lynch, le président du conseil général, Filhot de Marans, et le commandant de la garde nationale, Maxime de Puységur. La confiance qu'elle leur accorde est mitigée. Elle les juge pusillanimes et pense que Decaen se leurre ou la leurre sur les intentions de l'armée. Il faut malgré tout galvaniser les énergies et rassembler des moyens de défense[23].

Marie-Thérèse fait tout d'abord lever des volontaires, et des fonds pour les armer. Une souscription est ouverte qui produit 700 000 francs dès le premier jour, un million environ une semaine plus tard. Mais c'est trop peu : en cas de trahison des troupes de ligne, ce qu'elle redoute par-dessus tout, les volontaires et la garde nationale ne feront pas le poids. L'idée s'impose très vite à la duchesse qu'il faut recourir à l'étranger.

Son conseil y est globalement opposé mais, munie des pouvoirs de Louis XVIII, elle passe outre. Elle écrit à deux reprises au roi d'Espagne Ferdinand VII pour qu'il masse ses troupes à la frontière, selon un plan conçu manifestement avec le baron de Vitrolles. Elle envoie également une lettre à l'ambassadeur de France en Angleterre, le comte de La Châtre, pour que la flotte anglaise entre dans l'estuaire de la Gironde avec hommes et armes, demande qu'elle formule aussi *via* le consul d'Angleterre présent à Bordeaux. Elle précise toutefois qu'elle n'est pas prête à laisser Blaye à l'armée anglaise. Dans son esprit, les armées alliées ne peuvent être que des auxiliaires des Bourbons, rien de plus[24].

En attendant l'arrivée d'hypothétiques secours d'outre-Manche ou d'outre-Pyrénées, Marie-Thérèse doit rassurer la population. Elle continue à sortir, se rend au théâtre pratiquement tous les soirs. Les couplets qu'on y chante prennent une allure martiale :

Mars fut pour nous l'époque du danger ;
Mars fut pour nous l'époque de la gloire.
Ce mois fatal au perfide étranger,
Sera deux fois écrit dans notre histoire.
Est-il pour nous braves amis,
Une récompense plus belle ?
A la défense de Louis...
C'est sa fille qui nous appelle[25].

Il ne fallait rien de moins que ces séances publiques de chants et d'acclamations en l'honneur de la princesse pour encourager des esprits que les mauvaises nouvelles venaient refroidir. Marie-Thérèse s'efforce de bloquer les informations sur la progression de Napoléon et surtout la nouvelle du départ du roi de Paris. Mais ces événements finissent par percer dans le public[26].

La principale inquiétude de la princesse demeure cependant l'armée et c'est à son égard qu'elle déploie le plus d'efforts. Aussitôt après le départ de son mari, le 10 mars, elle écrit une proclamation qu'elle fait placarder dans la ville, exhortant les Bordelais et les habitants de la Gironde à demeurer fidèles aux Bourbons comme ils l'ont fait jusque-là, louant le « zèle » des citoyens et surtout celui des soldats qui ont renouvelé leur serment. Les mots « honneur » et « patrie » qu'elle emploie doivent leur rappeler la foi jurée et le fait que, désormais, la « patrie » est du côté de la royauté, non plus de celui de l'Empire. Le même jour, le régiment d'Angoulême envoie une adresse à Marie-Thérèse pour lui réaffirmer son attachement. Pourtant, quand elle lui remet les croix de Saint-Louis deux jours plus tard, l'enthousiasme a fait place à une indifférence marquée. Lorsque, après cette cérémonie, le régiment part rejoindre le duc d'Angoulême dans le Gard, nombre de ses soldats passent à l'ennemi à peine sortis de Bordeaux. La princesse s'efforce malgré tout de conserver les autres troupes dans de bonnes dispositions. Elle les passe en revue régulièrement, sermonne les officiers sur les mauvais propos qui se tiennent dans les rangs. Ceux-ci font renouveler les serments de fidélité à la duchesse. « Jamais je n'en ai autant reçu et entendu, jamais je n'y ai aussi peu cru[27] », écrit-elle à son amie Fanny Esterhazy. Le 26 mars, jour de Pâques, a lieu une grande revue de toutes les troupes. Quatre jours plus tard se tient un banquet entre les troupes de ligne, les volontaires et la garde nationale, dont les autorités espèrent un sursaut pour la défense de Bordeaux. Le même jour, des volontaires royaux battent, à Saint-André-de-Cubzac, les troupes bonapartistes conduites par le général Bertrand Clauzel, nommé gouverneur de la 11e division militaire à la place de Decaen. Mais c'est peine perdue puisque le lendemain, 31 mars, la garnison de la forteresse de Blaye trahit et arbore le drapeau tricolore. C'est une aubaine pour Clauzel qui n'avait qu'une poignée d'hommes : il peut alors se présenter aux portes de Bordeaux, assuré de ses renforts et confiant dans l'état d'esprit des troupes de ligne de la ville avec lesquelles il est parvenu à entrer en contact. Quand la garnison de Blaye trahit ouvertement la cause des Bourbons, la fidélité du reste des troupes n'est déjà plus assurée.

Face à cette situation, généraux et administrateurs pressent la princesse de partir, persuadés qu'il n'y a plus rien à faire et craignant sans doute de s'attirer les foudres du nouveau régime en manifestant une résistance trop virulente. Ils veulent saisir l'opportunité que Clauzel leur offre en ouvrant des pourparlers le 31 mars. La duchesse lui envoie Jean-Baptiste de Martignac, auquel Clauzel assure qu'il ralentit sa marche pour laisser la duchesse quitter la ville. Malgré les pressions de son entourage, Marie-Thérèse refuse d'abord de partir mais, dans la nuit du 31 mars au 1er avril, les volontaires royaux abandonnent les rives de la Gironde et de la Dordogne. Cette fois, la princesse ne peut faire autrement que de suivre les désirs de son conseil qui lui demande de s'en aller dans les vingt-quatre heures. Elle envoie alors Martignac solliciter de Clauzel un jour de délai pour préparer son départ[28].

Au matin du 1er avril, le palais Rohan dans lequel elle réside a été vidé par les autorités de Bordeaux.

Elle doit se rendre à la cathédrale pour entendre la messe. Les cris de la population sur son passage font manifestement fléchir sa résolution de partir, résolution qu'au demeurant elle n'a prise qu'à contrecœur. Elle décide alors, contre l'avis de tous, de faire le tour des casernes pour s'assurer elle-même que toute défense est impossible ; cet épisode de la défense de Bordeaux marqua les esprits et contribua à forger sa réputation d'héroïne :

> Ils étaient tous levés, les armes chargées. J'en fis le tour, puis je fis assembler tous les officiers, sous-officiers et quelques soldats près de moi. Je leur racontai les événements qu'ils savaient, la position où nous nous trouvions et que je venais moi-même au milieu d'eux savoir s'ils voulaient être fidèles à leurs serments et agir avec moi. Un silence général suivit. Je les pressai de parler avec franchise, quelques voix dirent : « Nous le jurons ! » Mais la plus grande partie s'y opposa, [disant] que jamais ils ne combattraient leurs camarades, n'établiraient pas la guerre civile, prodiguèrent les mots *patrie, honneur*, mal placés. Sur ma demande s'ils attaqueraient nos défenseurs, ceux-ci me dirent que non, qu'ils resteraient neutres.
>
> J'étais fort animée, je leur parlai fortement, avec feu, comme à des Français – je les croyais encore dignes de ce nom –, de tenir à leurs serments. Je leur représentai tous ceux qu'ils m'avaient prêtés. Tout fut inutile. Ils me protestèrent mille fois de leur amour pour moi, qu'ils donneraient tous leurs vies pour me défendre, empêcher qu'on ne me fît du mal, mais qu'ils ne pouvaient se défendre contre leurs camarades, dirent que j'étais trompée par la ville, qu'ils ne se reconnaissaient plus de chefs, que leur honneur…, mille bêtises, m'entourant cependant

avec enthousiasme : mais je n'en pus rien tirer malgré ce que je fis. Je voulus parler à d'autres, on les repoussa. Je m'adressai aux soldats, ils me dirent avec raison : « Nous ferons ce que diront nos officiers. » Ils me reconduisirent en larmes en ma voiture *(sic)*, mais je n'en pus rien obtenir, et encore fut-ce la caserne où je fus le mieux reçue.

J'allai à deux autres, dont il ne faut pas rappeler la mémoire de tout ce que j'eus à y souffrir. J'eus beau les presser, leur remontrer leurs devoirs, je n'en pus rien tirer, et ceux-ci, comme des furieux, me déclarèrent qu'ils seraient les premiers à tirer sur la garde nationale. J'avoue que ma patience était à bout, je les traitai, j'espère, avec dignité, mais avec indignation, je leur ordonnai de se retirer, n'étant plus français. Ils m'obéirent encore, en me protestant qu'ils respectaient mon malheur, mais les cris de : « Vive l'Empereur ! » partirent de tous côtés[29].

De manière générale, il n'y a pas d'hostilité à l'égard de la personne même de la princesse. Que se soit par affection, par respect pour le personnage ou pour son sexe, Marie-Thérèse n'a pas à souffrir d'avanies. Clauzel lui-même s'efforce de se justifier. Lors de leur première entrevue, il rappelle à Martignac qu'il n'est passé au service de Napoléon qu'après « l'abdication » du roi, soit après le 23 mars, et il se propose d'escorter Marie-Thérèse hors de Bordeaux. Proscrit sous la seconde Restauration, il ne cessera d'affirmer que la duchesse d'Angoulême lui a toujours rendu justice de sa conduite. Finalement, à Bordeaux, l'armée n'a pas su résister à l'appel de l'Empereur. Le comte Decaen, après le départ de la princesse, passe à son tour à l'ennemi et mènera une bataille acharnée contre les royalistes à Toulouse. L'échec de Bordeaux est le résultat d'une désaffection de l'armée pour les Bourbons, due non pas tant à un bonapartisme foncier qu'aux maladresses de la politique militaire du gouvernement de Louis XVIII et aux craintes engendrées, là plus encore qu'ailleurs, par l'offensive contre les symboles de la Révolution et de l'Empire pour lesquels ces hommes s'étaient battus[30].

L'inspection des casernes n'ayant rien donné, Marie-Thérèse doit partir. Elle harangue auparavant la foule et les volontaires royaux en des termes qu'elle reprendra ensuite dans la proclamation annonçant son départ. Elle dit vouloir éviter toute effusion de sang et ordonne aux volontaires royaux de n'opposer aucune résistance et de laisser Clauzel rentrer dans la ville. Elle envoie ensuite une dernière fois Martignac au général bonapartiste en lui demandant d'épargner la ville et ses habitants, au nom de ses anciens serments. Clauzel accepte de bonne grâce, n'exceptant que le comte Lynch, maire de Bordeaux, qui doit quitter la ville. La duchesse part dans la soirée du 1er avril, escortée de quelques Bordelais, et s'embarque le lendemain à Pauillac sur un bateau anglais, *The Wanderer,* acheté par les soins de Vitrolles lors de son passage à Bordeaux[31]. Les adieux qui y ont lieu sont le dernier épisode marquant de la fresque que Madame écrit dans la capitale girondine.

> Le congé des bons Bordelais qui m'avaient escortée fut des plus touchants. Ils pleuraient tous comme des enfants, se jetant sur mes mains, les inondant de mes larmes *(sic)*, me demandant quelque chose qui m'eût appartenu. Ils se partagèrent les plumes et les rubans de mon chapeau que je leur donnai, m'accompagnèrent à la chaloupe malgré une pluie battante[32].

L'exaltation des royalistes bordelais trouve là l'ultime occasion de s'exprimer ouvertement, mais la fidélité aux Bourbons ne s'éteint pas avec le départ de Madame. Juste après la dernière harangue de la princesse, les volontaires et la garde nationale, frustrés de leur combat, se retournent contre le général Decaen, rendu responsable de la trahison des troupes de ligne, contre le commandant de la garde nationale, le comte de Puységur, auquel on reproche de ne pas aller au combat. Tous deux en sortent indemnes mais un capitaine de la garde nationale, M. de Troplong, est fusillé par ses hommes pour avoir voulu faire faire demi-tour à sa compagnie. Une fois la princesse partie, le général Clauzel rentre dans un Bordeaux silencieux et sourdement hostile. Dans les jours qui suivent, une partie au moins de la ville boude les bonapartistes et entame une grève des théâtres jusqu'au retour des Bourbons. Le préfet ne parvient pas à mettre en place une administration digne de ce nom ; la police est peu disposée à collaborer avec le nouveau pouvoir et la justice est paralysée par le refus des juges de prêter serment et celui des avocats de plaider. Sans illusion sur la fidélité de la ville, Clauzel réclame la mise en défense du château Trompette, sorte de Bastille locale et seul appui sûr du pouvoir de l'Empereur à Bordeaux[33].

Les royalistes, pour leur part, attendent le retour de la duchesse. De nombreuses rumeurs circulent dans Bordeaux et sa région. Une prétendue proclamation de la duchesse, datée du 12 avril 1815, à Saint-Sébastien, annonce son arrivée à la tête de troupes espagnoles. Elle demande à tous les fidèles royalistes d'arborer la cocarde blanche. A la fin du mois d'avril, on prétend que la princesse doit arriver le 15 mai à la tête d'une troupe de

20 000 Espagnols. Début juin, on raconte qu'elle doit venir d'Angleterre. Au cours du mois de juillet encore, les Bordelais annoncent son retour en France, par Bordeaux. Ces rumeurs entretiennent l'espoir au sein d'une population qui supporte mal un régime impérial prolongé : le drapeau blanc n'est arboré que le 22 juillet 1815, soit un mois après l'abdication de Napoléon. Les échauffourées entre les anciens volontaires royaux et les troupes de Clauzel ne sont pas rares. Le 12 juillet, alors que la ville est en état de siège depuis le 7, la nouvelle du retour du roi à Paris entraîne, dans différents quartiers de la ville, des rassemblements contre lesquels le général fait donner la troupe. Durant toute cette période, Madame est une « reine cachée », une figure tutélaire qui ne s'éloigne que pour mieux protéger son peuple. Son retour doit ramener la prospérité et entraîner la fin de l'oppression[34]. Le 28 juillet 1815, jour où Clauzel, qui tenait encore le château Trompette et Blaye, s'enfuit, les dames de la Halle font dire une messe à l'église Saint-Michel puis partent en procession jusqu'à l'hôtel de ville :

> En tête du cortège, deux hommes portaient une énorme bannière blanche sur laquelle étaient peints, avec une parfaite ressemblance, les bustes de son altesse royale Mgr le duc et de Mme la duchesse d'Angoulême. Des fleurs de lys aux quatre angles et des inscriptions en lettres d'or, « vivent les Bourbons, ils feront le bonheur de la France », attiraient de toutes parts les regards de la multitude empressée qui répétait ces mots en y joignant ceux de « vive le roi[35] ! ».

La Restauration à Bordeaux signifie avant tout le retour de la duchesse et de son époux, dont l'attitude pendant les Cent-Jours a accru la popularité. La ville-symbole de la première Restauration et de la résistance à Napoléon devient la ville du couple et, avant tout, de la duchesse.

La résistance depuis l'Angleterre

Tandis que les Bordelais espèrent en vain son retour, Marie-Thérèse est en route pour l'Espagne. Elle touche au port de Pasajes, près de Saint-Sébastien, le 8 avril et fait connaître son arrivée à Ferdinand VII. Ce dernier lui accorde un asile mais ne se prononce pas sur l'aide qu'elle attend de lui. La princesse comprend que les troupes espagnoles ne sont pas prêtes et que la couronne d'Espagne n'a pas d'argent pour les financer. Elle décide donc de se rendre en Angleterre, d'où les communications avec la France sont plus faciles et où elle espère davantage d'aide du gouvernement. Elle repart trois jours après son arrivée et parvient à Londres le 21 avril. Là, elle loge en alternance chez le comte de La Châtre, ambassadeur de Louis XVIII, et dans une maison de campagne à Battersea et cherche les moyens d'organiser la résistance à Napoléon[36].

Le bilan royaliste est bien peu glorieux. Tous les princes ont dû quitter la France. Militairement, les forces fidèles sont réduites à presque rien. Peu de temps après son départ de Bordeaux, la princesse avait autorisé Taffard de Saint-Germain à former un corps près de la frontière franco-espagnole, à Vitoria, corps qui prend le nom de « régiment Marie-Thérèse » mais ne regroupe qu'une poignée d'hommes, faute de volontaires et de soutien du gouvernement espagnol. La seule force de quelque importance est regroupée à Alost et ne compte guère, selon l'ambassadeur anglais auprès de Louis XVIII, Charles Stuart, que 2 000 hommes. Le soutien des puissances étrangères se révèle une fois de plus nécessaire et, au premier chef, celui des Anglais qui demeurent les indispensables financiers de la coalition. Le gouvernement anglais, le ministre des Affaires étrangères Castlereagh en particulier, et le prince régent demeurent favorables aux Bourbons, auxquels ils promettent une assistance financière et militaire pour reconquérir leur trône. La présence de Charles Stuart, ambassadeur auprès des Provinces-Unies, à Gand dès l'arrivée de Louis XVIII est un signe éclatant de ce soutien. La duchesse d'Angoulême reste donc à Londres, probablement sur ordre de son oncle, afin de faire entendre les revendications des princes en exil. La princesse rencontre ainsi régulièrement lord Liverpool, le chef du gouvernement, et les membres de la famille royale. Son action à Bordeaux lui a manifestement acquis les bonnes grâces de l'opinion européenne et le respect de la part du gouvernement anglais, ce qui ne peut manquer de faciliter les négociations[37].

Durant son séjour à Londres, Marie-Thérèse entretient une correspondance régulière avec ses deux oncles, en particulier le comte d'Artois. Ce dernier, sur les conseils d'hommes qui lui sont attachés, notamment Jean-Guillaume Hyde de Neuville, souhaite entretenir l'agitation royaliste dans l'ouest, voire le midi de la France. Mais cela exige l'appui du gouvernement anglais, passablement réticent à soutenir ce genre de projet qu'il trouve coûteux et dangereux pour la popularité de Louis XVIII. Marie-Thérèse prend pourtant le parti de son beau-père et s'efforce de défendre ses plans auprès du gouvernement londonien. A la fin du mois d'avril, Hyde propose une intervention soutenue par quelques navires anglais en Normandie, Bretagne et Poitou. Marie-Thérèse prendrait la tête des troupes et devrait débarquer à Belle-Ile à la fin du mois d'avril. Le projet ne se réalise pas. Louis de La Rochejaquelein, l'un des chefs des insurgés de l'Ouest, obtient des armes pour la Vendée, mais ni troupes ni appui de la flotte. Néanmoins, à partir du 15 mai, il mène la révolte vendéenne qui, en dépit de son échec, permet de fixer plusieurs milliers d'hommes de l'armée napoléonienne au sud de la Loire au moment de la reprise du conflit européen en Belgique. La Vendée est la preuve de l'efficacité, même relative, des révoltes locales et, loin de décourager les princes, les pousse à poursuivre l'organisation de ce genre de mouvement. Durant ce même mois de mai, Marie-Thérèse envisage un soulèvement du Midi appuyé sur les troupes espagnoles. Elle transmet au comte d'Artois la proposition du général espagnol Mina de prendre la tête d'un soulèvement dans le sud de la France, proposition finalement abandonnée – sans doute sur le conseil de Charles Stuart[38].

A la fin mai, Marie-Thérèse se rend à Gand. Le 2 juin, elle assiste à la revue des troupes d'Alost avec le duc de Wellington, démonstration de force qui, pour peu impressionnante qu'elle soit, montre que les Bourbons sont décidés à profiter du mouvement des armées alliées pour faire agir leurs partisans. La duchesse d'Angoulême repart avec des pouvoirs étendus pour coordonner l'action de l'ouest et du midi de la France et, le cas échéant, instaurer un gouvernement provisoire à Paris par l'intermédiaire d'Hyde de Neuville. Il subsiste très peu de traces de l'action de la princesse après son retour de Gand, sauf deux éléments qui laissent supposer qu'elle a essayé de mettre en œuvre les plans qui y ont été élaborés. En Vendée, après la mort de La Rochejaquelein, survenue le 3 juin 1815, elle cherche à faire revenir le duc de Bourbon, afin qu'il prenne la tête de la révolte. En Normandie, le 3 juillet, le duc d'Aumont débarque et reprend Bayeux et Caen, en arborant un drapeau remis par la duchesse elle-même[39].

Durant toute cette période, le principal souci de la princesse semble avoir été de permettre aux Bourbons de reconquérir leur royaume par eux-mêmes. On retrouve cette préoccupation dans sa proclamation du 26 juin 1815, sans doute diffusée en France par le biais d'Hyde de Neuville. Tout en affirmant que seul le retour des Bourbons peut assurer la paix et la stabilité à la France, la duchesse d'Angoulême appelle les Français à un sursaut national pour que la Restauration ne soit pas l'œuvre des armées étrangères. Dans le même temps, elle cherche à limiter la guerre civile. Elle ordonne au baron de Montalembert, secrétaire de l'ambassade de France à Londres, qui arrive à Bordeaux le 13 juillet 1815 avec des armes et des équipements pour les volontaires royaux, d'attendre que la situation bordelaise, très tendue à cause de la résistance opiniâtre du général Clauzel, s'améliore avant de les livrer. C'est seulement après le départ de Clauzel que Montalembert donne une partie des armes à la garde nationale afin de maintenir le calme dans Bordeaux[40].

L'action de la princesse pendant les Cent-Jours est ainsi traversée de contradictions qui rendent difficilement lisible la politique royaliste de cette période. Préférant une victoire française, elle n'hésite pourtant pas à faire appel aux troupes anglaises et espagnoles. Refusant la guerre civile, elle ne cesse d'exhorter les partisans des Bourbons à se battre contre les troupes bonapartistes. S'il y a là une certaine incohérence et une incontestable maladresse politique, elles ne proviennent pas nécessairement de l'incapacité de la princesse ou de sa méconnaissance de la France de 1814. Elles sont plus certainement le fruit d'une tension entre la nécessité politique de reconquérir le pouvoir et une conception du politique qui repose sur des valeurs morales chrétiennes et sur une forme de patriotisme qui, bien que différent de celui des révolutionnaires, n'en est pas moins fort. Deux principes fondent, nous semble-t-il, cette conception. Le premier est que la guerre est moralement condamnable et qu'on ne doit y avoir recours qu'en dernière extrémité. Le second est que le roi ne peut gouverner contre son peuple. Son autorité doit être paternelle et les voies de la douceur pour ramener ledit peuple à la raison sont préférables aux autres. Sur ce plan-là, la princesse est bien l'héritière de son père qui voulait un congrès armé pour effrayer l'Assemblée constituante, tout en répugnant à la guerre, ou qui prêtait serment à la Constitution afin d'amener les Français à lui en demander le changement[41]. Cependant, la princesse ne transige pas sur la tradition royale : les défenseurs de la Révolution sont dans l'erreur et il faut lutter contre tout ferment révolutionnaire. Cette certitude, renforcée par l'épreuve des Cent-Jours, va peu à peu l'éloigner de la politique de Louis XVIII, toute de compromis et de négociation.

L'Héroïne de Bordeaux et sa légende noire

L'attitude de la princesse à Bordeaux suscite un enthousiasme immédiat chez les royalistes : « On la regarde comme une héroïne et, dans un temps où les héros hommes deviennent rares, on juge aisément le cas que l'on doit faire d'un héros femme[42]. » Cette remarque de Mgr de La Fare reflète bien la manière dont les royalistes perçoivent le personnage de Marie-Thérèse : elle est une héroïne, et sa féminité, perceptible dans les comparaisons ou motifs employés, la fait paraître plus héroïque encore.

Les premières pièces glorifiant l'action de Marie-Thérèse sont des chansons nées à Bordeaux au moment même des événements. La présence fréquente de la princesse au théâtre encourage les versificateurs de tout aloi à créer des pièces qui y seront lues ou chantées. L'image de « l'Héroïne de Bordeaux » naît donc dans l'effervescence qui suit le départ du duc d'Angoulême et l'annonce de l'approche de Napoléon. Le courage de la princesse y est montré en exemple et apparaît comme le gage d'une victoire prochaine. Le 18 mars 1815 est publiée *L'Héroïne de Bordeaux,* de Brûlebœuf-Letournan, chanson la plus diffusée de celles qui ont pu être créées à cette période. Son titre devient un nouveau cliché pour désigner la princesse, comme le sont déjà les surnoms d'Antigone ou d'Orpheline du Temple. La ferveur des Bordelais à défendre leur ville crée un personnage adopté ensuite par l'ensemble des royalistes, qui y voient un signe de plus du caractère exceptionnel de Marie-Thérèse.

La mise en récit des événements du mois d'avril 1815 a lieu dans un second temps. Si la légende naît à Bordeaux, elle s'écrit à Gand, autour du roi en exil. Le conseil du roi est la première caisse de résonance des événements. Chateaubriand y lit un rapport, le 12 mai 1815, qui encense la conduite de la duchesse d'Angoulême. Peu de jours après, le 16 mai, paraît dans *Le Journal universel de Gand* un « extrait d'une lettre particulière », qui offre le premier récit circonstancié de la défense de Bordeaux. L'auteur de cette lettre destinée au duc de Rohan-Chabot est la comtesse de Damas, dame d'honneur de la duchesse, présente avec elle dans la ville. C'est ce récit qui fait office de référence sur l'événement. D'autres paraissent par la suite, au retour de la famille royale en France. Tous créent un nouvel avatar de Marie-Thérèse, composite sur la forme, avec des références empruntées aussi bien à la mythologie qu'à l'histoire, mais cohérentes sur le fond : l'Héroïne de Bordeaux est la représentation d'une royauté glorieuse dans une période d'adversité[43].

Les panégyristes et écrivains royalistes attribuent à la figure de Marie-Thérèse les symboles traditionnels et virils de la fonction royale, ainsi quand la princesse est dépeinte en guerrière :

Le glaive en main, le casque au front,
Quelle est cette noble guerrière
Parcourant chaque bataillon,
Des Lis leur montrant la bannière[44] ?

Comme les rois ses prédécesseurs, elle mène elle-même les Français au combat, véritable « reine de guerre », dans la tradition royale française. Elle est ainsi logiquement placée sous l'invocation de Bellone, déesse de la Guerre ou, plus souvent encore, comparée à Minerve, déesse de la Guerre mais aussi de la Paix, personnification de la sagesse et inventrice des lois[45]. Minerve, symbole du bon gouvernement, synthétise deux aspects de la figure royale : l'aspect guerrier et l'aspect législateur. L'Héroïne de Bordeaux apparaît donc comme une souveraine capable de gouverner en temps de paix comme en temps de guerre.

Figure souveraine, Marie-Thérèse est souvent associée à ses ancêtres, dont elle rappelle le courage et les vertus. On rappelle qu'elle est « Fille de France, héritière de Henri IV et de Marie-Thérèse[46] ». La comparaison entre la duchesse et l'impératrice Marie-Thérèse d'Autriche est récurrente. L'homonymie des prénoms et le lien de parenté créent un jeu de miroirs entre les deux femmes. Cependant, si Marie-Thérèse d'Autriche offre un exemple de reine régnante héroïque, elle présente l'inconvénient d'être autrichienne en un temps où l'animosité à l'égard de l'Autriche reste vivace. Or, la France, pays de loi salique, n'offre pas l'équivalent d'une figure souveraine féminine. On associe donc aussi à Marie-Thérèse de France la figure tutélaire par excellence des Bourbons restaurés, Henri IV, roi guerrier et roi français. Bien que femme, elle défend le fameux panache blanc du roi Henri, qui devient le symbole de la fidélité aux Bourbons.

C'est elle qui, dans la tempête,
Pour défendre un peuple chéri,
Fit flotter sur sa noble tête
Le panache du grand Henri ;
Et nos soldats, encor sans tache,
Porteraient le nom de héros,
S'ils avaient suivi le panache
De l'Héroïne de Bordeaux[47].

La princesse reprend ainsi le rôle exemplaire de son ancêtre. Son panache blanc doit rallier toutes les fidélités au combat contre l'usurpation. Dans l'ensemble de ces discours, Marie-Thérèse occupe la place du roi, ce « roi de guerre » que son oncle n'a pas été capable d'être.

Cependant, la royauté glorieuse qu'elle incarne est une royauté en péril, ce que soulignent les références à Marie-Thérèse d'Autriche et à Henri IV. Si ces souverains dont elle a pu récupérer l'héritage héroïque sont les ancêtres de la princesse, ils représentent aussi des figures de temps de crise de la monarchie. Tous deux ont dû conquérir leur couronne et ressouder les loyautés. Le moment où la princesse passe en revue les casernes de Bordeaux est comparé à celui où Marie-Thérèse harangue les Hongrois pour obtenir leur aide[48]. Le parallèle rappelle ainsi que le combat de la duchesse d'Angoulême vise à sauver la dynastie de la menace napoléonienne. C'est aussi dans ce sens qu'apparaît la comparaison entre la figure de Jeanne d'Arc et celle de l'Héroïne de Bordeaux. Peu fréquente, elle connaît un certain succès grâce à la publication de deux estampes en pendant. La première représente « l'héroïne de 1815 », soit la duchesse d'Angoulême, casquée, serrant une épée contre sa poitrine ; la seconde « l'héroïne de 1429 », autrement dit Jeanne d'Arc. La figure de cette dernière avait fait sa réapparition avec la Restauration chez les royalistes pour lesquels elle était l'instrument qui avait permis une première fois de sauver la dynastie[49]. Le rôle qu'on lui attribue est donc bien parallèle à celui de la duchesse d'Angoulême pendant les Cent-Jours. La garde nationale d'Orléans s'en souviendra au début de la seconde Restauration :

On y a fait la lecture de l'ordonnance de Sa Majesté qui accorde à la garde nationale du Loiret les mêmes prérogatives qu'à celle de Paris lors des passages des princes et le liseré feuille-morte pour les drapeaux en mémoire de la couleur que portait Madame lors de son passage à Orléans.

Il était digne de la bonté du roi et de Madame d'accorder à la ville si fidèle sous l'héroïne du siècle de Charles VII, les couleurs que l'héroïne de notre siècle portait lors de sa première entrée dans nos murs[50].

Néanmoins, il ne semble pas que la comparaison ait tenu au-delà de 1816. Pour noble et héroïque qu'ait été la figure de Jeanne d'Arc, elle n'est pas de sang royal et demeure un sujet fidèle. En outre, les bonapartistes ont vite souligné le principal problème de cette comparaison :

> Il nous a semblé que cette idée de mettre en pendant l'image de la noble vierge qui affranchit son pays du joug odieux de l'étranger et celle de la femme qui, après avoir cherché inutilement à allumer la guerre civile dans sa patrie, va lui susciter des ennemis par-delà les mers était une des épigrammes les plus sanglantes qu'on pût décocher contre l'amazone de la Gironde[51].

L'utilisation du personnage de Jeanne d'Arc incite à donner une dimension nationale au combat de l'Héroïne, ce qui est problématique. Jeanne d'Arc chasse les Anglais du royaume. Mais ce n'est pas, *a priori*, le cas de la duchesse d'Angoulême, qui cherche à se défendre contre des sujets rebelles.

Le discours royaliste contourne néanmoins les accusations de guerre civile en excluant de la communauté nationale, au titre même de leur combat, les adversaires de Marie-Thérèse. « Non, ce n'étaient pas des Français que les hommes qui ont pu tourner leurs armes contre la fille de Louis XVI[52] ! », s'exclame Chateaubriand, auquel répond le discours adressé par la duchesse d'Angoulême aux troupes selon Mme de Damas : « Je n'ai cessé de faire des vœux pour le bonheur de ma patrie car je suis française, moi !... Et vous n'êtes plus français. » Le peuple royaliste seul forme le peuple français, puisque seul il reconnaît la Nation incarnée par son roi. Ceux qui refusent cette incarnation et tout lien consubstantiel entre la France et la dynastie sont des étrangers, et ce sont ces étrangers que la duchesse d'Angoulême doit combattre pour défendre la patrie.

L'Héroïne de Bordeaux n'est donc pas une figure consensuelle, loin s'en faut. Héroïne de temps de crise, elle est aussi celle d'un camp contre un autre, comme l'illustrent les déboires du tableau que le baron Gros peint sur le sujet. Après les Cent-Jours, le directeur de la Maison du Roi, le comte de Pradel, souhaite réaménager la galerie de Diane, aux Tuileries, galerie d'apparat du château où se déroulent les principales cérémonies curiales, notamment les grands couverts. La galerie est donc un lieu public, celui par excellence de la mise en scène monarchique. Le programme pictural doit être composé de quatre tableaux de grande taille et de quatre de petite taille. Les toiles de petite taille représentent des épisodes du règne de Louis XVI. Parmi les grandes, deux figurent des scènes de la vie de Saint Louis, et l'on confie à Gros l'exécution de la troisième, représentant le départ de Louis XVIII des Tuileries le 20 mars 1815[53]. Pour lui faire pendant, le

Bureau consultatif des arts propose au comte de Pradel de représenter le « départ de Son Altesse Royale Mme la duchesse d'Angoulême, au moment où, après avoir quitté Bordeaux et étant sur le point de s'embarquer, Son Altesse Royale distribue aux fidèles serviteurs de la cause royale qui l'environnent les plumes du panache blanc de sa coiffure[54] », qui est, selon l'auteur du rapport, « un des plus beaux [traits] de l'histoire de France[55] ». La duchesse d'Angoulême prend ainsi rang officiel dans l'histoire royale autrement que sous les traits de l'Orpheline du Temple, ses hauts faits se trouvant rapportés à l'égal de ceux des rois ses ancêtres.

L'Embarquement de Madame, duchesse d'Angoulême, à Pauillac est confié à Gros, qui termine le tableau pour le Salon de 1819. L'accueil n'est pas particulièrement enthousiaste. Non que l'œuvre ait déplu, artistiquement parlant, mais le sujet pose problème, tout comme son pendant, exposé en 1817, représentant Louis XVIII faisant ses adieux avant de partir pour Gand au mois de mars 1815. Il est vrai que le choix de ces sujets est quelque peu étrange, surtout celui de Louis XVIII quittant les Tuileries rien moins que glorieusement. Peut-être faut-il voir dans ces tableaux des manifestations de la conception providentielle de la monarchie de la Restauration : le roi et sa nièce partent pour ne pas verser le sang et pour mieux sauver la France avec l'aide de la Providence. Quoi qu'il en soit, les réticences du public sont dues au fait qu'il y voit des épisodes de guerre civile[56]. Ainsi, le critique Gustave Jal trouve *L'Embarquement* « impolitique[57] ». De fait, la toile où l'on voit Louis XVIII n'a pas été installée dans la galerie de Diane et celle où figure la duchesse est finalement envoyée à Bordeaux, berceau de cette image désormais regardée avec une extrême méfiance.

Le retentissement de l'épisode de Bordeaux a dépassé le camp royaliste. Les journaux pro-Napoléon s'y sont intéressés également de près, donnant des événements une version naturellement inverse de celle fournie par leurs adversaires. *Le Moniteur* publie une relation des faits dès le 5 avril 1815. Le lendemain et le surlendemain, le *Journal de l'Empire* reprend cette relation et l'enrichit de commentaires et du rapport officiel du ministère de la Guerre. Il s'agit, en produisant une version « impériale » de l'événement, de détruire les deux symboles de la Restauration que sont Bordeaux, première ville – du moins première ville importante – à avoir accepté le retour des Bourbons, et la duchesse d'Angoulême. Les héros de Bordeaux, ce sont « les braves » et le général Clauzel, vrais défenseurs de la patrie, à laquelle on oppose la cour de la duchesse d'Angoulême, nécessairement corruptrice[58].

> La duchesse d'Angoulême, naguère si dédaigneuse pour les braves, les avait cependant conjurés de se battre contre leurs compatriotes ; elle leur avait promis toutes les grâces et toutes les récompenses : les braves ont été inflexibles[59].

La patrie serait donc du côté de l'Empereur, tandis que Marie-Thérèse invitait à la guerre civile : l'accusation est récurrente et permet de balayer toute parcelle d'admiration pour cette princesse. Celle-ci est donc marquée comme étrangère, exclue de la communauté nationale, exactement comme l'est Napoléon chez les royalistes. La duchesse hait les Français parce qu'elle ne peut leur pardonner la mort de son père. Pour les bonapartistes, Marie-Thérèse est une « Euménide au teint pâle, au regard menaçant, à la paupière sanguine, au visage inflexible, à la voix rauque et dure » qui crie vengeance[60]. Les fameux yeux rougis de la duchesse deviennent ici le symbole de son désir de revanche. La caricature du *Conseil de famille* la représente hurlant « J'en veux aux ennemis de ma famille et prétends les massacrer tous », deux poignards dans une main et un flambeau, symbole de la discorde, dans l'autre. Son visage émacié, ses cheveux en désordre, sa bouche ouverte, ses seins pendants sont les traits ordinaires des Furies, ou Euménides, déesses de la Vengeance[61].

La soif de vengeance de la princesse est un des thèmes principaux d'un *Mémoire* attribué au favori de Louis XVIII, le comte de Blacas, devenu ministre de la Maison du Roi sous la première Restauration. Emigré, royaliste simple et fidèle à Louis XVIII, en aucun cas il ne peut en être l'auteur. Le mémoire en question fait l'apologie de la Charte et accuse les princes, en particulier la duchesse d'Angoulême et le comte d'Artois, d'avoir sapé les bases de la Restauration en refusant les compromis que Louis XVIII était prêt à accepter. Le texte est assez habile car très violent à l'égard de la duchesse d'Angoulême et du comte d'Artois, mais plus modéré quant au bilan général de la Restauration. Comme sa parution coïncide effectivement avec les bruits, fondés, de la disgrâce de Blacas, nombre de personnes l'ont cru authentique dont certains souverains, comme le roi des Pays-Bas[62]. La duchesse d'Angoulême y est éreintée.

> La duchesse d'Angoulême ne respirait que vengeance, humiliation, asservissement ; rien n'aurait pu la faire consentir à entendre louer la Charte, que l'assurance qu'on lui aurait donnée de poursuivre et de faire mourir tous ceux qui non seulement avaient contribué à la déchéance de sa famille, mais encore tous ceux qui avaient coopéré à la Révolution. Le fanatisme et son délire, la haine et le besoin de l'assouvir se peignaient dans ses traits, s'exprimaient dans ses discours[63].

Le *Mémoire* associe à l'image de la Furie celle de la fanatique, image renversée de la piété de Marie-Thérèse tant vantée par la Restauration. Dans *Le Conseil de famille,* l'habit de moniale dont elle est revêtue constitue une attaque contre son fanatisme supposé, et l'on convoque alors les références aux guerres de Religion. Une autre estampe, *Les extrêmes se touchent* la montre invoquant Charles IX au moment de mettre le feu à un canon. Cette estampe emploie encore une autre référence pour dénoncer l'aveuglement religieux de la princesse, celle de l'Inquisition. Une partie de l'œuvre la représente en effet en prière, avec derrière elle le tableau d'un autodafé[64].

La princesse, disent encore ses détracteurs, aime en effet à contempler les souffrances de ses ennemis :

> Elle se délectait à lire, en prenant son thé, les relations des massacres commis pendant la Révolution. Les délations de *La Quotidienne* lui faisaient un plaisir infini. Il y aurait eu trop de danger à lui enlever une lecture qu'elle associait à celle des ouvrages de dévotion et dont son système nerveux ne pouvait plus se passer[65].

Cette cruauté maladive et malsaine renvoie à la critique principale contre la princesse, celle qui englobe toutes les autres : Marie-Thérèse est « une femme furieuse[66] ». Elle sort du rôle que l'on attribue à son sexe et, pour cette raison, montre des signes évidents de désordre : « pleurs » et « effroi » quand elle implore les soldats de se rallier à elle, « convulsions » quand elle veut obliger son oncle à supprimer la Charte et bien sûr cette cruauté dont nous venons de parler[67]. L'émotivité hystérique, pourrait-on dire avec un léger anachronisme, que la princesse manifeste est bien la preuve que les femmes ne doivent pas se mêler de politique.

En effet, les ambitions politiques de Marie-Thérèse la dénaturent. Elle n'est plus une femme mais une virago qui, contre tout ordre social, exerce sur son époux « un funeste ascendant[68] ». Dans *Le Conseil de famille,* un duc d'Angoulême apeuré recommande à Louis XVIII d'obéir à sa femme. *La Grande Croisade des impuissants* est une caricature plus cruelle encore puisque les rôles sont inversés. Madame, casque en tête et sabre au clair, montée en amazone, porte en croupe son mari. Le titre du dessin donne la clef de cette situation carnavalesque : l'impuissance sexuelle du duc d'Angoulême l'empêche d'exercer son autorité sur sa femme[69].

Epouse dénaturée, Marie-Thérèse est, physiquement, à peine une femme. D'une extrême maigreur, rongée par la haine, elle ne possède même plus les attraits habituels du corps féminin. On en fait une vieille femme, seule excuse qu'elle puisse avoir pour se mêler de politique. Les sœurs de l'Eteignoir – ordre imaginé par le journal satirique bonapartiste *Le Nain jaune* et que Marie-Thérèse préside – doivent « avoir quarante ans révolus[70] » pour être agréées et se mêler tout leur soûl de ce qui ne les regarde pas. L'âge enlève aux femmes leur beauté et leur charme, comme peut le faire l'occupation politique. Dans le portrait brossé par les bonapartistes, la duchesse apparaît ainsi comme un monstre pour son sexe. La célèbre boutade que Napoléon aurait lancée et que répète *Le Nain jaune*, « C'est le seul homme qu'il y ait dans sa famille », est non pas un compliment, comme un certain nombre de royalistes s'en targueront, mais bien la stigmatisation de la conduite masculine de la princesse[71].

Ainsi, l'image romantique et consensuelle de Marie-Thérèse, qui s'était fissurée au contact de la personne réelle en 1814, se désintègre à l'issue des Cent-Jours. Marie-Thérèse a pris le parti de la royauté avec vigueur : elle est une princesse guerrière, plus une princesse conciliatrice. Son attitude dans les semaines chaotiques qui suivent l'abdication de Napoléon le prouve.

Duchesse d'Aquitaine ?

Le 8 juillet, Louis XVIII rentre à Paris. Même s'il est très heureux de l'accueil des Parisiens, sa position est rien moins que confortable. Les Alliés le rendent responsable de l'échec de la première Restauration et lui imposent la surveillance constante de leurs ambassadeurs. Les deux tiers du pays sont occupés militairement et les autorités doivent payer les frais d'occupation. En outre, Louis XVIII est contraint, pour apaiser les inquiétudes des Alliés et celle des libéraux français, partisans d'une monarchie reposant sur les principes de 1789, d'accepter un ministère conduit par Talleyrand, évêque défroqué et ancien ministre de Napoléon. Le ministère de la Police y est occupé par

Joseph Fouché, ancien terroriste régicide et ministre, lui aussi, de Napoléon, deux personnages qui ont su se rendre indispensables à Louis XVIII et à son frère, ce qui leur permet de revenir au pouvoir.

Mais l'interrègne des Cent-Jours ne se termine pas avec le retour du roi à Paris, loin s'en faut.

La fin de l'été 1815 est chaotique. Le royaume subit une réaction royaliste dont les manifestations les plus violentes sont restées dans l'historiographie sous le nom de « Terreur blanche[72] ». Le sud de la France est particulièrement touché. Or, il se trouve que le duc d'Angoulême en avait été nommé gouverneur général – des Alpes à l'Atlantique – par Louis XVIII. Avant même la chute de Napoléon, il avait envoyé des délégués spéciaux dans les départements qui relevaient de son autorité et ceux-ci y avaient peu à peu pris le pouvoir. Le 18 juillet 1815, ces commissaires spéciaux sont révoqués et les nouvelles autorités nommées par le roi doivent prendre leur poste. Or, Angoulême maintient ses hommes en place. Pendant quelques semaines, les départements du sud de la France se retrouvent avec une double administration, l'une royale, l'autre nommée par le duc d'Angoulême, qui couvre les exactions des royalistes contre les bonapartistes et les républicains[73].

Marie-Thérèse assiste à ces événements de loin : elle ne rentre en France qu'à la fin du mois de juillet, soit près d'un mois après le roi. Ce retard volontaire est très probablement une manifestation de mécontentement à l'égard de la politique opportuniste de son oncle. En effet, dès son retour, la princesse ne cache pas son aversion pour le nouveau ministère et, en particulier, pour Fouché. De manière générale, elle trouve que Louis XVIII est trop conciliant à l'égard de ceux qui ont rejoint Napoléon pendant les Cent-Jours. Elle fait partie de ceux qui considèrent que le retour de l'empereur est dû à la trop grande indulgence des Bourbons à l'égard des anciens révolutionnaires et bonapartistes. Elle entre alors dans une opposition plus ou moins larvée à la politique de Louis XVIII et, étant donné les liens d'affection et de confiance qu'entretiennent les deux époux, soutient presque certainement la politique de son mari dans le Sud.

En tout cas, la duchesse y est l'objet de la vénération des foules, en particulier dans le Sud-Ouest. Le préfet de Gironde, Camille de Tournon, parle à ce propos « d'idolâtrie[74] », Ferdinand de Bertier de Sauvigny, créateur des Chevaliers de la Foi, souligne que les Bordelais l'appellent « la duchesse », d'où il infère qu'elle était pour eux, « la duchesse par excellence, la souveraine de Bordeaux[75] » et Laîné, député de la Gironde et futur ministre de l'Intérieur, prétend qu'ils la surnomment tout simplement « la nôtre[76] ». Signe de cet amour exclusif, le vert, couleur des livrées du comte d'Artois et de son fils, que l'on porte allié au blanc. Marie-Thérèse avait offert un ruban vert aux volontaires royaux bordelais qui avaient contribué à la victoire royaliste du 12 mars 1814. Ce ruban avait donné lieu à la création d'une décoration particulière, le Brassard, qui commémorait cette journée. La plupart des volontaires royaux du Sud imitent l'exemple bordelais à la fin des Cent-Jours, dont les sinistres Verdets à Toulouse, responsables d'un certain nombre de massacres. A Bordeaux, le vert et le blanc sont si bien devenus les couleurs de la princesse que la femme de Ferdinand de Bertier, habillée en vert et blanc, est entourée par une foule qui la prend pour la duchesse et l'acclame. Ce phénomène est dénoncé à Paris jusque dans *La Quotidienne,* journal qui est pourtant d'un royalisme de la plus belle eau. On s'y insurge de voir méprisée la couleur nationale dans le Sud au profit de celle des princes[77]. *Le Mémorial bordelais* se sent obligé de répliquer à ces accusations.

> Il n'est pas vrai que quelques corps nouveaux formés dans le Midi aient pris une cocarde blanche et verte. Cette partie du royaume ne peut être accusée de méconnaître la véritable couleur nationale. Ceux qui l'ont arborée les premiers et qui l'ont défendue au péril de leur vie auraient-ils pu l'oublier ?
>
> Quelques citoyens qui ne sont pas tenus à la rigueur de l'uniforme, des dames qui ont toujours eu le droit de choisir leurs parures ont mêlé le vert au blanc pour rappeler l'époque où l'auguste fille de Louis XVI daigna porter la couleur qui distinguait les chevaliers du 12 mars ; ce souvenir de Marie-Thérèse de France, objet de notre culte et de notre amour, ne peut déplaire à cette princesse, que les journaux de Paris nomment eux-mêmes l'Héroïne de Bordeaux, et ne blesse que des gens qui, sans doute, n'ont jamais su que les anciens preux se rangeaient sous la bannière des lis à ce noble cri : *Dieu, le Roi, et les Dames*[78] *!*

Le journal bordelais dénie toute dimension politique à la couleur verte, simple hommage chevaleresque à celle qui a défendu Bordeaux, initiative d'individus qui n'ont rien à voir avec l'espace public, les femmes en premier lieu. La parade est habile mais purement rhétorique, et personne n'est dupe. La popularité du couple Angoulême et l'extension de son influence politique dans le Midi représentent une menace latente pour le pouvoir de Louis XVIII.

En effet, le duc d'Angoulême ne place dans les régions de son gouvernement que des royalistes simples qui refusent la politique menée à Paris. Nombre d'entre eux sont des Chevaliers de la Foi qui s'opposent à tout compromis avec les libéraux. Délibérément, le duc d'Angoulême, comme son épouse, se place dans l'opposition à son oncle. A Paris, la rumeur lui attribue la volonté de créer une principauté du Midi à son profit. L'hypothèse sécessionniste est en réalité assez improbable. En revanche, il est certain que le duc d'Angoulême a servi les desseins des royalistes simples qui voulaient promouvoir leur propre vision de la Restauration en agitant la menace de sécession et en encourageant les troubles et les exactions des volontaires royaux. Leurs buts immédiats étaient, semble-t-il, le renvoi du ministère Fouché-Talleyrand, l'expulsion des troupes étrangères du territoire français et la création d'un grand gouvernement général de Lyon à Bordeaux pour le duc d'Angoulême[79].

C'est d'ailleurs le duc lui-même qui va mettre fin aux événements du Midi. Au début du mois d'août 1815, il se rend à Paris pour s'expliquer avec son oncle. Louis XVIII s'est manifestement montré convaincant puisque le duc démet tous ses agents de leurs fonctions quelques jours plus tard. Pour s'assurer du retour de la région dans l'obéissance au roi, le duc et la duchesse se rendent dans le Sud-Ouest à la fin du mois d'août. Marie-Thérèse y demande solennellement aux royalistes du Sud d'abandonner la couleur verte pour ne conserver que le blanc, symbole de la nation royaliste[80]. L'abandon du vert marque la fin des espoirs et des craintes entourant l'éventuelle constitution d'un royaume du Midi et le retour du duc et de la duchesse d'Angoulême à l'obéissance. En réalité, si le duc se range désormais aux avis et ordres de son oncle, Marie-Thérèse continue à s'opposer à une politique qu'elle juge trop libérale et met au service des royalistes simples son prestige et le pouvoir que lui confère sa place prééminente à la Cour.

6

Presque reine (1815-1830)

En 1816, un tableau de Marie-Thérèse est commandé au baron Gros pour la Chambre des députés[1]. Portrait officiel de la princesse pour le règne de Louis XVIII, il fait pendant, dans la Chambre, à celui du roi, et Marie-Thérèse y apparaît véritablement comme une reine de France. Le diadème, la couronne fermée, le trône recouvert de velours fleurdelisé, le manteau cramoisi sont d'incontestables symboles de souveraineté. C'est un portrait en majesté[2]. Durant les premières années de la Restauration, dans les peintures officielles, Marie-Thérèse est la reine de France. Sous le règne de son oncle et beau-père Charles X, à partir de 1824, les choses ne sont plus aussi claires. Le seul tableau en pied de la période, peint par Alexandre Caminade, la représente dans une robe de velours rouge, ses gants à la main, appuyée à une console sur laquelle se trouvent représentées ses armes et celles de son époux, sans les symboles de souveraineté présents dans les œuvres de la période précédente[3]. Madame est Dauphine de France, non plus reine de France. Sur le plan des représentations elle a, pour ainsi dire, rétrogradé d'un rang.

La plasticité des représentations de la duchesse d'Angoulême s'explique d'abord par la conjoncture dynastique particulière. Il n'y a pas de véritable reine de France, et Marie-Thérèse est celle qui en occupe le rang le plus proche. Elle « représente » donc la reine au sens juridique du terme quand les cérémonies le nécessitent. Néanmoins, elle ne l'est pas ; son statut juridico-politique demeure celui d'une Fille de France, et le fait qu'elle devienne dauphine en 1824 n'y change pas grand-chose. Dans la hiérarchie de cour, elle vient juste après l'héritier de la couronne, que ce soit son beau-père, Monsieur, ou son mari. Les peintures officielles ne sont donc pas tant la traduction de son rang réel que de la place que chacun de ses oncles lui accorde dans le système de la royauté. Marie-Thérèse est la reine d'un Louis XVIII toujours en mal de légitimité, au moins au début de son règne, tandis qu'elle n'est que la future reine pour un Charles X qu'aucun doute n'effleure. Dans tous les cas, sa place à la Cour est prépondérante et son influence politique, bien qu'indirecte, réelle, voire gênante, quand elle s'oppose aux mesures du gouvernement. En outre, comme fille de Louis XVI, elle demeure une figure importante de l'idéologie du régime, et ce malgré la perte de sa popularité des premiers mois de la Restauration. Pour les royalistes fidèles, elle devient même une véritable icône, un objet de vénération. La figure de Marie-Thérèse, si elle n'est plus romanesque et consensuelle mais officielle et toute royale, contribue ainsi à la légitimation du régime. Elle en suit donc la chute en 1830.

Plus royaliste que le roi

Dans les dernières semaines de l'été 1815, même si la question du Sud s'apaise peu à peu, les tensions politiques demeurent très fortes. Le 25 août 1815, se terminent les élections de la nouvelle Chambre des députés. Dans les circonstances difficiles rencontrées par le pays, c'est une écrasante majorité de royalistes inconditionnels qui est élue. Très agréablement surpris, Louis XVIII surnomme cette Chambre « la Chambre introuvable ». Il déchantera rapidement. Composée d'hommes neufs, sans expérience politique, souvent issus d'une noblesse sans grande illustration, cette Chambre se révèle rapidement très idéaliste et peu malléable. Son but, dans les mois qui suivent sa réunion, est de liquider les problèmes politiques des Cent-Jours et, au-delà, l'héritage révolutionnaire. La réunion de la Chambre introuvable marque l'entrée en politique de ceux que l'on appelle les ultraroyalistes ou « ultras ». Le terme est né sous la plume de Fouché ou, plus probablement, de Jacques Manuel, futur meneur libéral à la Chambre, qui écrivait ses textes. Au cours de l'été, Fouché a remis au roi trois rapports dans lesquels il dénonce les factions qui menacent le régime selon lui. C'est dans son *Deuxième rapport au roi* que Fouché emploie le terme « ultraroyaliste » pour désigner les royalistes responsables des désordres dans le sud de la France. Le terme, péjoratif, ne sera jamais repris par les intéressés, mais il leur est resté dans l'historiographie. Les ultraroyalistes composent donc la majorité de la Chambre introuvable. A une époque où les partis politiques n'existent pas en France, ils sont remarquablement organisés et solidaires. Cette discipline s'explique essentiellement par l'appartenance de la partie la plus active d'entre eux aux Chevaliers de la Foi, la société royaliste secrète créée par Ferdinand de Bertier de Sauvigny. Hiérarchisés de manière pyramidale, les Chevaliers de la Foi font passer les mots d'ordre au sein de l'Assemblée et constituent le noyau du mouvement ultraroyaliste[4].

Les idéaux ultraroyalistes ont souvent été caricaturés et les divisions bien réelles qui traversent le mouvement n'aident pas toujours à la compréhension de leur doctrine politique. Tout d'abord, contrairement à ce qu'avancent leurs détracteurs, ce ne sont pas des nostalgiques de la monarchie absolue. Si le souverain est pour eux un personnage sacré et central, il n'est pas regardé comme tout-puissant. Il doit gouverner en s'appuyant sur la Chambre des députés et la Chambre des pairs, qui, si le régime fonctionne convenablement, ne peuvent être composées que de fidèles royalistes. Pour les ultras, l'opposition est nécessairement illégitime. Il n'y a pas d'alternance possible. L'idéal politique ultraroyaliste consiste donc en une forme d'aristocratie qui aurait à sa tête un roi d'autant plus sacré qu'il a peu de prise sur les affaires politiques. En outre, les ultras sont de fervents partisans de l'union du Trône et de l'Autel. La religion catholique est le soubassement de tout l'ordre social et le roi en est le meilleur défenseur. Naturellement, avec de telles positions politiques, les ultras ne sont guère portés vers les idéaux démocratiques et égalitaires issus de la Révolution. La Déclaration des droits de l'homme et du citoyen est pour eux la marque du chaos.

La Chambre introuvable s'emploie, dans les premières semaines qui suivent sa réunion, à mettre en place l'épuration du pays. Elle vote une série de lois très répressives, amendant la plupart des projets du gouvernement dans le sens de la sévérité. L'administration, l'armée, la magistrature sont épurées plus ou moins massivement en fonction de l'influence exercée par les ultras au sein des ministères. Alors que le président du Conseil, le duc de Richelieu, souhaite apaiser les tensions en proposant une loi d'amnistie, la Chambre cherche au contraire à élargir la liste des personnes recherchées établie par Fouché le 24 juillet 1815. Par une série d'amendements, les députés subvertissent complètement les intentions du gouvernement. La loi d'amnistie du mois de janvier 1815 entérine la liste de proscription de Fouché et bannit définitivement du territoire les régicides qui ont servi Napoléon pendant les Cent-Jours. Ce débat autour de la loi d'amnistie montre clairement que les ultraroyalistes, malgré leur fidélité affirmée au monarque, refusent de se plier aux vœux du gouvernement royal s'il ne répond pas à leurs attentes. La Chambre introuvable entre alors dans l'opposition au gouvernement de Richelieu, royaliste fidèle, ancien émigré, mais prêt à faire les concessions nécessaires dans le nouvel ordre des choses.

Marie-Thérèse revient du sud de la France le 11 septembre 1815. En principe, ce voyage de pacification aurait dû marquer son ralliement au gouvernement, mais il n'en est rien. Marie-Thérèse soutient ouvertement la politique de la Chambre introuvable. Son attitude à l'égard des condamnés politiques les plus emblématiques de cette période en est l'exemple éclatant. En effet, la princesse, réputée pour sa bonté, a été fréquemment sollicitée par l'entourage des condamnés à mort pour obtenir la grâce du roi. Mme de Lavalette, femme du directeur des postes de Napoléon pendant les Cent-Jours, Mme Ney, épouse du maréchal de Napoléon, viennent la supplier d'épargner leur mari. A chaque fois, Marie-Thérèse les repousse avec une telle brusquerie qu'on en viendra à l'accuser d'avoir elle-même dressé les listes de proscription du mois de juillet. Elle ira jusqu'à refuser au tsar lui-même la grâce du colonel de La Bédoyère, coupable lui aussi d'avoir servi l'empereur pendant les Cent-Jours[5]. A chaque fois, la princesse se justifie en expliquant que la bonté de la famille royale a été trop grande et n'a nourri que de l'ingratitude. Il est, selon elle, désormais temps de punir et de rétablir l'autorité royale dans sa plénitude.

Cette attitude rejoint celle de son beau-père, Monsieur : à eux deux, ils sont le relais de l'ultraroyalisme à la Cour. Ni Marie-Thérèse ni même Monsieur n'ont de prise directe sur les décisions du gouvernement ou de la Chambre. Cependant, la princesse dispose de plusieurs moyens d'influence. Le premier, c'est la constitution de sa Maison, qu'elle choisit entièrement, la sanction de Louis XVIII étant toute formelle. Celle-ci est un véritable repaire ultraroyaliste. Un grand nombre de membres de son entourage sont liés aux Chevaliers de la Foi, et aux plus prestigieux d'entre eux. Le chevalier d'honneur de la duchesse, Mathieu de Montmorency, n'est rien de moins que leur grand maître. La marquise de Rougé, dame pour accompagner Madame, est, pour sa part, l'épouse de Bonabes-Louis-Victurnien de Rougé, un des principaux membres des Chevaliers de la Foi. Le marquis est en outre le frère aîné d'Adrien de Rougé qui, grâce à l'amitié de Mathieu de Montmorency, dirige pratiquement l'ordre pendant la Restauration. C'est chez lui que se tiennent les réunions et il conserve les archives et la correspondance des Chevaliers[6]. En accordant des charges à ces familles, la princesse leur fournit à la fois une source de revenus non négligeable et une protection officieuse mais bien réelle.

Les codes du milieu curial permettent également à la princesse de diffuser son opinion et de voir les autres s'y plier. Malgré l'existence de la Charte et d'une chambre élue, la faveur princière conserve une grande importance sur le plan du prestige social et de la carrière politique. Le duc de Richelieu, pourtant soutenu par le roi, est très meurtri lorsque au cours d'une des soirées organisées par la princesse il se voit refuser ostensiblement la crème que Marie-Thérèse a fait venir de son domaine de Villeneuve-l'Etang. La défaveur de la princesse n'est jamais bon signe car elle a le pouvoir de faire et de défaire des carrières, usant couramment de pressions sur les préfets ou les ministres pour voir nommer tel ou tel à un poste donné. Elle procède ainsi de manière régulière avec les préfets de la Gironde qui doivent compter avec ses préférences quand ils veulent pourvoir des emplois publics. Le comte Beugnot, ministre de l'Intérieur avant les Cent-Jours, est lui aussi sollicité à deux reprises par l'entourage de Marie-Thérèse pour accorder des emplois à des protégés de la princesse. Son refus lui sera fatal. Il n'obtient rien après les Cent-Jours, malgré les promesses de Louis XVIII de lui conserver la direction des postes[7].

Les pressions que Marie-Thérèse peut exercer sur le gouvernement n'ont d'efficacité que dans la mesure où l'on sait qu'elle a l'oreille du roi. Or, c'est incontestablement dans le lien étroit qui l'unit à son oncle que résident à la fois sa force et sa faiblesse. Le lien est d'abord politique. Elle se trouve au côté de son oncle à toutes les réceptions de la Cour, à toutes les cérémonies. Louis XVIII, dans la mise en scène de son pouvoir, en a fait le soutien de son régime : elle lui est indispensable. A ces raisons politiques s'ajoutent les liens affectifs, plus ou moins profonds peut-être, mais que la promiscuité de l'exil a avivés. Marie-Thérèse a donc toute raison de pouvoir se faire entendre du roi. Mais dans le même temps, sa détermination à se ranger du côté de l'opposition blesse et irrite Louis XVIII. Soucieux de préserver un certain équilibre familial, il cède à sa nièce – et à son frère – sur des objets secondaires et s'efforce de préserver l'essentiel. En agissant de la sorte, il conforte finalement l'influence de Marie-Thérèse, dont le crédit apparaît toujours important.

Ce crédit, elle l'utilise pour seconder Monsieur, qui prend la tête d'un véritable « parti des Princes » à la conquête du pouvoir. La bataille qui les oppose à Louis XVIII dure sept longues années. Le roi semble remporter la première manche. Le 5 septembre 1816, il fait dissoudre la Chambre introuvable. Le duc de Richelieu reste à la tête du ministère. Cependant, l'homme à abattre, celui sur lequel va se concentrer toute la hargne des ultras, c'est le nouveau favori de Louis XVIII, son ministre de la Police, Elie Decazes.

Decazes, issu d'une famille de notables de Libourne, avait mené une belle carrière sous l'Empire, comme conseiller à la Cour de Paris et secrétaire de Madame Mère. Nommé préfet de police par Talleyrand en 1815, il parvient à s'immiscer dans les bonnes grâces de Louis XVIII, auquel il fait des rapports fréquents qui le distraient. Au mois de septembre 1815, il devient ministre de la Police dans le ministère Richelieu, dont il est le deuxième homme fort, de par sa place auprès du roi[8]. Marie-Thérèse ne peut souffrir Decazes en raison de son passé impérial et de sa politique modérée, voire libérale. Il n'est pas exclu que son intimité avec le roi, alors qu'il ne sort de nulle part, ait, en outre, blessé la princesse. En tout cas, elle va s'employer à le faire chuter.

En 1817, Marie-Thérèse participe à une intrigue qui consiste à faire revenir l'ancien favori de Louis XVIII, le duc de Blacas, à Paris, en espérant qu'il puisse reprendre la place désormais occupée par Decazes. Blacas, rendu responsable de l'échec de la première Restauration, avait été envoyé comme ambassadeur successivement à Naples et à Rome. Au mois d'avril 1817, il revient subitement de son ambassade sous prétexte de difficultés rencontrées au cours de négociations. En réalité, toute son attitude montre qu'il pense retrouver une place prépondérante auprès du roi. Il descend chez le vicomte d'Agoult, premier écuyer de la duchesse, puis va voir Richelieu, qui le conduit chez le roi. La duchesse d'Angoulême les y rejoint presque aussitôt, vraisemblablement pour s'assurer de la réaction de son oncle. Malgré les efforts de Marie-Thérèse, l'intrigue échoue. Le ministère fait front contre cette intrusion et le duc de Richelieu met sa démission dans la balance. Le roi oblige l'ancien favori à partir[9], et Decazes garde son entière influence sur le souverain.

Dans les années qui suivent, les tensions sont extrêmement vives. En 1818, Richelieu démissionne et le général Dessolles le remplace. En fait, derrière Dessolles, c'est Decazes, nouveau ministre de l'Intérieur, qui tient les rênes du pouvoir. L'opposition des princes n'a donc aucune raison de faiblir. Elle se manifeste de manière symbolique aux Tuileries. Lors des réceptions officielles à la Cour, le dimanche, la plupart des ultraroyalistes viennent faire leur cour à Marie-Thérèse sans passer préalablement chez le roi. La situation atteint son paroxysme en 1819. Louis XVIII interdit à sa nièce de partir à Bordeaux et écrit au mois de décembre à son favori que d'avoir entendu Richelieu parler de la princesse avec « estime et amitié » ne lui avait pas fait « grand plaisir ». Ce divorce entre le roi et les siens pousse Decazes à faire publier par ses agents des articles extrêmement acerbes à l'égard de la famille royale dans le *Morning Chronicle* de Londres[10], allant jusqu'à accuser Monsieur de vouloir détrôner son frère. La crise se résout à la suite de l'assassinat du duc de Berry, le 13 février 1820. En sortant de l'Opéra ce soir-là, le neveu de Louis XVIII est poignardé par un ouvrier du nom de Louvel et meurt des suites de ses blessures. Ce crime met en cause la stabilité du régime, le duc de Berry étant le seul membre de la famille royale capable d'avoir des enfants. On apprend cependant à cette occasion que son épouse est enceinte mais, à une époque où la mortalité infantile est élevée, l'espoir est mince de voir survivre un éventuel héritier.

Parmi les royalistes, et en particulier parmi les ultras, l'émoi est immense, et l'on cherche des coupables. Decazes est rapidement désigné comme responsable du crime en raison de sa politique prétendument laxiste. Par conséquent, les ultras attaquent vigoureusement le ministre dans les deux Chambres. Le 16 février, Monsieur et Madame se présentent devant le roi pour lui demander de renvoyer Decazes, employant tous les arguments possibles, jusqu'à prétexter que le favori risquerait d'être assassiné s'il restait en place. Louis XVIII refuse dans un premier temps, aussi Monsieur revient-il à la charge le 18. Le roi finit par céder aux instances de sa famille et, le 20, Decazes est nommé ambassadeur à Londres[11]. Ce renvoi scelle la réconciliation de la famille royale. Après l'intermède d'un nouveau ministère Richelieu, les ultras arrivent enfin au pouvoir avec la nomination du ministère Villèle au mois de décembre 1821. Son avènement inaugure le règne de Monsieur, dont l'influence politique devient alors prépondérante.

En attente d'un héritier

Si la question de l'ultraroyalisme empoisonne une partie du règne de Louis XVIII, elle n'est pas la seule difficulté des Bourbons restaurés. Quand la famille royale revient en France, elle ne compte que cinq membres : Louis XVIII, le comte d'Artois, le duc et la duchesse d'Angoulême et le duc de Berry. Marie-Thérèse est, à trente-six ans, le plus jeune membre de la famille et la seule femme. Mariée depuis plus de quinze ans, elle n'a mis au monde aucun enfant. Comme sous l'Ancien Régime, une telle situation constitue une menace pour la dynastie. L'héritier le plus plausible de la couronne est alors le redouté Louis-Philippe, duc d'Orléans, chef de la branche cadette des Bourbons. Réconcilié, on l'a dit, avec Louis XVIII[12] pendant l'émigration, il a épousé la cousine germaine de Marie-Thérèse, Marie-Amélie de Bourbon-Naples, dont la duchesse d'Angoulême est très proche. Cependant, même si les liens avec la branche aînée sont généralement corrects, le duc d'Orléans demeure un prince libéral dont beaucoup de royalistes, les ultras au premier chef, ne conçoivent pas l'accès au trône.

Au début de la Restauration existe encore quelque espoir que Marie-Thérèse puisse avoir des enfants. Nombre de royalistes se persuadent que le retour de la princesse en France va permettre à l'événement tant attendu de se réaliser. Chateaubriand s'en fait l'écho dans *De Buonaparte et des Bourbons*, paru en 1814 :

> « Je sens, dit-elle quelquefois, que je n'aurai d'enfant qu'en France. » Mot touchant qui seul devrait nous faire tomber à ses pieds et nous arracher les sanglots du repentir. Oui, Mme la duchesse d'Angoulême deviendra féconde sur le sol fécond de la patrie ! Cette terre porte naturellement les lys : ils renaîtront plus beaux, arrosés du sang de tant de victimes offertes en expiation au pied de l'échafaud de Louis et d'Antoinette[13] !

La stérilité de la duchesse d'Angoulême prend ainsi place dans les plans de la Providence : un futur roi ne pouvait naître sur le sol étranger. De nombreuses pièces de circonstance reprennent l'idée de Chateaubriand et prédisent une maternité prochaine de la princesse. Le parallèle est souvent esquissé avec la reine Anne d'Autriche, qui avait été mère à trente-sept ans. Les marguilliers des paroisses de Nîmes font ainsi le vœu de consacrer une statue en argent massif représentant un nourrisson dans le cas où Dieu accorderait à la duchesse un enfant, comme cela aurait été fait pour la reine Anne. De la même façon, à Poitiers, des paroissiens font dire des neuvaines sur le tombeau de sainte Radegonde, invoquant encore le précédent de la naissance inespérée de Louis XIV[14]. Malgré de réguliers bruits de grossesse de la duchesse jusqu'au début du règne de Charles X, le couple Angoulême reste stérile.

Tous les espoirs de la dynastie reposent donc sur le duc de Berry. Celui-ci s'était, à la fin de son émigration, installé à Londres auprès d'une Anglaise, Amy Brown, dont il avait eu deux filles. En 1815, le roi lui intime l'ordre de renoncer à cette liaison pour assumer ses responsabilités dynastiques. Il est tout d'abord question d'un mariage avec une des sœurs de l'empereur Alexandre, la grande-duchesse Anne. Mais le duc et la duchesse d'Angoulême se montrent réticents à l'égard d'une alliance avec une orthodoxe et souhaitent que la princesse puisse se convertir avant son arrivée en France. La résistance de la Russie à cette demande et la préférence de Louis XVIII pour une alliance avec une des vieilles familles souveraines d'Europe entraînent la rupture de ces projets. Le choix du roi se porte alors sur Marie-Caroline de Bourbon-Naples, âgée en 1816, année de son mariage, de dix-huit ans. Petite-fille du roi des Deux-Siciles Ferdinand Ier et de Marie-Caroline d'Autriche, elle est aussi la fille unique de la cousine germaine de la princesse, Marie-Clémentine, une de ses compagnes viennoises. Assurément, ce choix convient à la duchesse d'Angoulême tant du point de vue dynastique – Marie-Caroline est à la fois Bourbon et Habsbourg – que du point de vue personnel. C'est d'ailleurs Marie-Thérèse qui est chargée de la constitution de la Maison de sa belle-sœur[15].

L'arrivée de Marie-Caroline place néanmoins Marie-Thérèse dans une position inconfortable dans la mesure où elle n'a pas d'héritiers, même si elle demeure la future reine de France. Dans un premier temps, cependant, la position de Marie-Thérèse n'en pâtit guère. Marie-Caroline vit avec son mari au palais de l'Elysée et ne revient à la Cour que pour la réception du dimanche. En outre, la nouvelle duchesse de Berry ne donne pas immédiatement d'héritiers à la couronne. Une première fille naît en 1817 mais meurt quelques mois plus tard et, en 1818, un garçon ne vit que quelques heures. Il faut attendre 1819 pour qu'elle accouche d'une fille qui atteindra l'âge adulte, Louise-Marie d'Artois, titrée Mademoiselle. L'assassinat du duc de Berry en 1820 vient tout remettre en cause. On apprend certes que la duchesse de Berry est enceinte, mais rien n'est moins sûr que la survie de l'enfant. En outre, même dans ce cas, rien ne garantit que ce soit un garçon. La Maison royale semble revenue au point de départ, le duc d'Orléans redevenant l'héritier de la couronne après la mort du duc d'Angoulême.

Or, cette situation apparaît toujours inacceptable aux yeux des ultraroyalistes qui commencent à imaginer différentes solutions. Certains conseillent au comte d'Artois de se remarier pour donner un héritier « pur » au royaume, conseil que Monsieur balaye d'un revers de main. D'autres proposent tout simplement d'abolir la loi salique, ce qui revient, après la mort du duc d'Angoulême, à donner la couronne de France à Marie-Thérèse puis, à sa mort, à Louise-Marie. Deux petits ouvrages paraissent à peu de temps d'intervalle à la fin de l'été et au début de l'automne 1820. Celui de Jean-François Bellemare, *Le Crime du 13 février et le moyen d'en prévenir de nouveaux,* et celui d'un certain Thomassy, publié chez Egron, imprimeur du duc d'Angoulême, *De la nécessité d'appeler au trône les Filles de France*[16]. Le propos des deux livres est le même – il faut abandonner la loi salique pour faire face à la crise dynastique – mais leurs tons diffèrent. Le premier ouvrage, écrit dans le style sentimental habituel chez les royalistes, considère que la loi salique n'est qu'une coutume aux origines douteuses qui n'a rien d'intangible. Il souligne que les femmes ne sont en aucun cas incapables de gouverner, bien au contraire, et que couronner une reine de France pourrait être un moyen salutaire de redonner de la splendeur au trône. Surtout, il insiste sur le fait que la France doit cette réparation aux deux filles de « martyrs » de la Révolution, et à la duchesse d'Angoulême en premier lieu :

> Puissent donc nos annales apprendre à cette sévère postérité qu'en mémoire des vertus de Louis XVI, et en expiation du crime commis sur sa tête royale, nous aurons dérogé à une coutume de quatorze siècles pour accorder à son auguste fille un titre et des honneurs inusités ; un titre d'autant plus légitime, qu'il ne l'aurait placée sur les marches du trône qu'après les héritiers mâles de sa branche. [...] Cessons de parler de sentiments, si cette noble goutte de sang échappée à la soif des bourreaux n'obtient de nous que de vaines émotions et des paroles vides d'offrandes ; cessons de parler de sentiments, si le sort des enfants du duc de Berry nous paraît moins intéressant que le maintien d'une coutume devenue destructive *[sic]* de la monarchie, et qui ne se recommande plus d'ailleurs sous aucun rapport d'utilité[17].

La couronne serait ainsi un don expiatoire de la Nation à Marie-Thérèse. Thomassy, pour sa part, mène une réfutation très érudite de la loi salique dont il retrace l'histoire. Il est plus gêné que Bellemare pour défendre les capacités des femmes à régner car il les considère tout de même comme inférieures aux hommes. Il déclare ainsi que les capacités propres du souverain sont de peu d'importance dans un gouvernement représentatif, puisque le roi règne mais ne gouverne pas. Une reine doit avant tout savoir s'entourer de ministres compétents. L'argumentaire demeure historique et juridique. Thomassy ne fait aucun lien avec le contexte politique contemporain avant l'appendice dans lequel il reprend l'idée de Bellemare d'offrir la couronne comme compensation aux malheurs des princesses de la famille de Bourbon. La légitimité du sang des « martyrs » royaux tend ainsi, pour les ultraroyalistes, à l'emporter sur la légitimité dynastique traditionnelle. Les filles des Bourbons sont aptes à succéder parce qu'il coule dans leurs veines, tandis que les Orléans sont écartés parce que issus d'une famille régicide. Ces ouvrages ont suscité un débat assez vif dans la presse, notamment la presse libérale qui s'est insurgée contre le livre de Thomassy, allant jusqu'à menacer ce dernier des tribunaux pour avoir proposé de modifier l'ordre de succession au trône de France[18].

Le problème se règle cependant de lui-même avec la naissance d'un garçon, le 29 septembre 1820. « L'enfant du miracle » est prénommé Henri-Dieudonné et titré duc de Bordeaux, en hommage à la fidélité de la ville et, très probablement aussi, à sa tante. Pour les Bourbons, c'est une joie quasi inespérée. La duchesse de Berry en acquiert un prestige personnel qui lui donne un poids dans la famille royale et dans la propagande monarchique qu'elle n'avait pas auparavant. Cela aiguise la concurrence jusque-là latente entre elle et sa belle-sœur. Avec l'appui du roi, Marie-Thérèse prend une part active dans l'éducation de son neveu et de sa nièce dès leur plus jeune âge et son avis l'emporte sur celui de sa belle-sœur en matière d'éducation. On le constate à propos du choix des gouverneurs du prince. En 1826, peu avant que le duc de Bordeaux ne passe aux hommes, le roi lui choisit comme gouverneur le duc Mathieu de Montmorency, chevalier d'honneur de la duchesse d'Angoulême. Mais ce dernier meurt avant même d'avoir pu prendre ses fonctions. Charles X nomme alors un de ses vieux amis, conspirateur impénitent, le duc de Rivière, qui meurt lui aussi peu de temps après. Le nouveau gouverneur est alors pris une fois de plus dans l'entourage de Marie-Thérèse, puisqu'il s'agit du baron Maxence de Damas, apparenté aux nombreux Damas qui peuplent les Maisons du duc et de la duchesse d'Angoulême. Il reçoit le soutien ouvert de cette dernière, contre l'avis de la duchesse de Berry[19].

L'éducation du duc de Bordeaux introduit ainsi au sein de la famille royale une nouvelle césure, plus personnelle que politique. Marie-Thérèse, comme future reine, et sans doute aussi pour assouvir son désir de maternité, garde la haute main sur l'éducation de son neveu, au grand dam de la duchesse de Berry. Les querelles entre les deux femmes et leurs Maisons respectives deviennent d'ailleurs l'un des aspects routiniers de la vie de cour sous Charles X. La duchesse de Berry se montre particulièrement retorse. Non contente de se moquer ouvertement de la stérilité de Marie-Thérèse, elle s'amuse à ouvrir les robinets des conduites d'eau du couloir que sa belle-sœur a l'habitude d'emprunter sous le pavillon de Marsan[20]. La jalousie réciproque est le moteur le plus évident de ces tracasseries. Mais les deux rivales incarnent également deux styles différents de la monarchie. Là où Marie-Thérèse, soutenue par son beau-père, veut conserver les traditions, Marie-Caroline, pour mieux les maintenir sans doute, souhaite les moderniser, les mettre au goût du jour. Sur le plan politique comme sur le plan personnel, elles ne réussiront jamais à s'entendre. C'est cependant à Marie-Thérèse, en fin de compte, que l'autorité morale sur la famille royale demeure.

Malgré les velléités de Louis XVIII de préparer Versailles à un retour saisonnier de la Cour, la royauté, suivant les traces de l'Empire et celles des dernières années du règne de Louis XVI, se réinstalle en plein cœur de Paris. Le roi, Monsieur, le duc et la duchesse d'Angoulême sont aux Tuileries, le duc et la duchesse de Berry à l'Elysée-Bourbon, le duc d'Orléans au Palais-Royal. L'inscription de la monarchie dans l'espace parisien redonne un aspect familier à une vie princière qui, désormais, se déroule non seulement sous les yeux de la Cour, mais aussi sous ceux de la capitale. Il faut distinguer deux moyens fort différents pour les princes d'apparaître aux yeux des Parisiens. Le premier est celui des fêtes et cérémonies au cours desquelles se déploie toute la pompe monarchique, selon une tradition reçue et adaptée de l'Ancien Régime[21]. Le second moyen consiste en visites de monuments ou d'institutions et promenades dans la ville qui donnent au public une impression de proximité d'autant plus grande que la pompe en est exclue.

Le dispositif cérémoniel de la Restauration fonctionne suivant un calendrier précis auquel viennent s'ajouter des cérémonies exceptionnelles pour les grands événements[22]. Deux occasions donnent lieu à des célébrations dynastiques de grande ampleur auxquelles participent la capitale et le royaume tout entier : l'anniversaire du retour du roi à Paris – le 3 mai pour Louis XVIII, le

12 avril pour Charles X – et la fête du roi – la Saint-Louis et la Saint-Charles. Elles se déroulent le plus souvent sur deux jours et comprennent des spectacles gratuits, des feux d'artifice, une revue de la garde nationale et de la Maison militaire, un grand couvert aux Tuileries. Marie-Thérèse de France, comme tous les princes de la famille royale et du sang, est toujours présente lors de ces festivités : elle participe, en calèche, aux revues de troupes, se trouve aux ouvertures des bals, aux spectacles. Le moment où elle est le plus en vue est le grand couvert. Il se déroule dans la galerie de Diane ou, exceptionnellement, dans la grande salle de l'Hôtel de Ville et est ouvert à tout le monde, à condition d'avoir un billet que les personnes non présentées à la Cour doivent aller retirer à l'hôtel des Menus-Plaisirs. Les femmes présentées sont debout, près de la table royale, tandis que les autres visiteurs défilent devant celle-ci pour voir le repas de la famille royale qui se déroule selon un rituel minutieux qui remonte dans les grandes lignes à celui établi par Louis XIV. Ces cérémonies jouent sur le double registre de la proximité et de l'éloignement. La proximité provient du caractère relativement ouvert de ces manifestations et de leur régularité ; l'éloignement de l'apparat qui les entoure, depuis le personnel jusqu'aux vêtements. La duchesse d'Angoulême est toujours somptueusement vêtue et porte les parures de diamants que Louis XVIII, qui les considère comme un des attributs de la majesté du trône, a fait remonter à partir des collections impériales. Nombre de mémorialistes, même réservés à l'égard de la cérémonie en elle-même, soulignent, qui son « grand air » et sa « dignité », qui sa « majesté inexprimable », qui encore sa beauté. Il

semble que Marie-Thérèse, au visage dur et anguleux, au maintien brusque et rigide à la fois, ait trouvé dans ces cérémonies le cadre qui lui convenait. Lors de ces occasions solennelles, pour le public, la duchesse d'Angoulême « semblait vraiment être la reine[23] ».

Les célébrations dynastiques ne sont pas les seules à mettre en scène les princes dans leur capitale. Deux cérémonies religieuses annuelles complètent le calendrier de la monarchie restaurée : la Fête-Dieu et la commémoration du vœu de Louis XIII. La Fête-Dieu, moment important du calendrier liturgique, célébrée par tous les catholiques, donne lieu à une cérémonie familiale. La messe est dite à Saint-Germain-l'Auxerrois, paroisse de la famille royale de France, et la procession qui suit part de Saint-Germain et mène à la chapelle des Tuileries ; autrement dit, les princes restent dans l'espace qui entoure le château. En revanche, la célébration du vœu de Louis XIII, qui renouvelle la consécration du royaume à la Vierge décidée par ce roi à la suite de la naissance de Louis XIV, est un rappel des liens qui unissent la France, Dieu et les Bourbons. Cette cérémonie est destinée à célébrer la dynastie et plusieurs institutions y prennent part : la Cour de cassation, la Cour des comptes, la Cour royale, le corps municipal. La procession part cette fois de Notre-Dame pour y revenir, en passant par le Pont-au-Change et le quai aux fleurs[24], définissant ainsi un espace cérémoniel situé au cœur de Paris, entre Notre-Dame et les Tuileries, régulièrement investi par le pouvoir royal. La fréquence de ces cérémonies, auxquelles les princes sont présents en personne, est une différence majeure avec ce qui pouvait se pratiquer à la fin du XVIIIe siècle et impose une empreinte royale beaucoup plus forte sur la ville.

Même hors de ce cadre cérémoniel, les princes ne vivent pas isolés aux Tuileries. Comme Versailles auparavant, les Tuileries sont un lieu ouvert. Les jardins sont accessibles à tous et les appartements de parade du roi peuvent se visiter. En outre, le dimanche après la messe ou lors des fêtes royales, les princes apparaissent longuement aux fenêtres du palais pour saluer la foule qui se masse dans les jardins. Les retours du roi et de la duchesse d'Angoulême en 1815 donnent lieu à de véritables cohues, la foule dansant et chantant devant leur résidence. Par ailleurs, les princes se déplacent fréquemment dans Paris ou aux alentours. Les promenades de la duchesse d'Angoulême la mènent régulièrement au bois de Boulogne ou dans le parc de Saint-Cloud. Elle multiplie les visites d'établissements de toutes sortes. Les institutions charitables en premier lieu, mais aussi les manufactures parisiennes, celles des Gobelins, d'Oberkampf, la manufacture de glaces du faubourg Saint-Antoine ; les institutions culturelles, comme la Bibliothèque du roi ou le Louvre ; ou encore les attractions à la mode que sont les panoramas, dioramas et autres néoramas, qu'ils représentent l'arrivée de Louis XVIII à Calais ou Saint-Pierre de Rome[25].

La capitale n'est pas la seule à bénéficier de cette présence royale. Les princes de la Restauration, Marie-Thérèse en particulier, voyagent beaucoup, contrairement aux habitudes de ceux du XVIIIe siècle. Ces voyages, quasi abandonnés depuis Louis XIV, répondent à un besoin particulier de légitimation. L'absence des princes pendant une vingtaine d'années exige qu'ils se fassent connaître de la population. C'est aussi, plus généralement, une manière d'affirmer l'emprise royale sur le territoire. La duchesse d'Angoulême a parcouru une grande partie du pays pendant ses quinze années de présence en France et se trouve presque chaque année sur les routes. Il n'y a guère que le Nord où elle ne soit pas allée. Deux destinations ont ses préférences : Vichy et Bordeaux. Vichy est sa destination la plus régulière car elle s'y rend en cure. Elle s'y trouve pendant les étés 1814, 1818, 1821, 1826 et 1830. Chaque fois, son parcours est jalonné d'étapes dans les villes du Loiret, de l'Yonne, de la Côte-d'Or ou du Puy-de-Dôme, le plus souvent à la demande des autorités qui espèrent se faire remarquer par leur zèle et leur fidélité, parfois à sa propre initiative. Elle est moins souvent à Bordeaux, où pourtant le palais Rohan, devenu palais royal, fait partie des résidences princières gérées par le ministère de la Maison du Roi[26]. Madame ne parvient à s'y rendre qu'à la fin de l'année 1815 et en 1823, lorsqu'elle souhaite se rapprocher du théâtre de la guerre d'Espagne où son époux dirige les armées royales. Ce voyage de 1823 est exceptionnellement long : elle reste dans le sud du pays du mois d'avril au mois de septembre. Son séjour à Bordeaux est entrecoupé de longues visites des régions du Midi. Elle se rend ainsi en Languedoc, en Provence et dans le Roussillon, en Gascogne et dans les régions pyrénéennes. Sur le chemin du retour, elle fait un détour par la Vendée et le Morbihan, hauts lieux de la mémoire royaliste où elle ne se rend pourtant que sur la demande expresse des autorités locales[27].

Marie-Thérèse connaît beaucoup mieux son pays que ses prédécesseurs, tout en étant plutôt bien connue de ses sujets. Les conséquences de ce phénomène sur la popularité de la dynastie sont pourtant incertaines. Cela n'a probablement pas plus contribué à faire grandir l'affection des Français pour la famille royale qu'à la diminuer. En revanche, le rapport au souverain en est profondément changé. Les dernières années du règne de Louis XVI avaient vu le commencement de cette évolution, la Révolution et l'Empire l'ont accélérée, et la Restauration en est l'héritière. La famille royale devient familière à nombre de Français, dans la mesure où des apparitions fréquentes la font mieux connaître et où ces apparitions se déroulent dans un cadre qui n'est plus seulement cérémoniel. Les visites de Madame dans toutes sortes d'établissements ont lieu avec une suite restreinte et dans la plus grande simplicité. Quant aux promenades, elles sont parfaitement informelles. Les deux phénomènes rendent la royauté en apparence plus accessible. Apparence que vient en partie contredire le maintien d'un système de cour passablement rigide.

Vie de cour

La cour qui renaît en 1814 est certes en partie inspirée de la fin du siècle précédent, mais elle a gardé des spécificités venues de l'exil et hérité certains traits de la cour impériale. Marie-Thérèse en est le premier personnage féminin et, à ce titre, l'un des pôles autour desquels elle s'organise. La duchesse d'Angoulême est, de manière générale, très attachée à l'ancien cérémonial. La référence pour elle demeure la cour du XVIIIe siècle. Si elle confesse à sa cousine la duchesse d'Orléans qu'elle n'est « pas forte sur les usages[28] », elle demande conseil à son beau-père pour pouvoir s'y conformer. En 1814, à en croire la comtesse de Boigne, elle aurait poussé ce respect pour l'ancien protocole jusqu'à vouloir imposer le retour des robes à panier pour les costumes de cour. Quoi qu'il en soit, Marie-Thérèse n'aime pas que l'on manque à l'étiquette. Elle n'hésite pas à tancer vertement le duc de Duras quand, par mégarde, il la nomme Madame, son ancien titre, au lieu de Madame la Dauphine à la sortie d'une des soirées de jeu de la Cour. Ce souci de l'étiquette tend à montrer que la duchesse d'Angoulême la juge indispensable à la dignité du trône. Il est probable qu'elle partage le point de vue de nombre de royalistes qui considèrent que la conservation des hiérarchies curiale et sociale est le meilleur garant du respect dû au monarque et, partant, l'un des moyens d'éviter de nouvelles révolutions. C'est sans doute pourquoi Marie-Thérèse refuse d'obéir au règlement de 1820 qui instaure une nouvelle hiérarchie de cour réglée sur le titre et la fonction et non plus sur la naissance. Plutôt que de devoir se plier à cette nouvelle étiquette, Madame, de concert avec Monsieur, reçoit sans distinction de rang. Cela entraîne une certaine cohue qui nuit au bon déroulement des réceptions de la duchesse mais lui permet de marquer visiblement son désaccord avec le nouvel ordre des choses[29].

On peut distinguer deux aspects dans la vie de cour. L'aspect cérémoniel, où la personne royale est mise en scène face à toute la Cour, et un aspect quotidien, où les princes se trouvent dans leur particulier, au sein de leur famille ou d'une compagnie choisie, sans pour autant que toute étiquette soit abolie.

Côté cérémoniel, Marie-Thérèse joue un double rôle. D'abord, elle accueille et agrée les nouveaux venus. On doit en effet être présenté à la Cour pour participer à tous les événements qui s'y déroulent. Pour ce faire, il faut être noble ou occuper une fonction militaire, administrative ou politique d'importance et trouver deux parrains nobles déjà présentés. Le procédé est très proche de celui de l'Ancien Régime, avec une différence majeure néanmoins, puisque le titre et la fonction l'emportent sur la noblesse et l'ancienneté de celle-ci, ce qui permet d'accueillir à la Cour la noblesse d'Empire et des roturiers. Les courtisans sont d'abord présentés au roi, avant de l'être à la famille royale. La cérémonie consiste essentiellement à être reçu par le roi avec ses parrains, à s'incliner à trois reprises devant lui puis à répondre aux quelques mots qu'il adresse. Elle était particulièrement périlleuse pour les femmes, dont les longues robes à traîne nécessitaient une adresse particulière pour réussir à sortir à reculons. La duchesse d'Angoulême a même jugé bon d'engager un maître à danser, M. Abraham, afin d'apprendre aux candidates la manière de se comporter au cours de ce qui, pour nombre d'entre elles, semble avoir été une véritable épreuve. La réception des femmes d'ambassadeurs à la Cour est une variante de la présentation habituelle. L'usage veut que ce soit la reine seule qui les reçoive, le roi et les princes se rendant chez elle, comme par hasard, pour qu'elles leur soient présentées. Cette particularité du cérémonial explique que, dans ce cas, la duchesse d'Angoulême « représente la reine » au sens juridique, c'est-à-dire qu'elle agisse comme si elle était la reine de France. L'entrevue est suivie d'un grand repas donné par le premier maître d'hôtel du roi, que l'on appelle le traitement, auquel n'assistent pas les princes. Marie-Thérèse, d'un naturel fort curieux, aimait observer ces repas à la dérobée[30].

Hommes et femmes présentés peuvent régulièrement faire leur cour à la princesse, comme au reste de la famille royale, selon un ordre bien établi. Le jour de réception normal est le dimanche après la messe ; s'y ajoutent les jours de fête et le jour de l'an. Les règles fixées pour le jour de l'an 1815 semblent avoir été la référence tout au long du règne[31]. Les hommes sont reçus en premier, après la messe, par le roi, puis ils visitent les autres princes en sortant de chez le souverain, selon l'ordre de préséance : Monsieur, le duc d'Angoulême puis le duc de Berry. Ils sont reçus chez Madame en même temps que les dames, sans qu'il soit vraiment possible d'établir à quel moment se situe cette visite par rapport aux autres. Pour les dames, reçues après les hommes par le roi, l'ordre n'est plus hiérarchique mais pratique. Les princes habitent dans des ailes différentes du château et les toilettes ne supportent guère de fréquents passages à l'extérieur. Les dames se rendent donc chez Marie-Thérèse en sortant de chez le roi, puis chez le duc d'Angoulême, et empruntent alors les souterrains pour leur visite chez Monsieur puis chez le duc de Berry. Cette réception du dimanche est l'événement le plus important de la vie curiale. C'est là que l'on peut mesurer le degré de faveur ou de défaveur des personnes reçues. Quand Marie-Thérèse est contrainte de recevoir à la Cour la baronne de Feuchères, maîtresse sulfureuse du prince de Condé, elle ne lui adresse pas la parole et lui fait signe de passer d'un coup d'éventail. La baronne n'est admise que du bout des lèvres, pour faire plaisir aux Orléans qui doivent hériter de la fortune des Condés grâce à cette présentation[32].

Le second rôle qui incombe en partie à la duchesse d'Angoulême est l'organisation des divertissements. Elle n'y a guère excellé, n'ayant organisé qu'un bal et une soirée théâtrale durant toute la Restauration[33]. Question de goût personnel. Manifestement, la princesse n'aime guère la danse, que ce soit lors des représentations à l'Opéra ou lors des bals. Les apparitions qu'elle fait à l'un et aux autres sont toutes de convenance et de devoir. Mais si elle ne s'y est pas davantage impliquée, c'est aussi parce que les rois eux-mêmes s'en chargent, et que le besoin d'organiser d'autres festivités ne se fait guère sentir. Néanmoins, en 1824, au début du règne de Charles X, Marie-Thérèse décide de réinstaurer le jeu du roi. Ces soirées ont lieu dans les grands appartements des Tuileries. Les princes de la famille royale, auxquels se joignent les Orléans, parcourent la foule des courtisans, s'arrêtant comme bon leur semble pour saluer tel ou tel, puis prennent place chacun à une table de jeu, les tables étant réparties entre les différentes salles des appartements. Ils choisissent leurs trois partenaires et commencent une partie plus ou moins interrompue par les hommages que les courtisans viennent leur rendre. Ce jeu du roi devait avoir lieu toutes les semaines. Le peu d'enthousiasme qu'il suscite, tant chez les princes que chez les courtisans, a entraîné l'espacement des séances. En matière de festivités, la duchesse de Berry anime la cour de la

Restauration avec bien plus d'éclat que sa belle-sœur. C'est elle qui, après 1824, en devient le moteur[34].

La vie quotidienne de Marie-Thérèse suit également une marche bien réglée par l'étiquette. Néanmoins, les rituels qui accompagnaient tous les aspects de son existence avant la Révolution sont considérablement allégés. L'emploi du temps de la duchesse d'Angoulême est très régulier. Elle se lève tôt – vers cinq heures du matin généralement –, entend d'abord la messe puis se promène à cheval. Sous Louis XVIII, elle déjeune le plus souvent chez le roi, sans le reste de la famille royale, de dix heures à onze heures moins dix. Il est possible que cette habitude ait été maintenue sous Charles X. Le reste de la journée est réservé aux visites et aux réceptions de toutes sortes. A dix-huit heures, la famille royale dîne sans ses domestiques. Entre vingt heures quarante-cinq et vingt et une heures a lieu l'ordre, cérémonie qui remplace celle du coucher, au cours de laquelle le roi donne le mot de passe pour la garde de nuit. A partir de vingt et une heures la famille royale et quelques invités triés sur le volet – même les gens de service ne sont pas nécessairement conviés – se retrouvent en principe chez la duchesse d'Angoulême et, en son absence, chez la duchesse de Berry. Ces soirées, intimes par le choix des personnes qui s'y trouvent et par leur nombre réduit, se déroulent d'une manière uniforme et monotone pendant près de quinze ans. Les princes et le roi – Louis XVIII ou Charles X – s'installent à des tables de jeu. Le duc d'Angoulême joue aux échecs, fréquemment avec la vicomtesse d'Agoult, Charles X joue au whist, la duchesse de Berry à l'écarté, et il arrive à la duchesse d'Angoulême de jouer au loto. Le plus souvent, elle s'installe avec un ouvrage, groupe les dames présentes autour d'elle, les plaçant en fonction de leur rang, et dirige une conversation dont, en raison de l'étiquette, elle est nécessairement le centre. La princesse profite de ces soirées pour réaliser des tapisseries qu'elle revend ensuite au profit des pauvres ou pour collecter la cire des lettres cachetées afin de la recycler et la revendre. La soirée prend fin avec le départ du roi, entre vingt-deux heures et vingt-trois heures[35].

Par rapport à l'Ancien Régime, le rituel monarchique a perdu en complexité et en lustre. L'étiquette établie sous Louis XVIII s'efforce de trouver un point d'équilibre entre un certain besoin d'intimité et la déférence nécessaire aux souverains et aux membres de la famille royale. Pourtant, même cette intimité n'est pas vraiment privée. Marie-Thérèse n'est jamais une simple particulière et ne se comporte jamais comme telle, même, voire surtout, avec sa propre famille. Le jour de la mort de Louis XVIII, pour lequel, malgré leurs nombreuses querelles politiques, elle avait certainement de l'affection, elle trouve la présence d'esprit, en sortant de la chambre mortuaire, de céder le pas à son mari en murmurant : « Passez devant, M. le Dauphin. » Comme fille de roi, elle avait en effet, jusque-là, la préséance sur lui. Devenu Dauphin de France, il lui passe devant. En toutes circonstances, la fonction qu'elle occupe transcende ainsi sa propre personne et l'oblige au comportement qu'elle pense en accord avec sa fonction. Elle s'explique assez rudement à ce sujet avec la duchesse de Berry qui cherche à s'affranchir le plus souvent possible des charges qui lui incombent en se réfugiant dans sa propriété de Rosny :

> J'avoue que je vois avec peine que vous avez pris le séjour ici en horreur, car tout désagréable qu'il peut être, on peut dire pour suivre le proverbe que : « Où la chèvre est attachée il faut qu'elle broute. » Qui peut plus souffrir que moi de se retrouver dans ces lieux où j'ai été avec mes parents et où je les ai vus si malheureux ? Eh bien mon devoir est d'y être, et mon cœur m'y retient puisque j'y retrouve ce qui me reste de ma famille. [...] Vous aimez le monde, le plaisir, rien de si naturel à votre âge, quoique votre position ne vous le permette pas autant qu'à une autre. J'avoue que la vie que nous menons ici est triste pour vous à votre âge, mais j'ai eu vingt ans aussi une fois dans ma vie, chère sœur, et j'ai mené à cette époque la même vie qu'à présent, peut-être même plus sévère et plus assujettie, parce que j'ai senti que c'était mon devoir et je n'en ai jamais éprouvé ni regret ni ennui[36].

Tandis que la duchesse de Berry, comme la propre mère de Marie-Thérèse un demi-siècle plus tôt, trouve difficile de s'accommoder des contraintes liées à son statut, la duchesse d'Angoulême les endosse jusqu'au bout. Peu importe la lourdeur de cette vie de cour où le prince ne s'appartient pas, elle fait partie des attributs nécessaires de la royauté à laquelle toute sa vie est dévolue.

La religion de Marie-Thérèse

Tout au long de la Restauration, et en particulier dans les premières années, circulent un grand nombre d'estampes représentant la princesse en prière. Quand la lettre précise le contenu de la prière, celle-ci est toujours une action de grâces. Marie-Thérèse remercie Dieu du retour des Bourbons en France, bienfait pour elle et pour les Français. Pour la propagande royale, la prière de la duchesse d'Angoulême est un symbole de réconciliation entre la dynastie et les Français. Cette image repose sur une réalité : l'extrême piété de la fille de Louis XVI. Son attachement à la cause ultraroyaliste, sa proximité avec des hommes comme Mathieu de Montmorency ou Ferdinand de Bertier de Sauvigny, fervents catholiques à la tête des Chevaliers de la Foi, en sont des manifestations éclatantes. Cependant, concrètement, on sait fort peu de chose de la pratique religieuse de Marie-Thérèse, de ses croyances. Peut-être, sous l'influence de sa tante Elisabeth de France, a-t-elle voué une dévotion particulière au Sacré Cœur, mais nous n'en avons aucune preuve. Nous savons qu'elle avait une prédilection pour le mont Valérien, dont le calvaire était un lieu de pèlerinage ancien et qui était devenu le siège de la Société des missions de France. Cette congrégation, fondée en 1814, a vocation à rechristianiser la France en profondeur en organisant des missions. Ces dernières consistent en une série de prêches et de processions qui se terminent par la plantation d'une croix. La dévotion des missionnaires, comme l'indique leur installation au calvaire du mont Valérien, est centrée sur la passion du Christ. Or, ils lient étroitement cette dévotion à celle des « martyrs » de la royauté et assimilent les souffrances de Louis XVI à celles du Sauveur. Ils sont ainsi les meilleurs vecteurs de l'image du roi-Christ et de l'idéologie sacrificielle de la monarchie dont nous reparlerons. Que Marie-Thérèse soit proche de cet ordre n'est donc pas surprenant. On la voit assister à certaines missions, comme celle de Fontainebleau en 1820. Dans cette dévotion au calvaire, Marie-Thérèse associe étroitement piété religieuse et piété dynastique[37].

Plus aisée à déterminer que sa pratique religieuse est son activité charitable, les deux aspects étant étroitement liés. Les contemporains s'accordent tous sur un point : la princesse « était aumônière à un degré qu'on ne sait pas et qu'il est difficile d'approfondir[38] ». Sa charité s'exerce de diverses manières. Il y a tout d'abord les institutions qu'elle patronne, peu nombreuses, même si on ne les connaît probablement pas toutes. La plus importante est la Société de charité maternelle que sa mère avait présidée la première lors de sa création en 1788. Cette société, composée exclusivement de dames, possède un conseil au sein de chaque département. Son but est de faire en sorte que les femmes pauvres mais « honnêtes » puissent accoucher chez elles et élever convenablement leur enfant pour lequel la société fournit une layette complète et une pension mensuelle pendant un an. Chaque année, la duchesse d'Angoulême verse une forte cotisation et préside une réunion. Lors de ses voyages en province, elle rencontre également les dames de la société pour s'assurer de son fonctionnement[39]. Cette institution est la seule de grande envergure protégée par la princesse.

Les autres sont de dimensions plus modestes, à commencer par la plus célèbre d'entre elles, l'infirmerie Marie-Thérèse, fondée en 1819 par Céleste de Chateaubriand, femme du célèbre écrivain, qui avait souhaité, pendant les Cent-Jours, créer une institution charitable si le roi venait à monter de nouveau sur le trône. Elle en soumet le règlement à la duchesse d'Angoulême qui l'amende et l'approuve. L'institution doit accueillir les prêtres et les femmes de qualité réduits à la pauvreté par la Révolution. Eu égard à ce public un peu particulier, l'infirmerie est un lieu privilégié. Le nom même de l'institution l'indique : le terme « infirmerie » est moins humiliant que celui « d'hôpital » pour ses pensionnaires. Ceux-ci ne travaillent pas et ce sont des sœurs de la Charité qui s'en occupent et pourvoient aux besoins de la maison. L'infirmerie abrite une quinzaine de personnes à ses débuts, le double à la fin de la Restauration. La duchesse d'Angoulême s'y rend au moins une fois par an, pour la fête patronale du lieu qui est aussi la sienne, la Sainte-Thérèse. La messe qui y est célébrée est généralement l'occasion pour l'institution de récupérer de l'argent grâce à une quête. La seule présence de la princesse est en effet la garantie d'une assistance nombreuse et généreuse. Marie-Thérèse fait à plusieurs reprises des dons assez importants en argent et en nature. En 1823, elle offre ainsi un ostensoir en vermeil à la chapelle de l'infirmerie. Mais la générosité de la princesse ne compense pas les énormes dépenses de la fondation, principale cause de l'endettement de Chateaubriand[40].

Marie-Thérèse de France ne fait que protéger les deux institutions dont il vient d'être question, tandis que le pensionnat de Versailles est l'une de ses rares fondations et la seule sur laquelle nous ayons quelques indications[41]. Conçu comme une annexe au petit séminaire de Versailles, ouvert en 1821, il accueille cinquante élèves, quarante pensionnés par la duchesse, dix par son mari et par le roi. Les élèves sont tous choisis par Marie-Thérèse, en fonction de critères qui ne sont pas clairement définis mais dans lesquels l'attachement à la monarchie rentre pour beaucoup, à en juger par les noms de certains des élèves, puisqu'on y trouve un Cléry, un Cathelineau et un Taffard. Le règlement est lui aussi établi par la duchesse, sur les conseils probables de son premier aumônier, l'ancien évêque de Nancy, La Fare. Toute la vie des pensionnaires est rythmée par la religion. Leur journée débute et se termine par une prière commune, ils assistent à la messe tous les jours dans la chapelle de l'institution, on leur fait lecture de l'Ecriture au cours des repas et ils ont obligation de se confesser au moins six fois l'an. Enfin, un prix de religion et de morale est décerné chaque année au moment de la remise des prix à laquelle assiste Marie-Thérèse. Le but de l'institution est ainsi de former de bons chrétiens qui seront les soutiens du trône et de l'autel. Le pensionnat périclite en 1828, lorsque les élèves des petits séminaires sont obligés de porter la soutane. La coexistence entre les deux types d'élèves, ceux de la duchesse, qui ne sont pas destinés à la prêtrise, et les autres, n'est alors plus possible. Après 1830, le pensionnat disparaît totalement[42].

Si peu d'institutions charitables peuvent se prévaloir de la protection de Marie-Thérèse, toutes ont droit à son attention. Elle visite en effet régulièrement toutes sortes d'établissements, à Paris et en province, selon un protocole quasi invariable et que l'on retrouvait déjà dans les visites de Marie-Antoinette durant les dernières années du règne de Louis XVI[43]. La princesse arrive avec une suite restreinte composée de son chevalier d'honneur et de ses deux dames de service. Elle est reçue par les administrateurs de l'établissement. Souvent elle commence par entendre la messe dans la chapelle de l'institution. Elle visite ensuite les locaux, s'arrête pour parler avec l'une ou l'autre des personnes qui y vivent, écoute les compliments, se rend aux cuisines, goûte elle-même la nourriture. Au moment de repartir, elle fait un don, dit sa satisfaction et affirme qu'elle rendra compte au roi de l'ordre qui règne dans l'établissement. Dans ce genre de visite, Marie-Thérèse est l'émissaire privilégiée du souverain, celle qui va lui rapporter les actions de ses sujets et lui redire leur fidélité. Elle est aussi celle qui assure aux plus démunis que le roi ne les oublie pas et qu'il se préoccupe de leur bien-être. Madame est donc d'abord une intermédiaire, même si elle peut elle-même être dispensatrice de bienfaits.

La majeure partie de son activité charitable consiste en effet en larges aumônes qu'elle a pris l'habitude de faire à dates fixes, pour son anniversaire, le 19 décembre, ou pour celui de la mort de son père, le 21 janvier. Elle fait généralement délivrer à ces occasions des prisonniers pour dettes. Au cours de l'hiver 1830, elle fait en outre distribuer du bois aux foyers pauvres de Paris. La princesse est par ailleurs très souvent sollicitée par les autorités des départements, notamment en cas de catastrophes naturelles. Ainsi, en 1820, le maire de Saint-Etienne demande des secours à la suite des inondations qui ont ravagé la commune. Parfois, ces mêmes autorités s'adressent à Marie-Thérèse pour des particuliers qui, à un titre ou à un autre, peuvent retenir son attention. Le préfet de la Drôme lui recommande ainsi Paul Julien, âgé de plus de cent douze ans. Mais, surtout, la princesse reçoit quantité de pétitions ou placets, qu'on lui envoie ou qu'elle prend elle-même quand on les lui tend sur son passage et qu'elle lit, semble-t-il, systématiquement. Sur la masse des pétitions, bon nombre ne sont pas des demandes de secours *stricto sensu*, mais souvent des sollicitations pour obtenir des places dans l'administration ou à la Cour. Parmi ce type de demandes, certaines relèvent du domaine de la charité : les places sont nécessaires à la survie de celui ou celle qui les sollicite. Ainsi Antoine Barbarie, qui dit avoir été ruiné par la Révolution et avoir perdu dans l'armée ses deux fils, demande à la princesse une place quelconque dans l'administration afin de vivre convenablement. Ce genre de requête qui dépend des administrations sur lesquelles la duchesse n'a qu'un pouvoir médiocre ne semble pas aboutir fréquemment. D'autres sont plus faciles à exaucer. Un certain nombre de personnes demandent, pour elles-mêmes ou pour d'autres, une place dans une institution charitable. Antoinette Barbère écrit ou fait écrire à la princesse pour obtenir une place pour elle-même et pour sa sœur aux Incurables de Bordeaux. D'autres réclament un secours après un malheur qui les a ruinés. Le paysan Jean Baritaut supplie la princesse de lui venir en aide parce qu'un incendie a ravagé sa ferme et ses récoltes. Au bas de sa pétition, le maire de la commune de Semens, dont il dépend, déclare que Baritaut est de bonne foi et de bonnes mœurs, pour disposer la princesse en sa faveur. Enfin, d'autres requêtes ne sont pas financières mais constituent des demandes de grâce. Un portefaix de Bordeaux demande ainsi que son fils, ancien forçat, puisse revenir à Bordeaux reprendre son métier de serrurier[44].

Marie-Thérèse apparaît ainsi comme l'ultime recours des malheureux. Une fois de plus, la propagande royaliste s'empare de ce thème. La princesse devient la charité incarnée. Une estampe la représente ainsi protégeant trois enfants sous son manteau, ce qui est une des représentations traditionnelles de la charité chrétienne[45]. En soulignant sa piété et ses vertus, le discours royal cherche à prouver l'élection du sang des rois.

Sang royal, sang du sacrifice

Pour Marie-Thérèse comme pour ses oncles, il n'y a aucun doute : les Bourbons sont une race élue dont la présence sur le trône est voulue par Dieu et nécessaire au bien de la France. Comme à la fin du XVIIIe siècle, au cœur du discours monarchique se trouve l'affirmation de la sacralité du sang royal, principale source de légitimité de la dynastie. Ainsi Louis XVIII décide-t-il de reconstituer la nécropole de Saint-Denis, détruite par la Révolution, et y fait revenir tous les corps royaux qui ne sont pas enterrés dans l'abbaye. Louis VII est rapatrié depuis Barbeau. Mesdames Adélaïde et Victoire, mortes à Trieste en 1799, sont également ramenées. Louis XVIII entreprend surtout de retrouver les corps de la famille royale morte sous la Révolution. Il renonce à exhumer les restes de Madame Elisabeth et de Louis XVII, dont les emplacements, au cimetière des Errancis pour la première, au cimetière Sainte-Marguerite pour le second, sont connus de manière trop approximative. Il fait simplement transporter à Saint-Denis le cœur de son neveu, qui avait été conservé par les médecins chargés de son autopsie, avec celui de son frère aîné, à la fin de l'année 1817[46].

En revanche, les corps de Marie-Antoinette et de Louis XVI ont pu être identifiés grâce aux soins persévérants d'un avocat, Pierre-Louis Descloseaux. Ce dernier vivait dans une maison en bordure du cimetière de la Madeleine où les souverains déchus avaient été inhumés. Il avait ainsi pu repérer l'emplacement des deux corps. Quelques années plus tard, il s'était porté acquéreur du cimetière, après sa fermeture. Il avait alors aménagé une tombe et avait fait planter autour une haie ainsi qu'un saule pleureur. Pendant plus de dix ans, il était resté le gardien de ce lieu qu'il faisait régulièrement visiter à qui le lui demandait[47]. Louis XVIII fait exhumer les corps les 18 et 19 janvier 1815, et les princes de la famille royale viennent assister à leur levée le 21 janvier. Les restes des souverains sont transférés le même jour à la basilique de Saint-Denis, remplaçant la pompe funèbre royale qui n'avait pu avoir lieu en 1793.

Louis XVIII n'est pas parvenu à reconstituer entièrement la nécropole royale. Parmi les absents de ce grand rassemblement familial posthume on compte la propre épouse du roi, dont il a respecté scrupuleusement les dernières volontés en la faisant enterrer à Cagliari, en Sardaigne. Louis XVIII avait par ailleurs prévu de transformer le Panthéon, redevenu l'église Sainte-Geneviève, en annexe de Saint-Denis. Les cœurs des membres de la famille royale devaient y reposer dans une chapelle baptisée Sainte-Clotilde[48]. Elle ne verra jamais le jour mais l'intention du roi est claire : rappeler, dans la mort, le caractère unique de la dynastie et la protection divine dont elle bénéficie.

Cependant, Louis XVIII promeut un autre type de sacralité dynastique qui vient se superposer à l'ancien : il fait des Bourbons une dynastie de martyrs destinée à se sacrifier pour la France. Il reprend là un discours qu'il avait contribué à construire pendant son exil et qui s'inspire de Joseph de Maistre. D'après ce dernier, Louis XVI s'est sacrifié volontairement pour racheter la France pécheresse, coupable d'avoir abandonné la religion catholique et de s'être livrée à la Révolution. Le régicide n'est donc plus seulement un crime inexpiable, mais aussi un sacrifice volontaire. Les Français peuvent obtenir le pardon divin à condition de reconnaître leurs fautes et de prier les défunts pour obtenir leur intercession. La famille royale se retrouve ainsi la médiatrice entre le Ciel courroucé et son peuple. Ce nouvel aspect de l'idéologie royale se traduit concrètement par la création, tout d'abord, d'un jour de deuil national, le 21 janvier. Ce jour-là, des messes en l'honneur des défunts de la famille royale doivent être célébrées dans toutes les églises du royaume et on doit y lire le testament de Louis XVI. Ces cérémonies sont passablement ambiguës. Le testament de l'ancien roi et les instructions émanant du pouvoir font de ce deuil un instrument de réconciliation des Français et de la dynastie, mais le zèle de certains prêtres et les discours de certains ultras insistent sur la dimension expiatoire et doloriste de ces cérémonies qui deviennent un moyen de stigmatiser les mauvais Français. Les cérémonies du 21 janvier tendent ainsi à diviser plus qu'à rassembler[49].

La nouvelle idéologie se transcrit aussi dans la pierre. Des monuments expiatoires, construits à la fois pour rappeler le souvenir des défunts et pour racheter le crime commis envers eux, sont bâtis aux endroits symboliques des souffrances de la famille royale : le cimetière de la Madeleine, le Temple, la Conciergerie, la place Louis-XVI – actuelle place de la Concorde. Sur le cimetière de la Madeleine, la première pierre de la chapelle expiatoire dédiée à Louis XVI et Marie-Antoinette est posée le 21 janvier 1815 par les princes venus assister à la levée de leurs corps. Les travaux, confiés à l'architecte Fontaine, ne débutent vraiment que lorsque le roi a fait l'acquisition du terrain, après les Cent-Jours. Le gros œuvre est terminé en 1824, mais la décoration intérieure et les finitions durent encore deux ans[50].

La chapelle expiatoire de la Conciergerie, entièrement consacrée à Marie-Antoinette, est commencée plus tard mais terminée bien plus tôt, dès la fin de l'année 1816. Decazes, ministre de la Police, qui en a été vraisemblablement l'instigateur, avait déjà élaboré ce projet en 1812, à la demande de la cour d'assises de Paris, ce qui explique la rapidité de la réalisation. La Conciergerie est le seul monument dont le programme iconographique a été réalisé jusqu'au bout. Il comporte trois tableaux disposés autour de l'autel : *La Reine Marie-Antoinette séparée de sa famille*, de Jacques-Auguste Pajou, *La Reine Marie-Antoinette en deuil*, de Gervais Simon, *Marie-Antoinette communiant dans sa prison*, de Michel-Martin Drolling. Ces épisodes forment un cycle royal et martyriel qui rappelle les réalisations des graveurs de la Révolution. Les thèmes évoqués et le positionnement des tableaux, juste au-dessus de l'autel, élèvent la reine au rang de sainte martyre[51].

Le Temple est un cas un peu différent, puisqu'on y installe une communauté religieuse. La tour avait été détruite en 1811, mais restait le palais du grand prieur, devenu bâtiment ministériel. Au retour des Bourbons, il semble que rien n'ait été d'abord décidé à propos de ce lieu, pourtant hautement symbolique. Néanmoins, quand Louise de Condé, élue à la tête des Bénédictines de l'Adoration perpétuelle du Très Saint Sacrement, dites Bénédictines de la rue Cassette, demande à Louis XVIII un lieu où elle pourrait installer sa communauté, il lui propose le Temple. La princesse y emménage à la fin de l'année 1816, à la tête d'une nouvelle communauté[52]. Elle écrit alors à la duchesse d'Angoulême : « Le précieux titre que me donne ma Profession de Victime et Réparatrice est sans doute ce qui a inspiré de me placer dans le lieu où les plus cruels souvenirs ramènent à l'impérieux besoin d'Expier et de Réparer[53]. » La dévotion de l'ordre des Bénédictines de la rue Cassette est en effet centrée sur l'adoration du corps du Christ. Or, la fin de la vie de Louis XVI est considérée par les royalistes comme une imitation de la Passion : c'est ce roi-Christ souffrant que les religieuses révèrent.

Enfin, une loi prise à l'initiative de la Chambre des députés, le 19 janvier 1816, prévoyait une série de monuments dans l'église de la Madeleine en construction. Un riche programme iconographique d'une vingtaine de tableaux représentant les hauts faits de la dynastie devait compléter les statues des souverains exécutés. Cette même loi prévoyait aussi l'édification d'un monument à Louis XVI, abandonné dans un premier temps pour des raisons politiques et financières et dont le projet est repris par Charles X en 1825. Ce dernier décide de faire élever une statue de son frère sur le lieu de son exécution et de réaménager la place autour de ce monument. Il pose la première pierre lui-même lors de la dernière procession solennelle du jubilé de 1826. Mais juillet 1830 arrive sans que la place ait été achevée[54].

A travers ces cérémonies, ces monuments et leurs programmes iconographiques, les souverains de la Restauration mettent en place une véritable religion royale où les membres de la famille morts sous la Révolution sont élevés au rang de martyrs et vénérés comme tels. Cette religion royale emprunte le vocabulaire et les cérémonies de l'Eglise mais les détourne au profit de la royauté. Les royalistes jouent sur l'ambiguïté du terme « martyr », dont le sens faible renvoie simplement à la souffrance, pas nécessairement à la persécution religieuse. Cependant, nombreux sont ceux qui, sous la Restauration, réclament la canonisation en bonne et due forme de Louis XVI. Marie-Thérèse essaiera de l'obtenir, sans succès[55]. Cet échec n'entame cependant en rien l'idéologie sacrificielle construite par les frères de Louis XVI et dans laquelle l'« orpheline du Temple » joue un rôle essentiel.

La gardienne de la mémoire du Temple

Fille des « martyrs » de la Révolution, c'est toujours à Marie-Thérèse que les discours s'adressent, vers elle que les regards se tournent lors des cérémonies commémoratives.

A la gauche de la tribune du roi était celle de Mme la duchesse d'Angoulême ; la princesse occupait un des deux sièges qui avaient été placés sur le devant de sa tribune, l'autre est resté vide. Mme d'Angoulême était en grand deuil, avec un voile noir qui la couvrait presque tout entière. Les yeux se fixaient alternativement sur les princes et sur elle ; mais d'autant plus particulièrement sur elle qu'on avait plus de peine à la voir ; son habit la dérobait presque aux regards, en la confondant avec la tenture de sa tribune et de l'église : quel tendre intérêt, d'ailleurs, n'excitait pas cette royale orpheline au pied du mausolée de son auguste père, de sa mère, de son frère et sa tante ! Elle en était plus voisine que le roi et les princes, sans doute comme ayant une plus grande part dans la douleur commune : elle devait être à la tête du deuil, si son sexe ne s'y fût opposé[56].

La princesse n'est pas censée assister à cette cérémonie à Notre-Dame, l'étiquette interdisant, semble-t-il, à la fille du roi d'assister aux obsèques de son père ou aux célébrations anniversaires[57]. Elle est donc là incognito, ce qui explique, autant que son grand deuil, le fait qu'elle soit dissimulée aux regards. Elle arrive directement à sa tribune, tendue de rideaux noirs que l'on peut refermer sur elle. Le dispositif est mis au point pour cette cérémonie du 14 mai 1814 et repris systématiquement par la suite[58]. Paradoxalement, il contribue à fixer davantage les regards sur la princesse dont le deuil manifesté aussi visiblement apparaît à la fois plus mystérieux et plus émouvant. Sa figure endeuillée s'inscrit ainsi dans le discours sentimental et lacrymal de la monarchie. Les douleurs de la duchesse d'Angoulême sont exhibées dans le discours royaliste afin d'émouvoir les Français et de les amener à résipiscence.

Cette exhibition n'était pas voulue par Marie-Thérèse : sa présence aux cérémonies annuelles de Saint-Denis, à l'encontre d'une étiquette qu'elle respecte pourtant scrupuleusement le reste du temps, est la manifestation d'une dévotion filiale particulièrement vive, éloignée de toute forme de propagande. La chapelle expiatoire de la rue d'Anjou va servir, après 1824, de principal point d'ancrage à ce recueillement. Marie-Thérèse s'était rendue sur le lieu de sépulture de ses parents avec sa compagne d'enfance Pauline de Tourzel, devenue comtesse de Béarn, au tout début de la Restauration, et avait envoyé à Descloseaux un portrait de chacun des défunts en remerciement des soins qu'il avait apportés à leur corps. Par la suite, elle n'a pas, pour autant qu'on le sache, participé à l'élaboration du programme de la chapelle, mais sa présence y est institutionnalisée. Toute une partie du mobilier cultuel de l'édifice lui est expressément réservée, sans que l'on en trouve l'équivalent pour le roi ou pour les princes. De fait, Marie-Thérèse, après 1824, se rend systématiquement à la chapelle expiatoire pour les anniversaires de décès de ses parents, mais sans doute aussi à d'autres périodes de l'année. La chapelle expiatoire apparaît pratiquement comme une extension des appartements privés de la princesse, au point que, après 1830, c'est à elle que l'on attribue l'érection du monument[59].

La dévotion de Marie-Thérèse à la mémoire de ses parents se présente aussi sous d'autres aspects que l'on ne connaît que de manière fragmentaire. La duchesse d'Angoulême possède ainsi une collection de tableaux dont on sait assez peu de chose mais qui semble compter un certain nombre d'œuvres à caractère familial et dynastique. Au salon de 1814, elle achète un tableau de Monsiau, *Louis XVI montant au ciel.* Elle acquiert ultérieurement deux tableaux de Laurent Dabos, *Louis XVI écrivant son testament* et un *Portrait de Louis XVII.* Cette collection n'était pas publique et le catalogue gravé qui était prévu n'a jamais été terminé : si la princesse avait en tête l'idée de faire œuvre de propagande monarchique, le projet n'a pas abouti[60]. Par ailleurs, elle a conservé de son enfance de nombreux objets ayant appartenu à sa famille. D'après le journaliste et historien royaliste Alfred Nettement, Madame aurait gardé un gilet de soie noire de son père, un morceau de fichu de Madame Elisabeth et un bonnet de la reine. Elle a en tout cas fait monter en tapisserie des broderies réalisées par sa mère et sa tante durant leur emprisonnement au Temple, tapisserie qu'elle installe dans ses appartements des Tuileries. La princesse ne se contente pas de conserver ces souvenirs et représentations, elle en fait don à des particuliers ou des institutions en signe de bienveillance ou de gratitude. Le couvent Saint-Louis du Temple reçoit ainsi des tapisseries brodées par sa mère et deux tableaux du peintre Jean-Baptiste-François Battaglini, un autre *Louis XVI écrivant son testament* et un *Marie-Antoinette à la Conciergerie,* qu'elle a achetés respectivement aux salons de 1819 et 1822[61].

Les gestes de Marie-Thérèse pour promouvoir la mémoire de ses parents ne sortent guère de ce type de dons faits à titre personnel. Elle ne crée aucune institution en leur honneur – contrairement, par exemple, à la duchesse de Berry, qui crée l'hospice Saint-Charles après la mort de son mari. Si elle fait des fondations de messe, elles ne sont pas plus publiées que ses dons, souvent connus *a posteriori.* On sait qu'elle a encouragé les travaux commandés par Charles X sur la place Louis-XVI. Cependant, elle n'inaugure aucun monument en l'honneur de ses parents, à l'exception de la chapelle Saint-Louis du Temple en 1821. Encore se fait-elle représenter par la vicomtesse d'Agoult à cette occasion. En revanche, elle refuse d'assister à l'inauguration de la place Louis-XVI en 1826, malgré les instances de Charles X et de Mgr de Quélen, archevêque de Paris, préférant se recueillir à la chapelle expiatoire au même moment[62]. Il y a là, semble-t-il, de la part de la princesse une forme de pudeur pas toujours conciliable avec le rôle que ses oncles exigent de lui voir jouer.

En effet, pour Louis XVIII comme pour Charles X, Marie-Thérèse, seule survivante du Temple, garantit l'authenticité du discours royal sur le régicide. Elle seule peut apporter la preuve du « martyre » des siens et, par conséquent, confirmer le caractère sacré de la lignée royale. Bon gré mal gré, la princesse se plie à ce rôle. Lors de l'exhumation des corps de Louis XVI et de Marie-Antoinette, elle est la seule de la famille à être représentée, en l'occurrence par son premier aumônier, Mgr de La Fare. Au moment où les restes des souverains allaient être mis au jour, la princesse devait être présente pour qu'aucun doute ne puisse subsister quant à l'identité de ces corps. Le témoignage de Marie-Thérèse vaut certificat d'authenticité. On le constate encore au mois de février 1816, quand est retrouvée la dernière lettre de Marie-Antoinette à Madame Elisabeth.

La découverte de ce document est la conséquence bien improbable de la loi chassant les régicides du territoire français. Le préfet de la Meuse, qui recherchait le conventionnel Drouet, tombe par hasard sur un autre régicide, Courtois. Or, celui-ci avait été chargé par la Convention du tri des papiers de Robespierre et en avait prélevé un certain nombre, à toutes fins utiles. Parmi ces documents figurait une lettre qui aurait été écrite par Marie-Antoinette à sa belle-sœur juste avant de partir à l'échafaud et que l'accusateur public, Fouquier-Tinville, aurait gardée, avant de la remettre à Robespierre. Courtois songe d'abord à échanger son droit de rester en France contre le précieux document, mais sans succès. Les papiers sont finalement saisis par le préfet de la Meuse et envoyés à Decazes, qui décide de rendre publique la fameuse lettre[63].

Marie-Thérèse a été tenue personnellement informée du déroulement de l'affaire. Le 6 mars, le baron Henri de Benoist, sur l'intervention duquel la perquisition chez Courtois avait eu lieu, adresse un rapport à la duchesse d'Angoulême sur les événements. Courtois conservait en effet plusieurs objets qui devaient l'intéresser, en plus de la lettre de la reine à Madame Elisabeth, notamment un gant de peau de Louis XVII et un billet que Marie-Antoinette lui avait écrit et qui ne lui était jamais parvenu. On ne sait si ces souvenirs lui ont été remis, mais il semble que Marie-Thérèse ait été dépositaire de la lettre de Marie-Antoinette (appellée généralement le « Testament de Marie-Antoinette ») qu'elle a fait exposer chez un notaire parisien[64] en garantissant ainsi l'authenticité et la valeur mémorielle pour la royauté.

Marie-Thérèse authentifie donc les textes, les objets, les corps, mais son témoignage demeure indirect. Elle reconnaît ce qui appartient à sa famille mais ne communique pas sa propre expérience du Temple. Depuis 1795, les royalistes espèrent un récit de sa part, en vain. Cependant, les mémoires qu'elle a écrits au cours de sa captivité continuent à circuler. Au mois de janvier 1817 encore, Villèle écrit à sa femme qu'il est en train de faire recopier les mémoires de la duchesse[65]. C'est pourtant à cette même période que paraît leur première édition, chez Audot, sous le titre de *Mémoires particuliers formant, avec l'ouvrage de M. Hue et le journal de Cléry, l'histoire complète de la famille royale à la tour du Temple.* Le titre a pour effet de faire d'emblée du nouvel ouvrage une pièce maîtresse de la mémoire royaliste, effet encore renforcé par la date de parution, le 21 janvier 1817, et d'entériner une sorte de vulgate de cette mémoire sur le Temple. Les ouvrages de Hue, Cléry et Marie-Thérèse forment un récit continu qui constitue la seule vérité sur l'épisode révolutionnaire vécu par la famille royale. Les *Mémoires particuliers* sont anonymes et rédigés à la troisième personne, de telle sorte que la duchesse d'Angoulême n'en est pas l'auteur avoué. Néanmoins, la préface du livre prend soin de préciser :

> Mais quelle confiance, dira-t-on, méritent des récits dont on ne connaît pas l'auteur ? Nous avions prévu l'objection. Tout ce que nous dirons pour y répondre, c'est que s'il nous était permis d'en laisser connaître l'auteur, nous n'aurions pas besoin de recommander le livre. Il paraîtrait au-dessus de tout éloge et son prix n'aurait d'autre mesure que l'attachement des bons Français à la famille dont il décrit les malheurs[66].

Dès le début la mèche est éventée, à dessein. En effet, l'intérêt de ces mémoires provient précisément de la personnalité de leur auteur : ne pas la laisser deviner en diminuerait d'autant l'intérêt. C'est très vraisemblablement Marie-Thérèse elle-même qui a exigé l'anonymat, comme le prouve le sort des éditions suivantes. Peu de temps après cette première édition, une autre paraît à Montpellier, à partir d'un autre manuscrit, qui restitue l'identité de l'auteur. L'édition est entièrement saisie, même si les éditeurs ne sont pas poursuivis, eu égard à leurs bonnes intentions, puisque l'argent récolté devait aller à une institution charitable. Une autre expérience du même type échoue à Paris en 1823[67]. Cela signifie que l'édition de 1817 est approuvée par le roi et par la duchesse, et, comme Louis XVIII est lui aussi détenteur d'un manuscrit, que c'est sans doute lui qui l'a livré à la publication. Malgré les réticences de sa nièce, Louis XVIII inscrit donc son témoignage parmi les textes constitutifs de la mémoire royaliste.

Les *Mémoires* connaissent encore deux éditions, chez Baudoin et chez Michaud, avec le nom de l'auteur cette fois, et sans qu'à notre connaissance ils aient été saisis. A ce moment-là, la princesse semble avoir accepté de s'exposer, à moins qu'elle ait regardé comme inutile de continuer à cacher ce que tout le monde savait déjà. Les deux éditions datent de 1825, année du sacre de Charles X, ce qui n'a probablement rien d'un hasard : au moment où cette cérémonie permet à Charles X de proclamer l'élection divine de la royauté française, les *Mémoires* de la princesse, qui dépeignent les souffrances de la famille royale, en montrent la qualité sacrificielle, autre manière – on l'a dit – d'affirmer la sacralité royale.

Dans une oraison prononcée dans la cathédrale de Sens le 17 mars 1816, lors d'une messe anniversaire en l'honneur du Dauphin et de la Dauphine, parents de Louis XVI, en présence de Marie-Thérèse, Mgr de Boulogne fait un long éloge de toute la lignée royale. Il souligne que Marie-Thérèse est « la pieuse émule de Clotilde et d'Elisabeth », ses deux tantes, dont la première a été déclarée « vénérable » par le Vatican, hésite à peine à désigner les corps déposés à Sens comme des « reliques précieuses » et termine par ces paroles :

> Puisse ce divin sacrifice que nous allons offrir sur cet autel et dont les mérites, nous avons tout lieu de le croire, ne sont plus applicables à ces deux âmes pures que possède le Ciel, répandre sa vertu et ses bénédictions sur leur royale postérité ; sur vous, Madame, fille de deux martyrs dont vous avez partagé les chaînes et dont tout nous dit que vous partagerez les couronnes ; sur votre auguste époux, pieux et brave comme Saint Louis ; et enfin, sur ce roi chéri dont vous êtes la fille adoptive, dans le cœur duquel vous tenez une si grande place, et dont vous faites la joie et la consolation, comme il fait la consolation et la joie de la France[68].

Le prélat se fait là l'interprète de l'idéologie royale. Le sang royal, sang sacré, est prédisposé à la sainteté par ses vertus exceptionnelles. Le « martyre » des membres de la famille de France en administre la preuve et renforce le caractère sacré de la lignée des Bourbons. Marie-Thérèse, comme fille des « martyrs » de la Révolution, sans cesse associée à leur culte, finit par être considérée à son tour comme une nouvelle sainte.

Le discours royaliste multiplie, dans les journaux et ouvrages consacrés à la princesse, des anecdotes sur les différentes époques de sa vie. Ces anecdotes, toujours plus ou moins semblables et répétées d'un ouvrage ou d'un journal à un autre, forment, mises bout à bout, un véritable récit hagiographique dont on peut suivre les différentes étapes[69]. Tout d'abord, la princesse est de naissance illustre, comme nombre de saints, et les récits de son enfance s'attachent à souligner ses vertus personnelles et la bonne éducation de sa famille. Son élection est révélée à travers la patience dont elle fait preuve dans les petits incidents qui surgissent :

> Peu de temps après que [Mme de Mackau] eut été chargée de l'éducation de la jeune princesse, elle lui marcha sur le pied par mégarde : Madame ne parut pas dans le moment avoir souffert ; le soir, son bas se trouva teint de sang : sur les questions qu'on lui fit, elle en dit la cause ; et Mme de Mackau lui ayant demandé pourquoi elle n'en avait pas parlé sur-le-champ : « Puisque, répondit-elle, dans cet instant où je ne souffre plus, vous êtes si peinée de m'avoir fait mal, vous auriez été bien plus fâchée si vous l'eussiez su quand je sentais quelque douleur. » Elle avait alors neuf ans[70].

Vient ensuite, comme dans toute vie de saint, un double temps d'épreuves : la Révolution, temps du martyr, et l'exil, temps d'ascèse et de prières. La force d'âme de la princesse lui permet de les soutenir et, mieux encore, d'apporter des consolations à sa famille affligée :

Quand des calamités inouïes vinrent la surprendre à la première fleur de sa jeunesse, elles la trouvèrent préparée pour souffrir comme si elle en avait fait l'apprentissage dans une vie antérieure et capable de donner des consolations avec autant de calme d'esprit que si elle n'avait pas eu besoin d'être consolée. Le ciel, qui voulut réunir sur une princesse chrétienne tout ce que l'Antiquité admire de vertus dans les héroïnes de ses poètes, lui inspira pour son malheureux frère, jusqu'aux soins d'une maternité d'adoption. Polyxène chérie d'un roi plus sage et plus infortuné que Priam, elle fut presque une autre Andromaque pour Louis XVII avant d'offrir à Louis XVIII l'appui filial d'une autre Antigone[71].

Enfin, la Restauration constitue l'épiphanie de ce parcours, la révélation de la sainteté de la princesse[72]. Ses qualités se montrent au grand jour. On loue sa charité inépuisable et on souligne sa piété, donnée en exemple à tout le royaume, on admire enfin la révérence dont elle entoure le nom de Dieu :

> Que faites-vous, Madame, a-t-elle dit à une dame qui se jetait à genoux en lui présentant un placet ; cet hommage n'est dû qu'à la Divinité ; je ne puis vous écouter dans cette posture. Levez-vous, je vous en prie[73].

La vie de la princesse est décrite comme une vie d'édification qui la conduit sur le chemin emprunté par ses aïeux vers la sainteté. Le discours royaliste ne ménage pas les allusions aux « couronnes » ou aux « palmes » réservées à la princesse au « Ciel ». Souvent, on souligne l'impossibilité de lui rendre un digne hommage :

Il y a des noms et des événements que leur solennité même semble soustraire à l'histoire contemporaine et qui attendent, non pour être appréciés, mais pour être consacrés comme ils doivent l'être, une époque lointaine de recueillement et de maturité. La louange des plus hautes vertus auxquelles l'humanité puisse s'élever est un écueil pour les biographes, tant qu'elles ornent encore la terre[74].

La parole est vaine quand il s'agit de louer Marie-Thérèse de France, l'indicible est ici la marque du sacré. La princesse est une sainte royale, dont les vertus et les prières permettent de relier le ciel et la terre.

Ce discours sur les vertus saintes et royales de la princesse se double d'un discours sur sa vocation sacrificielle. Marie-Thérèse, comme son père avant elle, a fait le don volontaire de ses souffrances à Dieu. Elle est une victime expiatoire. On retrouve là, une nouvelle fois, une idée de Joseph de Maistre, celle de « la réversibilité des douleurs de l'innocence au profit des coupables[75] ». Maistre considère que le sacrifice consenti d'un innocent peut racheter les péchés d'une multitude. Marie-Thérèse, en se sacrifiant pour la France, peut donc obtenir son salut. C'est l'idée que développe notamment Pierre-Simon Ballanche dans son livre *Antigone*. Le propos de l'ouvrage, écrit en 1812-1813, n'avait pas, au début, de rapport direct avec Marie-Thérèse. Cependant, au retour de la princesse, fréquemment surnommée Antigone, il lui dédie le livre et y ajoute un épilogue qui en infléchit le sens : désormais, son Antigone, victime expiatoire qui accepte son sort pour calmer le courroux du ciel contre son peuple, est bien un double de la princesse. Dans l'épilogue, l'auteur développe en effet un parallèle entre les deux princesses, modèles d'une « vie de dévouement et de sacrifice[76] », et souligne qu'à l'instar d'Antigone, Marie-Thérèse « est née pour expier les fautes des hommes[77] ». Plus que le simple fait que Madame soit surnommée « Antigone », c'est le thème du sacrifice, central dans l'œuvre de Ballanche, qui, pour lui, rend identiques les destins des deux princesses. Tout son livre est bâti autour du sacrifice d'Antigone comme l'idéologie de la Restauration est bâtie sur le sacrifice de la duchesse d'Angoulême[78].

La réputation de victime et de sainteté de Marie-Thérèse lui attire généralement un respect qui peut aller jusqu'à la vénération, en particulier chez les royalistes les plus fidèles. Ses effets personnels deviennent autant de reliques potentielles. Les dames de Bordeaux chargées de la recevoir en 1815, après les Cent-Jours, lui demandent de leur laisser sa robe pour pouvoir se la partager. Céleste de Chateaubriand assemble sur un tissu de moire rouge les broderies des manteaux portés par Marie-Thérèse et en orne l'autel de la chapelle de l'infirmerie dont la princesse est la protectrice. Le phénomène s'étend à tout ce qu'elle a touché. A Bordeaux encore, des gens ramassent les branches de laurier foulées par la princesse lors de son entrée. Enfin, les lieux mêmes que celle-ci a honorés de sa présence sont consacrés, les dames de Lyon font le vœu d'aller en « pèlerinage » chaque année à l'île Barbe, rebaptisée île Madame[79]. Aux yeux des royalistes, Marie-Thérèse est devenue une icône, un objet de dévotion qui lie le ciel et la terre et qui est en soi une promesse de salut. Pour les opposants les plus virulents au régime, le caractère iconique de Marie-Thérèse en fait un emblème de l'ultraroyalisme et de la Contre-Révolution qu'il faut absolument abattre.

Vers une nouvelle révolution

La soigneuse construction idéologique du pouvoir monarchique sous la Restauration, relayée dans l'opinion par la presse royaliste et ultraroyaliste, montre ses limites sous le règne de Charles X qui monte sur le trône en 1824. Les certitudes du nouveau monarque, chef des ultraroyalistes, sur l'infaillibilité de l'autorité royale et son zèle envers l'Eglise finissent par jeter le discrédit sur l'ensemble du système monarchique.

Dès les premières années de son règne, il multiplie les gestes publics de dévotion envers l'Eglise et d'attachement à l'alliance du trône et de l'autel, déclenchant une forte vague anticléricale dans le royaume. En 1825, les Chambres votent une loi sur le sacrilège qui punit des travaux forcés ou de la peine de mort la profanation des hosties consacrées. L'Etat royal est érigé en protecteur de l'Eglise et de sa doctrine, alors que la Charte proclamait l'égalité des cultes. La loi est en fait essentiellement symbolique et n'a jamais été appliquée. Cependant, elle est très mal perçue dans l'opinion. Le sacre du souverain, qui a lieu la même année, accroît l'incompréhension entre la royauté et une partie des Français. La cérémonie apparaît à beaucoup désuète et le fait de voir le roi prosterné en chemise devant un prêtre est souvent mal compris[80]. Le roi apparaît comme soumis à l'Eglise. Enfin, les nombreuses processions et manifestations religieuses de l'année jubilaire de 1826, auxquelles participent les membres de la famille royale, renforcent la réputation de bigoterie des princes. Nombre de Français commencent à les accuser de servir uniquement les intérêts de l'Eglise et de participer avec l'aide de cette dernière à la liquidation complète de l'héritage révolutionnaire[81].

Au mois de février 1826 paraît le *Mémoire à consulter sur un système religieux et politique tendant à renverser la religion, le trône et la société,* du comte de Montlosier qui dénonce, bien qu'il soit lui-même proche de l'ultraroyalisme, l'influence sur le gouvernement d'une organisation plus ou moins secrète qu'il nomme la Congrégation. A la tête de celle-ci se trouveraient des jésuites qui souhaiteraient soumettre le pays à leur pouvoir et à celui de Rome. Montlosier pratique ici l'amalgame entre plusieurs institutions existantes : l'institution charitable qu'est la Congrégation, les Chevaliers de la Foi, qui se dissolvent d'ailleurs peu de temps après, et les Jésuites, toujours interdits sur le sol français en théorie mais dont certains sont effectivement rentrés. Avec la publication de ce *Mémoire*, qui connaît un grand succès, la monarchie apparaît liée à un « parti prêtre » fondamentalement antinational. Au début, Charles X apparaît davantage manipulé par son entourage que fautif, mais peu à peu l'image d'un roi jésuite se répand et touche également toute la famille royale, Marie-Thérèse en particulier[82]. Cette dernière demeure en effet une fervente partisante de l'ultraroyalisme et soutient sans réserve la politique du comte de Villèle, président du Conseil de 1822 à 1827. En outre, sa piété est ostensible et montrée en modèle à l'ensemble du royaume. La rumeur court alors qu'elle est entièrement dévouée aux prêtres et qu'elle souhaite les aider à conquérir le pouvoir. En 1827, elle est insultée lors de la revue de la garde nationale, avec les duchesses d'Orléans et de Berry, aux cris de : « A bas les jésuitesses ! » Accusée d'inspirer la politique de son oncle, elle en supporte en partie l'impopularité. Après la révolution de 1830, elle ne sera pas épargnée par la caricature et les pamphlets qui reprendront les accusations de bigoterie et de cruauté malsaine déjà véhiculées pendant les Cent-Jours.

Pourtant, au cours de ces mêmes années où croît l'impopularité de la famille royale, on observe que Marie-Thérèse, malgré son ultracisme et sa qualité d'icône du pouvoir royal, bénéficie d'un regain d'intérêt et d'indulgence de la part de l'opinion libérale. On la prétend plus ouverte que le reste de la famille royale et elle devient, pour une partie de l'opinion, un élément modérateur du pouvoir ultra[83]. Cette évolution provient pour l'essentiel de la popularité acquise par son époux dans les dernières années du règne de Louis XVIII. En 1823, c'est lui qui dirige l'expédition victorieuse destinée à remettre le roi d'Espagne Ferdinand VII sur le trône. Il devient, dans la foulée, une figure très populaire chez les modérés et une partie des libéraux, non pas tant en raison de son succès militaire, modeste, que de l'ordonnance d'Andujar. Craignant les exactions des royalistes les plus violents et les règlements de comptes, le prince-généralissime promulgue cette ordonnance qui interdit toute arrestation sans autorisation préalable du chef militaire français local, élargit tous les prisonniers arrêtés sans motif et place la presse sous le contrôle de l'armée française. L'ensemble de ces mesures se révèle favorable aux libéraux espagnols et indispose les royalistes purs des deux côtés de la frontière[84]. Mais le duc d'Angoulême y gagne une réputation de modération qui pousse les libéraux à reporter sur lui tous leurs espoirs. D'une certaine façon, sa femme, avec laquelle il forme un couple notoirement uni, bénéficie de ce regain de popularité. Une partie de l'opinion supporte les mesures des ministres de Charles X en escomptant que son règne ne durera pas longtemps.

Au début de l'année 1825, Stendhal résume ces espoirs de manière fort ironique dans le *London Magazine*. La branche aînée se maintiendra sur le trône si le duc d'Angoulême parvient, par son entrée au Conseil, à empêcher son père de préparer un coup d'Etat et si, en montant sur le trône, il a la sagesse de choisir un Premier ministre éclairé. Il souligne ensuite que, vu les progrès réalisés par le duc d'Angoulême en matière politique depuis la campagne d'Espagne, ces deux conditions devraient être remplies[85]. Il présente ensuite la conversion de la duchesse d'Angoulême à la même période :

> Toutefois, les Français ont tout lieu d'être satisfaits du changement qui apparaît déjà dans le caractère de la Dauphine. La modération remarquable de ses sentiments actuels, son désir d'être humaine et juste, son penchant marqué à reconnaître et à récompenser les actions utiles de préférence aux prétentions de la naissance sont autant de traits qui assurément n'étaient pas si fortement marqués avant la campagne d'Espagne. La Dauphine, jusqu'ici si rigide dans ses idées, est allée jusqu'à se joindre au Tout-Paris en se moquant de la stupidité de M. Sosthène de La Rochefoucauld, aide de camp du roi et directeur moral et religieux de l'Opéra. Elle s'est même convaincue de

la bêtise du duc Mathieu de Montmorency, en dépit de l'extraordinaire ferveur de sa dévotion qui l'a déterminé, il y a quelque temps, à faire vœu de chasteté et à se séparer de sa femme. Récemment encore, la duchesse d'Angoulême aurait considéré une telle action comme un effort sublime de vertu[86].

Stendhal est certes encore loin du panégyrique, mais le ton est relativement amène. Les libéraux semblent prêts à accepter le couple Angoulême en raison même de sa médiocrité, qu'ils regardent, finalement, comme la meilleure garantie de la conservation de la Charte. La « simplicité », le « bon sens » des princes, qui leur sont généralement reconnus par les observateurs, laissent présager un règne sans éclat mais relativement libéral[87].

Or, les dernières années du règne de Charles X viennent anéantir ces espérances. Sous la pression des Chambres et de l'opinion, le monarque décide, en 1827, de se séparer de Villèle. Il nomme le comte de Martignac, royaliste modéré, pour former un ministère. Il apparaît cependant que ledit ministère n'est pas viable : il n'a pas vraiment le soutien du roi et n'a pas non plus celui de Chambres très hétérogènes. Charles X, sûr de sa propre popularité, décide de jouer son va-tout. A l'été 1829, il nomme président du Conseil son vieil ami, le prince Jules de Polignac, fils de l'ancienne favorite de Marie-Antoinette. La nouvelle de la formation de ce ministère fait scandale. La personnalité même du président du Conseil, fils d'une favorite honnie de l'opinion, ultra au point d'avoir refusé de prêter serment à la Charte, d'une dévotion quasi mystique, pose problème. Il s'est en outre adjoint des personnages au profil bien peu consensuel : La Bourdonnaye, meneur des plus ultras des ultras (les pointus), et le maréchal de Bourmont, ancien Vendéen qui a déserté Napoléon la veille de Waterloo. Pour l'opinion modérée et l'opinion libérale, il s'agit d'un ministère de combat avec lequel Charles X va chercher à ressaisir tous les pouvoirs. Il fallait une sérieuse dose d'optimisme ou d'inconscience pour croire que les Français l'accepterait[88].

Marie-Thérèse était opposée à l'idée d'abandonner Villèle. Elle aurait dit à son beau-père : « En abandonnant M. de Villèle, vous descendez la première marche de votre trône[89]. » Elle est plus opposée encore à la création du ministère Polignac, en particulier au choix du président du Conseil :

> J'estime beaucoup M. de Polignac comme homme privé, parce que je sais qu'il nous est entièrement dévoué ; mais, en politique, c'est l'être le plus présomptueux que je connaisse[90].

Comme l'ensemble de l'opinion française, Marie-Thérèse, au cours des vingt mois qui suivent, semble avoir redouté un coup d'Etat. En juin 1830, elle ne serait partie en cure à Vichy que sur la promesse qu'aucune décision importante ne serait prise en son absence[91]. Promesse que Charles X s'empressa de ne pas tenir. Le 25 juillet 1830, s'appuyant sur l'article 14 de la Charte qui l'autorise à se passer de l'appui des Chambres en cas de crise, le roi promulgue quatre ordonnances qui suspendent la liberté de la presse, dissolvent la Chambre des députés, réforment les élections et convoquent les collèges électoraux pour le mois de septembre. La réaction vient d'abord de la presse libérale qui refuse d'obtempérer aux ordonnances royales contre la presse. Le 27 juillet, le roi fait fermer les ateliers de presse, mettant au chômage un grand nombre d'ouvriers du livre, qui constituent le cœur des premiers attroupements. C'est la première des journées révolutionnaires qui resteront sous le nom de Trois Glorieuses. Le 28 juillet, Paris se hérisse de barricades. Charles X n'a pas pris les mesures militaires nécessaires à la réussite de son coup de force. Le commandant en chef des troupes de Paris, le maréchal Marmont, n'est tenu au courant de son rôle que le 27 juillet et peine à faire comprendre au roi et au président du Conseil la gravité de la situation. Le 29 juillet, les troupes royales sont défaites et Paris est aux mains des insurgés[92].

Plus surprenant est le manque de réaction de la part du pouvoir royal. Charles X est à Rambouillet au moment des événements et il ne lui viendra jamais à l'idée de se rapprocher de Paris. Il nomme bien un nouveau président du Conseil, Mortemart, mais celui-ci, compte tenu de l'évolution des événements, ne parvient pas à constituer un gouvernement. La passivité royale permet aux libéraux parisiens de prendre la situation en main. Ils instituent une « commission municipale provisoire » et nomment La Fayette à la tête d'une garde nationale reconstituée. La majorité de ces libéraux cherchent à éviter la création d'une république et se prononcent pour l'avènement du duc d'Orléans, Louis-Philippe. Le 31 juillet ce dernier est à Paris et reçoit de La Fayette le drapeau tricolore et l'accolade. Il est officiellement lieutenant général du royaume mais l'acquisition du titre royal n'est qu'une question de temps. Il faut d'abord régler le problème de Charles X et de la famille royale.

Marie-Thérèse est à Mâcon quand elle apprend la publication des ordonnances. Elle s'empresse alors de retourner à Paris, en passant par une Bourgogne globalement hostile. A Dijon, elle assiste à une représentation théâtrale où elle est accueillie par les cris de « Vive la Charte », cri de ralliement de l'opposition libérale. A Tonnerre, elle est obligée de changer de voiture et de voyager par la poste, incognito. C'est dans cet équipage, accompagnée de Mme de Sainte-Maure, du baron Charlet et du prince de Faucigny-Lucinge, qu'elle arrive à Rambouillet le 1er août 1830[93]. Charles X attendait-il son arrivée pour prendre conseil ou voulait-il que toute la famille royale soit réunie avant de se décider ? Toujours est-il que, cédant aux pressions de Mortemart et des membres les plus modérés de son entourage, il se résout, le 2 août, à abdiquer en faveur de son fils, le Dauphin, qui lui-même abdique en faveur de son neveu, le duc de Bordeaux. Celui-ci devient alors Henri « V ». On espère, par ce geste, arrêter la marche du duc d'Orléans vers le trône en lui suscitant un concurrent acceptable par les libéraux. Cependant, Charles X ne déploie guère de moyens pour soutenir son petit-fils, se contentant d'envoyer le même Mortemart présenter toutes ces abdications au lieutenant général du royaume et aux Chambres. Louis-Philippe a alors beau jeu de les ignorer superbement et de les classer soigneusement dans les archives du royaume, d'où elles ne sortiront plus.

Désirant se débarrasser au plus vite de ces princes encombrants, Louis-Philippe tente de les intimider pour les obliger à partir d'eux-mêmes en exil. Le 3 août 1830, il envoie trois commissaires, le maréchal Maison, le baron de Schonen et Odilon Barrot à Rambouillet pour essayer d'en déloger la famille royale. Assez malhonnêtement, ils prétendent qu'une force armée importante arrive de Paris et s'apprête à venir s'emparer d'elle. En réalité, il y avait bien un groupe de personnes hostiles en route pour Rambouillet, mais il ne représentait pas une menace sérieuse pour le monarque. Charles X décide cependant de partir sur-le-champ pour Maintenon, chez le duc de Noailles. Louis-Philippe a gagné. Les trois commissaires vont accompagner la famille royale dans son périple jusqu'à Cherbourg, où elle doit embarquer. Accompagnée des gardes du corps et d'une partie du personnel des Maisons, la famille royale met presque quinze jours pour y arriver[94]. Sans attendre son départ définitif, le duc d'Orléans se fait proclamer, le 9 août, roi des Français sous le nom de Louis-Philippe Ier.

7

Crépuscule royal

A Joigny, sur le chemin qui la mena de Mâcon à Rambouillet au mois de juillet 1830, Marie-Thérèse croisa son jeune cousin le duc de Chartres, fils aîné du duc d'Orléans. Celui-ci cherchait à rejoindre son régiment quand il rencontra par hasard la voiture de poste de sa cousine. Cette rencontre est la dernière sur le sol français entre deux membres des branches rivales des Bourbons. Elle donne donc lieu à diverses interprétations selon qu'elle est racontée par un partisan de la branche aînée ou de la branche cadette. Ferdinand d'Orléans assure être resté dans les strictes bornes que lui imposaient, d'une part le respect qu'il devait à sa cousine, d'autre part son engagement personnel en faveur des journées de Juillet[1]. Pour les partisans de la branche aînée des Bourbons, le comportement du duc de Chartres à cette occasion illustre parfaitement la duplicité inhérente à sa famille. Mme de Gontaut, gouvernante des Enfants de France, prétend ainsi qu'il « arrosa [l]es mains [de la Dauphine] de larmes, s'offrit pour l'escorter, ainsi que le régiment qu'il allait commander, [...] se précipita sur la main qu'elle lui tendait et lui jura fidélité[2] ». Serment que le prince devait trahir quelques jours plus tard en acceptant de devenir le prince royal, héritier de la couronne du roi des Français. A l'inverse, Heinrich Heine reprend la légende noire de la duchesse d'Angoulême et en dresse un portrait à la fois terrifiant et fort romantique :

> [Le duc d'Orléans], magnanime et chevaleresque, a des moments mélancoliques dans lesquels il raconte que sa tante, Madame d'Angoulême, la fille non guillotinée de Louis XVI, lui avait, de sa voix rauque de corbeau, prophétisé une mort malheureuse et prématurée ; c'était pendant les journées de Juillet, lorsque dans sa fuite, cet oiseau de mauvais augure avait rencontré dans le voisinage de Paris le prince qui retournait tout joyeux à la capitale. Chose singulière ! Quelques heures après cette rencontre, le prince fut en danger d'être fusillé par les républicains qui le firent prisonnier, et il n'échappa à cet horrible sort pour ainsi dire que par un miracle[3].

Le texte date de 1840. Deux ans plus tard, Heine aurait pu donner entièrement raison à la prophétie de la duchesse d'Angoulême puisque le duc d'Orléans mourait dans un accident de voiture. Joigny apparaît donc comme la croisée des chemins : d'un côté la branche aînée en route pour l'exil, de l'autre la branche cadette prête à monter sur le trône, chacune soutenue par une fraction des royalistes français. 1830 est d'abord une fracture dans l'histoire de la royauté et du royalisme français, fracture qui ne sera jamais réduite. Plus sans doute que deux conceptions de la royauté, elle oppose deux conceptions du politique[4]. A un orléanisme pragmatique qui accepte l'héritage révolutionnaire et ne s'attache à une dynastie qu'en vertu de son utilité et de son libéralisme s'oppose un légitimisme qui est une « politique sublimée en mystique[5] » reposant sur la fidélité sans faille aux princes de la branche aînée regardés comme sacrés et indissolublement liés à la grandeur de la France[6]. Ce qui ne veut pas dire, comme on le pense trop souvent, que le légitimisme était totalement désengagé des luttes politiques et son action vouée d'avance à l'échec. Jusqu'à la mort de Marie-Thérèse, en 1851, le mouvement légitimiste a multiplié les initiatives pour parvenir à une Restauration.

Pour Marie-Thérèse, 1830 est le début de son dernier exil, dont les conditions sont très différentes du premier. Tout d'abord, l'attitude des puissances européennes vis-à-vis de la France et des Bourbons après 1830 contraste avec celle adoptée quarante ans plus tôt. Le nouvel « usurpateur » est un roi, de sang Bourbon qui plus est, et il apparaît comme un moindre mal pour empêcher toute contagion révolutionnaire. Par conséquent, Louis-Philippe est reconnu sans réelle difficulté, même si c'est sans enthousiasme[7]. Si l'Angleterre se révèle vite le meilleur soutien du gouvernement français, l'Autriche et la Russie distinguent le droit et le fait et leurs sympathies vont clairement aux souverains « légitimes », qu'ils soient ceux de France, d'Espagne ou de Portugal[8]. Le second exil de Marie-Thérèse n'est donc pas errant, mais stable, protégé par la Maison d'Autriche. En outre, la famille royale est cette fois à l'abri du besoin et ne vit pas aux dépens des autres souverains. Louis-Philippe a remis 600 000 livres à Charles X au moment de son départ et le roi finit par récupérer des fonds placés par le duc de Blacas à Londres au nom de Louis XVIII. Par ailleurs, la duchesse d'Angoulême qui n'avait pas touché à ses fonds autrichiens les récupère au même moment. Enfin, elle revend ses propriétés propres, ce qui lui permet de dégager des ressources supplémentaires[9]. D'un point de vue matériel, la famille royale vit donc plus confortablement qu'au cours de son précédent exil.

Pourtant, la problématique propre à l'exil royal ne change pas : il s'agit de maintenir la dignité et la crédibilité politique du roi malgré l'éloignement de son royaume et de ses sujets. Or, les dissensions à l'intérieur du mouvement légitimiste et au sein de la famille royale sont nombreuses. Le nom même du prétendant légitime à la couronne de France ne fait pas l'unanimité. Dans l'imbroglio politique qui découle de cette situation, le rôle de Marie-Thérèse est celui d'un arbitre, d'un référent immuable aussi bien sur le plan symbolique que dans l'action politique.

Holyrood : l'exil romantique

Charles X s'était mis en route le 3 août 1830 sans savoir exactement où il allait. Dans un premier temps, il demande à se rendre dans l'un des ports du royaume des Pays-Bas, puis à Hambourg, toutes destinations que le gouvernement de Louis-Philippe lui interdit formellement. Il se résigne alors à partir pour l'Angleterre. Le 16 août, la famille royale s'embarque sur un bâtiment américain affrété par le gouvernement français – conformément au vœu de Charles X refusant de voyager sur un navire battant pavillon tricolore – et confié à l'amiral Dumont d'Urville. Les instructions de ce dernier sont claires : Charles X peut débarquer où bon lui semble, à l'exception des Pays-Bas et des îles Anglo-Normandes. Au cas où le bâtiment dévierait de sa trajectoire, il devrait être amené par la force en Angleterre par les navires de sa suite. Le 17 août, le roi est à Cowes, dans l'île de Wight, d'où il prévient le gouvernement britannique de son arrivée. Le 20, sir Thomas Weld, de famille catholique et frère d'un cardinal, lui annonce qu'il met à sa disposition le château de Lulworth, près de Weymouth. La famille royale n'y reste que peu de temps car Charles X est vite rattrapé par les créanciers de son premier exil. Le gouvernement anglais lui propose alors le château royal d'Holyrood, à Edimbourg, où elle s'installe au mois d'octobre 1830[10].

Le Royaume-Uni, monarchie libérale, accueille la famille royale sans empressement et avec la permission de Louis-Philippe. Le gouvernement britannique ne reconnaît aux princes que les droits de particuliers[11]. Aussi ces derniers prennent-ils l'incognito sitôt leur arrivée en Angleterre : Charles X devient le comte de Ponthieu, le Dauphin et la Dauphine le comte et la comtesse de Marnes, la duchesse de Berry la marquise de Rosny, Mademoiselle Mlle de Rosny, et le duc de Bordeaux, le comte de Chambord[12]. La réception en Ecosse, dont l'opinion est libérale et favorable à la monarchie de Juillet, est à la fois discrète et peu enthousiaste, bien que le romancier Walter Scott ait écrit un article encourageant ses compatriotes à faire bonne figure à la famille royale exilée. En outre, le château n'est pas en très bon état. Certains appartements nécessitent des travaux, si bien que le Dauphin, la Dauphine et la duchesse de Berry finissent par louer deux maisons sur une des collines avoisinantes, à Regent Terrace, où ils demeurent environ un an[13]. Holyrood est donc loin d'être une situation idéale, tant sur le plan pratique que politique. Cependant, le château séduit l'imagination des légitimistes qui en font le mélancolique symbole de leur cause.

En effet, la famille royale a laissé derrière elle de nombreux partisans, souvent d'anciens ultraroyalistes, mais pas seulement. Un certain nombre de modérés, à l'image de l'ancien ministre Martignac, demeurent aussi attachés aux princes déchus. Le nombre exact de légitimistes est impossible à déterminer mais on sait qu'au début de la monarchie de Juillet la presse légitimiste représente environ un quart de l'ensemble des titres français[14]. Dès la fin de l'année 1830, elle est en ordre de combat – la censure ayant été complètement levée – et, avec l'aide d'éditeurs spécialisés dans les ouvrages légitimistes, diffuse l'image des princes dans le public, usant toujours d'une rhétorique sentimentale à laquelle l'exil écossais fournit des images saisissantes :

> Holyrood est certes un triste séjour. Ces montagnes sauvages qui le dominent de près ; cette nudité du parc due peut-être en partie à la violence des vents auxquels les arbres ne sauraient résister pendant l'hiver ; le voisinage de la Canongate, et ces ruines de la chapelle, qui toutes belles qu'elles sont, ne sont que des ruines et renferment des tombeaux ; l'aspect sombre et délabré du château lui-même, veuf de la royauté depuis deux siècles, tout cela aurait inspiré à Chateaubriand ce mot énergique, que « la famille des Bourbons est rentrée dans la douleur comme dans le sein de leur mère[15] ».

Le château d'Holyrood permet, comme le Temple pendant la Révolution, la rencontre entre une sensibilité générale – ici le romantisme – et les préoccupations particulières des légitimistes. Jamais cette sensibilité romantique ne se démentira par la suite, et elle constituera même le ciment d'un légitimisme souvent divisé par ailleurs, comme nous le verrons plus loin. Mais c'est assurément au moment de l'exil à Holyrood qu'elle est le plus évidente[16].

Le château d'Holyrood se prête en effet à toutes sortes de rêveries mélancoliques. Situé au milieu des montagnes, dans un paysage quasi désertique, près d'un faubourg populaire et miséreux, la Canongate, encore en partie médiéval et doté d'une chapelle en ruine, il possède l'attrait des lieux insolites sur l'imagination à une époque où les récits de voyage et le genre des paysages d'architecture sont très prisés[17]. Le discours légitimiste présente ainsi les caractéristiques d'une description de paysage romantique. Mais dans le même temps, sur le plan politique, Holyrood est la métaphore de la tristesse de l'exil. Résidence royale au passé prestigieux tombant en ruine, elle est le parfait reflet des Bourbons, première famille d'Europe réduite à se réfugier loin de chez elle. Quant à l'isolement du lieu, il fait référence à celui des princes rejetés par le reste de l'Europe.

Le cadre inspire d'autant plus les légitimistes que le château avait été celui des Stuarts, rois d'Ecosse jusqu'au XVIIe siècle puis rois d'Angleterre jusqu'à l'abdication de Jacques II Stuart, en 1688, à la suite de la Glorieuse Révolution. Or, pour tout homme cultivé du premier XIXe siècle, la comparaison entre l'histoire de l'Angleterre du XVIIe siècle, qui a connu deux révolutions successives, et celle de la France est un *topos*[18]. Le parallèle entre l'histoire des deux dynasties, Stuart et Bourbon, souvent esquissé par les libéraux qui voyaient dans Charles X un nouveau Jacques II, est récupéré par les légitimistes. Ce qui les intéresse n'est pas tant le « sens » de l'histoire que l'aspect anecdotique et sentimental du parallèle. Les Stuarts sont une famille malheureuse comme les Bourbons. Toutes deux ont connu le régicide – Charles Ier Stuart, père de Jacques II, a été exécuté en 1649 – et toutes deux ont connu l'exil – la famille de Charles Ier puis celle de Jacques II ont trouvé refuge en France après avoir perdu le pouvoir. Les légitimistes soulignent donc avant tout une communauté de malheurs entre les deux familles et s'attachent là encore à évoquer les figures popularisées par le goût troubadour.

Il y a d'abord celle de Marie Stuart, dont le destin tragique se prêtait en effet à toutes sortes d'interprétations romanesques[19]. A Holyrood, ses appartements ont été conservés intacts. Les visiteurs y sont systématiquement entraînés par « une femme d'un certain âge dont le costume noir semblait remonter aux temps des rois d'Ecosse[20] » qui leur montre, notamment, la tache de sang laissée après le meurtre de Rizzio, favori de la princesse, par le mari jaloux de celle-ci, lord Darnley. Par ailleurs, le nom de Marie Stuart est tout particulièrement associé à la duchesse de Berry. Le dernier grand bal que cette dernière avait organisé à la cour de France se voulait l'imitation d'un bal donné à la cour de François II, roi de France et époux de Marie Stuart. La duchesse de Berry y incarnait elle-même Marie Stuart et avait demandé à Eugène Lami de reproduire les costumes et décors créés à cette occasion[21]. Ses rocambolesques aventures en Vendée – sur lesquelles nous reviendrons –, et son propre emprisonnement contribuent à maintenir le parallèle entre les deux princesses.

L'autre figure fréquemment évoquée est celle de Charles-Edouard Stuart, le dernier prétendant de cette dynastie[22]. Le parallèle est certes intéressant sur le plan historique puisque celui-ci était parvenu à conquérir partiellement l'Ecosse, avec l'aide de la France. Il avait même réussi à s'installer à Holyrood jusqu'à ce que la bataille de Culloden, en 1746, mette fin à ses espérances. Mais la figure littéraire évoquée par les légitimistes est surtout celle imaginée par Walter Scott dans les *Waverley Novels*. Scott a connu une grande vogue en France avec la traduction d'*Ivanhoé* en 1820. En dix ans, un million cinq cent mille exemplaires des romans de l'écrivain écossais s'y sont vendus. *Waverley,* paru en 1814 en Angleterre et qui raconte l'histoire de la révolte écossaise menée par Charles-Edouard Stuart, est traduit par Defauconpret précisément au moment de l'exil de la famille royale à Holyrood. Le parallèle entre le prétendant Stuart et le prétendant Bourbon s'impose alors aux légitimistes. Le marquis Henri-Zosime de Valori, dans son poème *Deux Charles en Ecosse,* érige Charles-Edouard Stuart, le premier Charles, en modèle pour les Bourbons dont l'apathique Charles X est le deuxième Charles. L'histoire du prétendant Stuart est placée dans la bouche de Louise d'Artois, qui récite à sa tante Marie-Thérèse une leçon d'histoire. A l'enthousiasme de la jeune fille pour Charles-Edouard répondent les regrets de Marie-Thérèse qui a dû quitter la France sans combattre. La référence au prince Stuart condamne l'immobilisme de son successeur dans le palais d'Holyrood[23]. Il fournit également un modèle pour le duc de Bordeaux, héritier d'une couronne qui cherche ses défenseurs.

Quelle régence pour Henri « V » ?

L'image de l'exil malheureux mais digne diffusée par les journaux légitimistes n'est qu'une façade. Les stratégies de reconquête du trône divisent rapidement la famille royale, et avec elle l'ensemble des légitimistes. Dès l'arrivée des Bourbons au Royaume-Uni, se pose le problème de la régence. Les abdications de Rambouillet ont fait du duc de Bordeaux le nouveau roi Henri « V ». Or, il est âgé seulement de dix ans : une régence est nécessaire jusqu'à la majorité royale de treize ans. Cependant, Charles X répugne à lâcher le pouvoir. Il ne confirme son abdication que le 27 novembre 1830, et encore ne donne-t-il pas beaucoup de publicité à cette déclaration qu'il n'expédie qu'aux monarchies bourboniennes et à l'Autriche. En outre, il se réserve la régence jusqu'à sa mort, ne la déléguant qu'à ce terme à la duchesse de Berry[24]. Or, ni celle-ci ni la majorité des légitimistes ne l'entendent de cette oreille. Certes, Charles X n'avait aucune obligation de faire de la duchesse de Berry une régente. Si, le plus souvent, la régence a été déférée à la mère du roi, cette pratique n'a pas été toujours observée[25]. Néanmoins, le fait que Charles X se soit réservé le pouvoir pose un problème de taille : il semble difficilement concevable qu'un roi qui a abdiqué puisse conserver la direction des affaires sous la forme d'une régence. C'est perdre tout le bénéfice politique des abdications qui permettaient, précisément, d'écarter Charles X et son fils du pouvoir et de liquider l'échec politique des dernières années de la Restauration.

Dans un premier temps, chacun s'accommode de la situation et les légitimistes s'organisent pour reprendre le pouvoir en France. Un comité est créé à Londres, et, en France, Ferdinand de Bertier de Sauvigny reconstruit une association secrète qui permet de donner une direction politique, militaire et économique aux légitimistes à l'intérieur même du pays. Malgré le scepticisme de Charles X, les deux comités orientent leurs forces vers l'organisation d'une insurrection dont la duchesse de Berry est bien décidée à prendre la tête[26].

Le 25 janvier 1831, Charles X signe les dispositions générales pour le soulèvement, dispositions qui prévoient le débarquement de la duchesse à laquelle le roi « donnera des pouvoirs en conséquence », mais ne disent pas grand-chose de l'établissement de la régence[27]. Le 27 janvier, il rédige une lettre qui doit permettre aux autorités royalistes françaises de reconnaître la duchesse de Berry comme régente. Ce titre est donc conditionnel, soumis à la réussite de l'expédition. Lorsque, le 17 juin 1831, Marie-Caroline part pour l'Italie, le duc de Blacas la suit, muni d'instructions secrètes qui précisent celles données les 25 et 27 janvier. La duchesse de Berry n'est pas régente tant qu'elle n'a pas mis les pieds sur le sol français et ne le sera qu'une fois reconnue par les nouvelles autorités légitimes. En outre, elle est flanquée d'un conseil dont la composition est impérative et qui est présidé par le duc de Blacas, véritable Premier ministre de Charles X. La découverte de ces instructions par le comité légitimiste réuni auprès de la duchesse suscite un tollé et entraîne le renvoi du duc de Blacas[28]. Le divorce est alors complet entre Charles X, qui décide de se désintéresser du sort de sa belle-fille, d'une part, et la grande majorité des légitimistes qui regardent la duchesse de Berry comme la seule régente possible, de l'autre.

Le renvoi de Blacas et la rupture avec Holyrood surviennent alors que le projet d'insurrection est déjà assez mal engagé. Les ajournements se multiplient, de même que les conflits de personnes, dès le début de l'année 1831. En outre, le séjour de Marie-Caroline en Italie ne passe pas inaperçu et jette l'alarme dans les chancelleries européennes. A la fin de l'année 1831, le bilan est désastreux : tous les rapports sur la situation intérieure de la France sont mauvais et la duchesse de Berry n'a plus le soutien ni de sa famille ni du reste de l'Europe. Néanmoins, elle maintient les projets d'insurrection et débarque en Provence le 29 avril 1832. L'entreprise est un échec mais, loin de renoncer, Marie-Caroline décide de se réfugier dans l'Ouest pour organiser un nouveau soulèvement qui échoue à son tour au début du mois de juin 1832. Commence alors une sorte de cavale qui la conduit finalement à Nantes, où elle est capturée dans des conditions on ne peut plus rocambolesques puisque les gendarmes la dénichent involontairement derrière une plaque de cheminée en voulant allumer un feu. La princesse est alors conduite à la forteresse de Blaye, là-même où quinze ans plus tôt avait commencé la révolte des garnisons contre l'autorité de la duchesse d'Angoulême[29].

Marie-Thérèse s'était tenue à l'écart des menées de Marie-Caroline, plus soucieuse d'organiser le déplacement de la famille royale d'Edimbourg à Prague, où elle se trouve à l'été 1832, que de soutenir ce qu'elle regardait comme les folies de sa belle-sœur. Mais l'emprisonnement de celle-ci la fait sortir de sa réserve, et c'est elle qui s'occupe de tout ce qui concerne la duchesse de Berry durant sa captivité. Elle correspond aussi bien avec la captive qu'avec l'empereur François Ier d'Autriche, auquel elle réclame du secours. Par ailleurs, la duchesse d'Angoulême semble avoir envisagé de faire évader sa belle-sœur. Elle reçoit en effet, à la fin du mois de janvier 1833, une lettre l'informant que le plan d'évasion qui avait été préparé sous son égide a été refusé par Marie-Caroline qui craint d'avoir plus à perdre qu'à gagner dans une telle démarche[30]. En tout cas, le projet montre que la famille royale demeurait encore unie malgré ses différends, et que Marie-Thérèse ne répugnait pas toujours aux moyens vigoureux.

Tout change lorsque, le 22 février 1833, paraît dans *Le Moniteur* l'avis que la duchesse de Berry, veuve depuis 1820, est enceinte. La famille royale a été prévenue avant l'arrivée du journal à Prague par un visiteur, si bien que, contrairement à nombre de légitimistes, ni Charles X, ni son fils, ni sa belle-fille ne mettent la nouvelle en cause. La Dauphine, scandalisée, attend des explications, qui ne viennent que plusieurs mois plus tard. Trois jours avant d'accoucher, le 7 mai 1833, Marie-Caroline écrit à Chateaubriand pour lui demander d'annoncer à sa famille son mariage avec le comte Hector Lucchesi-Palli, célébré, dit-elle, au cours de son séjour en Italie en 1831. C'est auprès de Marie-Thérèse qu'elle l'envoie plaider sa cause. Marie-Caroline prend soin de détailler à Chateaubriand tous les arguments qu'il devra employer. Elle souligne la noblesse du comte Lucchesi-Palli, son dévouement à Henri « V » et son efficacité diplomatique. Elle souhaite conserver son rang de princesse française et invoque pour cela les exemples de la mère du roi de Sardaigne, la princesse de Carignan, et de Marie-Louise d'Autriche qui toutes deux ont contracté des mariages au-dessous de leur condition mais ont conservé leur rang et leurs prérogatives. Elle compte ainsi sur l'éloquence de l'écrivain et sur l'indulgence de sa belle-sœur pour arriver à ses fins. Le voyage de Chateaubriand n'a pas l'effet escompté par la duchesse de Berry. Après un passage à Prague, où il n'obtient rien, il se rend à Carlsbad où Marie-Thérèse prend les eaux. Celle-ci se contente d'affirmer qu'elle veillera sur les enfants, comme le lui recommande sa belle-sœur, et remet au vicomte une lettre assez sèche qui ne précise rien quant aux autres demandes de la duchesse de Berry[31].

Le séjour de Chateaubriand à Carlsbad a, en revanche, un effet assez inattendu : rallier le vicomte au nombre de ceux qui rêvent d'une régence de Marie-Thérèse de France. En effet, l'emprisonnement de la duchesse de Berry puis son remariage posent à nouveaux frais la question de la régence d'Henri « V ». Tout d'abord, la duchesse de Berry est discréditée en France et en Europe. Ensuite, son remariage pose un double problème, juridique et politique. Sur le plan juridique, c'est la tutelle des enfants royaux qui est en jeu. Celle-ci est réglée selon une ordonnance du 25 avril 1820 qui aménage à l'usage de la famille royale les dispositions du Code civil[32]. D'après celles-ci, la duchesse de Berry, remariée sans le consentement du conseil de famille, peut être déchue de la tutelle de son fils. A cette question de la tutelle se trouve liée celle de la régence à mettre en place jusqu'à la majorité d'Henri « V ». La duchesse de Berry, devenue la comtesse Lucchesi-Palli, ne fait plus partie de la famille royale. Elle ne peut donc plus prétendre à la régence. Pour éviter que Charles X ne reprenne toute autorité sur les affaires, les légitimistes du comité central de Paris proposent de confier la tutelle et la régence à Marie-Thérèse[33].

La princesse peut prétendre à la régence, comme Fille de France. En outre, sur le plan politique, sa réputation n'a pas souffert de l'échec du ministère Polignac ni des mesures de Juillet dont on sait qu'elle s'est tenue à l'écart[34]. Enfin, elle demeure l'incarnation des souffrances de la royauté et apparaît à ce titre comme un modèle à suivre pour son neveu. On trouve cette idée notamment sous la plume de Chateaubriand dès la fin de l'année 1831[35].

> N'est-ce rien que ce chef-d'œuvre de l'adversité, la fille de Louis XVI, la compagne et la sœur de Louis XVII, placée au berceau de Henri V comme un tableau sacré suspendu devant un autel[36] ?

Marie-Thérèse de France, icône royale, protectrice naturelle du duc de Bordeaux, occupe dans l'imaginaire royaliste une place qui la prédispose à exercer dans les faits les vertus qu'on lui attribue dans les discours. La nouvelle de la grossesse de la duchesse de Berry donne l'occasion de passer d'un plan à un autre. Ainsi que le souligne le comte Alfred de Damas, « la honte à part – il est vrai qu'elle est au comble –, cet événement n'est peut-être pas aussi nuisible au parti que je l'avais cru d'abord[37] ». Il permet d'écarter définitivement la duchesse de Berry et de promouvoir la duchesse d'Angoulême pour remplacer sa belle-sœur auprès du jeune roi.

Considérant que la majorité du duc de Bordeaux est proche, le nouveau comité de Paris, instance dirigeante du mouvement légitimiste en France, prend une décision qui, pense-t-il, doit ménager toutes les susceptibilités tout en réaffirmant la royauté d'Henri « V » et en donnant une ligne politique claire au mouvement. Il s'agirait d'instaurer un conseil de gouvernement présidé par le roi mais dans lequel Marie-Thérèse occuperait une place prépondérante. La proclamation proposée par le comité afin d'établir cet organe précise que Charles X l'instituerait « après [s]'être concerté sur ce point avec [ses] enfants et notamment avec [sa] fille adoptive et bien-aimée que l'auguste et sainte mémoire de son père Louis XVI unit à la France par des nœuds plus étroits et plus sacrés que ceux de la filiation royale qui naguère l'avait placée si près du trône, qui maintenant semble y mettre sous la protection spéciale de ses vertus les précoces adversités d'un jeune roi que sa mère a recommandé aux soins de cette autre mère[38] ».

Marie-Thérèse s'impose donc comme celle qui doit prendre la tête du parti légitimiste en raison de sa filiation, de son rang, de ses vertus et enfin de la délégation parentale accordée par la duchesse de Berry par l'intermédiaire de Chateaubriand. Pourtant, si cette solution l'emporte assez facilement, quelques réserves sont formulées par certains membres du comité de Paris parce que, pour la seconde fois, alors que deux princes sont en vie, on choisit de recourir à l'autorité d'une princesse : il y a là « quelque chose de pénible dont on ne peut trop définir l'impression[39] ».

> Il y eut dans le siècle dernier l'exemple d'un régent qui devint Premier ministre. Il n'y a point de pareils expédients à l'usage d'une princesse. Ce ne peut donc être qu'à l'aide d'une manifestation adroite que l'on constatera la part d'autorité et d'influence qui lui est reconnue[40].

Marie-Thérèse de France apparaît comme le seul recours possible pour maintenir l'union des légitimistes, mais il s'agit de limiter l'innovation consistant à donner le pas à l'épouse sur le mari, à la fille sur le père et à confier, hors de toute régence, le pouvoir à une princesse. Le rôle qui lui est reconnu officiellement est inférieur à celui qu'on lui attribue officieusement. Alors que l'on avait à plusieurs reprises évoqué l'abrogation de la loi salique en sa faveur, quand l'occasion se présente de lui donner le pouvoir, certains regimbent à cause de son sexe. Plus qu'un écart entre discours et pratique, il faut sans doute voir là le retour, chez les légitimistes, de la crainte d'un pouvoir féminin dont l'exercice par la duchesse de Berry s'était révélé si peu convaincant. Le discrédit de cette dernière accroît la méfiance sur la capacité d'une femme à gouverner.

Une reine pour trois rois

L'arrangement prévu par le comité de Paris, confiant Henri « V » à Marie-Thérèse, ne se soutient pas, faute de bonne volonté réelle de la part de Charles X, voire de la princesse elle-même dont on ignore l'avis en la matière. Installée depuis septembre 1832 à Prague, dans le château du Hradshin mis à sa disposition par l'empereur d'Autriche, la famille royale semble s'isoler de ses partisans, tant sur le plan géographique que sur le plan politique. Deux affaires étroitement liées révèlent le fossé qui sépare la cour de Prague du mouvement légitimiste en France.

La première concerne l'éducation du duc de Bordeaux. Au printemps de l'année 1833, Charles X, le duc de Blacas et le baron de Damas, gouverneur du duc de Bordeaux, décident de faire venir un nouvel instituteur auprès de l'enfant. Le choix de celui-ci est confié au marquis de Foresta, alors à Rome, qui doit prendre sa décision avec les conseils des cardinaux Sala et Lambruschini et du général des Jésuites. Le détail des négociations est obscur mais, au bout du compte, le choix de Foresta et de Damas se porte sur deux pères jésuites, les pères Druilhet et Deplace, qui arrivent à Prague à la fin du mois de juin 1833[41]. Les légitimistes sont « atterrés[42] » par cette nouvelle. Certes, le « mythe jésuite », selon lequel les pères, étroits d'esprits et assoifés de pouvoir, œuvreraient à la soumission de toute autorité politique au pape, fait partie de la rhétorique libérale, mais les plus gallicans des légitimistes partagent largement les vues des libéraux sur le sujet. Quant aux autres, ils considèrent qu'une telle mesure discrédite la légitimité en confortant ceux qui la regardent comme rétrograde et à l'écart des vrais besoins du pays[43].

A cette affaire d'éducation vient s'ajouter celle de la majorité du duc de Bordeaux. La frange la plus dynamique du mouvement, qui se fait appeler « la Jeune France », organise, à l'initiative du propriétaire du journal *La Mode,* du Fougerais, un « pèlerinage » à Prague pour célébrer la majorité d'Henri « V ». Environ neuf cents jeunes gens se lancent sur les routes à cette occasion. Mais Charles X refuse de les recevoir. Il demande donc, par l'intermédiaire de son quasi-Premier ministre, le duc de Blacas, au prince de Metternich, principal ministre de l'empereur, d'empêcher ces jeunes gens d'arriver à Prague. Il décide également de rejoindre à cette période-là la duchesse de Berry, délivrée au mois d'août, pour écourter les manifestations qu'il ne peut éviter. Enfin, les jeunes royalistes qui parviennent à être reçus ont la défense formelle de donner du « Majesté » au duc de Bordeaux[44]. Pour les légitimistes, cela signifie que Charles X ne reconnaît pas les abdications de Rambouillet.

Les deux épisodes ont pour effet direct d'aggraver les divisions au sein du mouvement. La duchesse de Berry, s'opposant fermement aux jésuites et au baron de Damas, retrouve rapidement des partisans. Son remariage et son échec paraissent des fautes moins graves, et surtout politiquement moins lourdes de conséquences, que celles commises par Prague[45]. A la fin de l'année 1833, le légitimisme est donc divisé entre les partisans de la royauté de Charles X, qu'on va appeler les carlistes, et ceux de la royauté de Henri « V », qu'on appelle les henriquinquistes. Ces derniers sont les plus nombreux mais ils essaient, pour rester cohérents avec leur engagement, de trouver un accommodement avec Charles X. Ils ont pour cela recours à l'intermédiaire de Marie-Thérèse, qu'ils appellent « la reine », considérant que, durant quelques minutes, avant d'abdiquer, son époux le Dauphin a été roi.

Le projet de faire de Marie-Thérèse une régente ou le chef d'un conseil de famille n'est pas immédiatement abandonné par les légitimistes. Au cours de l'été 1833, c'est en elle que le comité de Paris place ses espoirs pour faire renvoyer les jésuites.

> De grâce M. le Duc, faites tomber un instant les regards de la Dauphine sur l'expression de mes craintes et de mon profond chagrin. Qu'elle ait, je vous en supplie, connaissance de cette lettre. [...] Par un concours

> d'augustes et importantes volontés, la Dauphine a été nommée l'ange protecteur de l'enfant-roi. Qu'elle sache au moins toute la portée d'un fait où elle ne voit peut-être qu'une révolution de vie intérieure, mais qui recèle indispensablement tous les principes de désunion, de découragement, de défection même que l'on peut redouter, qu'un fait qui rajeunit tous les griefs et toutes les rancunes dont le temps effaçait de jour en jour la trace ! Tous ceux qui ont eu l'honneur d'approcher et de connaître la Dauphine, de juger sa haute raison, sa magnanimité de princesse et sa douceur de chrétienne, ont eu plusieurs fois à regretter que l'opinion ne lui ait pas toujours rendu justice. [...] La connaissance que l'on acquerrait ici de son heureuse intervention, du succès de ses persévérantes démarches pour obtenir la révocation d'un choix malheureux et irréfléchi, hâterait ce triomphe si désirable et ferait naître en faveur de la Dauphine un préjugé dont l'auguste fille de Louis XVI dédaignerait peut-être l'appui s'il n'était qu'un hommage au-dessous d'elle, mais dont elle ne repoussera pas l'assistance dans une cause sacrée à laquelle sont attachés la gloire et le bonheur de la France[46].

Plusieurs personnes pressent alors Marie-Thérèse de modifier l'éducation de son neveu. Avant même l'arrivée des jésuites, Chateaubriand lui avait écrit une longue note pour l'engager à faire éduquer le prince dans des principes ouverts et modernes en le confiant à des hommes « populaires » et en ne l'isolant pas de ses contemporains. Il réitère ses avis dans une autre lettre qu'il lui fait parvenir par l'intermédiaire du comte de Calvimont quelques semaines plus tard. A la même période, un certain vicomte de Berl, auquel elle avait accordé une entrevue à Carlsbad, lui conseille de faire appeler le marquis d'Hautpoul qui fait partie de ses amis. Lors de leur visite à Prague au mois d'août 1833, Sosthène de La Rochefoucauld et le comte de Calvimont cherchent à leur tour à la convaincre de faire donner une tout autre éducation au prince[47].

De fait, Marie-Thérèse ne semble pas avoir eu grande confiance dans les décisions prises par le baron de Damas. Dans sa correspondance avec Foresta, ce dernier fait à plusieurs reprises des références aux oppositions que l'arrivée des jésuites va rencontrer à Prague et à la nécessité de garder absolument le secret, allusion très probable, au vu de ce qui se passe par la suite, à la Dauphine. Le vicomte de Berl assure par ailleurs que Marie-Thérèse était contre le renvoi de Joachim Barrande, le précepteur du duc de Bordeaux jusqu'à l'arrivée des jésuites. De la même façon, il semble qu'elle ait reçu avec aménité les projets de Chateaubriand et de La Rochefoucauld pour son neveu. En tout cas, elle fait pression sur son beau-père pour obtenir le renvoi des jésuites et elle y parvient. Le marquis de Latour-Maubourg est nommé à leur place mais, ne pouvant exercer ses fonctions lui-même, il dépêche le marquis d'Hautpoul pour le remplacer. Charles X, dans la lettre qui nomme le nouveau gouverneur, précise bien que c'est à l'instigation de la Dauphine qu'il a décidé de changer l'éducation du duc de Bordeaux[48].

La victoire de Marie-Thérèse est pourtant sans lendemain. Trois éléments restreignent l'action de la duchesse d'Angoulême. Le premier est l'atmosphère de la cour de Prague et les intrigues qui y fleurissent. La vicomtesse d'Agoult, ancienne Mlle de Choisy, sa dame de compagnie depuis Vienne, était pour la venue des jésuites à Prague et s'était dans le même temps persuadée qu'un complot noué par la gouvernante des Enfants de France, la duchesse de Gontaut, cherchait à évincer définitivement les aînés au profit d'Henri « V » et de sa mère et à empêcher leur retour en France. Elle était parvenue à communiquer ses craintes à sa maîtresse. Ensuite, Marie-Thérèse répugne à se disputer avec son beau-père ou son mari. Elle laisse donc faire, même quand elle désapprouve[49]. Enfin, elle déteste cordialement sa belle-sœur. Cette mésentente a des racines lointaines mais elle éclate à ce moment-là. Marie-Thérèse nomme Marie-Caroline « la Signora[50] », référence méprisante à son remariage. Elle considère, comme son beau-père, que la princesse n'a plus rien à voir avec la famille royale. Son mariage l'a fait déchoir de son rang[51].

Par conséquent, les retrouvailles entre la duchesse de Berry et sa famille au mois d'octobre 1833 ne résolvent rien. La famille royale et le mouvement légitimiste demeurent divisés dans les années qui suivent. Marie-Caroline, installée à Graz désormais, réclame continuellement l'autorisation de voir ses enfants, de résider auprès de la famille royale et un droit de regard sur l'éducation de son fils qu'elle juge particulièrement mal conduite. L'intervention de la cour de Vienne et la bonne volonté de Marie-Thérèse lui permettent de s'installer à Brandeis au printemps 1834, afin qu'elle voie ses enfants. L'année s'achève pourtant sur une nouvelle querelle au sujet du renvoi de l'institutrice de Louise, Mlle Vachon. Une violente dispute éclate entre elle et Marie-Thérèse, qui entraîne une rupture complète des relations jusqu'à ce que la cour d'Autriche intervienne une nouvelle fois, dans le courant de l'année 1835[52].

L'esclandre de la duchesse de Berry à propos de Mlle Vachon contribue à pousser Charles X dans ses derniers retranchements. Jusque-là, il ne s'était pas prononcé sur la validité des actes de Rambouillet. Après avoir confirmé son abdication, du bout des lèvres, à Lulworth, il a volontairement laissé planer le doute, pour éviter de donner un prétexte à la duchesse de Berry ou à d'autres personnalités légitimistes de s'ériger en conseil du duc de Bordeaux. Charles X et Blacas souhaitent conserver la direction des affaires plus que défendre un principe de succession auquel le vieux roi avait déjà renoncé par deux fois[53]. En effet, au niveau des principes, le Dauphin, qui n'a pas confirmé son abdication, serait, comme l'avoue Blacas lui-même, le candidat le plus légitime pour porter la couronne, si l'on ne la reconnaissait pas au duc de Bordeaux ; c'est d'ailleurs l'opinion d'une partie des légitimistes. La position de Charles X se justifie donc de fait, non de droit. Le duc de Bordeaux est trop jeune pour porter la couronne, il lui faut un guide. La solution la plus simple est de conserver son titre à Charles X puisque l'on ne veut pas de la duchesse de Berry. L'entêtement de cette dernière à réclamer son retour auprès de son fils contraint le vieux roi à prendre position plus franchement. A la fin de l'année 1834, le duc de Blacas crée le journal *La France*, organe direct de Prague qui remet en cause les abdications. Au début de l'année 1835, l'ancien procureur Billot, un proche de Blacas, se rend à Paris où il doit s'expliquer avec le comité légitimiste sur cette création. Il annonce alors que Prague récuse les abdications : Charles X reste le seul roi de France légitime. La précision ne fait qu'aggraver encore une fois les divisions du mouvement, la majorité de celui-ci demeurant henriquinquiste[54].

La mort de Charles X, au mois de novembre 1836, laisse espérer aux royalistes que vont cesser querelles familiales et divisions partisanes. Il n'en est rien. Dans un premier temps, le Dauphin ne prend pas le titre de roi. Il ne souhaite pas régner et il semble qu'il ait manifesté dès le règne de son père le désir d'abdiquer en faveur de son neveu si celui-ci était en âge de gouverner au moment de la mort de Charles X. Mais, sous la pression du duc de Blacas, il change d'avis. Il décide de conserver la couronne jusqu'au retour de son neveu en France et devient Louis « XIX » pour les légitimistes français afin de manifester clairement qu'il est désormais à la tête du mouvement. Néanmoins, considérant qu'il n'est que le dépositaire provisoire du titre, il n'utilise, vis-à-vis des cours européennes, que celui de comte de Marnes. Tout cela n'a qu'un seul but : éviter l'immixtion de la duchesse de Berry dans les affaires familiales et politiques. Les légitimistes ne comprennent cependant pas cette décision qui apparaît comme un compromis fort précaire et recule une fois de plus l'échéance de la royauté d'Henri « V ». Dans le même temps, la duchesse de Berry se scandalise de cette situation et continue à s'agiter pour reprendre la main sur son beau-frère et sa belle-sœur. Cependant, un séjour avec Marie-Thérèse au château de Saint-Peters, organisé une fois de plus grâce à l'entremise de Metternich et de la famille impériale, permet sinon une pleine et entière réconciliation, du moins un apaisement certain dans les querelles familiales. Cette trêve permet à l'arrangement voulu par Louis « XIX » de se maintenir, malgré le mécontentement des légitimistes en France[55].

Durant ces années de division, Marie-Thérèse demeure, pour les partisans de Henri « V », celle qui est le plus à même d'amener une réconciliation générale et d'infléchir la politique de la cour d'exil. Sosthène de La Rochefoucauld, gendre de Mathieu de Montmorency et ancien directeur des Beaux-Arts, entretient avec elle une correspondance dans laquelle il lui prodigue des conseils politiques qui sont l'émanation de la branche du légitimisme liée au quotidien *La Gazette de France* et au comte de Villèle, l'ancien président du Conseil. Il lui demande de supprimer tous les germes de division, notamment en faisant interdire *La France* et en faisant renvoyer le duc de Blacas, principale cause, selon lui, des divisions du mouvement. Il lui rappelle enfin que la royauté d'Henri « V » doit reposer non pas sur la Charte, mais sur la déclaration du 23 juin 1789 et le testament de Louis XVI dont, mieux que personne, elle peut être la garante[56].

Les réactions de Marie-Thérèse à cette correspondance et aux articles de *La Gazette de France* qui la présentent comme un soutien des henriquinquistes sont sans doute mitigées. La princesse n'a pas de sympathie particulière pour les partisans exclusifs de son neveu. Quand Sosthène de La Rochefoucauld publie, en 1839, son *Pèlerinage à Goritz*, qui connaît un grand succès, il est condamné par toute la famille royale, Marie-Thérèse comprise. Ses critiques feutrées à l'encontre du duc de Blacas et de Louis « XIX », le fait qu'il regarde toujours les abdications comme valides sont probablement la cause de la colère des princes à son égard. Il continue pourtant, dans son ouvrage, à faire de Marie-Thérèse le personnage essentiel de la famille royale et à souhaiter sa présence comme mère affectueuse et témoin du passé auprès d'Henri « V »[57]. A cette date néanmoins, le rôle de Marie-Thérèse, comme celui de Marie-Caroline, a moins d'importance puisque son neveu entre peu à peu en politique, ce qui permet de dépasser les querelles incessantes sur la légitimité des trois rois.

Exil autrichien

La famille royale quitte Holyrood au mois de septembre 1832 pour les territoires de la maison d'Autriche qu'elle ne quittera plus jamais, même si sa résidence change au gré des circonstances. Elle réside d'abord à Prague, au château impérial du Hradschin l'hiver et dans le modeste château de Butschierad l'été. En 1835, Ferdinand Ier devant se faire couronner roi de Bohême, les Bourbons sont contraints de quitter au moins provisoirement le Hradschin. Ils décident alors de partir pour Gorizia, au pied des Alpes. En attendant que toutes les dispositions pour leur installation soient prises, ils demeurent au château de Kirchberg que le duc de Blacas achète pour l'occasion et met à leur disposition. A partir du mois d'octobre 1836, Kirchberg devient leur résidence d'été, tandis qu'ils passent le reste de l'année à Gorizia. Dans cette petite ville, aucun bâtiment n'est suffisamment important pour accueillir tout le monde, il faut donc se disperser. Charles X réside au palais Coronini avec son petit-fils ; le duc et la duchesse d'Angoulême s'installent à l'autre bout de la ville, au palais Strassoldo, et la majorité des courtisans cherchent un logement ailleurs. C'est à Gorizia que Charles X meurt du choléra, au mois de novembre 1836. Sans doute pour des raisons financières, l'inconfortable séjour de Gorizia se poursuit jusqu'à la mort de Louis-Antoine, en 1844. Ce n'est qu'après le décès de son époux que Marie-Thérèse décide de déménager une nouvelle fois. Elle rachète à la famille de Blacas la terre et le château de Frohsdorf que le duc lui avait laissés par testament en 1839 mais qu'elle avait alors refusés. Cette demeure située près de Wiener Neustadt, non loin de Vienne devient la résidence permanente de la petite cour jusqu'à l'acquisition, en 1848, par le comte de Chambord, du palais Cavalli, à Venise, sur le Grand Canal, pour y passer l'hiver[58].

Malgré le caractère souvent exigu de ces demeures, la famille royale conserve un semblant de vie curiale. La cour a pu compter jusqu'à une centaine de membres. Marie-Thérèse est entourée en permanence d'une dizaine de personnes qui ne changent guère au cours de son exil. Elle n'a qu'une seule dame, la vicomtesse d'Agoult, sa compagne du premier exil qui meurt en 1841. Elle est alors remplacée par la comtesse Caroline de Choiseul[59]. Charles O'Héguerty continue à remplir l'office d'écuyer qu'il occupait auparavant mais il ne paraît pas se trouver toujours auprès de Marie-Thérèse. Après la mort du Dauphin, le comte de Montbel occupe une place importante auprès de la princesse, semblant jouer le rôle de chevalier d'honneur. Marie-Thérèse a également une première femme de chambre, Mme de Sainte-Preuve, petite-fille de Mme de Fréminville, sa première femme de chambre à Versailles, et une femme de chambre ordinaire. Le service est complété par deux valets de chambre et par un piqueur. Cet entourage ne constitue pas à proprement parler une « Maison ». Les attributions de chacun ne sont pas clairement définies et semblent évoluer au gré des disponibilités des uns et des autres. C'est davantage un ensemble de fidèles dévoués qui ont souhaité tenir compagnie à la princesse jusqu'à leur mort où à celle de leur maîtresse[60].

La vie quotidienne des Bourbons est réglée avec précision, tout en laissant une certaine liberté aux princes. La journée commence par la messe dite dans la chapelle du lieu de résidence. Le dimanche, Marie-Thérèse se rend en principe dans l'église paroissiale. Pierre-Sébastien Laurentie, l'un des principaux journalistes légitimistes, accompagne ainsi la princesse à l'église de Wiener Neustadt dans laquelle elle a une tribune réservée pour assister à l'office. Comme aux Tuileries, l'emploi du temps de la journée peut varier. Le déjeuner ne se prend pas toujours en famille, sauf, semble-t-il, à Frohsdorf. Il est alors fixé à onze heures et les visiteurs peuvent y être reçus en habit de ville. L'après-midi est consacré aux visiteurs mais aussi, surtout dans le cas de la duchesse d'Angoulême, aux promenades ou aux excursions. Le moment le plus important de la vie de la cour d'exil est le dîner, qui a lieu à dix-huit ou dix-neuf heures. C'est le plus souvent à ce repas que les visiteurs sont conviés. La table royale n'est pas particulièrement accueillante, car ni les princes – à l'exception de Chambord – ni Marie-Thérèse ne sont amateurs de bonne chère. Ce dîner est frugal et on ne s'y attarde guère. A Frohsdorf, il ne dure pas plus d'une demi-heure et les derniers servis n'ont le plus souvent pas le temps de finir leur assiette. Ensuite, la soirée se tient au salon jusqu'à vingt et une heures. Marie-Thérèse prend place à une table avec toutes les dames présentes et s'occupe à des travaux d'aiguille. Charles X joue au whist, son fils aux échecs, le comte de Chambord, après la mort de son oncle et de son grand-père, préfère la conversation. Jeux, lecture, chant sont aussi au programme de ces soirées. La lecture est le fait d'un des membres de la Cour – à Frohsdorf du comte de Montbel –, mais les visiteurs de passage sont souvent mis à contribution. Le vicomte d'Arlincourt, en visite à Kirchberg en 1840, lit des extraits du récit du voyage qu'il vient d'effectuer pour aller voir la famille royale, extraits qui feront partie de son ouvrage, *Le Pèlerin*, qui paraît l'année suivante. De la même façon, le jeune Maxence de Foresta, fils de l'ancienne sous-gouvernante des Enfants de France, est contraint d'animer plusieurs soirées en chantant et jouant du piano[61].

L'étiquette continue à régler cette vie de cour. Etiquette simplifiée, certes, mais qui permet de maintenir le respect nécessaire à la reconnaissance de l'essence sacrée de la royauté. Malheureusement, comme trop souvent, les manifestations concrètes de cette étiquette nous échappent, surtout en ce qui concerne Marie-Thérèse. On sait par exemple qu'il est nécessaire de demander audience aux membres de la famille royale avant d'être reçu. Par ailleurs, l'ordre de préséance à table et dans le service est parfaitement respecté. Quand le comte de Chambord laisse à sa tante, après la mort de son époux, la place de chef de famille, c'est elle qui préside tous les repas. Néanmoins, après le mariage du comte, il préside, en alternance avec sa femme et sa tante, établissant ainsi une parfaite égalité entre les trois personnages sur le plan symbolique. Si cette pratique contrarie les habitudes, elle montre bien l'importance accordée à la soigneuse réglementation des préséances. Ainsi, chacun se lève à l'entrée du roi dans une pièce et, du vivant de Charles X, il est impossible aux hommes de s'asseoir en sa présence. Il semble que, par la suite, on ait abandonné cette habitude, les hommes s'asseyant à l'invitation du comte de Chambord. De la même façon, comme aux Tuileries, les conversations générales sont impossibles, les princes les dirigeant systématiquement[62].

Malgré leur déchéance, les Bourbons ne vivent donc pas comme de simples particuliers. Leurs gestes quotidiens sont une affirmation, même en mode mineur, de leur appartenance aux familles souveraines et de leurs titres à occuper de nouveau la place qui, selon eux, leur revient de droit. Ils sont soutenus dans leurs convictions et leur attitude par le gouvernement autrichien. Le prince de Metternich, ministre chargé des Affaires étrangères et homme fort du gouvernement impérial depuis 1809, et l'empereur François Ier n'ont jamais considéré le gouvernement de Louis-Philippe comme autre chose que comme un gouvernement de fait. Ils gardent de relativement bonnes relations avec la France pour éviter tout conflit inutile mais n'en sont pas moins plus proches, sur le plan idéologique, de Charles X que du roi des Français. C'était d'ailleurs la principale raison pour laquelle Charles X avait souhaité quitter l'Ecosse : il savait que l'Autriche avait plus de sympathie pour ses idées que le Royaume-Uni. Les membres de la famille royale sont traités selon leur rang. Une garde est installée devant leurs lieux de résidence[63]. Dans les occasions solennelles, ils reçoivent l'hommage des autorités, ainsi lors de l'anniversaire de l'empereur Ferdinand, célébré à Gorizia en 1838 :

> Un peu avant dix heures les troupes formant la garnison, la garde bourgeoise avec sa musique et les jeunes soldats de l'école militaire se réunirent en grande tenue sur la place de la cathédrale. Bientôt je vis s'incliner respectueusement les aigles de l'Empire et la musique et les tambours annoncèrent avec éclat la présence de nos augustes princes. Le roi [Louis-Antoine], accompagné de la reine [Marie-Thérèse], de Mgr le duc de Bordeaux et de Mademoiselle et suivi du commandant et des officiers de la garnison, passa devant chaque corps de troupes pour se rendre à la cathédrale. Une foule respectueuse et avide de contempler ces nobles proscrits se pressait sur leur passage[64].

Les exilés sont considérés comme des parents de la famille impériale et, à ce titre, sont placés sous la juridiction du grand maréchal de la Cour pour tout ce qui regarde les actes privés. Le soutien du gouvernement impérial ne se borne pas à cette reconnaissance formelle. Metternich, ami proche du duc de Blacas, est souvent sollicité pour donner ses conseils. Sur le plan familial, l'empereur ou lui-même s'entremettent, comme nous l'avons vu, à plusieurs reprises, entre la duchesse de Berry et la famille royale. Sur le plan politique, Metternich est consulté sur des questions internes au parti légitimiste. En 1836, à la mort de Charles X, il est sollicité par Louis « XIX » pour donner son avis sur la proclamation qu'il doit envoyer aux royalistes de France pour son « avènement ». Enfin, les passeports aux Français qui viennent rendre visite à la famille royale sont délivrés sur une décision concertée entre le chancelier et le roi exilé. Quand les individus ne présentent pas de danger particulier pour la politique autrichienne, ce qui est le plus souvent le cas, c'est le roi qui décide ou non de l'admission des visiteurs. Certains passeports sont ainsi refusés sur la demande expresse des princes[65].

Les princes de la branche aînée des Bourbons bénéficient en outre du soutien de la famille impériale, moins flexible sur les principes dynastiques que le chancelier dont la politique étrangère s'adapte aux circonstances. Marie-Thérèse joue un grand rôle dans le rapprochement des deux familles. Elle est à Vienne au moins une fois par an et il semblerait qu'elle ait même des appartements qui lui soient réservés à la Hofburg. La famille impériale vient aussi de temps à autre rendre visite aux exilés, surtout lorsque les Bourbons s'installent à Frohsdorf, près de la capitale. L'archiduchesse Sophie, mère de l'empereur François-Joseph, s'y trouve encore quelques jours avant la mort de Marie-Thérèse. Cette dernière se lie en effet d'une grande amitié avec les trois femmes qui, après la disparition de François Ier, en 1835, exercent une influence prépondérante sur le gouvernement du pays, à savoir l'impératrice Caroline-Auguste de Bavière, la sœur de celle-ci, Sophie, épouse de l'archiduc François-Charles, et l'épouse de Ferdinand Ier, l'impératrice Marie-Anne de Savoie[66]. Cette amitié n'est pas sans influence sur le plan politique. Elle se révèle en particulier cruciale dans la question des mariages des princes français des deux branches des Bourbons. Il s'agit d'un côté d'empêcher un mariage rapide des Orléans qui permettrait de perpétuer « l'usurpation », de l'autre de favoriser celui du comte de Chambord et de sa sœur pour perpétuer la branche légitime.

En 1836, les deux fils aînés de Louis-Philippe, le duc d'Orléans et son frère, le duc de Nemours, arrivent à Vienne en vue de gagner la main d'une archiduchesse. Le projet concerne Thérèse, fille de l'archiduc Charles, à laquelle on ferait épouser le prince royal Ferdinand d'Orléans. Or, Charles voit l'union d'un œil favorable. Si la nouvelle de cette visite est gardée secrète vis-à-vis de la duchesse d'Angoulême, qui se trouve à Vienne juste avant l'arrivée des princes d'Orléans, la famille impériale fait en sorte que le projet échoue. L'impératrice douairière et les archiducs d'Este quittent la cour. Les autres princes font pression sur l'archiduc Charles pour que, à défaut de s'éloigner avec sa fille, il l'empêche de paraître aux festivités. Enfin, l'archiduchesse Sophie chapitre dûment l'archiduchesse Thérèse en lui expliquant que le destin des archiduchesses en France a toujours été funeste. C'est le prétexte donné ensuite par Metternich pour refuser l'alliance[67]. Pour une fois, le célèbre adage habsbourgeois *« Tu, felix Austria nube »* n'a pas été mis en œuvre. La répugnance de la famille impériale, peut-être échaudée par le sacrifice inutile de Marie-Louise, semble avoir grandement influé.

En revanche, la famille impériale assiste aux noces des membres de la branche aînée et facilite les transactions matrimoniales. Dès 1837, des projets sont formés, avec la bénédiction de Metternich, pour que la sœur du comte de Chambord, Louise-Marie, épouse un archiduc de la branche d'Este. Le projet n'aboutit pas et la princesse épouse un prince capétien, Charles de Bourbon, futur duc de Parme, en 1845. Le mariage est célébré en présence de l'impératrice mère, de six archiduchesses et de quatre archiducs. Le jeune couple est ensuite reçu à la cour de Vienne en grand apparat. Quant au mariage du comte de Chambord avec Marie-Thérèse d'Autriche-Este, bien que désapprouvé par l'empereur et le prince de Metternich, qui craignent les réactions françaises, il est le fruit de la volonté et des intrigues de l'impératrice Marie-Anne et de l'archiduc Maximilien de Modène qui le souhaitaient pour leur nièce. En raison de l'opposition de l'empereur, le mariage est célébré simplement et les nouveaux époux ne sont pas reçus à Vienne officiellement. Néanmoins, l'impératrice va leur rendre visite peu de temps après[68]. L'épisode n'amène pas de rupture entre Vienne et Frohsdorf, bien au contraire. Les familles française et autrichienne apparaissent très unies.

Mais le bon accueil global de la cour d'Autriche a des limites. L'Autriche ne reconnaît pas officiellement Henri « V », qui conserve son nom d'incognito, celui de comte de Chambord, comme le reste de sa famille. Quelles que soient les affinités politiques du gouvernement autrichien avec le légitimisme, il n'envisage pas un instant de prendre les armes contre la France de Louis-Philippe qu'il lui faut donc ménager. Par ailleurs, Metternich demande au directeur de la police, le comte de Sedlnitzky, de surveiller les faits et gestes de la famille royale et tout son courrier est intercepté. Il semble néanmoins que, pour le chancelier, ce soit avant tout une question de routine qui n'est pas contradictoire avec les sympathies qu'il peut avoir pour la cause légitimiste. Quand, en 1839, le comte de Chambord sort sans visa des territoires autrichiens pour aller à Rome,

Metternich se plaint amèrement de la manière dont les journaux français et Montbel lui-même, alors son correspondant, traitent l'affaire en prétendant que la famille royale est prisonnière de l'Autriche. Il souligne que les procédés du gouvernement impérial à l'égard de la famille royale ne s'écartent pas des règles de droit et qu'il est injuste de les taxer d'arbitraire[69]. L'installation définitive des Bourbons en territoire autrichien prouve en tout cas que ces contraintes étaient acceptées et comprises par les principaux intéressés, qui ne cherchèrent jamais d'autre asile.

Cet enracinement autrichien, dans lequel Marie-Thérèse joue un grand rôle, suscite des réactions mitigées du parti légitimiste français. Un texte de *La Mode,* à mi-chemin entre la nouvelle et le récit anecdotique, permet d'analyser leur attitude. Il paraît au moment de la réception des ducs d'Orléans et de Nemours à la cour de Vienne, laquelle inquiète vivement les légitimistes. La scène se situe quelques jours avant l'arrivée des princes, alors que Marie-Thérèse et sa nièce Louise-Marie se trouvent à Vienne. Louise-Marie rentre dans ses appartements après une soirée passée en compagnie de la famille impériale. Tout en l'aidant à se préparer pour la nuit, sa femme de chambre s'enthousiasme de l'accueil qu'elle a reçu de celle-ci. La princesse, derrière laquelle se cache l'auteur de l'article, lui rapporte en retour les paroles de sa tante sur la vanité de ces honneurs accordés à tous, y compris à ceux qui n'en sont pas dignes, autrement dit les princes d'Orléans. Mademoiselle considère que ces hommages leur sont dus de toute façon, en raison de leur naissance mais surtout des vertus et des malheurs de Marie-Thérèse.

Enfin, elle insiste sur le fait que sa tante ne cherche pas d'appui auprès de la cour impériale et ne demandera jamais d'aide à des étrangers pour le rétablissement du trône de France : Dieu seul en décidera.

Le lien entre la branche aînée, Marie-Thérèse en particulier, et l'Autriche est, sinon nié, du moins relativisé. Marie-Thérèse trouve à Vienne des « affections de famille » dénuées de toute conséquence politique puisque la princesse, instinctivement, se méfierait de la politique autrichienne. Cette relecture est la manifestation de la gêne que suscite chez un grand nombre de légitimistes, et en particulier chez les « Jeunes France », partisans de l'action parlementaire et de la reconquête par l'opinion publique, la collusion entre les princes de la branche aînée et l'Autriche. Deux raisons expliquent ce malaise. La première est le passage du nationalisme, tel qu'il est issu de la Révolution, parmi les valeurs de la droite contre-révolutionnaire, passage qui s'effectue manifestement au cours de la Restauration. Contrairement aux émigrés, les légitimistes français ne conçoivent pas que le roi puisse rechercher de l'aide à l'étranger. Il faut donc laver les princes de tout soupçon d'« antipatriotisme »[70]. La deuxième raison est la méfiance persistante des Français à l'égard de la politique autrichienne que la Restauration n'a en rien atténuée[71]. Pour les légitimistes, le soutien naturel de la France, ce ne sont ni l'Autriche ni l'Angleterre, mais la Russie, dont le tsar a protesté vigoureusement contre la prise de pouvoir de Louis-Philippe. L'attitude de la famille royale est donc encombrante, voire incompréhensible, c'est pourquoi on la rejette dans le fors privé et on insiste sur l'amour des princes pour la France et sur leur lucidité quant aux « manœuvres » autrichiennes.

Les légitimistes français ne sont pas dupes. A défaut de pouvoir dicter à la famille royale sa conduite à l'égard de l'ambigu « allié » autrichien, ils s'emploient à en limiter les effets. La grande question en la matière est celle du mariage du comte de Chambord. Les légitimistes redoutent très tôt une union avec une archiduchesse d'Autriche, ce contre quoi on met en garde la duchesse d'Angoulême. Sosthène de La Rochefoucauld souligne que Marie-Thérèse serait immanquablement regardée comme responsable d'une telle alliance et que sa popularité s'en ressentirait. La seule alliance souhaitable pour les Français est la russe, quitte à marier Louise-Marie à un prince autrichien pour ne pas froisser l'empereur d'Autriche. Or, Marie-Thérèse – comme Marie-Caroline manifestement – n'envisage pas un instant l'alliance russe. De même qu'en 1814, elle objecte à cette proposition la question de la religion qui lui semble rédhibitoire. A cela s'ajoutent probablement des considérations dynastiques : les Romanov sont de trop petite noblesse pour prétendre s'allier aux Bourbons. Marie-Thérèse et son époux souhaitent une alliance autrichienne pour Chambord, ce qu'ils finissent par obtenir[72]. Ce mariage provoque de toute évidence une amère déception chez de nombreux légitimistes. Malgré les efforts de justification et de conseil de ses partisans, la famille royale demeure inaccessible à leurs vues politiques. Les membres des différents comités de Paris sont adeptes d'une forme de pragmatisme que récuse la famille royale qui raisonne en termes providentialistes et dynastiques. Le fossé entre les deux conceptions ne sera jamais comblé pendant les vingt et un ans d'exil de la princesse.

Marie-Thérèse et le comte de Chambord

L'année 1839 marque un double tournant dans l'histoire de l'exil de la famille royale. Le duc de Blacas meurt, enlevant aux anciens carlistes, groupés désormais autour de Louis « XIX », leur principal soutien, et le comte de Chambord termine son éducation, le duc de Lévis – qui remplace le comte de Brissac à la fin de l'année 1838 – ayant décliné le titre de gouverneur[73]. Louis « XIX » demeure le chef de sa famille mais il prend peu d'initiatives et les espoirs légitimistes reposent plus que jamais sur son neveu. Dans ces conditions, Marie-Thérèse perd son rôle d'arbitre entre des factions moribondes, tout en jouant encore un rôle moral important.

Jusqu'à la mort de Louis « XIX », en 1844, les principaux événements politiques sont les voyages du comte de Chambord. En 1839, il se rend en Italie sans l'autorisation de Metternich, ce qui déclenche la colère de celui-ci. En 1843, il voyage en Grande-Bretagne et rencontre à Londres, dans sa demeure de Belgravia Square, les légitimistes français. Si ceux-ci ont l'impression de retrouver là un chef, Marie-Thérèse et son époux sont assez réservés sur les initiatives de leur neveu. En 1839, ils étaient au courant de son intention de se rendre en Italie et, sans donner leur permission, avaient laissé faire. Mais Marie-Thérèse avait repoussé l'idée d'aller l'y rejoindre et attendu son retour pour éviter de contrarier davantage le gouvernement autrichien. Quand on lui annonce que son neveu revient de Naples, à la fin du mois de janvier 1840, elle a ce commentaire : « Il est bien temps que cela finisse[74]. » Il faut dire qu'elle redoute un mariage napolitain, prévu de longue main par Marie-Caroline avec sa propre demi-sœur[75].

L'attitude de Louis « XIX » et de son épouse qui, semble-t-il, prennent nombre de décisions en commun, se situe dans la continuité de celle adoptée par Charles X. Ils considèrent que la légitimité doit se ranger du côté du gouvernement autrichien et attendre qu'une occasion propice se fasse jour pour restaurer la royauté. Leur intérêt pour les calculs et manœuvres politiques est particulièrement limité et ils ne se manifestent guère auprès des légitimistes de France. Une des preuves pour l'historien de leur inaction en matière de propagande est la quasi-inexistence de portraits de Louis « XIX » et de Marie-Thérèse durant leur séjour en Autriche. Ceux qui subsistent aujourd'hui se trouvent dans des collections privées. Plus révélatrice encore sans doute est leur attitude vis-à-vis de la production émanant de la mouvance légitimiste. Lors de la parution de la *Vie de Marie-Thérèse de France,* biographie de Marie-Thérèse par Alfred Nettement, en 1842, c'est la duchesse de Berry qui envoie au journaliste un mot de félicitations, aussitôt publié dans *La Mode.* Rien ne vient de la cour de Gorizia, où Marie-Thérèse désapprouve le livre comme infidèle à la réalité. Pourtant, l'ouvrage est l'un des premiers promus par *La Mode* dans le cadre de sa « propagande royaliste » qui vise à sensibiliser les Français à la cause légitimiste par la propagation d'ouvrages sur les princes. Or, là, l'objet de la vénération se dérobe, comme il l'a finalement toujours fait[76].

La mort de Louis « XIX », au mois de juin 1844, à défaut d'unifier complètement les légitimistes, leur donne au moins un seul, unique et incontestable souverain. Tout tend à prouver que Marie-Thérèse est très attachée à son neveu – ainsi d'ailleurs qu'à sa nièce. Il est le fils qu'elle n'a pas pu avoir et, de fait, c'est pratiquement elle qui l'a éduqué. Réciproquement, le comte de Chambord la considère comme une seconde mère et lui manifeste une affection proche de la vénération. Il est néanmoins difficile de dire si ces liens se sont traduits concrètement sur le plan politique. Nous n'avons ainsi aucune indication sur le rôle joué par Marie-Thérèse de France auprès de son neveu à cette période. Même le mariage avec l'archiduchesse Marie-Thérèse, qu'elle a vraisemblablement souhaité, n'est pas réellement de son fait. Quant au titre de chef de famille que le comte de Chambord lui laisse, à la mort de son oncle, il est une preuve de son respect tout filial, non la reconnaissance d'un rôle politique. La princesse occupe cependant une place à part dans les discours de son neveu, pour lequel elle constitue une référence politique majeure.

Après 1848, les premiers projets de « fusion » monarchique voient le jour. On désigne sous ce terme le programme qui consiste à réconcilier les deux branches des Bourbons pour obtenir un seul grand mouvement royaliste en France. Le comte de Chambord serait reconnu par tous comme le prétendant légitime à la couronne de France et, en échange, les princes d'Orléans seraient regardés comme les héritiers du comte au cas où il n'aurait pas d'enfants. Les partisans de cette solution soulignent l'obligation dans laquelle se trouverait le comte de Chambord, en acceptant cette réconciliation, de prendre le drapeau tricolore pour emblème de la Restauration[77]. Le comte, dans un premier temps, ne refuse pas franchement, mais sa réponse est dilatoire :

> On répondit en son nom que le prince ne repoussait point l'emblème d'une réconciliation qui était aussi dans son cœur mais qu'on ne pouvait pas lui demander de prendre, à cet égard, une résolution avant que la France ne l'y invitât. Mme la Dauphine existait encore. Etait-il possible, ajoutait-on, d'arborer sans les plus graves motifs, et pour ainsi dire, sous les yeux de la fille de Louis XVI, un drapeau qui lui rappelait de si douloureux souvenirs[78].

Les principes de Marie-Thérèse de France sont ainsi élevés comme une barrière entre les demandes de certains royalistes et le comte de Chambord. Certes, cette barrière est en partie rhétorique : en invoquant la figure de sa tante, à laquelle orléanistes et légitimistes rendent hommage, il sait qu'il va toucher juste et gagner du temps. Néanmoins, le recours à Marie-Thérèse n'est pas qu'un simple expédient. Il fait d'elle le meilleur défenseur d'un principe qu'il partage, celui d'une royauté providentielle et sacrificielle qui a traversé les orages révolutionnaires pour restituer à la France son lustre et sa puissance. Le culte qu'il rend à la mémoire de sa « sainte tante » après sa mort est également l'expression de ce principe. La chambre où la duchesse est morte devient une chapelle dans laquelle on n'entre que les jours anniversaires des morts des membres de la famille royale[79]. La consécration de ce lieu range la princesse parmi les saints de la Maison de Bourbon, et l'élève au rang de protectrice de son neveu exilé. Ce dernier se situe ainsi dans l'idéologie royale telle que Louis XVIII l'avait promue en 1814, idéologie incompatible avec les principes défendus par les Orléans et qui condamne à l'avance tout effort d'union des royalistes derrière le nom d'Henri « V ».

La reine douloureuse

> En parcourant des yeux l'espace qui sépare la tour du Temple du château d'Edimbourg, je trouverais sans doute autant de calamités entassées qu'il y a de siècles accumulés sur une noble race. Une femme de douleur a surtout été chargée du fardeau le plus lourd, comme la plus forte : il n'y a cœur qui ne se brise à son souvenir ; ses souffrances sont montées si haut, qu'elles sont devenues une des grandeurs de la France[80].

Chateaubriand, dont la prédilection pour Marie-Thérèse de France est certaine, même si l'intéressée l'a souvent déçu, a trouvé dans la dernière formule de ce texte une expression saisissante qu'il réutilise maintes fois par la suite – parfois sous la forme « ses souffrances sont montées si haut qu'elles sont devenues une des grandeurs de la Révolution[81] » – et que d'autres paraphraseront également bien souvent. La formule résume parfaitement ce qu'est Marie-Thérèse de France pour les légitimistes après 1830 : l'incarnation de la royauté souffrante.

La princesse demeure d'abord liée aux souvenirs de la Révolution. Les journaux légitimistes ne manquent pas, aux dates anniversaires des 21 janvier et 16 octobre, de rappeler ses malheurs. Edouard Walsh évoque, avec émotion et colère vis-à-vis des révolutionnaires de tout acabit, sa rencontre avec Marie-Thérèse à l'aube du 16 octobre 1833, « enveloppée dans un schall noir et se rendant à l'église, dont la cloche tintait une messe des morts[82] ». Le deuil de Marie-Thérèse est sacré. Il symbolise celui du légitimisme tout entier, fidèle à la mémoire de Louis XVI, que les orléanistes ont reniée en refusant de conserver la cérémonie du 21 janvier. La princesse continue ainsi, chaque année, à mener le deuil au nom de ceux qui refusent tout compromis avec la Révolution.

Mais les malheurs de Marie-Thérèse sont aussi contemporains. L'exil est le premier d'entre eux. Les écrivains légitimistes reviennent fréquemment sur ce thème et la dépeignent se lamentant sur son éloignement de la France.

> Mon ami, cette princesse est déchirante. Sa douleur semble s'accroître tous les jours. Elle craint pour les Français cette misère de l'hiver qu'elle savait si bien soulager. Il est impossible de prononcer devant elle le nom de France sans exciter ses sanglots. Il y a peu de jours, Mgr le duc de Bordeaux avait été la voir et la féliciter sur le mieux qu'elle éprouvait. Mme la Dauphine l'écoutait avec plaisir ; mais lorsqu'il ajouta que sa maladie avait excité le plus vif intérêt en France, et que toutes les lettres le disaient : « Ah ! La France ! La France ! », s'écria-t-elle en pleurant ; et le jeune prince s'éloigna, tout malheureux du chagrin qu'il avait réveillé[83].

L'exil, qui provoque les larmes de douleur de la princesse, n'est pourtant que l'arrière-plan sur lequel se déroule la longue série de souffrances qui viennent s'ajouter à celles de sa jeunesse. Chaque coup qui frappe la famille royale la frappe, elle, plus particulièrement. L'emprisonnement de la duchesse de Berry à Blaye a été regardé comme une réitération du sien : « elle voit finir par la captivité de sa sœur une révolution qui commença par la sienne », a pu écrire Chateaubriand[84]. En 1836, on la dépeint cruellement touchée par la mort de Charles X. Au mois de juillet 1841, la chute de cheval du comte de Chambord, qui en restera boiteux, est « une nouvelle épreuve ajoutée aux inénarrables épreuves de la royale Fille des Martyrs[85] ». Enfin, en 1844, la mort de son époux est l'ultime malheur que doit subir Marie-Thérèse de France.

> Déjà si cruellement éprouvée, l'auguste fille de Louis XVI a retrouvé au milieu de ses douleurs la force de supporter cette nouvelle épreuve. Sa tendre sollicitude, son amour si noble et si touchant ont veillé constamment sur cet autre Saint Louis et sa foi sincère s'adressait à ce Dieu, consolateur de toutes les infortunes, Providence éternelle vers laquelle tout remonte ! Les yeux remplis de larmes, elle baisait avec tendresse les mains vénérables de son auguste époux, et elle a passé la nuit en prière près des restes mortels de ce prince, qui dut à son amour les seuls jours heureux qui lui aient été accordés sur la terre[86].

La mort de celui dont elle avait partagé le destin tourmenté pendant plus de quarante ans est présentée comme un point d'orgue à ses douleurs. La princesse perd un époux mais aussi le dernier membre de sa famille à avoir connu la Révolution. « Marie-Thérèse domine toutes les ruines[87] », écrit Chateaubriand au vicomte de Baulny, autrement dit, elle demeure la seule survivante de la royauté d'avant l'exil. La princesse est un monument au sens propre du terme, car c'est dans sa chair que sont inscrites toutes les épreuves de la royauté. Les nombreux hommages qui lui sont rendus déclinent quasi systématiquement la longue litanie des princes disparus qu'elle semble désormais représenter tous.

> A présent, comment parlerais-je de la duchesse d'Angoulême, de cette princesse, fille de Louis XVI, le roi martyr, sœur de Louis XVII, le roi supplicié, nièce de Charles X et femme de Louis XIX, les rois exilés et morts dans l'exil, de cet ange qui aime la France, aime les Français… Et qui dit de ceux qui ont été indifférents dans les moments affreux où elle s'est trouvée : « Ils avaient perdu la tête. » Et qui dit encore comme Jésus-Christ de ceux qui ont torturé sa vie entière : « Ils avaient perdu la tête ; ils ne savaient ce qu'ils faisaient[88]. »

Marie-Thérèse est la « reine des douleurs », dont la vie a été consacrée à soutenir des rois dans la peine et dont les souffrances sont le tribut nécessaire au pardon de la France et au retour de la royauté légitime. Le légitimisme reprend là l'image de la princesse laissée par la Restauration, mais dans le contexte d'un nouvel exil son rôle de victime providentielle prend des dimensions inégalées. Elle devient, dans la rhétorique légitimiste, un Christ souffrant. L'emploi, tout métaphorique qu'il est, n'en demeure pas moins surprenant, puisqu'il est ordinairement réservé à la personne du roi : une fois de plus se manifeste le caractère exceptionnel de la princesse, héritière du sang des rois et, partant, d'une partie de leur dignité. Sa vie est une « Passion royale[89] » ou un « holocauste perpétuel[90] », elle « [a] imité, autant que la faiblesse humaine peut atteindre la bonté divine, [elle a] imité le Christ, dont il a été dit qu'il traversa le monde en faisant le bien[91] ». Sa prière au Ciel, comme victime perpétuelle et consentante, est toujours centrale dans l'imaginaire légitimiste et elle est regardée comme l'équivalent de celle du Christ sur la croix.

> Priez, Madame, pour le prince qui est devenu votre fils, car cet Henri pour lequel nous avons tous tant prié, il est l'enfant de vos soupirs et de vos larmes ; vos prières nous l'avaient obtenu ; ce sont vos prières qui nous l'ont conservé. Les mains levées dans un oratoire, c'est le grand évêque de Meaux qui l'a dit (et quel oratoire que celui de la fille de Louis XVI !), elles conduisent les événements plus sûrement que l'habileté des hommes ; elles déjouent, nous l'avons vu, les espérances des pervers ; elles conjurent les colères de Dieu. Priez pour la France, Madame, qui, privée par le cours des événements de vous avoir vue présider à ses destinées, vous vénère comme une sainte ; demandez pour ce pays si cher à votre exil, les félicités que vous lui auriez données. La voix de la vertu est puissante, surtout quand elle sort de la bouche d'une des grandes victimes dont la vie a été un holocauste perpétuel. C'est du haut de la croix que le Christ obtint le salut du monde ; fille de Louis XVI et de Marie-Antoinette, demandez le salut de la France du haut de vos malheurs[92].

Les souffrances de Marie-Thérèse sont rédemptrices et doivent obtenir le salut du royaume, condition au retour d'Henri « V » dont dépendent la gloire et la prospérité de la France. La princesse devient l'indispensable soutien de son neveu, celle grâce à qui il pourra retrouver son trône. Elle est complémentaire du jeune prince dans l'imaginaire légitimiste. Elle est le Christ souffrant là où il est le Christ en gloire, le Messie que la France attend. Marie-Thérèse incarne la royauté passée, tandis que son neveu incarne celle à venir. Dans la métaphore christique comme dans l'incarnation royale, les deux figures deviennent indissociables. La douleur permanente de Marie-Thérèse est la source de la royauté régénérée d'Henri « V ».

Le testament de la royauté

> Un soir d'automne, à Augerville, [...] on apprit la mort de Mme la duchesse d'Angoulême. On se retira de bonne heure, douloureusement impressionné. Berryer ne put dormir.
>
> Il se lève, met sa robe de chambre, va réveiller un de ses amis, et lui demande d'entendre le récit des malheurs de l'auguste fille de Louis XVI.
>
> Alors, avec des larmes dans la voix, il prononce une véritable oraison funèbre.
>
> La porte était restée ouverte. Les habitants du château, maîtres et serviteurs, successivement avertis, étaient venus s'agenouiller autour de lui. Devant cet auditoire improvisé, son génie et son cœur lui inspirèrent des accents pathétiques qui portèrent l'émotion à son comble. Tout le monde pleurait, et les témoins de cette scène ont dit que sa parole s'était élevée dans cette circonstance aux plus sublimes effets qu'il soit possible d'atteindre ou de concevoir[93].

Le 19 octobre 1851, Marie-Thérèse de France meurt à Frohsdorf après une courte maladie – les médecins avaient diagnostiqué une pleuro-pneumonie. La nouvelle arrive le 22 octobre à Paris, où les réactions sont très vives. L'anecdote rapportée par la vicomtesse de Janzé à propos de Pierre-Antoine Berryer, meneur des légitimistes à la Chambre et l'un des principaux dirigeants du mouvement, est tout à fait représentative de l'émotion que cette nouvelle suscite chez les légitimistes. Celle qui incarnait la royauté persécutée par les révolutions meurt sur sa terre d'exil et avec elle tout un pan de l'histoire de la royauté semble disparaître. Durant plus d'un mois les cérémonies religieuses en son honneur se succèdent. D'après les articles de *La Gazette de France,* des services ont lieu dans une centaine de villes réparties sur tout le territoire avec une surreprésentation du Midi, depuis Toulouse jusqu'à Marseille. Dans certaines villes, le deuil est général. A Nîmes, toutes les paroisses organisent au moins une cérémonie pendant la semaine qui suit l'annonce du décès. A Marseille, on sonne le glas dans la nuit du 30 octobre dans toutes les paroisses et celles-ci organisent une cérémonie à la mémoire de la princesse le lendemain. Dans une vingtaine de villes, la cérémonie – ou une des cérémonies – est célébrée par l'évêque, le plus souvent dans la cathédrale. Plusieurs célébrations sont le fait de particuliers ou d'associations. Le marquis de Pastoret, fidèle parmi les fidèles, gestionnaire pendant plusieurs années des biens du comte de Chambord, en organise une chez lui, et les anciens serviteurs de la princesse font de même à Saint-Thomas-d'Aquin. Toutes ces manifestations se déroulent dans un décor relativement modeste. Les églises sont tendues de noir et le catafalque de la princesse est simplement recouvert d'un tissu de même couleur, comportant parfois une croix, des couronnes d'immortelles ou encore des cierges. Il n'est en effet possible de lui faire arborer les insignes royaux ou les armes de France. Une fois la messe dite, l'assistance défile devant le catafalque, et une partie reste prier devant jusqu'à la fermeture de l'église[94].

Il est malheureusement impossible de mesurer précisément l'affluence à ces cérémonies. Mais leur nombre laisse supposer une mobilisation des légitimistes sans précédent. Ni Charles X ni Louis « XIX » n'ont bénéficié d'un si grand nombre de messes et de services. Il faut faire là la part des circonstances politiques. La République conservatrice de 1851 est plus tolérante à l'égard de ces cérémonies que la monarchie de Juillet. Au mois d'octobre 1851, à un moment où il se prépare à prendre le pouvoir, le prince-président Louis-Napoléon Bonaparte a intérêt à flatter des légitimistes qui pourraient lui être favorables. Il laisse donc faire. Mieux, il se rend lui-même à un service funèbre en l'honneur de Marie-Thérèse de France à Saint-Cloud[95]. C'est en effet sans doute la caractéristique principale de ces cérémonies : elles ne sont pas fréquentées par les seuls légitimistes, mais par tout le parti de l'Ordre, regroupement de républicains conservateurs, bonapartistes et royalistes qui avaient été les meilleurs soutiens de la candidature de Louis-Napoléon à la présidence de la République en 1848. Au-delà des considérations politiques du moment, les conservateurs rendent hommage à la victime de toutes les révolutions, et la grande majorité des journaux mentionnent avec respect sa mort. Elle est pour *Le Messager de l'Assemblée,* « une des physionomies les plus imposantes de notre temps[96] », pour *L'Ordre,* « la plus grande infortune de l'histoire[97] », pour *Le Siècle,* une « déplorable victime des vicissitudes de l'histoire[98] ». *La Presse* écrit que « sa vie fut un long et pieux martyr[99] » et *La Patrie* salue « cette sainte et lamentable existence devant laquelle tous les partis se sont inclinés depuis cinquante ans, les vainqueurs pour s'instruire et les vaincus pour se fortifier[100] ». Le plus bel hommage rendu dans la presse non légitimiste est sans doute celui de Sainte-Beuve dans *Le Constitutionnel* :

> En venant un peu tard et après tous les organes de la publicité pour rendre, à notre manière, hommage à une haute vertu et à une immense infortune, nous n'aurons qu'à répéter plus ou moins ce qui a été dit et senti par tous. Il est un point de vue pourtant, si un tel mot est permis en présence d'une figure si simple et si vraie, et la plus étrangère à toute attitude solennelle, il est un point de vue qui sera particulièrement le nôtre. Tout change, tout meurt ou se renouvelle ; les races les plus antiques et les plus révérées ont leur fin, les nations elles-mêmes, avant de tomber et de finir, ont leurs manières d'être successives et revêtent des formes diverses de gouvernement dans leurs divers âges ; ce qui était religion et fidélité dans un temps n'est plus que monument et commémoration du passé dans un autre ; mais à travers tout, tant que la dépravation n'est pas venue, il y a quelque chose qui reste : l'humanité et les sentiments naturels qui la distinguent, le respect pour la vertu, pour le malheur, surtout immérité et innocent, la pitié qui elle-même n'est que le nom de la piété envers Dieu en tant qu'elle se retourne vers les infortunes humaines. En parlant de Mme la duchesse d'Angoulême, c'est à tous ces sentiments indépendants de toute politique que nous nous adressons, c'est à la partie sensible et durable de notre être[101].

La sympathie exprimée pour la figure de la duchesse d'Angoulême en 1851 est assez proche de celle qu'on lui témoignait en 1795. C'est en effet d'abord le tragique de sa destinée et la constance avec laquelle elle l'a supportée qui émeuvent. Sa mort vient ajouter le sentiment qu'une page de l'Histoire de France se tourne. La dernière descendante directe des rois de France, le dernier témoin royal des événements révolutionnaires disparaît : c'est aussi devant la figure historique qu'orléanistes ou bonapartistes s'inclinent.

Pour les légitimistes, la figure de Marie-Thérèse allie dimension historique et dimension sacrée. Depuis 1830, les références à sa sainteté ou à son martyre sont encore plus fréquentes que sous la Restauration et ces références sont beaucoup moins allusives. Elle est la « sainte de France[102] », « la sainte fille de Louis XVI[103] », « la sainte de l'exil[104] », « la sainte princesse[105] », ou tout simplement « une sainte[106] ». Tous ses biens deviennent des reliques. Le château de Villeneuve-l'Etang qui lui appartenait a été racheté par le vicomte Decazes qui le maintient entièrement dans l'état laissé par sa propriétaire et en fait un lieu de pèlerinage. On se scandalise du fait que la chapelle expiatoire soit régentée par le roi des Français et on forme des vœux pour que nul n'emprunte le mobilier de la princesse[107]. Sa mort fournit aux légitimistes un nouvel objet de vénération : son testament.

Il paraît pour la première fois le 29 octobre 1851, en même temps que le récit détaillé de la mort de Marie-Thérèse, dans tous les journaux légitimistes. Dans ce texte simple et concis, la princesse confirme l'image que les royalistes avaient d'elle depuis longtemps : elle y réaffirme son attachement à la religion catholique et souligne l'aide qu'elle lui a apportée dans ses épreuves. Elle se regarde comme l'héritière de ses parents, et tout particulièrement du pardon que ceux-ci ont accordé à la France. Elle rappelle son attachement permanent à son pays et demande à Dieu d'étendre sa protection sur lui. Enfin, elle agit en mère à l'égard de son neveu et formule d'ultimes souhaits pour qu'il mène à bien la mission qui lui a été confiée. En résumé, pour les légitimistes :

> Le testament de la sainte reine Marie-Thérèse et le récit de ses derniers moments couronnent dignement l'histoire ou plutôt le grand poème de Louis XVI et des siens. C'est une dernière épine ajoutée à cette couronne de douleurs et d'angoisses qui est la couronne de France depuis si longtemps, ou plutôt, c'est un rayon de plus à l'auréole de nos saints martyrs[108].

Ce testament clôt le cycle des grands textes royaux et martyriels. Il est reproduit et distribué lors des cérémonies funèbres à la mémoire de la princesse. Les prêtres le lisent en chaire, lors de ces mêmes occasions, à l'instar de celui de son père le 21 janvier. Il devient un objet de piété. L'éditeur Jeanne, relayé par *La Mode,* en fait circuler des exemplaires ornés d'un portrait de Marie-Thérèse d'après Robert Lefèvre. En 1852, le même éditeur publie un calendrier portant d'un côté un portrait du comte de Chambord et ses bons mots et paroles marquantes, de l'autre un portrait d'Henri IV et les paroles historiques des Bourbons, parmi lesquelles figurent des extraits du testament de Marie-Thérèse, seule princesse représentée parmi une lignée de rois[109].

D'une certaine façon, ce testament se substitue au seul véritable monument auquel la princesse n'aura pas droit en France : son tombeau. Les journalistes le déplorent et émettent le souhait que le gouvernement accepte de rapatrier le corps de Marie-Thérèse :

> Nous sera-t-il permis de laisser échapper de notre cœur un vœu qui, nous en sommes sûr, se trouvera aussi dans le cœur de tous les bons Français ? Les dépouilles mortelles de la fille de Louis XVI resteront-elles sur la terre étrangère ? Ne les confiera-t-on pas à notre vénération et à notre amour, en les envoyant reposer dans ce mausolée que sa piété avait élevé à son père et à sa mère ?
>
> La reine Marie-Thérèse avait ardemment désiré de finir ses jours dans cette patrie dont tant de souvenirs cruels auraient dû la repousser, si son âme eût été moins magnanime, si elle eût été moins indissolublement unie à sa nation. La terre de France n'a pu voir s'abaisser devant l'amour de cette princesse les barrières de l'exil, que cette terre s'ouvre au moins pour recevoir ce que le ciel, en la réclamant, nous a laissé d'elle. Qui sait si le tombeau d'une sainte ne sera pas un paratonnerre sur Paris et sur la France[110] ?

Significativement, ce n'est pas à Saint-Denis que l'on pense pour enterrer les cendres de la princesse, mais à la chapelle de la rue d'Anjou. La dimension sacrificielle de la royauté l'emporte finalement sur la dimension dynastique. Elle l'emporte aussi sur la stricte orthodoxie catholique. En effet, s'il n'y a pas eu, à notre connaissance, d'introduction de la cause de Marie-Thérèse-Charlotte de France à Rome, c'est que la sanction officielle de l'Eglise n'était pas nécessaire pour en faire une sainte royale. A défaut d'être une nouvelle patronne de la France, Marie-Thérèse sera la patronne de la France légitimiste.

Néanmoins, elle reste une sainte expatriée. Le 26 octobre 1851, son corps est transféré de la chapelle ardente dressée pour elle à Frohsdorf au couvent franciscain de la Castagnavizza, à Gorizia[111]. Les Bourbons, malgré les propositions de la famille impériale de les accueillir dans la crypte des Capucins, ont préféré une sépulture modeste en accord avec leur profonde piété et cohérente avec leur renoncement au titre royal. Marie-Thérèse est donc enterrée entre son mari et son beau-père. Son tombeau porte pour épitaphe : *O vos omnes qui transitis per viam attendite et videte si est dolor sicut dolor meus* (« O, vous qui passez sur le chemin, regardez et voyez s'il est une douleur semblable à la mienne »). La citation est tirée des Lamentations de Jérémie et utilisée dans les antiennes du chemin de croix romain, à la quatrième station, qui rapporte la rencontre du Christ avec la Vierge et saint Jean. Le tombeau de Marie-Thérèse apparaît ainsi comme la dernière étape de son calvaire personnel.

CONCLUSION

Entre ténèbres et clarté

Et si l'histoire qui précède n'était que mensonges, qu'une version officielle dissimulant la vérité sur la fille de Louis XVI ? Certains prétendent en effet que Marie-Thérèse a été substituée à la sortie du Temple et que la duchesse d'Angoulême rentrée en France en 1814 n'est pas la fille de Louis XVI. A dire vrai, cette rumeur de substitution est un phénomène assez récent. Le fait que la duchesse d'Angoulême puisse ne pas être la fille de Louis XVI n'a jamais effleuré les contemporains. C'est le livre de Frédéric de Saxe-Altenbourg, paru en 1954 en français, qui donne naissance à ce qui n'est qu'une rocambolesque légende. D'après des souvenirs et traditions familiaux, il prétend que, lors de son départ pour Vienne, on aurait substitué à la princesse une de ses suivantes qui serait allée en Autriche à sa place. Marie-Thérèse se serait cachée pendant plusieurs années avant de trouver refuge en 1807 dans les Etats des ducs de Saxe-Altenbourg-Hildburghausen, à Hildburghausen, puis Eishausen, où elle serait morte en 1837[1]. Frédéric de Saxe-Altenbourg identifie ainsi Marie-Thérèse à celle que les Allemands surnomment « la comtesse des Ténèbres ». Cette dernière, qui a véritablement existé, était une femme mystérieuse qui a vécu pendant plusieurs dizaines d'années au château d'Eishausen sans que nul n'ait jamais pu distinguer son visage. Un des arguments majeurs en faveur de cette théorie de la substitution serait d'ailleurs qu'une ou deux personnes auraient aperçu le visage de cette dame dont la ressemblance avec Marie-Antoinette aurait été frappante.

Quelques biographes de Marie-Thérèse ont repris cette thèse de la substitution, en l'enrichissant souvent de leurs propres réflexions. Certains forums sur internet en discutent âprement[2]. Des hypothèses ont été échafaudées sur la personne qui aurait remplacé Marie-Thérèse : sa compagne d'enfance, Ernestine Lambriquet, une fille bâtarde de Louis XVI ou encore une bâtarde de Condé. Quant à la cause de cette substitution, ce serait soit une grossesse non désirée de la princesse, enceinte d'un de ses geôliers, soit le refus de la même princesse de se rendre auprès de Louis XVIII que ses parents détestaient. Ces considérations ne sont étayées par aucune source, cette absence faisant d'ailleurs bien souvent preuve pour leurs auteurs.

En fait, la théorie de la substitution est à relier au mouvement naundorffiste né dans les années 1830 en France et encore actif aujourd'hui. Les naundorffistes sont les royalistes partisans de la survivance de Louis XVII. Ils croient qu'un certain Naundorff, originaire vraisemblablement de Prusse, était le véritable Louis XVII, miraculeusement échappé du Temple, et donc que ses descendants sont les véritables héritiers de la couronne de France. Or, pour ces « survivantistes », Marie-Thérèse a toujours constitué un obstacle puisqu'elle n'a jamais reconnu Naundorff comme son frère. Elle n'a jamais répondu à ses lettres ni voulu lui donner audience. La théorie de la substitution apporte une justification inespérée à ce problème : il est normal que Marie-Thérèse n'ait pas reconnu Naundorff puisqu'elle n'était pas la véritable fille de Louis XVI.

L'histoire de cette substitution, toute anecdotique qu'elle soit, prouve à quel point Marie-Thérèse comptait et compte encore dans le royalisme français comme référence mémorielle et comme garante de la légitimité monarchique. L'épisode du Temple est à l'origine de cette place politique inédite pour une princesse. L'emprisonnement de la famille royale, l'instauration d'une république et l'exécution du roi ont entraîné une redéfinition et une resacralisation de la royauté. Marie-Thérèse en est la principale bénéficiaire parce qu'elle a partagé le sort de ceux qui apparaissent aux yeux des royalistes comme des « martyrs » dès 1793. Elle est l'héritière de Louis XVI et la véritable détentrice de la légitimité royale là où la seule légitimité héréditaire de ses oncles ne suffit plus pour asseoir leur autorité. C'est une chance pour eux que la princesse ait été pieusement maintenue dans de bons principes par sa tante Elisabeth, grand soutien de ses frères émigrés. Marie-Thérèse a ainsi choisi de rentrer sagement dans le giron de sa famille paternelle et de se marier à l'héritier du trône, réunissant ainsi les deux types de légitimité, traditionnelle et « martyrielle ». Elle a volontairement voué sa vie à la royauté légitime qu'elle a cherché à préserver dans toute sa pureté, quitte à se heurter à son entourage proche, son oncle Louis XVIII, sa belle-sœur, voire occasionnellement son mari. Cette constance, parfois rigide, a forcé le respect jusque parmi ses adversaires. Cependant, ce n'est jamais que dans les malheurs qu'elle a connus, emprisonnement et exil, qu'elle a vraiment pu rassembler au-delà de son propre camp, grâce à l'active propagande des royalistes qui soutenaient la monarchie légitime. La princesse l'a toujours emporté sur la femme et la figure imaginaire sur la personne réelle.

La mort de la princesse clôt une partie de l'histoire de la royauté. Le sang de Louis XVI n'est plus, et Henri « V » n'en est qu'un héritier lointain. Plus personne ne lie charnellement les différentes révolutions pour donner sens à l'histoire providentielle et douloureuse de la royauté telle que la conçoivent les légitimistes. Marie-Thérèse, après sa mort, demeure un monument de la Contre-Révolution et des royalismes mais son histoire n'éveille plus guère d'écho par ailleurs. Son image survit à travers une érudition nostalgique de la royauté jusqu'au début du XXe siècle, avant d'être définitivement marginalisée avec les courants idéologiques qui l'ont portée[3]. Jusqu'au bout, Marie-Thérèse-Charlotte de France aura ainsi épousé le sort de la royauté.

Notes

Introduction

1. Les deux biographies les plus récentes en français sont celles de Noëlle Destremau, *Madame Royale et son mystère,* et de Michel Bernard Cartron, *Marie-Thérèse, duchesse d'Angoulême. La vertu et le malheur,* qui datent respectivement de 1991 et 1999. La biographie d'André Castelot, d'abord intitulée *Le Secret de Madame Royale,* a été éditée pour la première fois en 1949. Réédité en 1951, le livre a été republié chez Perrin quelques années plus tard sous le titre de *Madame Royale.* Il a été réédité pour la neuvième fois en 2008. Le roman est celui d'Alexandra de Broca, *La Princesse effacée,* Paris, 2010, et la pièce celle de Dominique Sabourdin-Perrin, *Les Enfants du Temple,* Paris, 2010. La biographie la plus récente est celle, non traduite, de Susan Nagel, *Marie-Thérèse. The Fate of Marie-Antoinette's Daughter* (Le destin de la fille de Marie-Antoinette), Londres, 2008.

2. Le problème étant toutefois qu'il existe plusieurs royalismes tout au long du XIXe siècle. Grossièrement, il y a toujours un courant qui est prêt à composer en partie avec l'héritage révolutionnaire et un autre contre-révolutionnaire, strictement opposé à la Révolution. C'est surtout de ce dernier qu'il sera question dans ce livre.

3. Nous désignons par « imaginaire politique » un corpus de références fictives (qui peuvent être historiques, littéraires, artistiques, légendaires…) commun à un courant d'idées donné et constitutif de son identité.

4. C'est le titre d'un de ses romans, paru en 1848.

1. L'enfance

1. Elisabeth Louise Vigée-Lebrun, *Mémoires d'une portraitiste,* Paris, Scala, 2003, p. 44 et 45 ; *Mercure de France,* 22 septembre 1787 ; *Mémoires secrets,* t. 36, p. 347-352 ; Friedrich Melchior, baron de Grimm, *Correspondance littéraire, philosophique et critique,* Paris, 1880, t. 15, p. 163 et 164. Pour une étude complète du tableau, voir Joseph Baillio, « Marie-Antoinette et ses enfants par Mme Vigée-Lebrun », *L'Œil,* n° 308 03/1981, p. 34-41 ; n° 310, 05/1981, p. 52-61.

2. Alfred d'Arneth, M.-A. Geffroy, *Correspondance secrète entre Marie-Thérèse et le comte de Mercy-Argenteau, avec les lettres de Marie-Thérèse et de Marie-Antoinette,* Paris, 1874, vol. 3, lettre de Marie-Thérèse au comte de Mercy-Argenteau du 2 mai 1778, p. 194.

3. Simone Bertière, *Marie-Antoinette, l'insoumise,* Paris, 2002, p. 311-326 ; Jean-Christian Petitfils, *Louis XVI,* Paris, 2005, p. 265-267.

4. Philip Mansel, *Louis XVIII,* Paris, 2004, p. 25 et 26.

5. Sur toute la question des rapports entre la France et l'Autriche et du rôle de Marie-Antoinette sur le plan diplomatique voir l'article de Thomas E. Kaiser, « Who's afraid of Marie-Antoinette ? Diplomacy, austrophobia and the Queen », dans *French History,* vol. 14, n° 3, 09/2000, p. 241-271

6. A. de Baecque, *Le Corps de l'histoire, métaphores et politique (1770-1800)*, Paris, 1993, p. 67-70. Voir les très utiles mises au point de Vivian Gruder, « The question of Marie-Antoinette : the Queen and public opinion before Revolution », dans *French History,* vol. 16, n° 3, septembre 2002, p. 269-298, et surtout de Simon Burrows, *Blackmail, Scandal and Revolution, London's French Libellistes 1758-1792,* Manchester, 2006, p. 147-170. Pour ce dernier, les pamphlets écrits contre la reine n'ont pratiquement pas circulé avant 1789 : tous ont été saisis au préalable.

7. Abbé de Véri, *Journal*, Paris, 1933, t. 2, p. 98.

8. *Ibidem,* p. 161 ; Mathurin de Lescure (éd.), *Correspondance secrète inédite sur Louis XVI, Marie-Antoinette, la Cour et la ville, de 1777 à 1792*, Paris, 1866, p. 206.

9. Jeanne Campan, *Mémoires,* Paris, 1999, p. 168.

10. Simone Bertière, *Marie-Antoinette, op. cit.,* p. 297-300, 380.

11. Hector Fleischmann, *Les Pamphlets libertins contre Marie-Antoinette*, Paris, 1908, p. 117-119 ; V. R. Gruder « The question of Marie-Antoinette... », p. 275 ; S. Burrows, *Blackmail...*, p. 123-146. Ce dernier ne donne pas d'ex-

plication quant à cette production de pamphlets, sinon dans le cas de chantages avérés. Il semble que les sources manquent pour se faire une idée précise sur le sujet.

12. S. Burrows, *Blackmail...*, p. 99-103. On pense que l'auteur en était Beaumarchais. Il n'a vraisemblablement pas eu le temps de circuler, voire n'a jamais existé du tout. Pour le contenu, voir A. d'Arneth et M.-A. Geffroy, *Correspondance...* vol. 2, p. 233. Je remercie T. E. Kaiser de m'avoir donné ces précisions.

13. Thomas E. Kaiser, « Who's afraid of Marie-Antoinette ? Diplomacy, austrophobia and the Queen », dans *French History,* t. 14, n° 3, 09/2000, p. 257.

14. Joël Félix, *Louis XVI et Marie-Antoinette,* Paris, 2006, p. 215 et 216 ; Derek Beales, *Joseph II. In the Shadow of Maria-Theresa,* Cambridge, 1987, p. 368-376.

15. *Gazette d'Utrecht,* mardi 25 août 1778.

16. A. d'Arneth, M.-A. Geoffroy, *Correspondance...*, vol. 3, lettre de Marie-Antoinette à Marie-Thérèse le 16 mai 1778, p. 200.

17. A. d'Arneth, M.-A. Geoffroy, *Correspondance...*, vol. 3, lettre de Mercy-Argenteau à Marie-Thérèse le 18 décembre 1778, p. 276 et 277.

18. Simone Poignant, *Les Filles de Louis XV ; l'aile des Princes*, Paris, 1970, p. 7-9 ; S. Bertière, *Marie-Antoinette, l'insoumise...*, p. 377 et 378.

19. Emmanuel de Croÿ-Solre, duc de Croÿ, *Journal inédit*, Paris, 1907, t. 4, p. 136.

20. La *Gazette de France,* 22 et 29 décembre 1778. Le récit le plus célèbre de cette naissance est celui de Mme Campan qui, cherchant à se racheter auprès de la famille royale de son attitude sous l'Empire, a eu tendance à enjoliver les choses. Voir J. Campan, *Mémoires...*, p. 169-171.

21. AN, K 1017, Archives du Bureau de la ville de Paris, fêtes et cérémonies, registre de la ville.

22. *Mandement de Monseigneur l'archevêque de Paris qui ordonne que le* Te Deum *sera chanté dans toutes les églises de son diocèse, en actions de grâces de l'heureux accouchement de la reine,* Paris, 1778, p. 7 ; Sur le *Te Deum*, son histoire, sa récupération au profit de la monarchie et son fonctionnement, voir Michèle Fogel, *Les Cérémonies de l'information dans la France du XVIe au milieu du XVIIIe siècle*, Paris, 1989, p. 154-163.

23. AN, K 1017, Archives du Bureau de la ville de Paris, pièce 94.

24. Sa sœur, Sophie-Hélène-Béatrix, ne vécut que quelques mois et sa nièce, Louise-Marie-Thérèse d'Artois, n'est que Petite-Fille de France, son père, le duc de Berry, n'ayant jamais eu le titre de dauphin.

25. *Le Courrier d'Avignon,* vendredi 8 janvier 1779.

26. T. E. Kaiser, « Maternité et nationalité : Marie-Antoinette », dans *Femmes et pouvoir politique,* p. 203 et 204.

27. Marie-Antoine-François Chivot, *Mars trompé*, Paris, 1779, 7 pages.

28. Fanny Cosandey, *La Reine de France*, Paris, 2000, p. 78-82 ; José Maria Perceval, « Epouser une princesse étrangère : les mariages espagnols », dans *Femmes et pouvoir politique,* Paris, 2007, p. 71-73.

29. MAE, Correspondance diplomatique, Naples, vol. 118, fol. 357 ; vol. 119, fol. 119, 125, 133. Merci à Julien Boscher pour ces renseignements ; M.-M. de Bombelles, *Journal,* Genève, 1977, t. 2, 18 novembre 1785, p. 88 ; Louis-Philippe d'Orléans, *Mémoires,* Paris, 1973, t. 1, p. 43 et 44.

30. Il existe plusieurs pièces de circonstance sur la naissance de Madame Royale. Souvent répétitives et mal écrites, elles présentent assez peu d'intérêt prises une à une. Voir Marie-Antoine-François Chivot : *Mars trompé, ode présentée à Leurs Majestés, au nom du collège de Montaigu' sur la naissance d'une princesse*, Paris, 1778, 7 pages ; *L'Heureux Jour suivi de la Fête des lys, divertissement à l'occasion de la naissance de Madame première, représenté à Paris sur le théâtre des grands danseurs du Roi le 21 décembre 1778,* Paris, Valleyre aîné, 1779, 36 pages ; Peyraud de Beaussol, *L'Antonéide ou la Naissance du Dauphin et de Madame*, Paris, 1781, 68 pages.

31. Vers de M. de la Chabeaussière dans *Les Mémoires secrets...*, t. 18, 3 novembre 1781, p. 111.

32. Claudie Martin-Ulrich, *La Persona de la princesse au XVIe siècle : personnage littéraire et personnage politique*, Paris, 2004, 620 pages.

33. J.-C. Petitfils, *Louis XVI...*, p. 162-164.

34. A. d'Arneth, M.-A. Geffroy, *Correspondance...*, Paris, 1873, lettre de Marie-Antoinette à sa mère du 5 mai 1778, p. 199.

35. Simone Poignant, *Les Filles de Louis XV ; l'aile des Princes,* Paris, 1970, p. 66-70 ; Jean-Claude Le Guillou, « L'appartement de Madame Sophie au château de Versailles, formation et métamorphoses 1774-1790 », *Gazette des Beaux-Arts,* sixième période, t. 97, 1er juin 1981, p. 201-218 ; William Richtey Newton, *L'Espace du roi,* Paris, 2000, p. 28-31.

36. AN, 273 AP 89, « Recueil général de tout ce qui peut intéresser la charge de gouvernante des Enfants de France et surintendante de leur Maison. », p. 18-24.

37. M.-M. de Bombelles, *Journal...*, t. 2, p. 286, 24 février 1789, et p. 328, 3 juin 1789.

38. A. d'Arneth, M.-A. Geffroy, *Correspondance...*, vol. 3, p. 339 et 340, lettre de Marie-Antoinette à sa mère l'impératrice Marie-Thérèse, 16 août 1779.

39. *Ibidem,* lettre de Marie-Antoinette à Marie-Thérèse du 12 juin 1778, p. 213 ; lettre de Marie-Thérèse à Marie-Antoinette du 25 novembre 1778, p. 270 ; *Mercure de France,* 1er juillet 1780.

40. A. d'Arneth, M.-A. Geffroy, *Correspondance...,* vol. 3, p. 285 et 474, lettres de Mercy-Argenteau à Marie-Thérèse du 25 janvier 1779 et du 14 octobre 1780 ; M.-M. de Bombelles, *Journal...,* t. 1, 13 février 1784, p. 307 ; marquis de Beaucourt, Maxime de La Rocheterie, *Lettres de Marie-Antoinette,* Paris, 1896, t. 2, lettre de Marie-Antoinette à la princesse héréditaire de Hesse-Darmstadt, 11 décembre 1787, p. 110.

41. J. Félix, *Louis XVI...,* p. 230-232.

42. AN, 273 AP 8, dossier 2, pièces 1, 6, 14 ; marquis M.-M. de Bombelles, *Journal...,* t. 1, p. 208 et 209, 12 avril 1783 ; Charles-Alexandre-François-Félix de France d'Hézecques, *Souvenirs d'un page à la cour de Louis XVI,* Paris, 1873, p. 153.

43. Elisabeth de France, *Correspondance*, Paris, Plon, 1868, p. 98, Lettre de Madame Elisabeth à Angélique de Bombelles, 25 juin 1787.

44. A. d'Arneth, M.-A. Geffroy, *Correspondance...,* vol. 3, p. 206 et 207, lettre de Mercy-Argenteau à Marie-Thérèse du 29 mai 1778.

45. A. d'Arneth, J. Flammermont, *Correspondance secrète...,* vol. 1, p. 138, Mercy-Argenteau à Joseph II du 22 novembre 1782 ; Henriette-Louise de Waldner de Freundstein, baronne d'Oberkirch, *Mémoires,* Paris, 1989, p. 464 ; M.-M. de Bombelles, *Journal...,* t. 1, p. 209, 12 avril 1783 et t. 2, p. 76 et 77, 15 novembre 1785.

46. A. d'Arneth, M.-A. Geffroy, *Correspondance...,* vol. 3, p. 278, lettre de Mercy-Argenteau à Marie-Thérèse du 24 décembre 1778.

47. A. d'Arneth, M.-A. Geffroy, *Correspondance...,* vol. 3, p. 292, lettre de Mercy-Argenteau à Marie-Thérèse du 25 janvier 1779.

48. Abbé de Véri, *Journal...,* vol. 2, p. 162, p. 171.

49. *Ibidem,* p. 171.

50. AN, K 1017, Registre du Bureau de la ville de Paris ; AN, 273 AP 8, dossier 2, pièce 2, pièce 6 ; M.-M. de Bombelles, *Journal...,* t. I, p. 187, 7 janvier 1783.

51. M.-M. de Bombelles, *Journal...,* t. 1, p. 213, 24 avril 1783.

52. *Ibidem,* p. 214, 26 avril 1783.

53. BNF, mss fr. 12807.

54. Voir Pierrette Girault de Coursac, *L'Education d'un roi, Louis XVI,* Paris, 1995, p. 190-192 ; C. Martin-Ulrich, *La Persona...,* en particulier la deuxième partie, « L'éducation des princesses » ; Gérard Luciani, Catherine Volpilhac-Auger, *L'Institution du prince au XVIIIe siècle* (Actes du huitième colloque franco-italien des sociétés française et italienne

d'étude du XVIIIe siècle), Ferney-Voltaire, 2003, 316 pages.

55. Catherine Duprat, *« Pour l'amour de l'humanité », le temps des philanthropes*, Paris, 1993, vol. 1, p. 93-96.

56. AN, KK 379, Livre de comptes de Madame, 1789-1792.

57. J. Campan, *Mémoires...*, p. 222 et 223.

58. Jean-René-Pierre Sémallé, *Souvenirs,* Paris, 1898, p. 20.

59. Baronne d'Oberkirch, *Mémoires...*, p. 161.

60. *Ibidem,* p. 464.

61. C. Martin-Ulrich, *La Persona...*, p. 86, 115-121.

62. John Hardman, *Louis XVI,* Londres, 2000, p. 79-86 ; Munro Price, *The Road from Versailles,* New York, 2003.

63. Marie-Thérèse-Charlotte de France, *Souvenirs,* Paris, 1997, p. 27-33.

64. L.-E. de Croÿ d'Havré, duchesse de Tourzel, *Mémoires,* Paris, 2005, p. 40 ; Mathieu Couty, « Le château de 1789 à 1799 », dans *Les Tuileries au XVIIIe siècle,* Paris, 1995, p. 61-88 ; *La Famille royale à Paris, de l'histoire à la légende*, Paris, 1993, p. 20-22.

65. AN, F[7] 4390 1, papiers de l'intendant de la liste civile. « Règlement provisoire que Sa Majesté veut et entend être observé pour l'administration de sa Maison. »

66. L.-E. de Croÿ d'Havré, duchesse de Tourzel, *Mémoires...*, p. 39.

67. AN, O[1] 3799, dossier 3, lettre du comte d'Angiviller, voyer de Versailles, à la duchesse de Polignac du 1er mai 1789 ; *Journal de Paris,* 15 juillet 1790 et 15 juillet 1791 ; *Mercure de France,* 23 janvier 1790.

68. « La Constitution de 1791 », dans Jacques Godechot, *Les Constitutions de la France,* Paris, 1995, p. 46, chapitre II, s. II, art. 2. Toutes les citations qui suivent entre guillemets sont issues de cette même source.

69. *Les Révolutions de Paris*, n° 40.

70. *Mercure de France,* 5 mars 1791.

71. M. Price, *The Road from Versailles...,* p. 119-168, 192-205.

72. M.-T.-C. de France, *Souvenirs...,* p. 38-43.

73. *Ibidem,* p. 48.

74. Pour une analyse approfondie de cet épisode, voir Marcel Reinhard, *La Chute de la royauté, 10 août 1792,* Paris, 1969 ; Timothy Tackett, *Le Roi s'enfuit. Varennes ou l'origine de la Terreur,* Paris, 2004 ; Mona Ozouf, *Varennes. La mort de la royauté,* Paris, 2005.

75. Annie Duprat, *Le Roi décapité,* Paris, Cerf, 1992, p. 74-77, 146-152.

76. F. Dantalle, *Description de la ménagerie royale d'animaux vivants,* dans Chantal Thomas, *La Reine scélérate,* Paris, Seuil, 1989.

77. *Les Révolutions de Paris,* n° 141.

78. *Journal de Paris,* 20 et 27 septembre, 9 octobre, 2 décembre 1791 ; J.-P.-G. Le Gentil,

comte de Paroy, *Souvenirs d'un défenseur de la famille royale pendant la Révolution,* Paris, 1895, p. 260 et 261.

79. M.-T.-C. de France, *Souvenirs...,* p. 52-59.

80. Pour une analyse détaillée de ces journées, voir Marcel Reinhard, *La Chute...,* notamment p. 331-348 et 374-388.

81. Pierre-Louis Roederer, « Chronique de cinquante jours », dans *Mémoires sur les journées révolutionnaires et les coups d'Etat,* Paris, 1875, p. 79-94.

82. *Archives parlementaires,* Paris, 1896, t. 47, séance du 10 août 1792, p. 635 et 636.

83. A. Aulard, *Histoire politique de la Révolution française,* Paris, 1905, p. 174-177, 189, 190.

84. *Archives parlementaires...,* t. 47, p. 645 et 646.

85. *Ibidem,* p. 653-658.

86. *Archives parlementaires...,* t. 48, séance du 11 août 1792, p. 34.

87. *Ibidem,* p. 74.

88. *Ibidem,* p. 78.

2. L'enfermement au Temple

1. Marie-Thérèse-Charlotte de France, duchesse d'Angoulême, *Souvenirs,* Paris, 1997, p. 66.

2. Alcide Hyacinthe de Beauchesne, *Louis XVII, sa vie, son agonie, sa mort,* Paris, 1889, vol. 1, p. 236, 287 et 288 ; Louis Chanoine-Davranches, *La Petite Tour du Temple,* Rouen, 1904, p. 11 et 12.

3. Marquis de Beaucourt, *Captivité et derniers moments de Louis XVI,* Paris, 1892, t. 2, p. 18, 30, 57-59, 71 ; baron François Hue, *Souvenirs,* Paris, s.d., p. 76.

4. Marquis de Beaucourt, *Captivité...,* t. 2, séance du Conseil général de la Commune du 30 septembre 1792, p. 63 ; AN F[7] 4391, Procès-verbaux des commissaires du Conseil général de la Commune de service au Temple, les 28 août, 30 octobre et 7 novembre 1792.

5. *Journal de Paris,* 8 et 10 décembre 1792 ; *Le Moniteur,* 18 août 1792 ; Claude Moelle, *Six journées passées au Temple, et autres détails sur la famille royale qui y a été détenue,* Paris, 1820, p. 2-4 ; Maurice Tourneux, *Procès-verbaux de la Commune de Paris,* Paris, 1894, p. 34, 46, 65 ; marquis de Beaucourt, *Captivité...,* t. 2, rapport de la commission de la Convention désignée par le Comité de sûreté générale pour s'assurer de la garde des prisonniers, 1er novembre 1792, p. 105.

6. *Journal de Paris,* 8 et 10 décembre 1792 ; marquis de Beaucourt, *Captivité...,* t. 2, rapport de la commission de la Convention désignée par le Comité de sûreté générale pour s'assurer de la garde des prisonniers, 1er novembre 1792,

p. 105 ; *Le Moniteur,* 18 août 1792.

7. Marquis de Beaucourt, *Captivité...,* t. 2, délibération de la section Poissonnière du 21 août 1792, p. 40-41 ; séance du conseil général de la Commune 18 octobre 1792, p. 82 et 83.

8. Jean Eckard, *Mémoires historiques sur Louis XVII,* Cholet, 1998 [Paris, 1818], p. 210 et 211, note 16.

9. *Archives parlementaires,* t. 53, 17 novembre 1792, p. 459.

10. Rapport de Verdier à la Convention nationale pour les dépenses du Temple du 13 août au 30 novembre 1792, dans Jean-Baptiste Cléry, *Journal de ce qui s'est passé à la tour du Temple,* Paris, 1823, p. 296-299.

11. *Ibidem,* p. 307. Par la suite des économes seront nommés pour gérer les comptes du Temple, mais nous ne savons pas à partir de quand.

12. AN, AA^{53} 1486, Inventaire dressé par le conservateur du mobilier de la République des pièces manquantes et emportées au Temple, 8 mars 1793 ; F^{7} 4391, Lettre des membres du Comité de sûreté générale au ministre de l'Intérieur du 3 novembre 1792 ; Jean-Baptiste Cléry, *Journal de ce qui s'est passé à la tour du Temple,* Paris, 1825, p. 22 et 23 ; Louise-Elisabeth de Croÿ d'Havré, duchesse de Tourzel, *Mémoires,* Paris, 2005, p. 512 et 513.

13. *Journal de Paris,* 27 octobre 1792 ; J.-B. Cléry, *Journal...,* p. 56-58.

14. *Le Moniteur universel,* 1er décembre 1792.

15. Marquis de Beaucourt, *Captivité...,* t. 2, séance du conseil général de la Commune du 8 décembre 1792, p. 157 et 158. Voir aussi t. 1, Jean Verdier, *Tableau historique de la famille royale au Temple depuis le 10 août 1792,* p. 246 et 247.

16. AN, F^{7} 4391, Lettre des membres du Comité de sûreté générale au ministre de l'Intérieur du 3 novembre 1792 ; *La Quotidienne,* 9 novembre 1792 ; *Journal de Paris,* 20 novembre 1792, Rapport de Verdier au conseil général de la Commune.

17. Voir le *Journal de Paris* des 16, 17 et 18 novembre 1792 ; marquis de Beaucourt, *Captivité...,* t. 2, Arrêté du conseil général de la Commune de Paris du 13 janvier 1793, p. 245 et 246.

18. Marquis de Beaucourt, *Captivité...,* t. 2, séances du conseil général de la Commune du 26 septembre 1792, du 8 octobre 1792, p. 57, 58 et 84.

19. J.-B. Cléry, *Journal...,* p. 25 et 26 ; L.-E. de Croÿ d'Havré, duchesse de Tourzel, *Mémoires...,* p. 507, p. 518 et 519 ; marquis de Beaucourt, *Captivité et derniers moments...,* t. 2, p. 37, lettre de Pétion au roi du 19 août 1792.

20. J.-B. Cléry, *Journal...,* p. 29, 49-52, 61, 65-66 ; baron F. Hue, *Souvenirs...,* p. 96 ; marquis de Beaucourt, *Captivité et derniers moments...,* t. 1, extrait des *Frag-*

ments historiques sur la captivité de la famille royale à la tour du Temple, par Louis-François Turgy, p. 200-203.

21. *Le Moniteur universel,* 17 août 1792. Il faut noter que la notion d'otage apparaît au moment du départ de Mesdames Tantes dans la presse radicale.

22. *Le Moniteur universel,* 5 septembre 1792.

23. *Journal de Paris,* 10 octobre 1792.

24. *Ibidem,* 27 octobre 1792.

25. *Le Moniteur universel,* 2 novembre 1792 ; *La Quotidienne,* 20 novembre 1792 ; *Le Patriote français,* 20 novembre 1792.

26. *La Quotidienne,* 24 décembre 1792. Le même rapport est publié mais sans le passage sur Madame Royale dans *Le Moniteur universel* du même jour.

27. Marquis de Beaucourt, *Captivité...,* t. 2, séances du conseil général de la Commune des 26 et 28 décembre 1792, p. 235, 236, 240 et 241.

28. AN, F[7] 4391, Interrogatoire du citoyen Rocher, 2 octobre 1792 ; AA 5386, Lettre du procureur de la Commune, Manuel, aux commissaires de garde au Temple ; *Le Courrier français*, 31 octobre 1792 ; J.-B. Cléry, *Journal...*, p. 33-37 ; F. Hue, Souvenirs..., p. 95 et 96 ; M.-T.-C de France, duchesse d'Angoulême, *Souvenirs...*, p. 76 ; marquis de Beaucourt, *Captivité...*, vol. 2, p. 98 et 99.

29. Marquis de Beaucourt, *Captivité...*, t. 1 ; *Tableau historique de la famille royale au Temple depuis le 10 août 1792*, par Jean Verdier, p. 238 et 239.

30. J.-B. Cléry, *Journal...*, p. 70.

31. *Le Moniteur universel,* 24 janvier 1793.

32. *Ibidem.*

33. *Le Moniteur universel,* 9 novembre 1792.

34. *Le Moniteur universel,* 29 mars 1793.

35. Jean-Pierre Bois, *Dumouriez, héros et proscrit,* Paris, 2005, p. 315-317 ; Charles-François Dumouriez, *La Vie et les mémoires du général Dumouriez,* Paris, 1823, vol. 4, p. 121 et 122 ; Louis-Philippe, *Mémoires,* Paris, 1974, t. 2, p. 377, 378, 385-387. Le projet de Dumouriez était, si l'on en croit le roi des Français, plus prolixe que le général sur le sujet, de rétablir Louis XVII avec la Constitution de 1791.

36. Considérant que l'avènement de Louis XVIII en 1814 a entériné, *de facto*, l'existence d'un Louis XVII, nous avons pris le parti d'appeler le fils de Louis XVI du nom qui lui était donné par les royalistes après la mort de son père. Notons à ce propos que, pour nombre de contemporains royalistes, l'enfant du Temple demeure « le Dauphin » jusqu'à sa mort.

37. *Les Révolutions de Paris,* n° 185.

38. *Le Père Duchesne,* n° 298.

39. *Journal de Paris,* 28 janvier 1793. *Le Moniteur universel,* 30 mars 1793.

40. Albert Sorel, *L'Europe et la Révolution française,* Paris, 1887, t. 3, p. 423 ; Sydney Seymour Biro, *The German Policy of Revolutionary France,* Harvard, 1957, t. 1, p. 166-168. Voir aussi Albert Mathiez, *Danton et la Paix,* Paris, 1919, p. 138-171, qui trace un portrait très noir de Danton et condamne sa politique pacifiste. Il soutient par ailleurs que Danton était lié aux projets de libération de la reine au début de l'été 1793, mais son argumentation à ce sujet ne nous paraît pas très convaincante, même si l'hypothèse n'est pas à écarter totalement.

41. AN, K 164, dossier n° 11, Correspondance entre le prince de Metternich, qui fait office de gouverneur des Pays-Bas autrichiens, et le comte de Trautmannsdorff, 23 avril 1793-2 mai 1793 ; Alfred von Vivenot, *Quellen zur Geschichte der deutschen Kaiserpolitik Osterreichs während der französischen Revolutionskriege,* Vienne, 1882, t. 3, Lettre de François II au prince de Cobourg, sans date, p. 39.

42. La reine des Deux-Siciles, Marie-Caroline, la duchesse de Parme, Marie-Amélie, le duc de Modène, Ferdinand, étaient les sœurs et les frères de Marie-Antoinette, le grand-duc de Toscane et l'empereur François II étaient leurs neveux.

43. Albert Sorel, *L'Europe et la Révolution...,* p. 423-425 ; S. S. Biro, *The German Policy...,* p. 172 et 173 ; baron Ernouf, *Maret, duc de Bassano,* Paris, 1884, p. 149-157.

44. Comte de Pimodan, *Le Comte F.-C. de Mercy-Argenteau, ambassadeur impérial à Paris sous Louis XV et Louis XVI,* Paris, 1911, p. 406 et 407 ; A. von Vivenot, *Quellen zur Geschichte...,* t. 3, Lettres de Mercy-Argenteau à Thugut des 17 septembre et 11 octobre 1793, p. 275 et 320.

45. M.-T.-C. de France, *Souvenirs...,* p. 89 et 90 ; *Le Moniteur universel,* 24 mars 1793 ; *Journal de Paris*, 25 et 30 janvier, 22 février, 27 mars 1793 .

46. Comte de Pimodan, *Le Complot de Toulan, Jarjayes et Lepître pour sauver la famille royale captive au Temple,* Paris, 1919, p. 7-16.

47. Au mois d'avril, un arrêté de la Commune rappelle que la garde du Temple est une obligation pour tous les membres de la Commune. Jacques Roux est dénoncé à sa section pour avoir refusé son service. Mais le problème persiste. Au mois de septembre, un arrêté décide que tout membre de la Commune qui refusera de faire son service sera conduit au Temple par deux gendarmes pour le faire malgré tout. Voir *Le Moniteur universel,* 21 et 22 avril 1793 ; A. de Beauchesne, *Louis XVII...,* t. 2, note p. 55 et 56.

48. Comte de Pimodan, *Le Complot...*, p. 20-23.

49. Issu de la bonne noblesse béarnaise, colonel dans l'armée à la fin du règne de Louis XVI, il fut un des défenseurs des Tuileries au 10 août. Par la suite, il projeta d'enlever Louis XVI au moment où celui-ci était emmené à l'échafaud. Il échoua au dernier moment. Engagé dans de lucratives affaires financières, il se constitua une fortune qu'il mit au service de la Contre-Révolution. Voir G. Lenôtre, *Le Baron de Batz*, Paris, 1927, 391 pages, et surtout la mise au point de Munro Price, « The "Foreign Plot" and The French Revolution : a Reappraisal », dans *Conspiracies and Conspiracy Theory in Early Modern Europe, from The Waldensians to the French Revolution*, Aldershot,. 2004, p. 261-266.

50. Alcide de Beauchesne, *Louis XVII...*, t. 2, p. 52-56.

51. AN, F^7 4391, Arrêté du 1er avril 1793.

52. *Le Moniteur universel*, 23 avril 1793.

53. *Le Moniteur*, 12 mai 1793 ; M.-T.-C. de France, *Souvenirs...*, p. 92 et 93 ; Jacques-François Lepître, *Quelques souvenirs ou notes fidèles sur mon service au Temple depuis le 8 décembre 1792 jusqu'au 26 mars 1793*, Paris, 1814, p. 56 et 57 ; Arrêté de la Commune de Paris du 30 avril 1793, publié dans M.-T.-.C. de France, *Récit des événements qui se sont passés au Temple depuis le 13 août 1792 jusqu'à la mort du dauphin Louis XVII*, Paris, 1823, p. 213.

54. *Le Moniteur*, 13 juillet 1793, Rapport de Cambon au nom du Comité de salut public du 11 juillet 1793. Il faut se demander si la place occupée par Dillon à la Cour n'est pas à l'origine de l'association de son nom à celui de Marie-Antoinette. Mme Dillon était dame du palais et une des proches de la souveraine et son cousin Edouard Dillon est fréquemment accusé d'avoir été un des amants de la reine. L'affaire n'est de toute façon pas élucidée.

55. Marquis de Beaucourt, *Captivité...*, t. 1, Jean Verdier, *Tableau historique...*, p. 244.

56. M.-T.-C. de France, *Souvenirs...*, p. 96.

57. L.-F. Turgy, « Fragments historiques sur la captivité de la famille royale à la tour du Temple », dans Jean Eckard, *Mémoires historiques...*, p. 179-189.

58. *Archives parlementaires*, séance du 1er août 1793, t. 70, p. 107.

59. *Ibidem*, p. 107 et 108.

60. *Ibidem*.

61. *Journal de Paris*, 28 brumaire an II (18 novembre 1793).

62. Albert Soboul, *Les Sans-Culottes parisiens en l'an II*, Paris, 1958, p. 694, 695, 756, 773 ; *Le Moniteur*, 6 frimaire an II (26 novembre 1793).

63. *Journal de Paris*, 23 et 25 septembre 1793 ; M.-T.-C. de France, *Souvenirs...*, p. 100.

64. AN, F^7 4391, Rapport au conseil général des administrateurs des établissements publics, division des hôpitaux et prisons, sur la gestion du citoyen François Cailleux, administrateur du Temple pendant les mois de mai, juin, juillet 1793 ; Rapport au conseil général des administrateurs au département des hôpitaux et prison, sur les dépenses faites au Temple pendant les mois de ventôse et germinal de l'an II de la République ; Dépenses du Temple pour floréal, prairial, messidor et thermidor an II.

65. AN, F^7 4391, Rapport de Liénard du quartidi des sans-culottides de l'an II (20 septembre 1794) ; M.-T.-C. de France, *Souvenirs...*, p. 105-107.

66. M.-T.-C. de France, *Souvenirs...*, p. 109 ; A. de Beauchesne, *Louis XVII...* t. 2, p. 369-371. Alors que les comptes de blanchisserie de la princesse ont été conservés en assez grand nombre, il y a une lacune de presque un an entre pluviôse an II et nivôse an III, qui ne permet pas vraiment de connaître l'état des vêtements de la princesse. On sait qu'elle vit avec ceux commandés au début de l'emprisonnement de la famille royale et renouvelés partiellement jusqu'au printemps 1793. Les mentions d'élargissement, dues sans doute à la croissance de la jeune fille, et de raccommodage apparaissent fréquemment. Enfin, on voit apparaître dans la liste, en l'an III, des bas de coton qui n'existaient pas avant. En résumé, il est très probable que les vêtements de Marie-Thérèse aient été usés, et qu'elle ait manqué de certains articles qu'on lui a procurés dès que possible. Voir AN, F^7 4392, F^4 1309-1321, listes de blanchisserie.

67. M.-T.-C. de France, *Souvenirs...*, p. 109 et 110.

68. Félix-Louis Christophe dit Galard de Montjoie, *Histoire de Marie-Antoinette-Jeanne-Josèphe de Lorraine, reine de France,* Paris, 1797, p. 3.

69. AN, F^7 4391, Arrêté de nomination de Laurent du 11 thermidor an II (29 juillet 1794). En fait, le Comité de sûreté générale délègue la partie purement économique de l'administration du Temple d'abord à la Commission des administrations de police et des tribunaux, puis à la Commission de secours publics.

70. Alcide de Beauchesne, *Louis XVII...*, t. 2, p. 218. Le personnage de Barras est tout ce qu'il y a de plus trouble. Ses mémoires sont peu fiables et il s'y attribue auprès des enfants du Temple un rôle qu'il n'a probablement jamais tenu. Dans nombre de récits sur la période, et notamment chez Mallet du Pan, il apparaît comme un des thermidoriens gagnés à la cause royaliste. Il dément pourtant ces rumeurs lors de l'insurrection royaliste du 13 Vendémiaire, puisqu'il prend la tête de la répression.

71. AN, F^7 4391, Rapport de Liénard sur les réformes à entreprendre au Temple, quartidi des sans-culottides de l'an II (20 sep-

tembre 1794) ; Rapport de Laurent sur la réforme de la garde du Temple du 2 vendémiaire an III (23 septembre 1794) ; F[7] 4393, Lettre de Liénard au citoyen Aumont du 12 vendémiaire an III (3 octobre 1794).

72. Alcide de Beauchesne, *Louis XVII...*, t. 2, p. 241 et 242.

73. *Ibidem*, p. 285 et 286. Devenu secrétaire particulier de l'administrateur de la Guyane, Victor Hugues, il y meurt en 1807.

74. M.-T.-C. de France, *Souvenirs...*, p. 114 ; A. de Beauchesne, *Louis XVII...*, t. 2, p. 244, 287-290, 369, 370.

75. *Archives parlementaires*, 2e sans-culottide an III, 18 septembre 1794, t. 97, p. 260 et 261.

76. *Le Journal universel*, 16 frimaire an III (6 décembre 1794) ; Jean Eckard, *Mémoires historiques...*, p. 124-127.

77. *Journal de Paris*, 9 nivôse an III (29 décembre 1794) ; *Le Moniteur universel*, 10 nivôse an III (30 décembre 1794) ; *Annales patriotiques et littéraires de la France*, 4 pluviôse an III (23 janvier 1795) ; François Gendron, *La Jeunesse dorée, épisodes de la Révolution française*, Québec, 1979, p. 81.

78. *Journal de Paris*, 4 pluviôse an III (23 janvier 1794).

79. *Le Moniteur*, 5 pluviôse an III (24 janvier 1794).

80. *Journal de Paris*, 12 pluviôse an III (31 janvier 1794).

81. *Annales patriotiques et littéraires de la France*, 4 pluviôse an III (23 janvier 1795).

82. Michel André (éd.), *Correspondance inédite de Mallet du Pan avec la cour de Vienne*, Paris, 1884, t. 2, p. 105 et 106.

83. *Ibidem*, t. 1, p. 28-31.

84. A. Kuscinski, *Dictionnaire des conventionnels*, Brueil-en-Vexin, 1973, notices de Brival, Duhem, Jourdan, Lequinio.

85. *Archives parlementaires*, t. 54, 4 décembre 1792, p. 349.

86. *Histoire générale de la presse française*, Paris, PUF, 1969, vol. 1, p. 503.

87. Anne Vincent-Buffault, *Histoire des larmes XVIIIe-XIXe siècle*, Paris, 2001, p. 138.

88. Pierre Ladoué, *Panégyristes de Louis XVI et Marie-Antoinette*, Paris, 1912, p. 1-18. Sur les chansons, voir Claude Duneton, *Histoire de la chanson française*, Paris, 1998, t. 2, p. 132, 160, 161, 202-206 ; Annie Duprat, « Un réseau de libraires royalistes à Paris sous la Terreur », dans *AHRF*, 2000, n° 3, p. 45-68.

89. Pour une analyse de cette série de gravures, voir Claude Langlois, *Les Sept Morts du roi*, Paris, 1993, p. 7-32.

90. C. Langlois sur les gravures de Bouillon et Vérité dans *Les Sept morts du roi...*, p. 25.

91. Louis-Germain Petitain, *Un mot sur deux individus auxquels personne ne pense et auxquels il faut penser une fois*, Paris, 1795, p. 14.

92. Simone Balayé, *Mme de Staël : Lumières et Liberté*, Paris, 1979, p. 62 et 63 ; François

Gendron, *La Jeunesse dorée, épisodes de la Révolution française,* Québec, 1979, p. 196 ; David J. Denby, *Sentimental Narrative and the Social Order in France 1760-1820,* Cambridge, 1994, p. 139-161 ; William M. Reddy, *The Navigation of Feeling,* Cambridge, 2001, p. 164 et 165.

93. *Lettre de Madame Elisabeth adressée à la Convention nationale avec les discours des deux enfants du ci-devant roi de France,* Paris, s.d. ; Germaine de Staël, *Réflexions sur le procès de la reine,* éd. Monique Cottret, Paris, 2006.

94. Paul Van Tieghem, *La Poésie de la nuit et des tombeaux en Europe au XVIIIe siècle*, Genève, 1970 [Paris, 1921], 177 pages.

95. Nous avons trouvé trois gravures qui utilisent ce thème, né probablement au début de l'année 1794, dans les collections de la Bibliothèque nationale. Elles sont moins nombreuses que les portraits simples mais elles forment une série d'autant plus intéressante qu'elles semblent avoir marqué durablement l'imaginaire royaliste.

96. BnF, cabinet des estampes, coll. de Vinck, 5866.

3. L'Orpheline du Temple

1. Marie-Thérèse-Charlotte de France, *Souvenirs,* Paris, 1997, p. 60.

2. *Le Courrier républicain,* 24 prairial an III (12 juin 1795).

3. *La Quotidienne*, 25 prairial an III (13 juin 1795).

4. On compte deux brochures concernant uniquement la princesse durant cette période : Claude-François Beaulieu, *Mémoire adressé à la Nation pour Marie-Thérèse-Charlotte de France, fille de Louis XVI, ci-devant roi des Français,* Paris, 1795, et Alexandre Raimond, *Lettre à Madame Chantrel,* Paris, 1795. Il existe également une romance de Charles-Albert Demoustier, *Pétition d'une jeune infortunée,* Paris, 1795, et un almanach de M. d'Albins (en réalité, Joseph-François Michaud), *Les Adieux de Marie-Thérèse-Charlotte de Bourbon,* Bâle, 1796, republié en 1797. Il faut ajouter à ces ouvrages datables et bien répertoriés les nombreux articles de journaux, les très nombreux poèmes, dont certains seulement ont été publiés dans les journaux. Beaucoup de pièces ont été lues en salon et quelques-unes publiées plus tardivement, en particulier l'un des ouvrages majeurs sur la princesse : Joseph Tréneuil, *L'Orpheline du Temple,* Paris, 1814. Marie-Thérèse apparaît également dans l'abondante production concernant les autres membres de sa famille recensée par Pierre Ladoué, *Panégyristes de Louis XVI et Marie-Antoinette,* Paris, 1912.

Enfin, l'iconographie est importante mais difficile à dater. Nous mentionnons dans le cours du texte les illustrations dont nous avons la certitude qu'elles datent de cette période.

5. *Le Courrier républicain,* 4 et 9 messidor an III (22 et 27 juin 1795) ; Claude-François Beaulieu, *Mémoire...* L'auteur est identifié *a posteriori.* Quand le mémoire paraît, il est anonyme. Lors de sa deuxième édition, un second texte anonyme est ajouté : *Opinion adressée à la Convention nationale pour la fille de Louis XVI.* L'auteur en est le journaliste Joseph-François Michaud.

6. *Nouvelles politiques nationales et étrangères*, 6 messidor an III (24 juin 1795). Le texte de cette pétition a été reproduit ensuite dans nombre d'ouvrages jusque sous la Restauration. Il est impossible de savoir si elle a jamais été lue à la Convention.

7. AN, F[7] 4392, Rapport de police de Leblanc ; Lettre de Gomin et Lasne au Comité de sûreté générale du 24 thermidor an III (11 août 1795) ; baron François Hue, *Souvenirs,* s.d., p. 196-198 ; Jacques-François Lepître, *Quelques souvenirs ou notes fidèles sur mon service au Temple depuis le 8 décembre 1792 jusqu'au 26 mars 1793,* Paris, 1814, p. 80-85 ; Jean-Philippe-Guy Le Gentil, comte de Paroy, *Souvenirs d'un défenseur de la famille royale pendant la Révolution,* Paris, 1895, p. 454-456 ; Louise-Elisabeth de Croÿ d'Havré, duchesse de Tourzel, *Mémoires*, Paris, 2005, p. 574.

8. Jacques-François Lepître, *Quelques souvenirs...*, p. 85.

9. AN, F[7] 4392, Rapport de police de Leblanc.

10. C'est la représentation du Temple la plus répandue dans les collections d'estampes de la Bibliothèque nationale, qui en compte huit exemplaires pour quatre variantes. L'estampe est sobrement intitulée *Le Temple*. Certaines variantes font apparaître les visages des parents défunts de la princesse dans les contours des nuages. Le dessin est aussi utilisé pour des dessus de boîte.

11. *Paris pendant l'année 1795,* 26 septembre 1795.

12. *La Quotidienne,* 3 vendémiaire an IV (25 septembre 1795).

13. Comte Antoine-François-Claude Ferrand, *Eloge funèbre d'Elisabeth-Philippine-Marie-Hélène de France,* Paris, 1795, p. 3.

14. Joseph-François Michaud, dit M. d'Albins, *Les Adieux de Marie-Thérèse-Charlotte de Bourbon,* Bâle, 1797, p. 114-130. Tous les « Bulletins du Temple » sont transcrits par Michaud dans l'almanach.

15. *Le Courrier républicain,* 21 fructidor an III (7 septembre 1795).

16. David J. Denby, *Sentimental Narrative and the Social Order in France 1760-1820,* Cambridge, 1994, p. 72-79 ; André Monglond, *Le Préromantisme français,* réimp. [de l'éd. de Grenoble, 1934],

Genève, 2000, p. 221-224 ; Anne Vincent-Buffault, *Histoire des larmes, XVIII-XIX*[e] *siècle,* Paris, 2001, p. 22-24.

17. Voir en annexe. Le texte est publié dans la plupart des journaux royalistes de la période, même quand ils ne sont pas à proprement parler royalistes. Il est édité aussi en brochure avec au moins deux airs différents.

18. *Romance sur le chien et la chèvre élevés par Marie-Thérèse dans le Temple*, publiée dans M. d'Albins, *Les Adieux de Marie-Thérèse de Bourbon, almanach pour l'année 1797,* Bâle, 1797.

19. *Les Malheurs d'Estelle*, publiés dans *Ibidem.*

20. Henri Jacoubet, *Le Genre troubadour et les origines françaises du romantisme,* Paris, 1928, p. 40 et 41 ; Gérard Gengembre, *La Contre-Révolution ou l'Histoire désespérante,* Paris, 1989, p. 235-237 ; Isabelle Durand-Le Guern, *Le Moyen Age des Romantiques,* Rennes, 2002, p. 265-274.

21. Claude Duneton, *Histoire de la chanson française,* Paris, 1998, vol 2, p. 136 et 137 ; P.-J. Lepître, *Quelques souvenirs...*, p. 92 ; baron F. Hue, *Souvenirs...*, p. 197.

22. *Chœur béarnais*, dans J.-F. Michaud, *Les Adieux...*, p. 30 et 31.

23. Maurice Lévy, *Le Roman gothique anglais,* Paris, 1995, p. 35-66.

24. Voir *Ossian, fils de Fingal, poésies galliques traduites sur l'Anglais de M. Macpherson,* trad. Le Tourneur, Paris, 1777, 2 vol.

25. Voir la typologie proposée par Pierre Arnaud dans un article de 1979 repris dans Max Duperray, *Le Roman noir anglais dit gothique,* Paris, 2000, p. 49-68.

26. On trouve une des premières occurrences de ce surnom dans le *Journal de Perlet,* 10 fructidor an III (27 août 1795).

27. J.-F. Michaud, *Opinion...*, dans Claude-François Beaulieu, *Mémoire...*, p. 15.

28. *Le Messager du soir,* 26 prairial an III (14 juin 1795).

29. C'est particulièrement vrai dans le cas des romans sur la princesse dont nous reparlerons plus loin.

30. Nous reprenons ici la terminologie proposée par Jeremy D. Popkin pour la presse dans *The Right Wing Press in France*, Chapel Hill, 1980, introduction, p. 15.

31. J. D. Popkin, *The Right Wing Press...*, p. 17-21, 128 et 131-132.

32. Nous ne possédons que le nom de famille de l'auteur de la *Pétition,* néanmoins, il semble probable que l'auteur en soit bien ce Charles-Albert Demoustier (1760-1807) dont l'abondante production n'a d'égal que l'oubli dans lequel il est tombé aujourd'hui.

33. Les articles sur Marie-Thérèse émanent essentiellement des journaux suivants : *Annales patriotiques et littéraires, Le Courrier républicain, Journal de Perlet, Le Messager du soir, Nouvelles poli-*

tiques nationales et étrangères et *La Quotidienne.* Deux sont de tendance républicaine : *Annales patriotiques et littéraires* de Louis-Sébastien Mercier et *Le Messager du soir* dirigé par Isidore Langlois.

34. J. D. Popkin, *The Right Wing Press...*, p. 15.

35. F. Gendron, *La Jeunesse dorée, épisodes de la Révolution française,* Québec, 1979, p. 39 ; Jeremy D. Popkin, *The Right Wing Press...*, p. 29 et 30 et Appendice III, p. 177-179.

36. A. Aulard, *Paris pendant la réaction thermidorienne et sous le Directoire,* Paris, 1898-1900, vol. 1, p. 281, extrait du *Journal universel des hommes libres,* 9 vendémiaire an III (30 septembre 1795).

37. Jacques Mallet du Pan, *Correspondance inédite avec la cour de Vienne,* Paris, 1884, vol. 2, p. 249, Lettre du 12 juillet 1795. Nous répugnons à employer le terme souvent utilisé de royalistes « absolutistes ». Il n'est pas utilisé par les contemporains, sauf en mauvaise part. Par ailleurs, cela ne veut pas dire grand-chose. Une bonne partie des royalistes simples souhaitent une monarchie fondée sur la déclaration du 23 juin 1789.

38. F. Gendron, *La Jeunesse dorée...*, p. 289.

39. Par anticipation et pour des raisons de commodité, nous donnerons au frère de Louis XVI le nom qu'il s'est attribué à partir du mois de juin 1795 : Louis XVIII.

40. J. Mallet du Pan, *Correspondance...*, vol. 2, p. 373, Lettre du 28 novembre 1795.

41. *Ibidem,* Lettre du 4 octobre 1795. Voir aussi André Lebon, *L'Angleterre et l'émigration française,* Paris, 1882, p. 151 et 152.

42. William Fryer, *Republic or Restoration in France ?,* Manchester, 1965, p. 130-133, 205-209.

43. AN, F^7 4392, Copie de l'arrêté du Comité de sûreté générale du 25 prairial an III (13 juin 1795).

44. *Ibidem,* Copie de l'arrêté de nomination de Mme de Chanterenne du 2 messidor an III (20 juin 1795).

45. L'élection était une circonscription fiscale sous l'Ancien Régime.

46. AN, F^7 4392, Renseignements sur la citoyenne Hillaire La Rochette, femme du citoyen Bocquet de Chanterenne ; vicomte Tony-Henry-Auguste de Reiset, *Autour des Bourbons, Mme de Chanterenne et la fille de Louis XVI,* Paris, 1927, p. 5-9 et 20.

47. AN, F^7 4392, Fiche de renseignements sur Mme de Chanterenne.

48. AN, F^7 4392, Lettre du 10 thermidor an III (28 juillet 1795).

49. AN, F^7 4392, Copie de l'arrêté de nomination de Mme de Chanterenne du 2 messidor an III (20 juin 1795).

50. Vicomte T.-H.-A. de Reiset, *Autour...*, p. 98-128.

51. AN, F^7 4392, Lettre de Mme de Chanterenne au Comité de sûreté générale du 8 messidor

an III (26 juin 1795) ; vicomte T.-H.-A. de Reiset, *Autour...*, Lettre de Mme de Chanterenne au Comité de sûreté générale du 10 thermidor an III (28 juillet 1795) p. 26 et 27 ; comte Félix de France d'Hézecques, *Souvenirs d'un page de la cour de Louis XVI,* Paris, 1873, p. 33.

52. A. Aulard, *Paris...*, vol. 2, p. 173, extrait de *La Gazette française* du 30 thermidor an III (17 août 1795).

53. AN, F[7] 4392, Lettres au Comité de sûreté générale de Mme de Fréminville, de Mme Hue du 10 messidor an III (28 juin 1795) et de Mme de Mackau du 18 messidor an III (6 juillet 1795). Mme de Fréminville était la fille de Mme Brunier et elle-même une des anciennes femmes de chambre de Marie-Thérèse.

54. AN, F[7] 4389, Lettre de Stéphanie-Louise de Bourbon au Comité de sûreté générale du 4 messidor an III (22 juin 1795), à laquelle elle joint la pétition qu'elle adresse à la Convention, Lettres de Stéphanie-Louise de Bourbon au Comité de sûreté générale des 2 et 24 thermidor an III (20 juin et 12 juillet 1795), Arrêté du Comité de sûreté générale autorisant Stéphanie-Louise de Bourbon à voir Marie-Thérèse ; AN, F[7] 4392, Lettre d'Etienne Lasne et de Gomin au Comité de sûreté générale rendant compte l'exécution de l'arrêté du Comité interdisant l'entrée du Temple à Stéphanie-Louise de Bourbon ; *Nouvelles politiques nationales et étrangères*, 6 messidor an III (24 juin 1795) ; Stéphanie-Louise de Bourbon-Conti, *Mémoires historiques,* Paris, 1986, p. 206-210 ; Alcide de Beauchesne, *Louis XVII, sa vie, son agonie, sa mort,* Paris, 1872, p. 394. Voir aussi la postface de Jean-Jacques Lévêque à S.-L. de Bourbon-Conti, *Mémoires historiques...,* p. 225-237.

55. Le calendrier révolutionnaire, en vigueur depuis la fin de l'année 1793, avait supprimé les semaines au profit de périodes de dix jours, les décades.

56. Alcide de Beauchesne, *Louis XVII...,* t. 2, p. 395, 396, 402 ; L.-E. de Croÿ d'Havré, marquise de Tourzel, *Mémoires...,* p. 564-566.

57. AN, F[7] 4389, Lettre de Stéphanie-Louise de Bourbon-Conti au Comité de sûreté générale, du 9 fructidor an III (26 août 1795) ; S.-L. de Bourbon-Conti, *Mémoires historiques...,* p. 206 ; Victorine de Chastenay, *Mémoires,* Paris, 1987, p. 257 ; Alcide de Beauchesne, *Louis XVII...,* t. 2, p. 402 ; Roger Langeron, *Madame Royale,* Paris, 1958, p. 107 et 108 ; Chantal de Tourtier-Bonazzi, « Un diplomate d'Ancien Régime aux prises avec la Révolution : Armand-Louis de Mackau », dans *Revue d'histoire diplomatique,* 1969, p. 63.

58. L'activité du comte d'Antraigues, qui a laissé de très nombreuses archives dans toute l'Europe, est bien connue. Sur le début de son action, voir Jacqueline

Chaumié, *Le Réseau d'Antraigues et la Contre-Révolution,* Paris, 1965, 468 pages ; voir aussi André Doyon, *Un agent royaliste pendant la Révolution, Pierre-Jacques Lemaître,* Paris, 1965, et Jacques Godechot, *Le Comte d'Antraigues,* Paris, 1985, 325 pages.

59. A. Debidour, *Recueil des actes du Directoire exécutif,* Paris, 1909, vol. 1, arrêté du Directoire exécutif du 17 brumaire an IV (8 novembre 1795), p. 38.

60. AN, F^7 4392, Lettres de Mme de Chanterenne au ministre de l'Intérieur, des 22 et 28 brumaire et 2 frimaire an IV (13, 19 et 23 novembre 1795) ; réponse du ministre du 15 frimaire an III (6 décembre 1795) ; A. Debidour, *Recueil des actes du Directoire exécutif...,* vol. 1, arrêtés du Directoire exécutif des 18 et 20 brumaire an IV (9 et 11 novembre 1795), p. 44, 45, 50 et 51 ; L.-E. de Croÿ d'Havré, duchesse de Tourzel, *Mémoires...,* p. 583-586.

61. Roger Langeron, *Madame Royale...,* p. 71-82, 94-105 ; J. Godechot, *Le Comte d'Antraigues...,* p. 90.

62. AN, F^7 4392, Rapport de Gomin et de Lasne du 29 brumaire an IV (20 novembre 1795) ; *Nouvelles politiques nationales et étrangères,* 10 frimaire an IV (1er décembre 1795).

63. AN, AF III 87 dossier 375, Lettre du Comité de salut public au comte Carletti, du 17 messidor an III (5 juillet 1795) ; *Annales patriotiques et littéraire de la France,* 21, 22, 23 et 24 frimaire an IV (12, 13, 14 et 15 décembre 1795) ; comte Greppi, « La mission du comte Carletti à Paris », dans *Revue d'histoire diplomatique,* 15e année, 1901, p. 369 et 370.

64. *Le Moniteur,* 20 frimaire an IV (11 décembre 1795).

65. *Nouvelles politiques nationales et étrangères,* 15 frimaire an IV (6 décembre 1795).

66. *Paris pendant l'année 1795,* 26 décembre 1795. Le volume, qui est en grande partie une compilation des journaux parisiens, ne dit pas duquel d'entre eux il tire cet article.

67. AN, AF II 412, Lettre du Comité de salut public à Barthélemy, le 14 messidor an III (2 juillet 1795).

68. A. von Vivenot, *Vertrauliche Briefe des Freiherrn von Thugut,* 1872, t. I, Lettre du 15 juillet 1795 au prince Colloredo, vice-chancelier de l'Empire. Il est très probable que François II ait été moins réticent que son ministre à accueillir sa cousine et les autres princes, au nom des sentiments familiaux et dynastiques.

69. AN, AF II 412, Lettre du général Pichegru au Comité de salut public, 23 thermidor an III, (10 août 1795) ; Jean Kaulek (éd.), *Papiers de Barthélemy, ambassadeur de France en Suisse, 1792-1797,* Paris, 1910, vol. 6, p. 206.

70. J. Kaulek (éd.), *Papiers de Barthélemy...,* vol. 6, p. 206 et notes p. 210 et 211.

71. MAE, Correspondance politique, Autriche vol. 364, note de Delacroix du 6 brumaire an IV (28 octobre 1795), fol. 191 ; note anonyme non datée fol. 238 ; Alfred von Vivenot (éd.), *Thugut, Clerfayt und Wurmser,* Vienne, Braumüller, 1869, Lettre du baron de Thugut au baron Degelmann, 31 août 1795, p. 198 et 199 ; William Wickham, *The Correspondence of the Right Honourable William Wickham from the year 1794*, Londres, 1870, vol. 2, Lettre de Wickham à lord Grenville, 12 mars 1796, p. 299 ; J. Kaulek (éd.), *Papiers de Barthélemy...,* vol. 6, p. 212, 240, 245, Pauline de Tourzel, comtesse Galard de Béarn, *Mémoires : souvenirs de quarante ans 1789-1830,* Paris, 1861, p. 260.

72. J. Kaulek, (éd.), *Papiers de Barthélemy...,* vol. 6, p. 212-215, 219, 223-224, 226.

73. *Ibidem,* p. 220-223, 226-230.

74. *Ibidem,* p. 217-218, 227-228.

75. Marc Bélissa, *Repenser l'ordre européen 1795-1802. De la société des rois au droit des nations,* Paris, 2006, p. 65-89.

76. MAE, Correspondance politique, Autriche, vol. 364, Rapport de mission de Meresuin, fol. 170, Arrêtés du Directoire du 6 frimaire an IV (27 novembre 1795), fol. 261 ; Alfred von Vivenot (éd.), *Thugut, Clerfayt und Wurmser,* Vienne, 1869, p. 241, 257-261, 299-302 ; Albert Sorel, *L'Europe et la Révolution française,* Paris, 1885-1904, t. 4, p. 396, 397, 431-433 ; t. 5, p. 25-33 ; Sydney Seymour Biro, *The German Policy of Revolutionary France,* t. 2, p. 514-521.

77. J. Kaulek (éd.), *Papiers de Barthélemy...,* vol. 6, p. 232. *Journal de Paris,* 1er, 3 et 4 nivôse an IV, (22, 24 et 25 décembre 1795) ; A. von Vivenot (éd.), *Thugut...,* p. 197.

78. MAE, Correspondance politique, Autriche, vol. 365, Rapports de Méchain au gouvernement français, fol. 18-20 ; comte Charles-Alexandre-François-Félix de France d'Hézecques, *Souvenirs d'un page à la cour de Louis XVI,* Paris, 1873, p. 36-37, 42-43.

79. AN, AB XIX 3305, Rapport de Fenouillot à William Wickham du 2 janvier 1796.

80. BnF, cabinet des estampes, coll. de Vinck 6018 et 6028.

81. On la trouve éditée chez Jukes à Londres et chez Fietta à Augsbourg.

82. BnF, cabinet des estampes, série Qb1, cliché 12138.

83. BnF, cabinet des estampes, coll. de Vinck 6021.

1. AN, AB XIX 3305, Annexe 6 au rapport n° 3 de Wickham à lord Grenville, datée du 2 janvier 1796.

2. Alfred von Vivenot (éd.), *Vertrauliche Briefe des Freiherrn von Thugut,* Vienne, 1872, vol. 2, p. 241.

3. Les Etats de la Maison de Habsbourg ou d'Autriche sont composites. A un ensemble de territoires héréditaires centrés sur l'Autriche s'ajoutent les couronnes de Hongrie et de Bohême et le titre d'empereur du Saint Empire romain germanique qui, bien qu'électif, s'est transmis dans cette dynastie depuis le XIIIe siècle sans discontinuer. La pragmatique sanction a permis à Marie-Thérèse de succéder à son père dans les Etats héréditaires et aux couronnes de Hongrie et de Bohême, non sans difficulté d'ailleurs, puisque son arrivée au pouvoir a provoqué une guerre européenne. En revanche, le titre d'empereur est demeuré masculin. Après un bref intermède, il est néanmoins resté dans la famille puisque ce sont successivement son mari puis son fils aîné Joseph qui sont élus.

4. Nous reprenons ici le terme de Jean-Paul Bled dans *Marie-Thérèse d'Autriche,* Paris, Fayard, 2001, p. 432.

5. Alfred von Vivenot, *Quellen zur Geschichte der deutschen Kaiserpolitik Oesterreichs während der französischen Revolutionskriege,* Vienne, 1890, vol. 5, p. 298 et 325 ; Ilsebill Barta, *Familienporträts der Habsburger,* Vienne, 2001, p. 35-39.

6. HHSA, Frankreich, Varia, carton 55, Lettre de la reine de Naples à Marie-Thérèse de France, 26 juillet 1796 ; Robert Keil, *Die Porträtminiaturen des Hauses Habsburg*, Vienne, 1999, p. 142 et 159.

7. Marie-Thérèse de France, *Souvenirs,* Paris, 1997, p. 104. L'édition des *Mémoires* de la princesse parue en 1817 a supprimé ce passage sur sa famille autrichienne.

8. MAE, Correspondance politique, Autriche, vol. 365, Rapport de Mme de Soucy, fol. 47 ; marquis Marc-Marie de Bombelles, *Journal,* Paris, 2002, t. 5, p. 37 et 38 ; E. Daudet, *Histoire de l'émigration,* Paris, 1903-1905, t. 2, p. 140 et 155 ; Georges Lenôtre, *La Fille de Louis XVI,* Paris, 1955, p. 247.

9. NA, FO 7/44, Lettre de sir Morton Eden au gouvernement anglais, 21 janvier 1796 ; Prosper de Barante (éd.), « Notes du comte Armand de Saint-Priest sur le séjour du roi Louis XVIII à Mittau », dans *Revue d'histoire diplomatique,* 48e année, janvier-mars 1934, p. 185 et 186 ; Walter Koschatzky, Selma Krasa, *Herzog Albert von Sachsen-Teschen 1738-1822 Reichsfeldmarschall und Kunstmäzen,* Vienne, 1982, p. 204.

10. MAE, Mémoires et documents, fonds Bourbon, vol. 610, cahier n° 7, Lettre de Mgr de La Fare au roi, 12 août 1797, fol. 10 ; François-Emmanuel Guignard, comte de Saint-Priest, *Mémoires,* Paris, 2006, p. 334 ; Alexandrine Prévost de La Boutetière de Saint-Mars de Fisson, baronne du Montet, *Souvenirs,* Paris, 1904, p. 6 ; R. Keil, *Die Porträtminiaturen...,* p. 202 et 203.

11. MAE, Mémoires et documents, France, fonds Bourbon, vol. 609, cahier 6, Lettre du comte de Saint-Priest à Mgr de La Fare, 13/24 juillet 1798, fol. 157 ; vol. 611, cahier 6, Lettre de Mgr de La Fare au roi, 30 juin 1798, fol. 89 ; G. Lenôtre, *La Fille de Louis XVI...,* p. 270, 283 et 284.

12. MAE, Mémoires et documents, France, fonds Bourbon, vol. 610, Lettres de Mgr de La Fare au roi, cahier n° 1, 15 avril 1797, fol. 11 ; cahier n° 4, 31 mai 1797, fol. 40 ; cahier n° 7, 12 août 1797, fol. 10. E. Daudet, *Histoire de l'émigration...,* t. 2, p. 158.

13. HHSA, Frankreich, Varia, carton 55, Lettre du baron de Flachslanden à Marie-Thérèse de France, 18 février 1796 ; AN, 198 AP 6, Registre de correspondance de Mgr de La Fare sur les comptes des princes, notamment lettre du 19 novembre 1810 au duc d'Angoulême ; MAE, Mémoires et documents, France, fonds Bourbon, vol. 610, cahier 1, Lettre de Mgr de La Fare au comte de Saint-Priest, 12 avril 1797, fol. 5 ; Marie-Thérèse de France, « Souvenirs de 1815 », dans *Le Correspondant,* t. 216, 25 août 1913, p. 651 ; G. Lenôtre, *La Fille de Louis XVI...,* p. 263, 277 et 278 ; Jeroen Duindam, *Vienna and Versailles. The Courts of Europe's Dynastic Rivals, 1550-1780,* Cambridge, 2003, p. 77-79.

14. Alma Söderjhelm (éd.), *Fersen et Marie-Antoinette. Correspondance et journal intime du comte Axel de Fersen,* Paris, 1930, p. 346.

15. Hermann Hüffer, *Quellen zur Geschichte des Zeitalters der französischen Revolution,* partie II, *Quellen zur Geschichte der diplomatischen Verhandlungen,* Innsbruck, 1907, p. 467-474.

16. Il existe à notre connaissance deux exceptions : un portrait d'Elisabeth-Charlotte d'Orléans, duchesse de Lorraine, par Pierre Gobert, et un posthume de Louise-Elisabeth de France, duchesse de Parme, par Nattier. La dimension commémorative du second peut expliquer la présence du manteau fleurdelisé.

17. Les Pays-Bas autrichiens correspondent à la Belgique actuelle.

18. AN, AF III 296, Rapport d'agents français au Directoire sur l'archiduc Charles ; MAE, Correspondance politique, Autriche, vol. 364, Lettre de Bacher au ministre des Relations extérieures du 7 nivôse an IV (28 décembre 1795), fol. 268 ; vol. 365, Rapport de Mme de Soucy, fol. 47 et 48 ;

Jacques-Mathieu Augeard, *Mémoires secrets,* Paris, 1866, p. 352 ; William Wickham, *The Correspondence of the Right Honourable William Wickham from the Year 1794,* Londres, 1870, t. 2, p. 299 ; vicomte Paul-Jean-François-Nicolas de Barras, *Mémoires,* Paris, 1895, vol. 2, p. 25 ; A. Prévost de La Boutetière, baronne du Montet, *Souvenirs...,* p. 6 ; Heinrich von Zeissberg, *Erzherzog Carl von Osterreich,* Vienne et Leipzig, 1870, t. 1, vol. 2, p. 423 et 424 ; E. Daudet, *Histoire de l'émigration...,* t. 2, p. 155 ; G. Lenôtre, *La Fille de Louis XVI...,* p. 247.

19. MAE, Mémoires et documents, France, fonds Bourbon, vol. 611, cahier 6, Lettre de Mgr de La Fare à Louis XVIII, 8 mars 1798, fol. 54.

20. AN, AF III 296, Rapport d'agents français au Directoire sur l'archiduc Charles.

21. E. Daudet, *Histoire de l'émigration...,* t. 2, p. 140.

22. G. Lenôtre, *La Fille de Louis XVI...,* p. 247.

23. HHSA, Frankreich, Varia, carton 55, Lettre de François Hue à Louis XVIII, 2 février 1796 ; Lettre de Marie-Thérèse de France à Louis XVIII, 30 janvier 1796 ; E. Daudet, *Histoire de l'émigration...,* t. 2, p. 155 ; G. Lenôtre, *La Fille de Louis XVI...,* p. 276.

24. G. Lenôtre, *La Fille de Louis XVI...,* p. 264-267 ; A. Prévost de La Boutetière, baronne du Montet, *Souvenirs...,* p. 5.

25. Sur ces questions voir les thèses non publiées de Maria Pawlik, *Emigranten der französischen Revolution in Osterreich (1789-1814),* université de Vienne, mars 1967, ici le chapitre V, et Karine Rance, *Mémoires de nobles émigrés dans les pays germaniques pendant la Révolution française*, Paris I, 1999, deuxième partie, chapitre un ; A. Prévost de La Boutetière, baronne du Montet, *Souvenirs...,* p. 28, 29 et 35.

26. NA, FO27/45, Lettre de lord Macartney à lord Grenville, 23 décembre 1795.

27. MAE, Mémoires et documents, fonds Bourbon, vol. 609, cahier 1, Du cabinet du roi au comte de Saint-Priest, 19 mars 1796, fol. 7 ; vol. 612, cahier 13, Lettre de Mgr de La Fare au comte de Saint-Priest, 16 janvier 1799, fol. 17 ; HHSA, Frankreich, Varia, carton 55, Lettre du comte d'Avaray à Marie-Thérèse de France du 28 avril 1796 ; Lettres de Louis XVIII à Marie-Thérèse de France, 3 mai 1796, 30 mai 1796 et 19 juin 1796 ; Jacques Crétineau-Joly, *Histoire des trois derniers princes de la maison de Condé,* Paris, 1866, vol. 2, p. 152 ; E. Daudet, *Histoire de l'émigration...,* t. 2, p. 160, 161, 351-353 ; Evelyne Lever, *Louis XVIII,* Paris, 1988, p. 220-223.

28. HHSA, Frankreich, Varia, carton 55, Lettres de Vignon à Mme de Soucy, 12 janvier 1796 et à Marie-Thérèse de France, 17 janvier 1796 ; Lettre de sœur Adélaïde

de Sainte-Foi depuis Fribourg ; Lettre du marquis de Beauharnais à François Hue, 15 janvier 1796 ; Lettres du marquis de Vienne à François Hue, février 1796.

29. NA, FO27/45, Lettre de lord Macartney à lord Grenville, 11 janvier 1796.

30. A. Söderjhelm, *Fersen et Marie-Antoinette...*, p. 346.

31. *Ibidem,* Lettre à Taube, 23 mars 1796 ; M.-M. de Bombelles, *Journal...,* t. 5, p. 135 ; A. Prévost de La Boutetière, baronne du Montet, *Souvenirs...*, p. 15.

32. HHSA, Frankreich, Varia, carton 55, Lettre du comte de Fersen au comte de Saint-Priest, 5 mars 1797 ; MAE, Mémoires et documents, France, fonds Bourbon, vol. 609, cahier 7, Lettre du cabinet du roi à Mgr de La Fare, 24 janvier 1799 ; vol. 612, cahier 13, Lettre de Mgr de La Fare au comte de Saint-Priest, 30 décembre 1798, fol. 4 ; A. Söderjhelm, *Fersen et Marie-Antoinette...*, p. 301.

33. NA, FO 7/44, Lettre de sir Morton Eden à lord Grenville, 21 janvier 1796 ; Gouverneur Morris, *Mémorial,* Paris, 1842, t. 1, p. 427-430 ; Barbara Nicolaievna Galitzine, comtesse Golovine, *Souvenirs,* Paris, 1910, p. 382 ; A. Söderjhelm, *Fersen et Marie-Antoinette...*, p. 353 ; baron André de Maricourt, « Marie-Thérèse de France à Vienne », dans *Revue des questions historiques,* octobre 1903, p. 5 ; G. Lenôtre, *La Fille de Louis XVI...*, p. 280.

34. MAE, Correspondance politique, Autriche, vol. 364, Rapport de Bacher au ministre des Relations extérieures, 7 nivôse an IV, 28 décembre 1795, fol. 267 ; G. Lenôtre, *La Fille de Louis XVI...*, p. 261.

35. A. Prévost de La Boutetière, baronne du Montet, *Souvenirs...*, p. 19.

36. MAE, Mémoires et documents, France, Fonds Bourbon, vol. 612, cahier 11, Mgr de La Fare au roi, 26 juin 1798, fol. 3 ; HHSA, Frankreich, Varia, carton 55, Lettre de Mlle Schlick de Schönthal à Marie-Thérèse de France, 24 mai 1796.

37. HHSA, Frankreich, Varia, carton 55, Lettre et mémoire de Cosme-Jean-Baptiste Marchand à Mme de Soucy, 6 janvier 1796.

38. *La Quotidienne,* 31 juillet 1814.

39. A. Prévost de La Boutetière, baronne du Montet, *Souvenirs...*, p. 20-24.

40. HHSA, Frankreich, Varia, carton 55, Lettre de Marie-Thérèse de France à son oncle Louis XVIII, 25 janvier 1797.

41. NA, FO 27/80, Lettre de Joseph Weber au gouvernement anglais, 24 janvier 1810 ; Lettre de Marie-Thérèse-Charlotte de France au comte Louis-Etienne-François de Damas-Crux, 28 janvier 1810, communication d'Alexis Meunier avec l'obligeante autorisation de M. Alain de Grollée-Virville.

42. *L'Ambigu,* vol. 19, 10 novembre 1807.

43. HHSA, Frankreich, Varia, carton 55, Lettre de Mgr de La Fare au prince de Condé, 22 janvier 1796 ; du même au comte de Damas, 23 janvier 1796 ; *L'Ami de la religion et du roi*, mai-septembre 1823, t. 36, p. 64 ; Félix de France d'Hézecques, *Souvenirs d'un page de la cour de Louis XVI,* Paris, 1873, p. 27-44.

44. Jean-Baptiste Cléry, *Journal de ce qui s'est passé à la tour du Temple pendant la captivité de Louis XVI, roi de France,* éd. Jacques Brosse, Paris, 1968, p. 15 et 16 ; *Le Moniteur,* 24 décembre 1792.

45. MAE, Mémoires et documents, France, Fonds Bourbon, vol. 611, cahier 6, Lettre de Mgr de La Fare au roi, 25 octobre 1797, fol. 3 ; J.-B. Cléry, *Journal de ce qui s'est passé à la tour du Temple*, Paris, 1861, p. 10-12.

46. MAE, Mémoires et documents, France, fonds Bourbon, vol. 611, cahier 6, Lettre de Mgr de La Fare au roi, 25 octobre 1797, fol.3 ; J.-B. Cléry, *Journal...,* 1861, p. 8.

47. *Captivité de Louis XVI et de la famille royale, tant à la tour du Temple qu'à la Conciergerie,* Paris, 1825, p. XXXVII et LI ; J.-B. Cléry, *Journal...,* 1861, p. 22 et 23 ; *idem, Journal...,* éd. Jacques Brosse, p. 16 ; vicomte François René de Chateaubriand, *Mémoires d'outre-tombe,* Paris, 1973, p. 360 ; Maurice Tourneux, *Marie-Antoinette devant l'histoire. Essai de bibliographie,* Paris, 1906, p. 88-93.

48. Evelyne Lever, *Louis XVIII,* Paris, 1988, p. 105-115 et 134-148. Le marquis de Favras avait ourdi un complot visant à enlever le roi et la famille royale et à les conduire hors de Paris. On ne sait pas trop si ce complot avait pour but de fortifier le pouvoir de Louis XVI ou, au contraire, de le mettre à l'écart pour laisser le champ libre à son frère, alors comte de Provence. Favras a été emprisonné et exécuté.

49. Philip Mansel, *Louis XVIII,* Paris, 2004, p. 21, 22, 168 et 169. On reprend ici l'expression de Joël Cornette dans *Le Roi de guerre : essai sur la souveraineté dans la France du Grand Siècle,* Paris, 2000, 486 pages. Sur la période révolutionnaire voir Roger Dupuy, « Le roi de la Contre-Révolution : de la chevauchée répressive au providentialisme réactionnaire », dans *The French Revolution and the Creation of Modern Political Culture,* vol. 2, *The Political Culture of the French Revolution,* éd. Colin Lucas, Pergamon Press, Oxford, p. 193-211. Contrairement à ce que l'auteur avance, nous pensons qu'il y a maintien et coexistence de l'image d'un roi guerrier après 1793, même si, effectivement, cette image s'efface peu à peu au profit de celle d'un roi magnanime protégé par la Providence.

50. Sur cette notion de légitimité, voir *L'Idée de légitimité,* Paris, 1967, 221 pages. C'est Talleyrand qui, lors du congrès de Vienne, met en avant le principe

de légitimité. Il considère que tout souverain est légitime s'il détient son pouvoir par droit héréditaire ou par traité. Il défend naturellement ce faisant la légitimité des Bourbons en France et, d'une certaine façon, justifie après coup l'obstination de Louis XVIII durant l'émigration. Voir Emmanuel de Waresquiel, *Talleyrand, le prince immobile,* Paris, 2006, p. 471 et 472.

51. HHSA, Frankreich, Varia, carton 55, Lettre de Laroche à Mme de Soucy, 4 janvier 1796.

52. *Ibidem,* Lettre de Cosme-Jean-Baptiste Marchand à Mme de Soucy, 4 janvier 1796.

53. *Ibidem,* Lettres du marquis de Vienne à François Hue, janvier 1795.

54. André-Emile Sayous (éd.), *Mémoires et correspondance de Mallet du Pan*, Paris, 1851, p. 281.

55. Comte Boulaye de La Meurthe, *Correspondance du duc d'Enghien,* Paris, Picard, 1904-1913, vol. 1, p. 140-142.

56. MAE, Mémoires et documents, fonds Bourbon, vol. 588, Lettre du comte d'Antraigues au roi du 10 septembre 1795 ; vol. 617, fol. 99, Note sur le royaume de Navarre. Antraigues ne parle que du Béarn, pas de la Navarre. Il semble qu'il y ait confusion entre les deux ; A. Sayous, *Mémoires et correspondance...,* p. 166 ; E. Daudet, *Histoire de l'émigration...,* vol. 2, p. 151 et 152.

57. A. von Arneth, *Vertrauliche Briefe...,* Vienne, 1872, vol. 1, p. 231.

58. *Ibidem* ; Philip Mansel, *Louis XVIII,* Paris, 2004, p. 94.

59. NA., FO 27/45, Rapports de lord Macartney à lord Grenville des 7 septembre 1795, 7 octobre 1795, 22 novembre 1795, 23 décembre 1795 ; A. von Vivenot, *Quellen zur Geschichte...,* vol. 5, p. 303, 332 et 333.

60. E. Daudet, *Histoire de l'émigration...,* vol. 2, p. 130.

61. *Ibidem,* p. 136 et 137.

62. *Ibidem,* p. 141.

63. HHSA, Frankreich, Hofkorrespondenz, carton 9, Lettre de Louis XVIII à l'empereur, 13 mars 1796.

64. E. Daudet, « Autour d'un mariage princier », dans *Revue des Deux-Mondes*, 1er janvier 1905, p. 140-145.

65. HHSA, Frankreich, Varia, carton 55, Lettre de Marie-Thérèse de France à Louis XVIII, 30 janvier 1796 ; François-Emmanuel Guignard, comte de Saint-Priest, *Mémoires,* Paris, 2006, p. 334.

66. Maurice Elisabeth de Lavergne de Tressan, *Lettre sur l'arrivée de Madame Thérèse de France à Mittau*, s.l., s.d., p. 4.

67. E. Daudet, *Madame Royale,* Paris, s.d., p. 60 et 61.

68. Laure Junot, duchesse d'Abrantès, *Mémoires sur la Restauration ou Souvenirs historiques sur cette époque, la révolution de Juillet et les premières années du règne de Louis-Philippe Ier*, Paris, 1835, vol. 1, p. 88.

69. AN, 198 AP 6, Lettre du duc d'Angoulême à Mgr de La Fare, 9 février 1805.

70. AN 34 AP 2, pièce 180, Lettre de Louise de Condé au duc de Bourbon, 15 février 1813.

71. AN, O^3 2681, Liste du personnel de la Maison de la duchesse d'Angoulême ; HHSA, Frankreich, Varia, carton 55, Lettre de Mlle Schlick à Madame Royale, 24 mai 1796 ; MAE, Mémoires et documents, France, fonds Bourbon, vol. 612, cahier 13, Mgr de La Fare au cabinet du roi, 30 décembre 1798, fol. 6 ; Mgr de La Fare au comte de Saint-Priest, février 1799, fol. 20 et 21 ; *Lettre de la fille de Louis XVI à Bénezech*, Paris, 1867, s.p. ; baron F. Hue, *Souvenirs...*, p. 252 et 253 ; E. Daudet, « Autour... », p. 391-395.

72. AN, 198 AP 3, dossier 6, Lettres du marquis de Bonnay à Mgr de La Fare, 5 octobre 1803, 2 novembre 1803 et 24 avril 1805 ; O^3 2681, Composition de la Maison de la duchesse d'Angoulême ; 37 AP 1, Note du marquis de Bonnay au roi, 22 octobre 1803 ; MAE, Mémoires et documents, France, fonds Bourbon, vol. 609, cahier 6, Lettre du comte de Saint-Priest à Mgr de La Fare, 10 septembre 1798, fol. 152 ; J.-B. Cléry, *Journal...*, 1968, p. 202.

73. F. Hue, *Souvenirs...*, p. 304.

74. P. de Barante (éd.), « Notes du comte Armand de Saint-Priest... », p. 193.

75. AN, 37 AP 1, dossier 1, Lettre du duc de Blacas au marquis de Bonnay, 10 septembre 1812 ; A. Prévost de La Boutetière, baronne du Montet, *Souvenirs*, Paris, 1904, p. 20, 25-27 ; marquis M.-M. de Bombelles, *Journal...*, vol. 5, p. 325, 359, 360 et 374.

76. Dorothée de Courlande, duchesse de Dino, *Mémoires*, Clermont-Ferrand, 2003-2004, p. 66 et 67.

77. BL, mss add. 41648, sir Thomas Clifford, *Memoirs relative to the intercourse of the writer with His Most Christian Majesty Louis XVIII*, fol. 6 ; P. de Barante, (éd.), « Notes du comte Armand de Saint-Priest... », p. 27.

78. Antoine-Louis-François de Béziade, duc d'Avaray, *Lettre de M. le comte d'Avaray à son ami sur le voyage de Louis XVIII de Mitau à Hemel*, s.l., s.d.

79. *Mercure de France*, 10 et 17 février 1787. Ducis remaniera sa pièce en 1797, d'après l'opéra de Guillard, et la baptisera également *Œdipe à Colone*. Antigone était une des deux filles issues du mariage incestueux entre son père Œdipe et la propre mère de ce dernier, Jocaste. Quand Œdipe se rend compte de son crime, il se crève les yeux, abandonne la royauté et s'exile. Antigone suit son père jusqu'à sa mort et retourne ensuite à Thèbes. Là, elle doit affronter la guerre que se livrent ses deux frères, Etéocle et Polynice. Polynice est tué. Comme il s'est retourné contre sa ville natale,

Thèbes, son oncle, le roi Créon, refuse de lui rendre les honneurs funéraires. Antigone, bravant l'interdiction de Créon, s'occupe de la dépouille de son frère. Elle est condamnée par son oncle pour ce geste et se pend dans sa prison. C'est la deuxième partie du mythe qui est la plus connue aujourd'hui mais, pour la période qui nous intéresse, Pierre-Simon Ballanche est un des rares à l'exploiter comme nous le verrons plus loin.

80. James Henry Rubin, « Oedipus, Antigone and Exiles in Post-Revolutionary French Painting », dans *The Art Quarterly*, t. 36, 1973, p. 141-146 ; Lynn Avery Hunt, *Le Roman familial de la Révolution française,* 1995, p. 184-187.

81. J.-F. Michaud d'Albins, *Les Adieux de Marie-Thérèse de Bourbon*, Bâle, 1797, p. 17.

82. Jean-Philippe-Guy Le Gentil, comte de Paroy, *Souvenirs d'un défenseur de la famille royale pendant la Révolution,* Paris, 1895, p. 438.

83. *Ibidem.* BnF, cabinet des estampes, série Qb1, cliché 104613.

84. E. Daudet, *Histoire de l'émigration...*, vol. 3, p. 214 et 215.

85. MAE, Correspondance politique, Pologne, vol. 323, Rapports de l'espion français Gallon-Boyer, 1803 ; comte A. Wodzinski, « Les Bourbons en Pologne », dans *Nouvelle revue,* n° 58, 1899, p. 385-407.

86. E. Daudet, *Joseph de Maistre et Blacas,* Paris, 1908, p. 3-16.

87. *Ibidem,* p. 55-61 ; Pierre Glaudes, *Dictionnaire Joseph de Maistre,* dans Joseph de Maistre, *Œuvres,* Paris, 2007, art. Louis XVIII, p. 1216 et 1217.

88. E. Daudet, *Les Bourbons et la Russie...* p. 295.

89. Ernest d'Hauterive, *La Police secrète du premier Empire,* Paris, 1908, vol. 2, p. 205, 209, 214, 215, 225, 228.

90. E. Daudet, *Histoire de l'émigration...,* p. 372 et *sq.*

91. AN, 37 AP 1 dossier 1, Lettre du comte de Blacas au marquis de Bonnay, 10 août 1809 ; marquis Charles-Albert Costa de Beauregard, *Emigration, souvenirs tirés des papiers du comte Auguste de La Ferronnays,* Paris, 1900, p. 275 et 276 ; P. Mansel, *Louis XVIII...,* p. 149-152.

92. B. L., Add. 41648, *Memoirs relative to the intercourse of the writer with His Most Christian Majesty Louis XVIII* ; Lettres de Marie-Thérèse-Charlotte de France au comte Louis-Etienne-François de Damas-Crux, juillet à novembre 1813, communiquées par Alexis Meunier avec l'aimable autorisation de Alain de Grollée-Virville ; W. H. Smyth, *Aedes Hartwellianae,* Londres, 1851, p. 374-389 ; Egerton Castle (éd.), *The Jernigham Letters (1780-1843),* Londres, 1896, vol. 1, p. 320, 321, 335-339.

93. Fanny d'Arblay, *Diary and Letters,* Londres, 1891, vol. 3 ; Herbert Croft, *Consolation poétique*

adressée à S.A.R. Madame, duchesse d'Angoulême, Paris, 1814.

94. Baron Ferdinand de Géramb, *Lettre à Sophie,* dans *Lettre au comte Moira, général des armées de S.M.C., gouverneur général de l'Inde, etc., sur les Espagnols et sur Cadix ; suivie d'une lettre à Sophie*, Paris, 1814, p. 113-119. La première édition de la lettre est de Londres, 1811. Sur Ferdinand de Géramb, voir entre autres Georges Lenôtre, *Vieilles maisons, vieux papiers,* Paris, 1903, t. 2, p. 75-98.

95. Baron F. de Géramb, *Lettre à Sophie...,* p. 119.

96. AN, 37 AP 1, dossier 1, Lettre du duc de Blacas au marquis de Bonnay, 10 septembre 1812.

97. Philip Mansel, *Louis XVIII,* Paris, 2004, p. 178-180.

98. Guillaume de Bertier de Sauvigny, *La Restauration,* Paris, 1990, p. 32 et 33 ; Emmanuel de Waresquiel et Benoît Yvert, *Histoire de la Restauration,* Paris, 1996, p. 27 et 28 ; Michel Figeac, *Destins de la noblesse bordelaise,* Bordeaux, 1996, vol. 1, p. 498-501.

99. Alphonse de Beauchamps, *La Duchesse d'Angoulême à Bordeaux,* Versailles, 1815, p. 14.

100. AM Bordeaux, S9D2, Proclamations du duc d'Angoulême des 10 et 11 février 1814.

101. Antoine-Philippe du Bois des Cours, marquis de La Maisonfort, *Mémoires d'un agent royaliste,* Paris, 2004, p. 222.

5. De la Restauration aux Cent-Jours : les derniers feux héroïques

1. *L'Ambigu,* vol. 45, p. 289-295, 376-394 ; Philip Mansel, « Louis XVIII à Gosfield et Hartwell 1807-1814 », *Revue de la société d'histoire de la Restauration et de la monarchie constitutionnelle*, n° 8, 1996, p. 30-34.

2. Elisabeth Guénard, baronne Brossin de Méré, *Irma ou les malheurs d'une jeune orpheline,* Paris, 1799, 4 vol. ; Evelyne Lever, « Le testament de Louis XVI et la propagande royaliste par l'image pendant la Révolution et l'Empire », dans *Gazette des Beaux-Arts,* t. 94, novembre 1979, p. 173, note 17.

3. *Journal de Paris,* 12 août 1814.

4. *La Quotidienne,* 20 juillet 1814.

5. Auguste-Frédéric-Louis Viesse de Marmont, duc de Raguse, *Mémoires,* Paris, 1857, p. 19 et 20.

6. *Journal des débats,* 6 mai 1814 ; *L'Ambigu,* 20 avril 1814, vol. 45, p. 383-394 ; maréchal Etienne-Jacques-Joseph-Alexandre Macdonald, *Souvenirs,* Paris, 1892, p. 313.

7. Louise Elisabeth Vigée-Lerun, *Souvenirs,* Paris, 1838, vol. 2, p. 221 et 222.

8. Cité dans *L'Union,* 24 octobre 1851.

9. Jacques Godechot (éd.), *Les Constitutions de la France depuis 1789,* Paris, 1995, texte de la charte du 4 juin 1814, préambule, p. 218.

10. Stéphane Rials, « Essai sur le concept de monarchie limitée (autour de la charte de 1814) », dans *Révolution et Contre-Révolution au XIX*[e] *siècle,* Paris, 1989, p. 88-125 ; Pierre Rosanvallon, *La Monarchie impossible,* Paris, 1994, p. 35-74 ; Sébastien Le Gal, « Le dévoilement de la légitimité dans le premier XIXe siècle : manifester la royauté à l'ère du constitutionnalisme », dans Hélène Becquet, Bettina Frederking, *La Dignité de roi. Regards sur la royauté en France au premier XIX*[e] *siècle*, Rennes, 2009, p. 49-76.

11. BnF, cabinet des estampes, série N2, cliché DOF 5047.

12. *La Quotidienne,* 30 août 1814.

13. Vicomte François René de Chateaubriand, *Mémoires d'outre-tombe,* Paris, 1973, p. 798.

14. *Idem*, *De Buonaparte et des Bourbons* [Paris 1814], Bruxelles, 1966, p. 118.

15. Sur la notion de Nation et la dualité, voire la pluralité des « Nations-Frances », voir Pierre Nora, « Nation », dans *Dictionnaire critique de la Révolution française,* Paris, Flammarion, 1988, p. 801-811 ; Colette Beaune, *Naissance de la Nation France,* Paris, 1985, « Conclusions », p. 337-351. Sur l'histoire des notions de Nation et de patriotisme avant la Révolution et leur place dans le discours royal au XVIIIe siècle, voir Edmond Dziembowski, *Un nouveau patriotisme français 1750-1770 : la France face à la puissance anglaise à l'époque de la guerre de Sept Ans,* Oxford, 1998, p. 321-368 et 423-490. Voir aussi, dans une optique différente qui fait de la Révolution l'aboutissement d'un processus séculaire de construction de la Nation « moderne », David A. Bell, *The Cult of the Nation in France,* Cambridge et Londres, 2001, 304 pages.

16. Sur les décors des fêtes de la Restauration, voir Françoise Waquet, *Les Fêtes royales sous la Restauration ou l'Ancien Régime retrouvé,* Paris, 1981, 207 pages. Les titres de nombre d'ouvrages poétiques sont à tout le moins évocateurs : *Le Retour des lis et celui du bonheur, étrennes dédiées à tous les Français, avec un calendrier pour l'an de grâce 1815, 19*[e] *du règne de Louis XVIII*, Lille, 1814, 75 pages ; *Le Lis et la Violette, chansonnier royal contenant divers poèmes, chansons et couplets satiriques sur Bonaparte, recueillis pendant son dernier règne, par un ami du roi, suivis de chants patriotiques sur le retour des Bourbons en France*, Paris, 1816, 180 pages ; *Le Lis triomphant, hommage à Son Altesse Royale, Ma-*

dame, duchesse d'Angoulême, par N. B., Paris, 1815, 16 pages ; *Les Lis. Idylles sur les événements de 1814 et de 1815*, Paris, 1816, 15 pages ; Henri Domenjoud, *La Lisiade,* Paris, 1814, 24 pages.

17. *La Quotidienne*, 13 août 1814.

18. Général-baron Thiébault, *Mémoires*, Paris, 2005 [réimp. de l'éd. Paris 1893], p. 1205.

19. Alain Blondy, *Les Ultra-royalistes bordelais*, thèse dactylographiée de l'université de Bordeaux, sous la direction d'André-Jean Tudesq, 1978, p. 17-25 ; M. Figeac, *Destins de la noblesse bordelaise,* Bordeaux, 1996, t. 2, p. 733.

20. *Le Mémorial bordelais,* 8 mars 1815.

21. Marie-Thérèse-Charlotte de France, « Souvenirs de 1815 », dans *Le Correspondant*, t. 216, 1913, p. 654.

22. *Le Mémorial bordelais,* 13 mars 1815.

23. *Le Mémorial bordelais,* 14 mars 1815 ; M.-T.-C. de France, « Souvenirs de 1815... » p. 656-659 ; Eugène-François-Auguste Arnaud, baron de Vitrolles, *Mémoires et relations politiques,* Paris, 1884, t. 2, p. 358-377. Ce dernier a tendance à exagérer son importance et son rôle. A l'en croire, c'est lui qui aurait eu tous les pouvoirs, appuyé par le duc et la duchesse d'Angoulême, ce qui est à tout le moins inverser les rôles.

24. AN, F^7 3785, Bulletin de police sur Bordeaux du 25 mars 1815 ; 197 AP 1, Lettre de la duchesse d'Angoulême au comte de La Châtre, 29 mars 1815 ; Alphonse de Beauchamp, *La Duchesse d'Angoulême à Bordeaux,* Versailles, 1815, p. 27 ; E.-F.-A. Arnaud, baron de Vitrolles, *Mémoires...,* p. 368 et 369 ; M.-T.-C. de France, « Souvenirs de 1815... », p. 661.

25. *Le Mémorial bordelais,* 18 mars 1815. Vers du comte de Martignac.

26. M.-T.-C. de France, « Souvenirs de 1815... », p. 658 et 659.

27. *Ibidem,* p. 658.

28. Jean-Baptiste-Sylvère de Gaye, vicomte de Martignac, *Bordeaux au mois de mars 1815,* Paris, 1830, p. 41 et 42 ; M.-T.-C. de France, « Souvenirs de 1815... », p. 664-666 ; Guillaume de Bertier de Sauvigny, *Un type d'ultraroyaliste, le comte Ferdinand de Bertier (1782-1864) et l'énigme de la Congrégation,* Paris, 1948, p. 159 et 160.

29. M.-T.-C. de France, « Souvenirs... », p. 666 et 667.

30. *La Bibliothèque historique,* t. 2, 1818, p. 155 ; J.-B.-S. Gaye de Martignac, *Bordeaux...,* p. 40, 41, 59 et 60 ; Natalie Petiteau, *Lendemains d'Empire, les soldats de Napoléon dans la France du XIXe siècle,* Paris, 2003, p. 267-284 et *Les Français et l'Empire 1799-1815,* Paris et Avignon, 2008, p. 237-239, 241 et 242.

31. Jacques Dejernon, *Précis historique des événements arrivés à Bordeaux et dans le département*

de la Gironde pendant les mois de mars, avril, mai, juin et juillet 1815, Bordeaux, s.d., déclaration de Madame du 1er avril 1815, s. p. ; J.-B.-S. de Gaye, vicomte de Martignac, *Bordeaux...*, p. 41 et 42 ; E.-F.-A. Arnaud, baron de Vitrolles, *Mémoires...*, p. 373 et 374 ; M.-T.-C. de France, « Souvenirs de 1815... », p. 666-668.

32. M.-T.-C. de France, « Souvenirs... », p. 670.

33. J.-B.-S. de Gaye, vicomte de Martignac, *Bordeaux...*, p. 44 ; Indiana de Sèze, *Récit de la visite à Bordeaux de Monseigneur le duc et Madame la duchesse d'Angoulême,* s. l., s.d., p. 11 et 12 ; M.-T.-C. de France, « Souvenirs de 1815... », p. 669 ; Jean Cavignac, « Les Cent-Jours à Bordeaux à travers la correspondance de Clauzel », dans *Revue historique de Bordeaux,* t. 15, 1966, p. 66-68.

34. AN, F^7 3785, Bulletins de police sur Bordeaux des 2 mai, 20 mai et 14 juin 1815 ; *Journal des débats,* 22 juillet 1815 ; *L'Indépendant,* 11 juillet 1815 ; I. de Sèze, *Récit de la visite à Bordeaux...*, p. 15-17 ; Yves-Marie Bercé, *Le Roi caché,* Paris, 1990, surtout « Le retour du roi dormant », p. 255-269 et « Les situations d'attente », p. 312-319 ; J. Cavignac, « Les Cent-Jours... », p. 68-72 ; François-Georges Pariset (éd.), *Bordeaux au XVIIIe siècle,* Bordeaux, 1968, p. 480 et 481.

35. *Journal de Paris,* 2 août 1815.

36. M.-T.-C. de France, « Souvenirs... », p. 671 et 672.

37. AN, 197 AP 1, Lettres de la duchesse d'Angoulême au comte de La Châtre, 10 juin 1815, 2 juillet 1815 ; 198 AP 12, Lettre de Mgr de La Fare à Charlotte de Choisy, 26 avril 1815 ; NA, FO 27/117, Lettre de Charles Stuart au vicomte de Castlereagh, 30 mai 1815 ; BNF, Mss NAF 1029, journal du vicomte d'Hardouineau, 1814, fol. 50 ; A. Molet, *Louis XVIII et les Cent-Jours à Gand,* Paris, 1902, t. 1, p. 175 ; baron Jean-Guillaume Hyde de Neuville, *Mémoires,* Paris, 1888, t. 2, p. 75 ; C. K. Webster, *The Foreign Policy of Castlereagh,* Londres, 1931, vol. 1, p. 443-448.

38. AN 34 AP 7, Lettre de la duchesse d'Angoulême au duc de Bourbon, 9 mai 1815 ; NA, FO 27/116, Lettres de Charles Stuart au vicomte de Castlereagh, 4 et 26 mai 1815 ; comte Charles d'Autichamps, *Mémoires pour servir à l'histoire de la campagne de 1815 dans la Vendée,* Paris, 1817, p. 52 et 53 ; baron J.-G. Hyde de Neuville, *Mémoires...*, t. 2, p. 74 et 75 ; Jean-Clément Martin, *La Vendée de la mémoire,* Paris, 1989, p. 45-50 ; E. de Waresquiel, B. Yvert, *Histoire de la Restauration,* Paris, 1996, p. 123.

39. AN, 34 AP 7, Lettres de la duchesse d'Angoulême au duc de Bourbon des 30 mai, 2 juin et 21 juin 1815 ; A. Molet, *Louis XVIII et les Cent-Jours...*, p. 76 et 77 ; baron J.-G. Hyde de Neuville, *Mémoires...*, t. 2, p. 97 et 100.

40. NA, WO 1/394, Lettre du baron de Montalembert à lord Bathurst, 13 et 29 juillet 1815 ; baron J.-G. Hyde de Neuville, *Mémoires...,* t. 2, p. 86-89.

41. Munro Price, *The Road from Versailles,* New York, 2003, p. 221-225.

42. AN, 198 AP 12, Lettre de Mgr de La Fare à Charlotte de Choisy, 26 avril 1815.

43. *L'Indépendant,* 19 mai 1815 ; *Le Journal universel de Gand,* 16 et 31 mai 1815 ; vicomte François René de Chateaubriand, *Rapport sur l'état de la France au 12 mai 1815, fait au roi dans son conseil à Gand,* dans *Œuvres complètes,* Bruxelles, 1829, p. 218 ; Armandine de Richelieu, marquise de Montcalm, *Mon journal pendant le premier ministère de mon frère,* Paris, 1935, p. 27-38.

44. *Le Chansonnier du roi et des Bourbons,* Paris, 1815, n° 3, p. 51.

45. Joseph Bocous, *Le Talisman de la France ou le Bouquet de Marie-Thérèse,* Paris, 1815, p. 36.

46. Vicomte F. R. de Chateaubriand, *Rapport sur l'état de la France...,* p. 218.

47. Théolon, « Le Retour de l'Héroïne de Bordeaux », dans *L'Ami des Bourbons,* Paris, 1816, p. 4.

48. Voir, par exemple, comte Antoine-Joseph de Barruel-Beauvert, *Lettres sur quelques particularités secrètes de l'histoire pendant l'interrègne des Bourbons à M. le comte Armand de ***,* Paris, 1815, vol. 3, p. 237.

49. Jacques-Olivier Boudon, « La figure de Jeanne d'Arc chez les catholiques français du XIXe siècle », dans *Images de Jeanne d'Arc,* Jean Maurice et Daniel Couty (dir.), Rouen, 1999, p. 46.

50. *La Quotidienne,* 11 mai 1816.

51. *Le Nain jaune,* 15 mai 1815.

52. Vicomte F. R. de Chateaubriand, *Rapport sur l'état de la France...,* p. 218.

53. AN O^3 1393, Rapport adressé au comte de Pradel du 26 avril 1816. Les tableaux représentant le règne de Louis XVI sont les suivants : *Louis XVI faisant droit à des remontrances du parlement de Bordeaux,* par Berthon, *Louis XVI donnant ses instructions à Lapeyrouse,* par Monsiau, *Louis XVI visitant le port de Cherbourg,* par Crépin, *Louis XVI distribuant ses bienfaits aux pauvres durant l'hiver 1785,* par Hersent. On commande aussi quatre dessus de porte : *La Naissance de Louis XIII,* par Menjaud, *Les Galeries du Louvre bâties par Henri IV,* par Garnier, *François Ier dormant sur un canon le soir de la bataille de Marignan,* par Mulard, *François Ier écrivant au bas du portrait d'Agnès Sorel,* par Bergeret. Sur le programme iconographique de la galerie de Diane, voir Geneviève et Jean Lacambre, « La galerie de Diane aux Tuileries sous

la Restauration », dans *Revue du Louvre et des musées de France,* 25e année, 1975, n° 1, p. 29-50.

54. AN O^3 1393, Rapport du Bureau consultatif des arts au comte de Pradel.

55. *Ibidem.*

56. C'est ce que suggère Rainer Schoch dans *Das Herrscherbild in der Malerei des 19. Jahrhunderts,* Munich, 1975, p. 116 et 117. Des réactions analogues ont lieu à propos de la série de portraits des chefs vendéens commandée par le même Pradel pour la salle des gardes du roi du palais de Saint-Cloud : voir J.-C. Martin, *La Vendée...,* p. 56 et 57.

57. Gustave Jal, *L'Ombre de Diderot et le bossu du Marais,* Paris, P.-F. Dupont, 1819, p. 138.

58. *Journal de l'Empire,* 6 et 7 avril 1815, 20 mai 1815.

59. *Ibidem,* 6 avril 1815.

60. Général-baron Thiébault, *Mémoires...,* p. 1211.

61. BnF, cabinet des estampes, coll. de Vinck 9422.

62. MAE, France, fonds Bourbon, vol. 615, fol. 315, Lettre de Mingaux au duc de Richelieu le 6 décembre 1815 ; *Journal de l'Empire,* 23 mai 1815.

63. *Mémoire de M. le duc de Blacas d'Aulps*, Paris, 1815, p. 9.

64. BnF, cabinet des estampes, coll. de Vinck, 9494.

65. *L'Indépendant,* 12 mai 1815.

66. *Journal de l'Empire,* 6 avril 1815.

67. *Ibidem,* 20 mai 1815 ; *L'Indépendant,* 12 mai 1815.

68. *Journal de l'Empire,* 23 mai 1815.

69. BnF, cabinet des estampes, série Qb1, cliché 108261.

70. *Journal de l'Empire,* 23 mai 1815.

71. *Le Nain jaune,* 15 avril 1815.

72. Sur ce sujet peu travaillé et très polémique, voir les anciennes synthèses toujours précieuses d'Ernest Daudet, *La Terreur blanche, épisodes et souvenirs de la réaction dans le Midi en 1815,* Paris, 1906, 294 pages et Henri Houssaye, *1815,* t. 3, *La Seconde Abdication, la Terreur blanche,* Paris, 1905, 604 pages. L'étude la plus récente est celle de Daniel-Paul Resnick, *The White Terror and the Reaction after Waterloo,* Harvard, 1966, 153 pages.

73. Daniel-Paul Resnick, *The White Terror,* p. 6, 7, 15 et 37.

74. Baron Prosper de Barante, *Souvenirs,* Paris, 1892, vol. 2, lettre du comte Camille de Tournon à Prosper de Barante, p. 183 et 184.

75. Ferdinand de Bertier de Sauvigny, *Souvenirs inédits d'un conspirateur,* Paris, 1990, vol. 1, p. 319.

76. *Journal des débats,* 1er septembre 1815.

77. *Ibidem,* p. 320. *La Quotidienne,* 5 août 1815.

78. *Ibidem,* 17 août 1815.

79. F. de Bertier de Sauvigny, *Souvenirs...,* vol. 1, p. 315 ; Brian

Fitzpatrick, « Réflexions sur le “royaume du Midi” en 1815 », dans *Mémoire,* t. 5, 1986, p. 71-74.

80. *Journal de Paris,* 8 décembre 1815 ; G. de Bertier de Sauvigny, *Un type d'ultraroyaliste...,* p. 179 et 180 ; abbé Jacques Moulard, *Le Comte Camille de Tournon, préfet de la Gironde,* Paris, 1914, p. 50.

6. Presque reine (1815-1830)

1. *Gros, ses amis, ses élèves,* [catalogue de l'exposition du Petit Palais, 1936], Paris, 1936, p. 101.

2. Antoine-Jean Cros, *Marie-Thérèse-Charlotte de France, duchesse d'Angoulême*, 1816, 2,57 m × 1,82 m, Versailles, musée national du château et des Trianons, huile sur toile.

3. Alexandre-François Caminade, *Marie-Thérèse-Charlotte de France, duchesse d'Angoulême*, 1827, 2,67 m × 1,82 m, Versailles, musée national du château et des Trianons, huile sur toile.

4. Pour être tout à fait exacte, les Chevaliers de la Foi sont le grade supérieur de l'ordre créé par Bertier de Sauvigny qui comporte différentes catégories de membres, plus ou moins associés aux buts politiques de l'ensemble. Sur les Chevaliers de la Foi et l'ultraroyalisme, le livre de référence demeure celui de Guillaume de Bertier de Sauvigny, *Un type d'ultraroyaliste, le comte Ferdinand de Bertier et l'énigme de la Congrégation,* Paris, 1948, 572 pages.

5. Comte Antoine-Marie de La Valette, *Mémoires et souvenirs,* Paris, 1994, p. 357 p. 400 et 401 ; Adèle d'Osmond, comtesse de Boigne, *Mémoires,* Paris, 1986, vol. 1, p. 361 ; vicomte Marie-Antoine de Reiset, *Mémoires,* Paris, 1999, t. 3, p. 282 ; Charles Eynard, *Vie de Mme de Krüdener,* Paris, 1849, t. 2, p. 60 et 61.

6. G. de Bertier de Sauvigny, *Un type d'ultraroyaliste...,* p. 58-62, 281 et 282.

7. Charles Le Mercher de Longpré, baron d'Haussez, *Mémoires*, Paris, 1896, vol. 2, p. 7 et 8 ; Emmanuel de Waresquiel, *Le Duc de Richelieu, un sentimental en politique,* Paris, 1990, p. 424.

8. Guillaume de Bertier de Sauvigny, *La Restauration,* Paris, 1974, p. 128.

9. Ernest Daudet, *Louis XVIII et le duc Decazes,* Paris, 1899, p. 180-196.

10. Roger Langeron, *Decazes, ministre du roi,* Paris, 1960, p. 334 ; Emmanuel de Waresquiel, Benoît Yvert, *Histoire de la Restauration...* p. 236, 248-251.

11. Comte Joseph de Villèle, *Mémoires et correspondance,* Paris, 1888, vol. 2, p. 351 ; Prosper

Duvergier de Hauranne, *Histoire du gouvernement parlementaire en France (1814-1848),* vol. 5, p. 389 ; E. Daudet, *Louis XVIII et le duc Decazes,* p. 424-436.

12. A cette période, la question de la branche espagnole, plus proche de la branche aînée puisqu'elle descend d'un oncle de Louis XV alors que les Orléans descendent du frère de Louis XIV, n'est pas soulevée. Louis XVIII a toujours considéré le duc d'Orléans comme son successeur putatif.

13. Vicomte François René de Chateaubriand, *De Buonaparte et des Bourbons* [Paris, 1814], Utrecht, 1966, p. 119.

14. *L'Ambigu,* vol. 46, p. 508 et 509 ; *La Quotidienne,* 1er et 20 septembre 1814.

15. Joséphine de Navailles, duchesse de Gontaut, *Mémoires,* Paris, 1899, p. 153 ; A. Polovtsoff, *Correspondance diplomatique des ambassadeurs de Russie en France et de France en Russie,* Saint-Pétersbourg, 1902, vol. 1, p. 128 ; G. Pallain (éd.), *Correspondance inédite du prince de Talleyrand et du roi Louis XVIII pendant le congrès de Vienne,* Paris, 1881, p. 241 et 242.

16. Jean-François Bellemare, *Le Crime du 13 février et le moyen d'en prévenir de nouveaux,* Paris, 1820 ; Thomassy, *De la nécessité d'appeler au trône les Filles de France,* Paris, 1820.

17. Jean-François Bellemare, *Le Crime du 13 février...,* Paris, 1820, p. 24 et 25.

18. *Le Courrier français,* 21 septembre 1820.

19. Baron Ange-Maxence Hyacinthe de Damas, *Mémoires,* Paris, 1922, vol. 2, p. 149.

20. Ferdinand d'Orléans, duc d'Orléans, *Souvenirs 1810-1830,* Genève, 1993, p. 290-292.

21. Nous reprenons la définition de « cérémonie » donnée par Jeroen Duindam dans *Vienna and Versailles, the Courts of Europe's Dynastic Rivals, 1550-1780,* Cambridge, 2003, p. 181.

22. Voir le calendrier établi par Françoise Waquet, dans *Les Fêtes royales sous la Restauration ou l'Ancien Régime retrouvé,* Genève, 1981, p. 51-54.

23. Laure Permon Junot, duchesse d'Abrantès, *Mémoires sur la Restauration et souvenirs historiques sur cette époque, la révolution de Juillet et les premières années du règne de Louis-Philippe,* Paris, 1835, vol. 1, p. 223-225 ; vicomte Marie-Antoine de Reiset, *Souvenirs du lieutenant général vicomte de Reiset,* Paris, 1901, vol. 3, p. 55 ; Charles-Marie d'Irrumberry, comte de Salaberry, *Souvenirs politiques du comte de Salaberry sur la Restauration,* Paris, 1900, vol. 1, p. 180 ; Blanche-Joséphine Le Bascle d'Argenteuil, duchesse de Maillé, *Souvenir des deux Restaurations,* Paris, 1984, p. 100 ; *Diamants : au cœur de la terre, au cœur des étoiles, au cœur du pouvoir* [exposition, Paris, Muséum national d'Histoire naturelle,

2001], Paris, 2001, p. 214 et 279-281.

24. AN, O^3 526, Papiers de l'intendant des Menus-Plaisirs, Papillon de La Ferté, relation de la procession de la fête du Saint-Sacrement à Saint-Germain-l'Auxerrois le 4 juin 1820 ; Cérémonie du vœu du roi Louis XIII, 15 août 1817.

25. AN, 300 AP III 82, Lettre de Marie-Thérèse de France à la duchesse d'Orléans, 26 août 1824 ; *La Quotidienne,* 9 octobre 1814 ; *Journal des débats,* 4, 5 et 23 avril, 13 juillet 1816, 18 mars 1825 ; comte d'Haussonville, *Ma jeunesse, 1814-1830,* Paris, 1885, p. 108-110 ; comtesse Dash, *Mémoires des autres,* Paris, 1896, vol. 3, p. 142 et 143 ; Claude-Charles de Marsilly, « Les derniers jours de l'Empire racontés par un Cent-Suisses », dans *Etudes napoléoniennes,* n° 13, mai-juin 1918, p. 289.

26. AN, O^3 127, Correspondance du chevalier Taffart de Saint-Germain avec le ministre de la Maison du Roi en vue de la préparation du voyage du duc et de la duchesse d'Angoulême en 1815 ; F^7 6759, Dossiers sur les voyages de Marie-Thérèse-Charlotte de France en 1816, 1818, 1821 et 1826.

27. Marie-Thérèse, à l'instar du reste de sa famille, n'a pas fait beaucoup de gestes en faveur des Vendéens, alors qu'en 1815 elle était en contact régulier avec les chefs de la région. Sur le problème de la mémoire vendéenne pendant la Restauration, voir Jean-Clément Martin, *La Vendée de la mémoire,* Paris, 1989, p. 51-72.

28. AN, 300 AP III 82, Lettre de Marie-Thérèse de France à Marie-Amélie de Bourbon-Naples, duchesse d'Orléans, lettre 58 datée du 29 avril.

29. B.-J. Le Bascle d'Argenteuil, duchesse de Maillé, *Souvenirs...,* p. 271 et 272 ; A. d'Osmond, comtesse de Boigne, *Mémoires...,* vol. 1 p. 259-261 ; général-baron Thiébault, *Mémoires,* Paris, 2005, p. 1212. Sur le règlement de 1820, Philip Mansel, *La Cour sous la Révolution, l'exil, la Restauration,* Paris, 1989, p. 140-149.

30. A. Prévost de La Boutetière, baronne du Montet, *Souvenirs,* Paris, 1904, p. 268 et 269 ; comte Rodolphe Apponyi, *Vingt-cinq ans à Paris,* Paris, 1913, p. 200 ; B.-J. Le Bascle d'Argenteuil, duchesse de Maillé, *Souvenirs...,* p. 155 et 156 ; A. d'Osmond, comtesse de Boigne, *Mémoires,* Paris, vol. 1, p. 365-367 ; Marie de Flavigny, comtesse d'Agoult, *Mémoires, souvenirs et journaux,* Paris, 2007, p. 216-218. Jean-François Solnon, *La Cour de France,* Paris, Fayard, 1987, p. 476-479 ; P. Mansel, *La Cour...,* p. 155.

31. *Le Moniteur,* 27 et 28 décembre 1814.

32. Comte R. Apponyi, *Journal*, Paris, 1914, vol. 1, p. 234.

33. F. Waquet, *Les Fêtes...,* p. 52.

34. AN, 300 AP IV 97*, 18 juin 1825, fol. 55 et 56 et 12 février 1826, fol. 21 ; A. d'Osmond, comtesse de Boigne, *Mémoires...*, vol. 2, p. 106 et 107. Voir à ce propos Jacqueline du Pasquier, « La duchesse de Berry, arbitre de la mode et reine du style troubadour », dans *Marie-Caroline de Berry. Naples, Paris, Graz, itinéraire d'une princesse romantique,* Paris, 2002, p. 124-137.

35. Comte Alfred-Armand-Robert de Saint-Chamans, *Mémoires,* Paris, 1896, p. 381 et 382 ; marquis Armand-Alexandre de Bonneval, *Mémoires anecdotiques,* Paris, 1900, p. 157 ; vicomte M.-A. de Reiset, *Souvenirs...,* p. 474-483 ; comte A.-A.-R. de Saint-Chamans, *Mémoires...,* p. 385 ; comte Brunet de Neuilly, *Dix années d'émigration,* Paris, 1941, p. 255 ; Aglaé-Joséphine-Eulalie-Sophie de Franclieu, *Mémoires,* Paris, 1959, p. 191-193, 263 ; M. de Flavigny, comtesse d'Agoult, *Mémoires...,* p. 219.

36. Vicomte Tony-Henri-Auguste de Reiset, *Marie-Caroline, duchesse de Berry,* Paris, 1906, p. 185 et 186.

37. *Le Moniteur*, 10 décembre 1820 ; G. de Bertier de Sauvigny, *Un type d'ultraroyaliste...*, p. 279 ; *idem*, *La Restauration...*, p. 320-322 ; *idem*, *Nouvelle histoire de Paris...*, p. 404 ; J. Michael Phayer, « Politics and popular religion. The cult of the cross in France », dans *Journal of Social History,* vol. 11, printemps 1978, p. 346-361. Sur les missionnaires, voir l'étude classique de Ernest Sevrin, *Les Missions religieuses en France,* Paris, 1948, ainsi que Sheryl T. Kroen, *Politics and Theater, the Crisis of Legitimacy in Restoration France,* Berkeley-Londres-Los Angeles, 2000.

38. Charles Augustin Sainte-Beuve, *Causeries du lundi,* Paris, s.d., t. 5, p. 99.

39. Pour les détails du fonctionnement de la Société de charité maternelle, voir C. Duprat, *Usages et pratiques de la philanthropie,* Paris, 1996, p. 616-635.

40. *Ibidem,* p. 419-434 ; Céleste Buisson de La Vigne, vicomtesse de Chateaubriand, « Notice historique et rendu-compte de toutes les opérations administratives de l'infirmerie Marie-Thérèse, depuis sa fondation en 1819 », dans vicomte François René de Châteaubriand, *Œuvres complètes,* Paris, 1849, t. 6, p. 428-436.

41. Il existe une Maison royale de l'Enfant-Jésus où Marie-Thérèse de France élève à ses frais une cinquantaine de jeunes filles, mais dont nous n'avons qu'une mention dans *La Quotidienne* du 12 septembre 1829.

42. AN, 198 AP 10, Situation des élèves de la duchesse d'Angoulême au petit séminaire de Versailles, 1824 et 1829, et règlement du pensionnat de la duchesse d'Angoulême ; Juste Fennebresque, *Versailles royal,* Paris, 1910, p. 241-252.

43. Voir par exemple les comptes rendus de visites dans *La Quotidienne* du 27 novembre 1814 (établissement de l'abbé Sicard), du 3 décembre 1814 (hôpital des Quinze-Vingts), du 18 décembre 1814 (Incurables), du 16 janvier 1815 (les Orphelins) ; et dans le *Journal de Paris* du 7 janvier 1815 (la Salpêtrière) et du 30 janvier 1815 (Hôtel-Dieu).

44. AD Gironde, 1 M 348, Pétitions à la princesse : pétitions d'Antoine Beffera, d'Antoine Barbarie, d'Antoinette Barbère et de Jean Baritaut ; *Journal de Paris,* 13 janvier 1814, 21 et 22 janvier 1815, 30 mars et 18 juillet 1820, 11 septembre 1823 ; *Journal des débats,* 24 janvier 1830 ; comte J. de Villèle, *Mémoires...,* p. 446.

45. BnF, cabinet des estampes, coll. de Vinck n° 10008.

46. AN, F^7 4389, dossier 4, Transfert du cœur du dauphin Louis-Joseph de France et de son frère Louis XVII ; F^7 6808, Lettre du préfet du Bas-Rhin au directeur général de la police sur les recherches du corps de Madame Elisabeth, 29 mars 1826 ; 198 AP III, dossier 5, Lettre de Louis XVIII au comte d'Artois, 27 juillet 1805 ; Arthur-Léon Imbert de Saint-Amand, *La Cour de Charles X,* Paris, 1892, p. 17-24. Sur les rituels funéraires, voir Jean-Marie Le Gall, *Le Mythe de Saint-Denis entre Renaissance et Révolution,* Paris, 2007, chapitre 11, « Le verbe et la chair », chapitre 12, « La nécropole dynastique », p. 382-454.

47. André Vaquier, « Le cimetière de la Madeleine et le sieur Descloseaux », dans *Mémoires publiés par la Fédération des sociétés historiques et archéologiques de Paris et de l'Ile-de-France,* t. 12, 1961, p. 112-127 ; Antoine de Baecque, *La Gloire et l'Effroi, sept morts sous la Terreur,* Paris, 1997, p. 143 et 144 ; le seul récit de pèlerin que nous ayons trouvé est celui de la comtesse Golovine, dans Barbara Nicolaïevna Galitzine, comtesse Golovine, *Souvenirs,* Paris, 1910, p. 348.

48. AN, F^{19} 4093, Ordonnance du 12 décembre 1821 ; Roger Limouzin-Lamothe, *Monseigneur de Quélen, archevêque de Paris,* Paris, 1955, vol. 1, p. 136.

49. Sur l'étude de ces cérémonies et leur réception voir Sheryl T. Kroen, *Politics and Theater, the Crisis of Legitimacy in Restoration France,* Paris, Berkeley, 2000, et Emmanuel Fureix, *La France des larmes, deuils politiques à l'âge romantique,* Seyssel, 2009, p. 133-219.

50. Sur ces monuments, voir Jean-Marie Darnis, *Les Monuments expiatoires du supplice de Louis XVI et de Marie-Antoinette sous l'Empire et la Restauration,* Paris, 1981.

51. Marie-Claude Chaudonneret, *L'Etat et les artistes de la Restauration à la monarchie de Juillet (1815-1833),* Paris, 1999, p. 59-64, 163.

52. Claude-Alain Sarre, *Louise de Condé,* Paris, 2005, p. 172-190.

53. *Ibidem,* p. 176.

54. J.-M. Darnis, *Les Monuments expiatoires...,* p. 67-71 et 76-87 ; E. Fureix, *La France...,* p. 206 et 207.

55. Philippe Boutry, « “Le roi-martyr”, la cause de Louis XVI devant la cour de Rome (1820) », dans *Revue d'histoire de l'Eglise de France,* 1990, t. 76, p. 57-71.

56. *Journal des débats,* 15 mai 1814.

57. Nous n'avons pas d'assurance à ce sujet. Les contemporains expliquent le plus souvent l'attitude de Madame lors des différentes cérémonies expiatoires par le fait qu'une fille ne peut assister aux obsèques de ses parents. Par ailleurs, on est assuré que la princesse s'y trouve incognito, or, précisément, les princes prennent l'incognito pour contourner des problèmes d'étiquette et de préséance.

58. AN, O^3 578, Lettre du marquis de Dreux-Brézé à Papillon de La Ferté.

59. AN, AJ 19 456, Inventaire du mobilier de la chapelle expiatoire. Je remercie Rémy Hême de Lacotte de m'avoir communiqué cette fort précieuse indication. Edme-Louis Barbier, *Notice sur l'exhumation de Leurs Majestés Louis XVI et Marie-Antoinette, archiduchesse d'Autriche,* Paris, 1815, p. 18 ; *La Mode,* janvier-juin 1849, p. 121 ; Pauline de Tourzel, comtesse Galard de Béarn, *Souvenirs de quarante ans,* Paris, 1861, p. 292-295.

60. Alain Pougetoux, « Une autre collection : la galerie de la duchesse d'Angoulême », dans *Marie-Caroline de Berry,* p. 196-200.

61. *Ibidem* ; *La Quotidienne,* 17 décembre 1814 ; *La Mode,* 1837, t. 32, p. 208 ; Charles Henri Gabet, *Dictionnaire des artistes français du XIXe siècle,* Paris, 1831, p. 31 ; *La Famille royale à Paris, de l'histoire à la légende,* Paris, 1993, p. 142.

62. BNF, cabinet des médailles, armoire 25 tiroir D13, médaille en bronze de Gayrard et Puymaurin, « S.A.R. Marie-Thérèse-Charlotte de France, Madame, duchesse d'Angoulême, représentée par Mme la vicomtesse d'Agoult, sa dame d'atour, a posé la première pierre de la chapelle du Temple », 1821 ; R. Limouzin-Lamothe, *Monseigneur de Quélen...,* vol. 1, p. 224 et 225. J.-M. Darnis, *Les Monuments expiatoires...,* p. 70 et 71 ; Alain Pougetoux, « Une autre collection... », p. 192-196.

63. Eugène Welvert, *La Saisie des papiers du conventionnel Courtois,* Paris, 1891, p. 7-19.

64. *Ibidem,* p. 12 et 17 ; abbé L. Lafont d'Aussonne, *Lettres anecdotiques et politiques sur les deux départs de la famille royale en 1815 et en 1830,* Paris, 1832, p. 130-132.

65. Comte Joseph de Villèle, *Mémoires et correspondance,* Paris, 1890, vol. 2, p. 175.

66. *La Quotidienne,* 18 janvier 1817.

67. AN, BB[18] 973, n° 3364 ; F[7] 6841, Dossier 3692 ; M.-T.-C. de France, *Souvenirs...*, p. 13.

68. *Journal des débats,* 17 mars 1816.

69. Nous suivons ici le raisonnement de Michel de Certeau dans *L'Ecriture de l'histoire*, Paris, 2002, p. 326-334.

70. Joseph-François Michaud, *Les Adieux de Marie-Thérèse de Bourbon,* Bâle, 1797, p. 9.

71. *La Quotidienne,* 16 janvier 1825, extrait de la notice de Charles Nodier pour *La Galerie des contemporaines.*

72. Michel de Certeau, *L'Ecriture...,* p. 326-334.

73. *La Quotidienne,* 16 et 17 août 1814.

74. *La Quotidienne,* 16 janvier 1825, extrait de la notice de Charles Nodier pour *La Galerie des contemporaines.*

75. Joseph de Maistre, *Considérations sur la France,* Paris, 1989, p. 121.

76. Pierre-Simon Ballanche, *Antigone*, Paris, 1819, p. 320.

77. *Ibidem,* p. 321.

78. *Ibidem* p. 254 et 255. A la différence des autres penseurs contre-révolutionnaires cependant, il considère que le régicide et la purification qui s'ensuit permettent le progrès de la société. Le régicide est, comme sa victime, sacralisé et participe au progrès social ; sur ce sujet voir Mona Ozouf : « L'idée et l'image du régicide dans la pensée contre-révolutionnaire française : l'originalité de Ballanche », dans *Les Résistances à la Révolution française,* Paris, 1987, p. 331-341 ; voir aussi Paul Bénichou, *Le Temps des prophètes, doctrines de l'âge romantique,* Paris, 1977, p. 74-104.

79. *La Quotidienne,* 15 août 1815. *Journal des débats*, 24 août 1815 ; *Le Mémorial bordelais*, 7 mars 1815 ; C. Buisson de La Vigne, vicomtesse de Chateaubriand, *Notice historique...,* p. 432.

80. Charles X reprend l'organisation traditionnelle du sacre, sauf quelques modifications, dont l'introduction d'un serment de fidélité à la Charte. Or, dans cette organisation, le roi doit s'allonger de tout son long pour recevoir les onctions de l'archevêque célébrant. Cela contraste singulièrement, pour les contemporains, avec le sacre de Napoléon au cours duquel celui-ci s'était couronné lui-même.

81. Jean-Paul Garnier, *Le Sacre de Charles X et l'opinion publique en 1825*, Paris, 1927, p. 18-47 et p. 118-138 ; E. de Waresquiel et B. Yvert, *Histoire de la Restauration...,* p. 374-381.

82. Geoffrey Cubitt, *The Jesuit Myth. Conspiracy Theory and Politics in Nineteenth-Century France,* Oxford, 1993, p. 55-104 ; E. de Waresquiel, B. Yvert, *Histoire de la Restauration...,* p. 382-385 ; S. T. Kroen, *Politics...,* p. 223-227.

83. A. d'Osmond, comtesse de Boigne, *Mémoires...,* vol. 2, p. 171.

84. E. de Waresquiel, B. Yvert, *Histoire de la Restauration...*, p. 356 et 357.

85. Stendhal, *Chroniques pour l'Angleterre. Contributions à la presse britannique,* 1980-1995, t. 4, p. 256-263.

86. *Ibidem,* p. 265.

87. Voir notamment le portrait que Charles de Rémusat dresse des princes lors de leur visite à Toulouse dans Charles de Rémusat, *Mémoires de ma vie,* Paris, 1958, vol. 1, p. 221 et 222.

88. E. de Waresquiel, B. Yvert, *Histoire de la Restauration...*, p. 422-434.

89. François Guizot, *Mémoires pour servir à l'histoire de mon temps,* Paris, 1856, vol. 1, p. 289 ; comte J. de Villèle, *Mémoires...*, p. 296 et 297.

90. Théodore Anne, *Mémoires, souvenirs et anecdotes sur l'intérieur du palais de Charles X et les événements de 1815 à 1830,* Paris, 1831, vol. 2, p. 396.

91. A. d'Osmond, comtesse de Boigne, *Mémoires...*, vol. 2, p. 171.

92. E. de Waresquiel, B. Yvert, *Histoire de la Restauration...*, p. 455-470. Pour une étude complète de la révolution de 1830 voir David H. Pinkney, *La Révolution de 1830 en France,* Paris, 1988, et Pamela Pilbeam, *The 1830 Revolution in France,* Londres, 1991.

93. Comte Alexandre de Puymaigre, *Souvenirs sur l'émigration, l'Empire et la Restauration,* Paris, Plon, 1884, p. 434-440 ; Etienne-Denis Pasquier, *Mémoires,* Paris, 1893-1895, vol. 6, p. 311 et 312 ; Blanche-Joséphine de Navailles, duchesse de Gontaut, *Mémoires,* Paris, 1909, p. 339-341 ; Edmond Regnault de Beaucaron, *Derniers souvenirs de famille,* Blois, 1926, vol. 1, p. 127 ; prince Charles de Faucigny-Lucinge, *Dans l'ombre de l'histoire,* Paris, 1951, p. 29 et 30.

94. O. Barrot, *Mémoires...*, vol. 1, p. 132-142 ; Jean-Paul Garnier, *Charles X, le roi, le proscrit,* Paris, 1967, p. 295-299.

7. Crépuscule royal

1. Ferdinand-Philippe d'Orléans, duc d'Orléans, *Souvenirs 1810-1830,* Genève, 1993, p. 326-328.

2. Blanche-Joséphine de Navailles, duchesse de Gontaut, *Mémoires,* Paris, 1909, p. 340 et 341.

3. Heinrich Heine, *Lutèce. Lettres sur la vie politique, artistique et sociale de la France,* Paris, 1855, p. 21 et 22.

4. La royauté orléaniste est un problème complexe parce qu'elle est le fruit d'un compromis plus ou moins tenable entre les principes hérités de 1789 et la tradition royale. Pour bon nombre d'orléanistes, la royauté demeure sacrée et

une forme de providentialisme peut réapparaître à certaines occasions. L'attachement de Louis-Philippe à l'idée de dynastie et à la prérogative royale est par ailleurs bien connu. Voir à ce sujet Guy Antonetti, *Louis-Philippe,* Paris, 1994 et A. Teyssier, *Louis-Philippe, le dernier roi des Français,* Paris, 2010.

5. Stéphane Rials, « Contribution à l'étude de la sensibilité légitimiste : le "Chambordisme" », dans *Révolution et Contre-Révolution au XIXe siècle,* Paris, 1987, p. 221.

6. *Ibidem.* Stéphane Rials insiste à plusieurs reprises sur cette différence fondamentale entre orléanisme et légitimisme et fait du légitimisme la seule et vraie droite, contrairement aux travaux de René Rémond, qui, retraçant la généalogie de la droite actuelle, fait du légitimisme une droite à l'instar de l'orléanisme. Voir S. Rials, « Fausses droites, centres morts et vrais modérés dans la vie politique française contemporaine », dans *Révolution et Contre-Révolution au XXe siècle,* p. 41-52, et René Rémond, *Les Droites en France,* Paris, 1982, p. 73-83.

7. Guy Antonetti, *Louis-Philippe...,* p. 615-624 ; Guillaume de Bertier de Sauvigny, *Metternich,* Paris, 1999, p. 420 et 421 ; Munro Price, *The Perilous Crown,* Londres, 2008, p. 214-225.

8. Vicomte Eugène de Guichen, *La Révolution de juillet 1830 et l'Europe,* Paris, 1917.

9. AN, MC XCVIII 945 27 juillet 1831, Contrat de vente de la propriété de Villeneuve-l'Etang ; Odilon Barrot, *Mémoires posthumes,* Paris, 1875, vol. 1, p. 161-165 ; baron Ange-Hyacinthe-Maxence de Damas, *Mémoires,* Paris, 1922, vol. 2, p. 209.

10. O. Barrot, *Mémoires...,* p. 172-176 ; baron A.-H.-M. de Damas, *Mémoires...,* vol. 2, p. 192, 193 et 203-206 ; Camille Vergniol (éd.), « La chute de Charles X : journal inédit de Dumont d'Urville », dans *La Revue de France,* 1930, t. 3, p. 298-303 et t. 4, p. 121 ; A. Francis Stevart, *The Exiled Bourbons in Scotland,* Edimbourg, 1908, p. 97-106.

11. O. Barrot, *Mémoires...,* vol. 1, p. 174 ; E. Daniek, *Die Bourbonen als Emigranten in Osterreich,* Vienne, 1965, p. 10.

12. J.-P. Garnier, *Charles X...,* p. 342. Entre les noms utilisés pour l'incognito et la querelle autour des abdications, le plus grand flou règne dans la manière de nommer les membres de la famille royale durant cette période. Nous avons suivi la ligne de succession traditionnelle (Marie-Thérèse est la « Dauphine » jusqu'en 1836 puis la « Reine » jusqu'à sa mort) en plaçant entre guillemets les numéros des rois n'ayant jamais gouverné.

13. Baron Adolphe de Sèze, *Souvenirs de Lulworth, d'Holyrood et de Bath,* Paris, 1831, p. 14 et 15, et *Nouveaux souvenirs d'Holyrood,* Paris, 1832, p. 44 ; A. F.

Stevart, *The Exiled Bourbons...*, p. 97 et 98.

14. Christophe Charle, *Le Siècle de la presse,* Paris, 2004, p. 52 et 53.

15. P. J. Fallon, *Voyage à Holyrood pendant l'automne de 1831,* Paris, 1832, p. 51 et 52.

16. Stéphane Rials, « Contribution... », p. 220-230 ; Hélène Becquet, « Pèlerinage aux lieux d'exil : légitimisme et romantisme », dans *Romantisme et Révolution (s). Les entretiens de la fondation des Treilles,* Paris, 2008, p. 251-275, et « Romantisme et légitimisme. Autour de la famille royale en exil sous la monarchie de Juillet », dans Gérard Raulet (dir.), *Les Romantismes politiques en Europe*, Paris, 2009, p. 301-318.

17. Jean Adhémar, *La France romantique. Les lithographies de paysage au* XIX*e siècle,* Paris, 1997, 138 pages.

18. L'histoire d'Angleterre a connu en effet une grande vogue en France sous la Restauration. L'imprimeur Béchet aîné publie ainsi une *Collection des mémoires relatifs à la révolution d'Angleterre* ; *L'Histoire d'Angleterre* de David Hume est republiée à cinq reprises et Antoine-Jacques Boulay de La Meurthe fait paraître en 1818 son *Tableau politique des règnes de Charles II et de Jacques II, derniers rois de la Maison de Stuart.* Enfin et surtout, l'ouvrage majeur de la période sur le sujet, *L'Histoire de la révolution d'Angleterre* de François Guizot, est publié à partir de 1826. L'usage que font les libéraux de l'histoire anglaise au moment de la révolution de Juillet, en considérant que 1830 était l'équivalent de 1688 en Angleterre, est souvent évoqué dans l'historiographie sans avoir toutefois donné lieu à une étude systématique.

19. Elle avait épousé le roi de France François II, fils de Catherine de Médicis. Rentrée en Ecosse après la mort de son mari, elle avait dû faire face à la révolte de ses sujets protestants, alors qu'elle-même était catholique. Emprisonnée par ses barons, elle s'enfuit et, ne pouvant reconquérir son pouvoir, finit par demander asile à sa cousine la reine Elisabeth Ire d'Angleterre, dont elle était l'unique héritière. Elle reste emprisonnée en Angleterre de nombreuses années avant que sa cousine ne l'accuse de rébellion et ne la fasse exécuter.

20. Baron de Mengin-Fondragon, *Un dernier mot sur Holyrood,* Paris, 1832, p. 70.

21. P.-J. Fallon, *Voyage...*, p. 40 et 41 ; Jacqueline du Pasquier, « La duchesse de Berry, arbitre de la mode et reine du style troubadour », dans *Marie-Caroline de Berry,* Paris, 2003, p. 132 et 133.

22. Jacques II avait eu un fils, Jacques-Edouard, père lui-même de ce Charles-Edouard. Avec l'appui du roi de France auprès duquel ils vivaient, les Stuarts déchus ont essayé à plusieurs reprises de récupérer leur couronne.

23. Marquis Henri-Zosime de Valori, *Deux Charles en Ecosse,* Paris, 1833, p. 12-16 ; Michel Crouzet, « Walter Scott et la réinvention du roman », préface à l'édition de Walter Scott, *Waverley,* Paris, 1981, p. 6-10 ; James M. Bennet, *Walter Scott, "Waverley". Imaginaire romantique et réalité historique,* Paris, 1998, p. 17.

24. Gustave Gautherot, « Charles X et la duchesse de Berry en Angleterre », dans *Revue des études historiques,* 1923, p. 331-333 ; baron A.-H.-M. de Damas, *Mémoires...,* vol. 2, p. 210 et 211.

25. Louis XI a préféré sa fille, Anne de France, à sa femme, Charlotte de Savoie, et le dernier régent d'Ancien Régime est le premier prince du sang, le duc d'Orléans, nommé cependant en l'absence de toute princesse proche parente du jeune Louis XV. Voir Pierre Bonin, « Régences et lois fondamentales », dans *Annuaire-bulletin de la Société de l'histoire de France,* année 2003, p. 115-124.

26. Guillaume de Bertier de Sauvigny, *Un type d'ultraroyaliste : le comte Ferdinand de Bertier (1782-1864) et l'énigme de la Congrégation,* Paris, 1948, p. 469-476 et 487-491 ; Hugues Carpentier de Changy, *Le Soulèvement de la duchesse de Berry,* Paris, 1986, p. 109-137 ; Jean-Paul Bled, *Les Lys en exil,* Paris, 1992, p. 31 et 32.

27. G. Gautherot, « Charles X... », p. 335.

28. Alfred Nettement, *Mémoires historiques de S.A.R. Mme la duchesse de Berry depuis sa naissance jusqu'à ce jour,* Paris, 1837, vol. 3, p. 27 ; G. de Bertier de Sauvigny, *Un type d'ultraroyaliste...,* p. 493-509.

29. G. de Bertier de Sauvigny, *Un type d'ultraroyaliste...,* p. 518-531 ; H. Carpentier de Changy, *Le Soulèvement...,* p. 157-161 ; J.-P. Bled, *Les Lys...,* p. 33-38.

30. HHSA, Staatskanzlei, Interiora, Interzepte, carton 11, Lettre à Marie-Thérèse de France du 17 janvier 1833.

31. *Ibidem,* Lettre de Marie-Thérèse de France à la comtesse Esterhazy, 18 mars 1833, Lettre du comte de Damas au comte de Croismare, 20 mars 1833 ; vicomte François René de Chateaubriand, *Mémoires d'outre-tombe,* Paris, 1998, p. 1512-1515, 1588-1594 et 1599-1602.

32. HHSA, Staatskanzlei, Interiora, Interzepte, carton 11, ancien fascicule 17, Lettres de M. de Prad à M. Casi (pseud. duc de Blacas), 10 et 18 juin 1833 ; carton 13, ancien fascicule 22, Lettre du comte de Montbel à Marie-Thérèse de France, 8 mai 1834 ; *Bulletin des lois,* 7e série, t. X, p. 609 et 610 ; comtesse Dash, *Mémoires des autres,* Paris, 1896, vol. 4, p. 35.

33. Les structures légitimistes sont mouvantes, la composition des conseils mal connue et sans doute assez imprécise. Il y a cependant en permanence à la tête des légitimistes de France un

comité qui est connu sous des appellations diverses. Il fait le lien entre Paris et la cour d'exil et centralise les décisions et l'action légitimistes. Nous désignons, par souci de commodité, ces différents comités sous le nom de « comité de Paris ». Pour une analyse éclairante, voir Stéphane Rials, « Contribution à l'étude de la naissance des partis politiques en France : le "parti" légitimiste de 1830 à 1883 », dans *Révolution et Contre-Révolution au XIXe siècle,* Paris, 1987, p. 254-272. Nous supposons que les lettres écrites sous le pseudonyme de M. de Prad, adressées à Blacas, qui émanent de ce comité et à partir desquelles nous avons travaillé sont celles de son président, le marquis de Pastoret, ancien chancelier de France.

34. Vicomte F. R. de Chateaubriand, *Mémoires...,* p. 1349.

35. Cette idée n'est pas nouvelle et s'était fréquemment trouvée sous la plume des panégyristes au moment de la naissance du prince. Voir Mme d'Arçon-Brenez, *Vers en l'honneur de la naissance d'un Fils de France,* Paris, 1820 ; Ernest-Maurice Audoin de Géronval, *Les Espérances des Français au berceau de S.A.R. Mgr le duc de Bordeaux,* Paris, 1820, 8 pages ; Gaspard de Pons, *Louis XVII au berceau d'Henri V,* Paris, 1820 ; N. F. Lecoq de Lagarde, *Ode à S.A.R. Madame, duchesse d'Angoulême, pour le jour de sa fête, 15 août 1821,* Paris, 1821.

36. Vicomte F. R. de Chateaubriand, *De la nouvelle proposition relative au bannissement de Charles X et de sa famille,* Paris, 1831, p. 141.

37. HHSA, Staatskanzlei, Interiora, Interzepte, carton 11, ancien fascicule 17, Lettre du comte de Damas au comte de Croismare, 20 mars 1833.

38. *Ibidem,* Lettre de M. de Prad à M. Casi (le duc de Blacas), 25 juin 1833.

39. *Ibidem,* Lettre de M. de Prad à M. Casi (le duc de Blacas), 18 juin 1833.

40. *Ibidem,* Lettre de M. de Prad à M. Casi (le duc de Blacas), 25 juin 1833.

41. *Ibidem,* ancien fascicule 18, Lettre du baron de Damas au marquis de Foresta, 1er avril 1833 ; Lettre du duc de Blacas au marquis de Foresta, 1er avril 1833 ; Lettre du duc de Blacas au cardinal Sala, 2 avril 1833 ; Lettre du marquis de Foresta au duc de Blacas, 18 avril 1833 ; Lettre du duc de Blacas au cardinal Sala, 8 mai 1833 ; *Intercepte*, carton 12, ancien fascicule 19, Lettre du duc de Blacas au baron de Frénilly, 4 juillet 1833 ; baron A.-H.-M. de Damas, *Mémoires...,* p. 243-249.

42. HHSA, Staatskanzlei, Interiora, Interzepte, carton 12, ancien fascicule 19, Lettre de M. de Prad à M. Casi (le duc de Blacas), 8 juillet 1833.

43. *Ibidem,* Lettre du duc de Guiche au duc de Gramont, 17 juillet 1833 ; Lettre de Barrande

à la duchesse de Guiche, 24 juillet 1833 ; vicomte Louis-François-Sosthène de La Rochefoucauld, *Voyage à Buschtiérad,* dans *Paris, ou le Livre des cent-et-un,* Paris, 1833, t. 13, p. 23-27 ; Pons-Louis-François de Villeneuve, *Charles X et Louis XIX en exil,* Paris, 1889, p. 49 et 50.

44. HHSA, Frankreich, Varia, carton 113, Dossier légitimistes français, Lettre du comte de Montbel au prince de Metternich, 2 octobre 1833 ; Staatskanzlei, Interiora, Interzepte, carton 12, ancien fascicule 19, Lettre de M. de Prad à M. Casi (duc de Blacas), 15 septembre 1833 ; Lettre de Barrande à la duchesse de Guiche, 27 septembre 1833 ; *La Mode,* juillet-septembre 1833, p. 30, 31, 150 ; marquis P.-L.-F. de Villeneuve, *Charles X et Louis XIX...,* p. 35 et 36 ; Louis-Clair de Beaupoil, comte de Sainte-Aulaire, *Souvenirs,* Paris, 1927, p. 90-100.

45. HHSA, Staatskanzlei, Interiora, Interzepte, carton 12, ancien fascicule 19, Lettres de M. de Prad à M. Casi (le duc de Blacas), 19 juillet 1833, 31 juillet 1833, 5 août 1833.

46. *Ibidem,* Lettre de M. de Prad à M. Casi (le duc de Blacas), 8 juillet 1833.

47. HHSA, Staatskanzlei, Interiora, Interzepte, carton 12, ancien fascicule 19, Lettre du comte de Calvimont au vicomte de Chateaubriand, 14 août 1833 ; Lettre du vicomte de Berl à Marie-Thérèse de France, 8 août 1833 ; Lettre du comte de Calvimont au vicomte de Chateaubriand, 14 août 1833 ; L.-F.-S. de La Rochefoucauld, *Voyage à Buschtiérad...* p. 14, 15, 23-27 ; vicomte F. R. de Chateaubriand, *Mémoires...,* p. 1630, 1631.

48. HHSA, Staatskanzlei, Interiora, Interzepte, carton 11, ancien fascicule 18, Lettres du baron de Damas au marquis de Foresta, 30 mars et 2 avril 1833 ; carton 12, ancien fascicule 19, Lettre du vicomte de Berl à Marie-Thérèse de France, 8 août 1833 ; Lettre de Charles X au marquis de Latour-Maubourg, 9 août 1833 ; Lettre du comte de Calvimont au vicomte de Chateaubriand, 14 août 1833 ; L.-F.-S. de La Rochefoucauld, duc de Doudeauville, *Mémoires,* Paris, 1861-1864, vol. 12, p. 440-444 ; baron A.-H.-M. de Damas, *Mémoires...,* p. 249.

49. HHSA, Staatskanzlei, Interiora, Interzepte, carton 12, ancien fascicule 19, Lettre du duc de Guiche au duc de Gramont, 17 juillet 1833 ; Lettre de Barrande à la duchesse de Guiche, 24 juillet 1833 ; Lettre du duc de Guiche au duc de Gramont, 29 juillet 1833 ; Lettre du duc de Guiche à sa femme, 1er août 1833 ; Lettre de Barrande à la duchesse de Guiche, 2 août 1833 ; marquis Armand d'Hautpoul, *Souvenirs de Prague,* Paris, 1932, p. 281.

50. HHSA, Staatskanzlei, Interiora, Interzepte, carton 12, ancien fascicule 20, Lettre de

Marie-Thérèse de France à son mari, 4 octobre 1833.

51. *Ibidem,* Lettre de Marie-Thérèse de France au comte de Montbel, 2 décembre 1833 ; marquis A. d'Hautpoul, *Souvenirs...,* p. 286.

52. HHSA, Staatskanzlei, Interiora, Interzepte, carton 12, ancien fascicule 20, Lettre de Marie-Thérèse de France à la comtesse Esterhazy, 17 octobre 1833 ; Lettre de la duchesse de Gontaut à la comtesse de Bourbon-Busset, 17 octobre 1833 ; carton 13, ancien fascicule 22, Lettre du prince de Rohan à la comtesse de Biron, 7 mai 1834, Lettre du comte de Montbel à Marie-Thérèse de France, 8 mai 1834 ; Frankreich, Varia, carton 112, Dossier sur la duchesse de Berry, Note du duc de Blacas, 12 mars 1834 ; Lettre de la duchesse de Berry au prince de Metternich, 27 août 1835 ; Lettre de la duchesse de Berry à M. Casimir, 13 novembre 1834 ; carton 113, Dossier Varia, Lettres du duc de Blacas au prince de Metternich des 14 avril et 6 mai 1835.

53. Selon la loi de dévolution à la couronne de France, la couronne est indisponible. Cela signifie que le roi n'en dispose pas comme il l'entend. Il ne peut donc pas abdiquer.

54. AN, 359 AP 83, Dossiers lettres sur les abdications, note du mois de février 1835 ; marquis Armand d'Hautpoul, *Souvenirs...,* p. 280 ; marquis P.-L.-F. de Villeneuve, *Charles X et Louis XIX...,* p. 90-92 ; H. Carpentier de Changy, *Le Mouvement légitimiste sous la monarchie de Juillet (1833-1848),* Rennes, 2004, p. 61-63.

55. HHSA, Frankreich, Varia, carton 101, Lettres du duc de Blacas au prince de Metternich, 26 novembre 1836, 1er décembre 1836, 22 décembre 1836 ; Lettre de Metternich au duc de Blacas, 19 novembre 1836, 13 mars 1837, 4 octobre 1837 ; carton 112, Dossier sur la duchesse de Berry, Lettre de la duchesse de Berry à la comtesse de Latour, 15 décembre 1836 ; Hofkorrespondenz, carton 9, Lettre de la duchesse de Berry au prince de Metternich, 9 novembre 1836 ; Staatskanzlei, Interiora, Interzepte, carton 16, ancien fascicule 27, Lettres du duc de Blacas au prince de Metternich, 5 avril 1837, 23 et 25 mai 1837 ; AN, 359 AP 83, Dossier sur la mort de Charles X, Rapport au roi ; Dossier correspondance, lettres du comte de Clermont-Tonnerre à Mgr Frayssinous, 15 novembre 1836, 27 février 1837 ; Lettre du comte de Clermont-Tonnerre au duc de Blacas, 3 décembre 1836.

56. L.-F.-S. de La Rochefoucauld, duc de Doudeauville, *Mémoires...,* vol. 13, p. 424-426, 503-507, 533-536.

57. HHSA, Staatskanzlei, Interiora, Interzepte, carton 21, ancien fascicule 36, Lettre du duc de Blacas au comte de Marnes, 15 juillet 1839 ; Lettre de Sosthène de La Rochefoucauld au comte de Montbel, 12 août 1839 ; L.-F.-S. de La

Rochefoucauld, duc de Doudeauville, *Mémoires...*, vol. 13, p. 252 ; L.-F.-S. de La Rochefoucauld, *Pèlerinage à Goritz,* Paris, 1839, p. 160 et 161.

58. HHSA, Frankreich, Varia, carton 101, Lettres du duc de Blacas au prince de Metternich, 22 octobre 1836, 22 décembre 1836 ; Luigi Bader, *Les Bourbons de France en exil à Gorizia,* Paris, 1977, p. 70-77, 193, 368 et 369 ; J.-P. Bled, *Les Lys...* p. 90-93.

59. D'autres dames, comme la marquise de Sainte-Maure, ont été un temps au service de la princesse sans que les modalités de ce service soient bien connues. La marquise de Sainte-Maure accompagne Marie-Thérèse à Holyrood jusqu'à l'arrivée de la vicomtesse d'Agoult. Elle repart ensuite en France. Elle est encore auprès de la princesse en 1839, l'année même de sa mort. Voir baron A.-H.-M. de Damas, *Mémoires...*, vol 2, p. 205 et 214 ; *La Mode,* juillet-septembre 1839, p. 59.

60. HHSA, Staatskanzlei, Interiora, Interzepte, carton 9, Ancien fascicule 15, Lettre du duc de Blacas au comte de Montbel, 3 septembre 1832 ; Hofarchiv, Obersthofmarschallamt, 101 II B, Testament de Marie-Thérèse de France ; comte de Locmaria, *Souvenirs des voyages de Monseigneur le duc de Bordeaux, en Italie, en Allemagne et dans les Etats de l'Autriche,* Paris, Delloye, 1846, vol. 2, p. 467 ; prince Charles de Faucigny-Lucinge, *Dans l'ombre de l'histoire,* Paris, 1951, p. 191.

61. AD, Bouches-du-Rhône, 140 J 86, « Souvenirs de Goriz et Kirchberg en 1836, 1837 et 1838 », par Maxence de Foresta ; *La Quotidienne,* 29 septembre 1841 ; P.-J. Fallon, *Voyage à Holyrood pendant l'automne de 1831,* Paris, 1832, p. 126 et 127 ; vicomte Charles-Victor Prévôt d'Arlincourt, *Le Pèlerin,* Paris, 1842, vol. 3, p. 80 et 81 ; baron A.-H.-M. de Damas, *Mémoires...*, p. 216 ; comte Alfred-Frédéric-Pierre de Falloux, *Mémoires d'un royaliste,* Paris, 1888, vol. 1, p. 71 ; Pierre-Sébastien Laurentie, *Souvenirs inédits,* Paris, 1892, p. 153 ; C. de Faucigny-Lucinge, *Dans l'ombre...*, p. 172-175 ; vicomte F. R. de Chateaubriand, *Mémoires...*, p. 1561 ; A. F. Stevart, *The Exiled Bourbons...*, p. 106 et 107 ; Gilberte Larignon, Héliette Proust, *Edouard de Monti de Rezé, l'inébranlable certitude,* Laval, 1992, p. 161-165.

62. Vicomte C.-V. Prévôt d'Arlincourt, *Place au droit !,* Paris, 1850, p. 88 ; marquis A. d'Hautpoul, *Souvenirs...*, p. 258 ; prince C. de Faucigny-Lucinge, *Dans l'ombre...*, p. 173 et 174 ; marquis P.-L.-F. de Villeneuve, *Charles X et Louis XIX...*, p. 28.

63. J.-P. Bled, *Les Lys en exil...*, p. 50.

64. AD Bouches-du-Rhône, 140 J 86, « Souvenirs... », par Maxence de Foresta.

65. HHSA, Hofarchiv, Obersthofmarschallamt, carton 101 II B,

Dossier sur la mort de Marie-Thérèse de France ; Frankreich, Varia, carton 101, Lettres du duc de Blacas au prince de Metternich, 26 novembre 1836 et 22 décembre 1836 ; carton 112, Lettre du comte de Montbel au prince de Metternich, 6 août 1833, Lettres de la duchesse de Berry au prince de Metternich, 24 octobre 1834 et 27 août 1835 ; carton 113, Dossier légitimistes français, demandes de passeports envoyées par la chancellerie autrichienne ; L.-C. de Beaupoil, comte de Sainte-Aulaire, *Souvenirs...,* p. 99 et 100.

66. HHSA, Frankreich, Varia, carton 101, Lettre du duc de Blacas au prince de Metternich, 12 mai 1839 ; carton 112, Lettre de Marie-Thérèse de France à l'empereur François Ier, 13 août 1834 ; carton 113, dossier *Varia,* Lettres du duc de Blacas au prince de Metternich, 10 et 28 mars 1835 ; Staatskanzlei, Interiora, Interzepte, carton 16, ancien fascicule 28, Lettres de la comtesse Esterhazy à Marie-Thérèse de France, 15 mai 1837 ; *La Gazette de France,* 29 octobre 1851 ; L.-C. de Beaupoil, comte de Sainte-Aulaire, *Souvenirs...,* p. 339.

67. L.-C. de Beaupoil, comte de Sainte-Aulaire, *Souvenirs...,* p. 157-162 ; E. Daniek, *Die Bourbonen...,* p. 45 et 46 ; Guy Antonetti, *Louis-Philippe...* p. 755-758.

68. HHSA, Frankreich, Varia, carton 101, Lettre du duc de Blacas au prince de Metternich, 22 juin 1837 ; carton 112, Dossier sur le comte de Chambord, Lettre du prince de Metternich à l'impératrice, 25 novembre 1846 ; Henri de Pène, *Henri de France,* Paris, 1884, p. 281 ; E. Daniek, *Die Bourbonen...,* p. 70-73.

69. HHSA, Frankreich, Varia, carton 110, Lettre du prince de Metternich au comte de Montbel, 14 décembre 1839 ; E. Daniek, *Die Bourbonen...,* p. 17.

70. Sur le patriotisme comme valeur de droite, voir Pierre Barral, « La Patrie », dans *Histoire des droites en France,* Paris, 1992, vol. 3, p. 115-119. Il souligne l'existence d'un patriotisme de droite dès la Restauration mais le situe en retrait du patriotisme des libéraux et bonapartistes, ce qui nous semble incertain.

71. André-Jean Tudesq, *Les Grands Notables en France (1840-1849). Etude d'une psychologie sociale,* Paris, 1967, vol. 1, p. 229-231 ; H. Carpentier de Changy, *Le Mouvement...,* p. 141-153.

72. HHSA, Staatskanzlei, Interiora, Interzepte, carton 16, ancien fascicule 28, Lettre du vicomte Sosthène de La Rochefoucauld à Marie-Thérèse de France, 4 décembre 1837 ; carton 24, ancien fascicule 41, Lettre du comte de Marnes au comte de Montbel, 7 janvier 1841 ; AN, 359 AP 83, Lettre du duc de Lévis au comte de Clermont-Tonnerre, 9 mai 1842 ; 359 AP 87, Note sur le mariage du comte de Chambord ; marquis P.-L.-F. de Villeneuve, *Charles X et Louis XIX...,* Paris, 1889, p. 191 et 192.

73. H. de Pène, *Henri de France...*, p. 209.

74. HHSA, Staatskanzlei, Interiora, Interzepte, carton 24, ancien fascicule 41, Lettre de Marie-Thérèse de France à la comtesse Esterhazy, 2 février 1840.

75. *Ibidem,* Lettre de Marie-Thérèse de France à la comtesse Esterhazy, 7 janvier 1840 ; prince C. de Faucigny-Lucinge, *Dans l'ombre...,* p. 226-229.

76. *La Mode,* avril-juin 1843, p. 86 et 338 ; André Castelot, *Madame Royale et son secret,* Paris, 1951, p. 321 et 322.

77. Paul-Eric Blanrue, *Lumières sur le comte de Chambord,* Paris, 1985, p. 165-216.

78. Comte A.-F.-P. de Falloux, *Mémoires...,* vol. 2, p. 57.

79. G. Larignon, H. Proust, *Edouard de Monti de Rezé...,* p. 219 et 220.

80. Vicomte François René de Chateaubriand, *De la Restauration et de la monarchie élective,* Paris, 1831, p. 28 et 29.

81. *Idem, Mémoire sur la captivité de Mme la duchesse de Berry,* Paris, 1833, p. 70.

82. Edouard Walsh et Joseph-Alexis Walsh, *Voyage à Prague et à Léoben,* 1834, p. 244.

83. A. de Sèze, *Nouveaux souvenirs...,* p. 177 et 178.

84. Vicomte F. R. de Chateaubriand, *Mémoire sur la captivité...,* p. 70.

85. *La France,* 13 août 1841.

86. *La France,* 12 juin 1844.

87. *La Mode,* avril-juin 1844, p. 881.

88. *La Quotidienne,* 22 juin 1844.

89. *La Mode,* octobre-décembre 1841, p. 361.

90. *Ibidem,* octobre-décembre 1845, p. 87.

91. *Ibidem,* avril-juin 1846, p. 11.

92. *Ibidem,* octobre-décembre 1845, p. 87.

93. Vicomtesse de Janzé, *Berryer. Souvenirs intimes,* Paris, 1881, p. 112 et 113.

94. *La Gazette de France,* 25 et 28 octobre, 4, 15, 20 et 21 novembre 1851 ; André-Jean Tudesq, *Les Grands Notables...,* p. 130-185.

95. *La Gazette de France,* 31 octobre 1851 ; Pierre Milza, *Napoléon III,* Paris, 2004, p. 196-206.

96. Cité par *L'Union,* 24 octobre 1851.

97. *Ibidem,* 25 octobre 1851.

98. *Ibidem.*

99. *Ibidem.*

100. *Ibidem,* 24 octobre 1851.

101. *Le Constitutionnel,* 3 novembre 1851.

102. *La Mode,* juillet-septembre 1837, p. 226.

103. *La Gazette de France,* 31 octobre 1851.

104. *La Mode,* octobre-décembre 1845, p. 286.

105. *La Gazette de France,* 20 novembre 1851.

106. *La Mode,* octobre-décembre 1841, p. 361. C'est le titre de l'article.

107. *La Mode,* juillet-septembre 1836, p. 78-82 ; janvier-mars 1846, p. 116 et 175.

108. *La Gazette de France,* 29 octobre 1851.

109. *Ibidem,* 4 et 17 novembre 1851 ; Henri Bauquier, *Histoire iconographique du comte de Chambord,* Paris, 1942, p. 62 et 63.

110. *La Gazette de France,* 23 octobre 1851.

111. *Ibidem,* 1er novembre 1851.

Conclusion

1. Frédéric de Saxe-Altenbourg, *L'Enigme de Madame Royale,* Paris, 1954, 234 pages.

2. Voir notamment la biographie de Noëlle Destremeau. La question intéresse tout particulièrement les Allemands. Le château de « la comtesse des Ténèbres » est en effet un des hauts lieux touristiques du land de Thuringe.

3. Arthur-Léon Imbert de Saint-Amand, *La Jeunesse de la duchesse d'Angoulême*, Paris, 1886 et *La Duchesse d'Angoulême et les deux Restaurations*, Paris, 1887 ; Joseph Turquan, *Madame, duchesse d'Angoulême,* Paris, 1909 ; Claude Emmanuel Henri Marie de Rarécourt de la Vallée, comte de Pimodan, *Les Fiançailles de Madame Royale, fille de Louis XVI et la première année de son séjour à Vienne*, Paris, 1912 ; Ernest Daudet, *Madame Royale,* Paris, s.d. Il faut ensuite attendre les années 1950 pour retrouver des biographies érudites de la princesse, mais on se trouve alors dans un tout autre contexte idéologique.

Sources

Sources manuscrites

Archives de la Gironde

1 M 335 : Rapports au préfet de la première Restauration ; Suppliques au duc d'Angoulême.
1 M 336 et 345 : Ecrits et propos séditieux 1814-1816.
1 M 338-339 : Correspondance du préfet de la Gironde.
1 M 348 : Pétitions à la duchesse d'Angoulême 1823.
1 M 728 : Voyages du duc et de la duchesse d'Angoulême.
3 M 465-466 et 472-473 : Papiers concernant les nominations et candidatures des sous-préfets, maires et adjoints du département de la Gironde 1815-1830.

Archives nationales (Paris)

K et KK : Monuments historiques

K 164 : n° 11 : Correspondance entre le comte de Metternich et le comte de Trautmannsdorff.
K 529 pièce 9 : Dépenses de Mme de Fréminville pour l'éducation de Madame Royale.
K 1017 : Archives du Bureau de la ville de Paris, fêtes et cérémonies.
KK 374 : Dépenses de la Maison du Roi et de la Reine en 1789.
KK 378 : Dépenses des atours de la garde-robe des Enfants de France.
KK 379 : Cahier de comptes des dépenses personnelles de Madame Royale.
KK 380 : Cahier de comptes de blanchisserie pour linges et dentelles de Madame Royale.

O[1] : Maison du Roi

O[1] 3276 : Archives du garde-meuble de la Couronne, layette des Enfants de France.

O[1] 3798 et 3799 : Maison des enfants de Louis XVI.

C : Assemblées nationales

C182 : Dossier 103, pièce 8 : Rapport des commissaires du Comité de sûreté générale sur l'emprisonnement de Louis XVI et de sa famille.

C183-184 : Papiers de l'armoire de fer.

C222 : Papiers trouvés aux Tuileries après le 10-Août.

F[4] : Ministère de l'Intérieur : comptabilité générale

F[4] 1309-1318 : Comptes de la prison du Temple.

F[7] : Police générale

F[7] 3785 : Bulletins quotidiens de police, mars-juin 1815.

F[7] 4336 1 : Rapports sur les princes émigrés.

F[7] 4389 : Dossiers 3 et 4 sur Stéphanie-Louise de Montcairzin ; Dossier 4 : pièces sur la translation des cœurs des dauphins ; Dossier 9 : sur les vêtements laissés par Madame Royale après son départ.

F[7] 4390 (1) : Papiers de Laporte, intendant de la Liste civile.

F[7] 4391-4393 : Papiers concernant le Temple.

F[7] 6711 : Affaire Courtois 1816-1831.

F[7] 6798 : Dossier 729 sur la chapelle de la Conciergerie.

F[7] 6808 : Dossier 1496 sur la recherche des corps de Louis XVII, du duc d'Enghien, de Madame Elisabeth ; recherche des commissaires ayant bien servi la famille royale au Temple.

F[7] 6759-6760 : Rapports sur les voyages de la duchesse d'Angoulême, 1816-1830.

F[7] 6841 : Dossier 3692 sur les mémoires de la duchesse d'Angoulême imprimés à Montpellier, 1817.

F[17] Instruction publique

F[17] 1214 A : Dossier 9 : Prêts de livres à Madame Royale au Temple.

F[19] Cultes

F[19] 4093 : Documents concernant l'église Sainte-Geneviève, ou Panthéon.

F^{21} : Beaux-Arts

F^{21} 2 : Commandes d'œuvres d'art.

O^3 : Maison du Roi sous la Restauration

O^3 120, 122, 127, 185 : Archives du grand maître de France.

O^3 518, 525, 526 : Archives du grand maître des cérémonies.

O^3 627-629 et 802 : Archives du cabinet du ministre.

O^3 1390-1391, 1393, 1402, 1404 : Dossiers concernant les musées royaux et les commandes officielles.

O^3 1823 : Direction des fêtes de la Cour. Spectacles en l'honneur de la duchesse d'Angoulême.

O^3 2667 : Finances de Louis XVIII 1799-1800.

O^3 2678* : Dotation des princes.

O^3 2680 : Fonds viennois de Louis XVIII pendant l'émigration.

O^3 2681 : Personnel de la Maison des princes pendant l'émigration.

AA : Collections de lettres et de pièces diverses

AA 53 1486 : Pièces relatives au procès de Louis XVI et à son emprisonnement.

AF : Archives du pouvoir exécutif

AF II 412, plaquette 3322 : Minutes des arrêtés décidant de l'échange de Madame. Copie de la lettre de François II acceptant le principe de l'échange.

AF III 50 : Correspondance interceptée : lettres des princes de la famille royale.

AF III 81 : Dossier 337 : Correspondance saisie chez la veuve Rippel : lettres de François Hue à sa femme.

AF III 87 : Correspondance du gouvernement avec les agents français en Italie et les agents italiens en France.

AF III 296 : Notes sur des personnages importants.

AF III 354 : Dossier 1645 : Minutes des arrêtés pris en faveur des personnes parties à Vienne avec Madame Royale.

AF III 367 : Minutes des arrêtés du Directoire concernant la marquise de Soucy.

AF III 492 : Dossier 3082 : Minutes des arrêtés concernant le statut de François Hue suite à son départ à Vienne.

AJ^{19} : Fonds du Garde-Meuble

AJ^{19} 456 : Inventaire du mobilier de la Chapelle expiatoire.

34 AP : Fonds Condé

34 AP 2 : Correspondance de Louise de Condé avec sa famille.
34 AP 4 : Correspondance du duc de Bourbon avec sa famille.
37 AP 7 : Correspondance du duc et de la duchesse d'Angoulême avec la famille de Condé.

37 AP : Fonds Bonnay

37 AP 1 : Dossier 1 : Correspondance avec Louis XVIII et le comte de Blacas pendant l'émigration ; Dossier 2 : notes et rapports à Louis XVIII pendant l'émigration.

197 AP : Fonds La Châtre

197 AP 1 : Copie de lettres des princes de la Maison de France au duc de La Châtre.

198 AP : Fonds La Fare

198 AP 3 : Lettres des princes français, du comte d'Avaray, du comte de Blacas, du comte de Damas-Crux pendant l'émigration.
198 AP 4 : Lettres du comte de Saint-Priest.
198 AP 5 : Affaires financières.
198 AP 6 : Correspondance sur les finances des princes.
198 AP 10 : Correspondance ; Dossier sur le petit séminaire de Versailles.
198 AP 12 : Dossier 8, Correspondance de Mgr de La Fare avec Charlotte de Choisy.

273 AP : Fonds Rohan

273 AP 8 : Correspondance de Victoire-Armande de Rohan-Soubise, princesse de Guéménée, avec la famille royale.
273 AP 389 : Papiers de Victoire-Armande de Rohan-Soubise, princesse de Guéménée, concernant la Maison des Enfants de France. Livre de la gouvernante.

300 AP : Fonds de la Maison d'Orléans

300 AP III 82 : Lettres de Marie-Thérèse de France à Marie-Amélie de Bourbon-Naples, duchesse d'Orléans.
300 AP IV 88*-99 : Journal de Marie-Amélie de Bourbon-Naples, duchesse d'Orléans 1814-1830.
300 AP IV 52 * : Lettres de Marie-Amélie de Bourbon-Naples à son mari Louis-Philippe durant son séjour à Londres en 1815 et depuis Saint-Cloud en 1831.

300 AP IV 113-114 : Notes et souvenirs de Marie-Amélie de Bourbon-Naples, duchesse d'Orléans.

359 AP : Fonds Clermont-Tonnerre

359 AP 83 : Pièces concernant la famille royale en exil ; correspondance avec les princes en exil après 1830.

359 AP 87 : Notes sur les princes en exil.

589 AP : Fonds Avaray

589 AP 4 : Dossier 11, pièces diverses concernant l'émigration de Louis XVIII.

641 AP : Fonds Lenôtre

641 AP 2 : Fiches concernant le Temple pour la préparation de son livre sur Louis XVII.

641 AP 3 : Notes concernant la préparation de son livre sur Madame Royale, notamment copies de documents conservés à Bâle.

Archives du ministère des Affaires étrangères

Mémoires et documents France, fonds Bourbon

Vol. 588, 589, 595 : Lettres de Louis XVIII à sa femme, au comte de Saint-Priest ; Lettres du comte d'Antraigues au comte d'Avaray.

Vol. 594 : Lettres de Mgr de La Fare au roi ; Lettres du comte de Saint-Priest au roi sur ses négociations à Saint-Pétersbourg.

Vol. 605 : Lettres de Louis XVIII au comte d'Avaray 1810-1811.

Vol. 607-609 : Correspondance adressée au comte de Saint-Priest et à Mgr de La Fare (1796-1799).

Vol. 610, 611, 612 : Lettres de Mgr de La Fare au roi et au cabinet du roi, 1797-1799.

Vol. 615 : Lettres du comte de La Châtre à Louis XVIII ; Note de Louis XVIII au gouvernement anglais, 27 mars 1808.

Vol. 617 : Note sur le royaume de Navarre.

Vol. 1891 : Papiers Ernest Daudet : correspondance de Louis XVIII et des princes de la famille royale avec Paul Ier 1796-1800.

Vol. 1892 : Papiers Ernest Daudet : correspondance de Louis XVIII et des princes de la famille royale avec Paul Ier et Alexandre Ier ; Mémoires

d'un sénateur russe ; Contrat de mariage du duc et de la duchesse d'Angoulême.
Vol. 630 : Lettres du comte d'Avaray au comte d'Antraigues 1795-1796.

Correspondance politique

Autriche
Vol. 364-365 : Négociations pour l'échange de Marie-Thérèse de France.

Pologne
Vol. 323 : Rapports de l'espion Gallon-Boyer sur le séjour de la famille royale à Varsovie, 1803.

Hof-, Haus- und Staatsarchiv (Vienne)

Staatenabteilungen, Ausserdeutsche Staaten, Frankreich

Hofkorrespondenz
Carton 7 : Lettres des princes français à l'empereur François II.
Carton 8 : Lettres de l'empereur François II aux princes français.
Carton 9 : Lettres des rois de France et des princes français à François II.

Varia

Carton 55 : Correspondance interceptée : lettres à Marie-Thérèse de France et aux Français qui l'accompagnaient (1795-1797).
Carton 101 : Correspondance du duc de Blacas avec le prince de Metternich (1836-1839).
Carton 110 : Correspondance du comte de Montbel avec le prince de Metternich (1834-1846).
Carton 112 : Dossiers sur les membres de la famille royale exilée en Autriche après 1830.
Carton 113 : Correspondance et notes diverses des légitimistes français.

Staatskanzlei, Interiora, Interzepte

Carton 9, 11-14, 16, 18, 21, 24, 33 : Copie des lettres envoyées par les princes et les légitimistes français ou reçues par eux 1829-1841.

Hofarchiv, Obersthofmarschallamt

Carton 101 II B : Succession de la comtesse de Marnes.

National Archives (Londres)

Foreign Office

7 : Correspondance diplomatique-Autriche

FO 7/44 à FO 7/51 : Rapports de sir Morton Eden, ambassadeur à Vienne, 1796-1798.

27 : Correspondance diplomatique-France

FO 27/45 : Rapport de Macartney, ambassadeur auprès de Louis XVIII 08/1795-04/1796.

FO 27/76 : Correspondance du comte de La Chapelle avec le gouvernement anglais, 1806-1807.

FO 27/77 et 79 : Correspondance des comtes de La Châtre et d'Avaray avec le gouvernement anglais : arrivée des princesses ; affaires d'Espagne, 1808.

FO 27/80 et 90 : Réclamations financières de Louis XVIII auprès du gouvernement anglais.

FO 27/116-118 : Lettres de Charles Stuart au gouvernement anglais 1815.

FO 27/411-412 : Lettres de Charles Stuart au gouvernement anglais. Juillet-août 1830.

FO 27/423 : Arrivée de Charles X en Angleterre.

War Office

WO 1 : Affaires militaires concernant la France révolutionnaire impériale

WO 1 394 : Aide aux royalistes de Vendée et de Bordeaux pendant les Cent-Jours.

Bibliothèque nationale de France (manuscrits)

Fr 12807 : Notes de lecture de Madame Royale.
NAF 1029 : Journal du vicomte d'Hardouineau.
NAF 12 946 : Correspondance et notes du comte de Pastoret 1835-1848.

British Library

Add. 26669 : Lettres et documents concernant la restauration de Louis XVIII.

Add. 27748 : *Miscellaneous autographs* ; Lettre de Mme de Tourzel à Louis XVIII.

Add. 33793 : Collection de médaillons de la famille royale française.

Add. 41648 : *Memoirs Relative to the Intercourse of the Writer with His Most Christian Majesty Louis XVIII* (récit de Thomas Clifford).

Wellesley papers

Add. 37290 : Correspondance d'Arthur Wellesley avec les membres de la famille royale de France.

Liverpool papers

Add. 38190, 38242, 38246, 38256, 38320, 38364, 38377 : Correspondance entre lord Liverpool et les membres de la famille royale (1807-1814).

Sources imprimées

Mémoires et journaux intimes

ABRANTÈS (Laure Permon Junot, duchesse d') : *Mémoires sur la Restauration ou souvenirs historiques sur cette époque, la révolution de Juillet et les premières années du règne de Louis-Philippe I*^{er}, Paris, J. L'Henry, 1835-1836, 6 vol.

AGOULT (comte Charles d') : *Mémoires,* Paris, Mercure de France « Le Temps retrouvé », 2001, 288 p.

AGOULT (Marie de Flavigny, comtesse d') : *Mes souvenirs,* Paris, Mercure de France, « Le Temps retrouvé », 2007, 844 p.

ALISSAN DE CHAZET (René) : *Mémoires, souvenirs, œuvres et portraits*, Paris, Postel, 1837, 3 vol.

ALLONVILLE (comte Armand-François d') : *Mémoires tirés des papiers d'un homme d'Etat*, Paris, L.-G. Michaud, 1831, 13 vol.

— *Mémoires secrets de 1770 à 1830*, Paris, Werdet, 1838-1845, 6 vol.

ANNE (Théodore) : *Journal de Saint-Cloud à Cherbourg,* Paris, Urbain Canel et Ladvocat, 1830, 99 p.

— *Mémoires, souvenirs et anecdotes sur l'intérieur du palais de Charles X et les événements de 1815 à 1830*, Paris, Werdet, 1831, 2 vol.

APPONYI (Rodolphe, comte) : *Journal,* Paris, 1914-1926, 4 vol.

ARBLAY (Fanny Burney, Mme d') : *Diary and Letters,* éd. Charlotte Barrett, Londres, Georges Bell and Sons, 1891, 4 vol.

— *Du Consulat à Waterloo, souvenirs d'une Anglaise à Paris et à Bruxelles*, Paris, José Corti, « Domaine romantique », 1992, 339 p.

AUGEARD (Jacques-Mathieu) : *Mémoires secrets*, Paris, Plon, 1866, 372 p.

BARANTE (baron Prosper de) : *Souvenirs,* Paris, Calmann-Lévy, 1892, 8 vol.

BARANTE (baron Prosper de) (éd.) : « Notes du comte Armand de Saint-Priest sur le séjour du roi Louis XVIII à Mittau », dans *Revue d'histoire diplomatique,* 48e année, janvier-mars 1934, p. 21-46.

BARRAS (vicomte Paul-Jean-François-Nicolas de) : *Mémoires*, Paris, Paléo, « Sources de l'Histoire de France », 2004, 2 vol.

BARRÈRE DE VIEUZAC (Bertrand) : *Mémoires,* Paris, J. Labitte, 1842-1844, 4 vol.

BARROT (Odilon) : *Mémoires posthumes*, Paris, Charpentier, 1875, vol. 1, 612 p.

BARRUEL-BEAUVERT (comte de) : *Lettres sur quelques particularités secrètes de l'histoire pendant l'interrègne des Bourbons à M. le comte Armand de ***,* Paris, Egron, 1815, 3 vol.

BARTHÉLEMY (François, marquis de) : *Mémoires historiques et diplomatiques,* Paris, Plon, 1914, 223 p.

BÉARN (Pauline de Tourzel, comtesse de) : *Souvenirs de quarante ans 1789-1830,* Paris, J. Lecoffre, 1861, 319 p.

BEAUDOIN (Alexandre) : *Anecdotes historiques du temps de la Restauration*, Paris, Firmin-Didot, 1853, 172 p.

BERTIER DE SAUVIGNY (Ferdinand de) : *Souvenirs inédits d'un conspirateur*, Paris, Tallandier, « In texte », 1990, 2 vol.

BESENVAL (Pierre-Victor, baron de) : *Mémoires*, Paris, Baudouin frères, « Collection des mémoires relatifs à la Révolution française », 1827, 2 vol.

— *Mémoires*, Paris, Mercure de France, « Le Temps retrouvé », 1987, 576 p.

BEUGNOT (comte Jacques-Claude) : *Mémoires*, Paris, E. Dentu, 1889, 667 p.

BOIGNE (Adèle d'Osmond, comtesse de) : *Mémoires*, Paris, Mercure de France, « Le Temps retrouvé », 1986, 2 vol.

BOMBELLES (Marc-Marie, marquis de) : *Journal*, Genève, Droz, 1977-2008, 7 vol.

BONNEVAL (général marquis Armand-Alexandre-Hippolyte de) : *Mémoires anecdotiques*, Paris, Plon-Nourrit, 1900, 313 p.

BOUILLÉ (Louis-Joseph-Amour, marquis de) : *Souvenirs et fragments,* Paris, Picard et fils, 1908-1911, 3 vol.

BOURBON-CONTI (Stéphanie-Louise) : *Mémoires historiques,* réimp. [de l'éd. de Paris, floréal an VI], Paris, Pierre Horay, 1986, 237 p.

BROGLIE (duc Victor de) : *Souvenirs*, Paris, Calmann-Lévy, 1886, 4 vol.

CAMPAN (Jeanne) : *Mémoires*, Paris, Mercure de France, « Le Temps retrouvé », 1999, 620 p.

CANLER (Louis) : *Mémoires*, Paris, Mercure de France, « Le Temps retrouvé », 1986, 563 p.

Captivité de Louis XVI et de la famille royale, tant à la tour du Temple qu'à la Conciergerie, Paris, L. G. Michaud, 1825 [2e édition], 328 p.

CHAMBOIS (abbé Emile-Louis) (éd.) : *Vie et souvenirs du marquis de Maupas, sous-gouverneur du duc de Bordeaux,* Laval, veuve A. Goupil, 1900, 263 p.

CHASTENAY (Victorine de) : *Mémoires*, Paris, Perrin, « L'Histoire en mémoires », 1987, 644 p.

CLÉMENT (Jean-Paul) (éd.) : *Les Cahiers de Mme de Chateaubriand,* Paris, Perrin, 266 p.

CLÉRY (Jean-Baptiste Hanet dit) : *Journal de ce qui s'est passé à la tour du Temple pendant la captivité de Louis XVI, roi de France,* Paris, C. Bertin, 1861, 263 p.

— *Journal de ce qui s'est passé à la tour du Temple pendant la captivité de Louis XVI, roi de France,* Paris, Mercure de France, « Le Temps retrouvé », 1968, 256 p.

CLÉRY (pseud.) : *Mémoires de M. Cléry ou journal de ce qui s'est passé dans la tour du Temple pendant la détention de Louis XVI avec des détails sur sa mort qui ont été ignorés jusqu'à ce jour,* Londres, De Baylis, 1800, 192 p.

COSTA DE BEAUREGARD (marquis) (éd.) : *Souvenirs tirés des papiers du comte Auguste de La Ferronnays*, Paris, Plon-Nourrit, 1900, 428 p.

CROŸ-SOLRE (Emmanuel, maréchal-duc de) : *Journal inédit*, Paris, Flammarion, 1907, 4 vol.

DAMAS (baron Ange-Hyacinthe-Maxence de) : *Mémoires*, Paris, Plon-Nourrit, 1922, 2 vol.

DASH (comtesse) : *Mémoire des autres,* Paris, A la librairie illustrée, 1896, 6 vol.

DES CARS (Jean-François de Pérusse, duc) : *Mémoires,* Paris, E. Plon-Nourrit, 1890, 2 vol.

DINO (Dorothée de Courlande, duchesse de) : *Mémoires,* Clermont-Ferrand, Paléo, 2003-2004, 7 vol.

DUGON (marquis Henri) (éd.) : *Au service du roi en exil, épisodes de la Contre-Révolution d'après le journal et la correspondance du marquis de Vezet (1791-1804),* Mâcon, Protat frères, 1968, 373 p.

DUMAS (Alexandre) : *Mes mémoires,* Paris, Robert Laffont, « Bouquins », 2002, 2 vol.

DUMAS (Mathieu, comte) : *Souvenirs*, Paris, Librairie de Charles Gosselin, 1836, 3 vol.

DU MONTET (baronne Alexandrine de La Boutetière de Saint-Mars de Fisson) : *Souvenirs*, Paris, Plon-Nourrit, 1904, 509 p.

DUPIN (André-Marie-Jean-Jacques) : *Mémoires I, souvenirs du barreau,* Paris, Plon, 1855, 580 p.

DUVAL (Georges) : *Souvenirs thermidoriens*, Paris, Victor Magen, 1844, 2 tomes en 1 vol.

ESPINCHAL (comte Hyppolite d') : *Souvenirs militaires*, Paris, P. Ollendorff, 1901, 2 vol.

FAIN (baron) : *Manuscrit de l'an III,* Paris, 1828, 458 p.

FALLOUX (comte Alfred-Frédéric-Pierre de) : *Mémoires d'un royaliste*, Paris, Perrin, 1888, 2 vol.

FAUCIGNY-LUCINGE (prince Charles de) : *Dans l'ombre de l'histoire*, Paris, A. Bonne, 1951, 296 p.

FOY (général Maximilien) : *Notes journalières,* Compiègne, 1925, 3 vol.

FRANCE (Marie-Thérèse-Charlotte de) : *Souvenirs,* Paris, Communication et Tradition, 1997, 120 p.

FRANCE D'HÉZECQUES (Charles-Alexandre-François-Félix de) : *Souvenirs d'un page à la cour de Louis XVI*, Paris, Didier, 1873, 360 p.

FRANCLIEU (chanoinesse Aglaé-Joséphine-Eulalie-Sophie de) : *Mémoires,* Paris, Firmin-Didot, 1959, 199 p.

FRÉNILLY (baron François-Auguste de) : *Souvenirs*, Paris, Plon-Nourrit, 1908, 558 p.

GALLET (Danielle) (éd.) : *Dans l'ombre de Marie-Antoinette. Le journal de Mme Brunyer 1783-1792,* Paris, Champion, 2003, 195 p.

GENLIS (Caroline-Stéphanie-Félicité du Crest, comtesse de) : *Mémoires*, Paris, Firmin-Didot, « Bibliothèque des mémoires relatifs à l'histoire de France pendant le XVIIIe et le XIXe siècle », 449 p.

GEORGEL (Abbé) : *Mémoires pour servir à l'histoire des événements de la fin du XVIIIe siècle,* Paris, 1820, vol. 6, 487 p.

GLENBERVIE (lord) : *Journal*, Londres, Constable, 1910, 261 p.

GOLOVINE (Barbara Nicolaïevna Galitzine, comtesse) : *Souvenirs,* Paris, Plon, 1910, 451 p.

GONNEVILLE (colonel Aymard-Olivier Le Harivel de) : *Souvenirs militaires,* Paris, Didier, 1875, 393 p.

GONTAUT (Joséphine de Navailles, duchesse de) : *Mémoires,* Paris, Plon, 1909, 399 p.

GORET (Charles) : *Mon témoignage sur la détention de Louis XVI et de sa famille dans la tour du Temple*, Paris, F.-M. Maurice, 1825, 71 p.

GRAMMONT (Agénor-Antoine-Héraclius-Geneviève de, duc de Guiche) : « Les journées de juillet 1830 », dans *Carnet historique et littéraire*, 1898, t. 2, p. 449-465 et 545-561.

GUILHERMY (baron de) : *Papiers d'un émigré*, Paris, Plon, 1886, 511 p.

GUITTARD DE FLORIBAN (Célestin) : *Journal d'un bourgeois de Paris,* Paris, France-Empire, 1974, 629 p.

GUIZOT (François) : *Mémoires pour servir à l'histoire de mon temps,* Paris, M. Lévy, 1858-1867, 8 vol.

HARMAND (Jean-Baptiste) : *Anecdotes relatives à quelques personnes et à plusieurs événements remarquables de la Révolution*, Paris, Maradan, 1820, 206 p.

HAUSSEZ (Charles Lemercier de Longpré, baron d') : *Mémoires*, Paris, Calmann-Lévy, 1896, 2 vol.

HAUSSONVILLE (comte d') : *Ma jeunesse, 1814-1830,* Paris, Calmann-Lévy, 1885, 342 p.

HAUTPOUL (général marquis Amand d') : *Souvenirs de Prague*, Paris, Plon-Nourrit, 1902, 420 p.

— *Souvenirs sur la Révolution, l'Empire et la Restauration*, Paris, Emile-Paul, 1904, 547 p.

HOLLAND (Henry-Richard Vassall-Fox, baron) : *Souvenirs diplomatiques*, Paris, A. Ledoyen, 1851, 297 p.

HUE (baron François) : *Dernières années du règne de Louis XVI,* Paris, Michaud, 1823, 491 p.

JANZÉ (vicomtesse de) (éd.) : *Berryer. Souvenirs intimes,* Paris, E. Plon et Cie, 1881, 281 p.

LA BOUTETIÈRE DE SAINT-MARS (Adélaïde-Paul-Françoise de La Fare, comtesse de) : *Mémoires*, Angers, Lachèse et Dolbeau, 1884, 123 p.

LA MAISONFORT (Antoine-Philippe de) : *Mémoires d'un agent royaliste : sous la Révolution, l'Empire, la Restauration, 1763-1827*, Paris, Mercure de France, « Le Temps retrouvé », 461 p.

LAMARQUE (général Jean-Maximilien) : *Souvenirs, Mémoires et lettres,* Paris, H. Fournier Jeune, 1835-1836, 5 vol.

LA ROCHEFOUCAULD (François de) : *Souvenirs du 10 août 1792 et de l'armée de Bourbon,* Paris, Calmann-Lévy, 1929, 245 p.

LA ROCHEFOUCAULD (Louis-François-Sosthène de, duc de Doudeauville) : *Mémoires*, Paris, Michel Lévy, 1861-1864, 15 vol.

LA TOUR DU PIN-GOUVERNET (Henriette-Lucy Dillon, marquise de) : *Journal d'une femme de cinquante ans*, Paris, Mercure de France, « Le Temps retrouvé », 2003, 611 p.

LAURENTIE (Pierre-Sébastien) : *Souvenirs inédits,* Paris, Librairie Bloud et Barral, 1892, 345 p.

LA VALETTE (comte Antoine-Marie de) : *Mémoires et souvenirs*, Paris, Mercure de France, « Le Temps retrouvé », 1994, 567 p.

LE BRUN (Elisabeth Louise Vigée, Mme), *Mémoires d'une portraitiste,* Paris, Scala, 2003, 220 p.

— *Souvenirs*, Paris, Charpentier et compagnie, s.d., 365 p.

LEPÎTRE (Jacques-François) : *Quelques souvenirs ou notes fidèles sur mon service au Temple depuis le 8 décembre 1792 jusqu'au 26 mars 1793*, Paris, H. Nicolle, 1814, 92 p.

LOUIS XVI : *Journal*, éd. Louis Nicolardot, Paris, E. Dentu, 1873, 236 p.

MACDONALD (maréchal Etienne-Jacques-Joseph-Alexandre, duc de Tarente) : *Souvenirs*, Paris, Plon, 1892, 423 p.

MAILLÉ (Blanche-Joséphine Le Bascle d'Argenteuil, duchesse de) : *Souvenirs des deux Restaurations*, Paris, Perrin, 1984, 435 p.

MAINE DE BIRAN (Pierre) : *Journal intime*, Paris, Plon, 1927-31, 2 vol.

MARIGNY (Marie-Anne-Françoise de Chateaubriand, comtesse de) : *Paris en 1814, journal inédit* [augmenté du journal de T. R. Underwood], Paris, Emile-Paul, 1907, 397 p.

MARMONT (Auguste-Frédéric-Louis Viesse de, duc de Raguse) : *Mémoires*, Paris, Perrotin, 1857, 9 vol.

MARSILLY (Claude-Charles de) : « Les derniers jours de l'Empire racontés par un Cent-Suisses », éd. baron Hennet de Goutel dans *Etudes napoléoniennes*, 13, mars-avril 1918, t. I, p. 175-200, et mai-juin p. 271-295.

MAZAS (Alexandre) : *Saint-Cloud, Paris et Cherbourg, mémoires pour servir à l'histoire de la révolution de 1830*, Paris, Canel et Guyot, 1832, 405 p.

MÉNEVAL (baron Claude-François) : *Mémoires pour servir à l'histoire de Napoléon Ier depuis 1802 jusqu'à 1815,* Paris, E. Dentu, t. 3, 634 p.

MENNECHET (Edouard) : *Seize ans sous les Bourbons. Lettres sur la Restauration,* Paris, A. Canel, 1832, 2 tomes en 1 vol.

MESNARD (comte Louis-Charles de) : *Souvenirs intimes,* Paris, Potter, 1844, 3 vol.

METTERNICH (Clemens-Lothar-Wenzel, prince de) : *Mémoires, documents et écrits divers,* Paris, Plon, 1881-1884, 8 vol.

MOELLE (Claude) : *Six journées passées au Temple, et autres détails sur la famille royale qui y a été détenue,* Paris, Dentu, 1820, 77 p.

MONTBEL (Guillaume-Isidore, comte de) : *Souvenirs*, Paris, Plon, 1913, 436 p.

MONTCALM (Armandine de Richelieu, marquise de) : *Mon journal pendant le premier ministère de mon frère*, Paris, Grasset, 1935, 361 p.

MONTÉPIN (Xavier de) (éd.) : *Souvenirs intimes et anecdotiques d'un garde du corps des rois Louis XVIII et Charles X*, Paris, A. Cadot, 1857, 6 vol.

MONTGAILLARD (Jean-Gabriel-Maurice Rocques, comte de) : *Souvenirs*, Corbeil, imp. E. Crété, 1895, 338 p.

MORGAN (Sydney Owenson, lady Thomas Charles) : *La France*, Paris et Londres, Treuttel et Würtz, 1817, 2 vol.

MORRIS (Gouverneur) : *Mémorial,* éd. Jared Sparks, Paris, J. Renouard et Cie, 1842, 2 vol.

NETTEMENT (Alfred) : *Souvenirs de la Restauration*, Paris, J. Lecoffre, 1858, 458 p.

NEUILLY (comte Brunet de) : *Dix années d'émigration,* Paris, Aux armes de France, 1941, 268 p.

OBERKIRCH (Henriette-Louise de Waldner de Freundstein, baronne d') : *Mémoires*, Paris, Mercure de France, « Le Temps retrouvé », 1989, 588 p.

ORLÉANS (Ferdinand-Philippe, duc d') : *Souvenirs 1810-1830,* Genève, Droz, 1993, 515 p.

ORLÉANS (Louis-Philippe d', roi des Français) : *Mon journal, événements de 1815*, Paris, M. Lévy, 1849, 2 vol.

— *Mémoires,* Paris, Plon, 1973, 2 vol.

ORLÉANS (Marie-Amélie de Bourbon-Naples, duchesse d', reine des Français) : *Journal*, éd. Suzanne d'Huart, Paris, Perrin, 1981, 590 p.

PAROY (Jean-Philippe-Guy Le Gentil, comte de) : *Souvenirs d'un défenseur de la famille royale pendant la Révolution*, Paris, Plon-Nourrit, 1895, 479 p.

PASQUIER (Etienne-Denis) : *Mémoires*, Paris, Plon-Nourrit, 1893-1895, 6 vol.

PÉTION (Jérôme) : « Mémoires inédits », dans *Mémoires inédits de Pétion et mémoires de Buzot et de Barbaroux*, Paris, H. Plon, 1866, p. 105-254.

POISSONNIER-DESPERRIÈRES (général Adrien-Marie-Gabriel) : *Vie politique et militaire,* Paris, C.-J. Trouvé, 1824, 312 p.

POUMIÈS DE LA SIBOUTIE (docteur François-Louis) : *Souvenirs d'un médecin de Paris*, Paris, Plon-Nourrit, 1910, 385 p.
PUYMAIGRE (comte Alexandre de) : *Souvenirs sur l'émigration, l'Empire et la Restauration,* Paris, Plon, 1884, 448 p.
RAMBUTEAU (Claude-Philibert Barthelot, comte de) : *Mémoires,* Paris, Calmann-Lévy, 1905, 402 p.
REISET (vicomte Marie-Antoine de) : *Souvenirs du lieutenant général vicomte de Reiset,* Paris, Calmann-Lévy, 1901, 3 vol.
RÉMUSAT (Charles de) : *Mémoires de ma vie*, Paris, Plon, 1958, 5 vol.
RIBES (comte de) (éd.) : *Journal d'émigration du prince de Condé 1789-1795*, Paris, Georges Servant, 1924, 546 p.
ROCHECHOUART (Louis-Victor-Léon, comte de) : *Souvenirs sur la Révolution, l'Empire, la Restauration*, Paris, Plon, 1933, 515 p.
ROOTS (William) : *Paris in 1814 or a Tour in France after the First Fall of Napoleon*, Newcastle upon Tyne, A. Reid, 1909, 152 p.
RUMIGNY (général-comte de) : *Souvenirs*, Paris, Emile-Paul, 1860, 378 p.
SAINT-CHAMANS (général-comte Alfred-Armand-Robert de) : *Mémoires,* Paris, Plon-Nourrit, 1896, 542 p.
SAINT-PRIEST (François Emmanuel Guignard, comte de) : *Mémoires,* Paris, Mercure de France, « Le Temps retrouvé », 2006, 436 p.
SAINTE-AULAIRE (Louis-Clair de Beaupoil, comte de) : *Souvenirs,* Paris, Calmann-Lévy, 1927, 360 p.
SALABERRY (Charles-Marie d'Irumberry, comte de) : *Souvenirs politiques du comte de Salaberry sur la Restauration*, Paris, A. Picard, 1900, 2 vol.
SEMALLÉ (Jean-René-Pierre) : *Souvenirs*, Paris, A. Picard, 1898, 445 p.
SERRE (comte Pierre de) : *Correspondance*, Paris, A. Vaton, 1876-1877, 7 vol.
SERS (André) : *Mémoires*, Paris, A. Fontemoing, 1906, 337 p.
SEZE (Indiana de) : *Récit de la visite à Bordeaux au mois de mars 1815 de Monseigneur le duc et de Mme la duchesse d'Angoulême*, s.l., s.d., 22 p.
SHELLEY (Frances Winckley, lady) : *Diary,* éd. Richard Edgcumbe, Londres, John Murray, 1912, 2 vol.
SMYTH (W. H.) : *Aedes Hartwellianae,* Londres, John Bowyer Nichols and Son, 1851, 414 p.
SÖDERJHELM (Alma) (éd.) : *Fersen et Marie-Antoinette, correspondance et journal intime inédits du comte Axel de Fersen*, Paris, Kra, 1930, 390 p.
STAËL-HOLSTEIN (Eric Magnus, baron de) : *Correspondance diplomatique*, Paris, Hachette, 1881, 416 p.

STEDINGK (Curt V., comte de) : *Mémoires*, Paris, Arthus-Bertrand, 1844-1847, 3 vol.

STRACHEY (Lytton), FULFORD (Roger) (éd.) : *The Greville Memoirs 1814-1860*, Londres, Macmillan and Co, 1938, 8 vol.

TALLEYRAND-PÉRIGORD (prince Charles-Maurice de) : *Mémoires*, Paris, Durante, 1998, 5 vol.

THIBAUDEAU (Antoine-Clair) : *Mémoires sur la Convention et le Directoire*, Paris, Baudoin frères, 1824, 2 vol.

THIÉBAULT (général-baron) : *Mémoires,* Paris, réimp [de l'éd. de Paris, 1893], Le Livre chez vous, 2005, 1395 p.

TILLY (Alexandre, comte de) : *Mémoires pour servir à l'histoire des mœurs de la fin du XVIIIe siècle*, Paris, Mercure de France, « Le Temps retrouvé », 2003, 721 p.

TOURZEL (Louise-Elisabeth de Croÿ d'Havré, duchesse de) : *Mémoires,* Paris, Mercure de France, « Le Temps retrouvé », 2005, 657 p.

TOUSTAIN (marquis de) : *Mémoires*, Paris, Plon, 1933, 427 p.

VAUBLANC (Vincent-Marie Viénot, comte de) : *Mémoires sur la Révolution de France et recherches sur les causes qui ont amené la révolution de 1789 et celles qui l'ont suivie*, Oxford, Pergamon Press, « Les Archives de la Révolution française », réimp. [de l'éd de Paris, G.-A. Dentu, 1833], 1989, 4 vol.

— *Souvenirs,* Paris, Ponce Lebas et Cie, 1838, 2 vol.

VENDÔME (Henriette de Belgique, duchesse de) (éd.) : *La Jeunesse de Marie-Amélie, reine des Français, d'après son journal*, Paris, Plon, 1935, 291 p.

VERGNIOL (Camille) (éd.) : « La chute de Charles X, journal inédit de Dumont d'Urville », dans *La Revue de France*, 1930, t. 3, 1/06, p. 680-694 ; t. 4, 1/07, p. 102-135, 15/07, p. 285-315

VÉRI (abbé de) : *Journal*, Paris, Plon, 1933, 2 vol.

VÉRON (docteur Louis) : *Mémoires d'un bourgeois de Paris*, Paris, Librairie nouvelle, 1856, 5 vol.

VILLÈLE (comte Joseph de) : *Mémoires et correspondance,* Paris, Perrin, 1888, 5 vol.

VILLENEUVE (Pons-Louis-François de) : *Charles X et Louis XIX en exil*, Paris, Plon, 1889, 322 p.

VITROLLES (Eugène-François-Auguste d'Arnaud, baron de) : *Mémoires*, Paris, Gallimard, « Mémoires du passé pour servir au temps présent », 1950, 2 vol.

WEISS (Charles) : *Journal,* Annales littéraires de l'université de Besançon, Paris, 1972-1997, 4 vol.

WILLIAMS (Hélène-Marie) : *Aperçu de l'état des mœurs de la France*, Paris, s.d., 2 vol.

Correspondances et « nouvelles à la main »

AGOULT (Marie de Flavigny, comtesse d') : *Correspondance générale*, éd. Charles F. Dupêchez, Paris, H. Champion, 2003, vol. 1, 569 p.

ARNETH (chevalier Alfred d') : *Marie-Antoinette, Joseph II und Leopold II : ihr Briefwechsel*, Leipzig, K. F. Köhler, 1866, 2 vol.

ARNETH (chevalier Alfred d'), Flammermont (Jules) (éd.) : *Correspondance secrète du comte de Mercy-Argenteau avec l'empereur Joseph II et le prince de Kaunitz*, Paris, Imprimerie nationale, 1889-1891, 2 vol.

ARNETH (chevalier Alfred d'), GEFFROY (M.-A.) (éd.) : *Correspondance secrète entre Marie-Thérèse et le comte de Mercy-Argenteau, avec les lettres de Marie-Thérèse et de Marie-Antoinette*, Paris, Firmin-Didot, 1874, 3 vol.

BALZAC (Honoré de) : *Correspondance*, éd. Roger Pierrot, Paris, Garnier, 1962, 5 vol.

BARANTE (Prosper de) (éd.) : *Lettres et instructions de Louis XVIII au comte de Saint-Priest*, Paris, Amyot, 1845, 232 p.

BEAUCOURT (Gaston Du Fresne, marquis de), LA ROCHETERIE (Maxime de) (éd.) : *Lettres de Marie-Antoinette*, Paris, Picard et fils, 1896, 2 vol.

BESSBOROUGH (comte G.C.M.G.) (éd.) : *Lady Bessborough and her Family Circle*, Londres, John Murray, 1940, 307 p.

BONALD (Louis, comte de) : *Lettres à Joseph de Maistre*, Etampes, Clovis, 1997, 205 p.

BOULAYE DE LA MEURTHE (comte) : *Correspondance du duc d'Enghien*, Paris, Picard et fils, 1904-1913, 4 vol.

CASTLE (Egerton) (éd.) : *The Jerningham Letters (1780-1843)*, Londres, Richard Bentley, 1896, 2 vol.

Correspondance de la famille royale et principalement de Mgr le comte de Chambord avec le comte de Bouillé (François-Marie-Michel), Bordeaux, La Guienne, 1884, 331 p.

Correspondance secrète, politique et littéraire, ou Mémoires pour servir à l'histoire des cours, des sociétés et de la littérature en France depuis la mort de Louis XV, Londres, John Adamson, 1787-1790, 18 vol.

FLAMMERMONT (Jules) : *Les Correspondances des agents diplomatiques étrangers en France avant la Révolution*, Paris, E. Leroux, 1896, 628 p.

FRANCE (Elisabeth de) : *Correspondance*, Paris, Plon, 1868, 468 p.

FRANCE (Marie-Thérèse-Charlotte de) : « Souvenirs de 1815 », dans *Le Correspondant*, t. 216, 1913, p. 651-677.

GONTAUT (Joséphine de Navailles, duchesse de) : *Lettres inédites*, Paris, De Soye et fils, 1895, 149 p.

GRIMM (Friedrich Melchior, baron de) : *Correspondance littéraire, philosophique et critique*, Paris, Garnier frères, 1880, 552 p.

KAGENECK (Jacques-Bruno de) : *Lettres au baron Alströmer*, Paris, Charpentier, 1884, 528 p.

LESCURE (Adolphe-Mathurin de) (éd.) : *Correspondance secrète inédite sur Louis XVI, la cour et la ville de 1777 à 1792*, Paris, H. Plon, 1866, 2 vol.

LEVESON-GOWER (George Granville) : *Private Correspondence*, Londres, 1916, 2 vol.

LOUIS XVIII : *Correspondance et écrits politiques,* Paris, Rapilly, 1824, 220 p.

— *Correspondance privée et inédite pendant son séjour en Angleterre,* Bruxelles, H. Tarlier, 1830, 133 p.

— « Les devoirs d'un roi », dans *Feuilles d'histoire*, 1er septembre 1909, 1re année, t. 2, p. 221-234.

MAISTRE (Joseph, comte de) : *Correspondance*, dans *Œuvres complètes*, Genève, Slatkine 1979 [fac-similé de l'édition de Lyon, Vitte et Pérussel, 1884-1886], t. 9-14.

MALLET DU PAN (Jacques) : *Mémoires et correspondance pour servir à l'histoire de la Révolution française*, éd. A. Sayous, Paris, Amyot, 1851, 2 vol.

— *Correspondance inédite avec la cour de Vienne*, éd. Michel André, Paris, 1884, 2 vol.

Mémoires secrets pour servir à l'histoire de la République des Lettres en France depuis 1762 jusqu'à nos jours ou Journal d'un observateur, Londres, John Adamson, 1780-1789, 36 vol.

PALLAIN (G.) : *Correspondance inédite du prince de Talleyrand et du roi Louis XVIII pendant le congrès de Vienne,* éd. G. Pallain, Paris, Plon, 1881, 528 p.

POLOVTSOFF (Alexandre) : *Correspondance diplomatique des ambassadeurs et ministres de Russie en France et de France en Russie*, Saint-Pétersbourg, édition de la Société impériale de l'histoire de Russie, 1902-1907, 3 vol.

QUINET (Edgar) : *Lettres à sa mère,* Paris, Honoré Champion, 1998, 3 vol.

RAIGECOURT (marquis et marquise de) : *Correspondance du marquis et de la marquise de Raigecourt avec le marquis et la marquise de Bombelles*, Paris, Société d'histoire contemporaine, 1892, 445 p.

REISET (Tony-Henry-Auguste de) (éd.) : *Lettres inédites de Marie-Antoinette et de Marie-Clotilde de France*, Paris, Firmin-Didot, 1876, 394 p.

REMACLE (comte de) (éd.) : *Bonaparte et les Bourbons, relations secrètes des agents de Louis XVIII à Paris sous le Consulat*, Plon-Nourrit, 1899, 472 p.

RÉMUSAT (Claire-Elisabeth de) : « Lettres de province », dans *Revue de Paris*, t. 4, juillet-août 1902, p. 225-261, 492-521, 761-788 ; t. 5, septembre-octobre 1902, p. 62-86, 359-383.

RUAULT (Nicolas) : *Gazette d'un Parisien sous la Révolution,* Paris, Perrin, 1976, 493 p.

STENDHAL : *Correspondance générale,* Paris, Honoré Champion, 1999, 5 vol.

VIVENOT (Ritter Alfred von) (éd.) : *Thugut, Clerfayt und Wurmser,* Vienne, W. Braumüller, 1869, 633 p.

— *Vertrauliche Briefe des Freiherrn von Thugut,* Vienne, W. Braumüller, 1872, 2 vol.

— *Quellen zur Geschichte der deutschen Kaiserpolitik Oesterreichs während der französischen Revolutionskriege (1793-1797),* Vienne, W. Braumüller, 1882-1890, 5 vol.

WICKHAM (William) : *The Correspondence of the Right Honourable William Wickham from the Year 1794*, Londres, Richard Bentley, 1870, 2 vol.

WINN (Charlotte Grenville, lady Willams) : *Correspondence,* éd. Rachel Leighton, Londres, John Murray, 1920, 414 p.

Recueils de sources

Archives parlementaires de 1787 à 1860. Recueil complet des débats législatifs et politiques des chambres françaises, première série, 1789-1799, [Fondé par J. Madival et E. Laurent], éd. IHRF-Paris I, éditions du CNRS, t. 82-100, 1961-2000.

AULARD (Alphonse) (éd.) : *La Société des Jacobins*, Paris, Jouaust, 1892, 6 vol.

— *Paris pendant la réaction thermidorienne et sous le Directoire*, Paris, L. Cerf, 1898-1900, 5 vol.

— *Recueil des actes du Comité de salut public, avec la correspondance officielle des représentants en mission et le registre du conseil exécutif provisoire*, Paris, 1889-1951, 28 vol.

BEAUCOURT (Gaston Du Fresne, marquis de) (éd.) : *Captivité et derniers moments de Louis XVI*, Paris, Picard, 1892, 2 vol.

BOULOISEAU (Marc) (dir.) : *Suppléments au recueil des actes du Comité de salut public*, Paris, Bibliothèque nationale, 1992, 4 vol.

CARON (Pierre) (éd.) : *Paris pendant la terreur,* Paris, H. Champion, 1943, 6 vol.

DEBIDOUR (A.) (éd.) : *Recueil des actes du directoire exécutif,* Paris, Imprimerie nationale, 1910-1917, 4 vol.

GORE (John) (éd.) : *The Creevey Papers,* Londres, The Folio Society, 1970, 334 p.

GOTTERI (Nicole) (éd.) : *La Police secrète du premier Empire,* Paris, H. Champion, 1997-2004, 7 vol.

HAUTERIVE (Ernest d') (éd.) : *La Police secrète du premier Empire,* Paris, Perrin, 1908, 5 vol.

HÜFFER (Hermann) : *Quellen zur Geschichte des Zeitalters der französischen Revolution. Zweiter Teil. Quellen zur Geschichte der diplomatischen Verhandlungen,* Leipzig, B. G. Teubner, 1907, 560 p.

Mémoires pour servir à l'histoire de la maison de Condé, Paris, 1820, vol. 2, 342 p.

MIGNE (abbé) éd. : *Œuvres de Denis Frayssinous, évêque d'Hermopolis,* « Collection intégrale et universelle des orateurs sacrés », t. 77, Paris, Migne, 1856, 1260 col.

MOLET (A.) : *Louis XVIII et les Cent-Jours à Gand, recueil de documents inédits*, Paris, Picard, 1902, 2 vol.

PORTALIS (baron Roger) éd. : *Henry-Pierre Danloux, peintre de portraits et son journal pendant l'émigration,* Paris, pour la Société des bibliophiles français, 1910, 493 p.

REGNAULT DE BEAUCARON (Edmond) : *Souvenirs de famille. Voyages,* Paris, Plon, 1912, 2 vol.

SCHMIDT (Adolphe) éd. : *Tableaux de la Révolution française,* Leipzig, Veit, 1867-1871, 4 vol.

STENDHAL : *Chroniques pour l'Angleterre. Contributions à la presse britannique*, Grenoble, Ellug, 1980-1995, 8 t. en 9 vol.

The Manuscripts of J. B. Fortescue, esquire, preserved at Dropmore, éd. Historical manuscripts commission, Londres, 1892-1927, 10 vol.

TOURNEUX (Maurice) éd. : *Procès-verbaux de la Commune de Paris (10 août 1792-1er juin 1793)*, Paris, Société d'histoire de la Révolution française, 1894, 203 p.

Brochures

ARLINCOURT (Charles-Victor Prévôt, vicomte d') : *Place au droit*, Paris, Allouard et Kaeppelin, 1850, 175 p.

AVÈZE (marquis d') : *Madame, duchesse d'Angoulême, à l'île Barbe, près Lyon. Notice sur cette île et description historique, dédié à Madame*, Paris, Michaud, 1814, 84 p.

BARBIER (Edmé-Louis) : *Notice sur l'exhumation de Leurs Majestés Louis XVI et Marie-Antoinette, archiduchesse d'Autriche,* Paris, Lenormant, janvier 1815, 36 p.

BEAUCHAMP (Alphonse de) : *La Duchesse d'Angoulême à Bordeaux,* Versailles, J.-A. Lebel, 1815, 96 p.

BEAUREPAIRE DE LOUVAGNY (comte Alexandre de) : *C. C. Tacite, historien du roi, de Madame, de Buonaparte, de la charte, des fédérés, des pairs, des voltigeurs, des députés, etc.*, Paris, 1815, 59 p.

BELLEMARE (Jean-François) : *Le Crime du 13 février et le moyen d'en prévenir de nouveaux,* Paris, Pillet, 1820, 27 p.

BOUTET DE MONVEL [ou DEMONVEL] (Jean-Justin-Aristippe) : *Lettre adressée au roi et aux souverains alliés sur les circonstances, sur l'intérêt des Français, et tendant à nous amener le bonheur universel ; suivie d'une ode et de quelques autres vers sur le retour de Louis-le-Désiré, et de Madame, duchesse d'Angoulême*, Paris, Chaignieau, 1815, 76 p.

BRIVAL (Jacques) : *Opinion du citoyen Brival, représentant du peuple sur l'expulsion des Capets du territoire de la République*, Paris, Vachot, s.d., 8 p.

CHATEAUBRIAND (vicomte François René de) : *De Buonaparte et des Bourbons* [Paris, 1814], Utrecht, J.-J. Pauvert, 1966, 158 p.

— *De la Restauration et de la monarchie élective,* Paris, Le Normant, 24 mars 1831, 48 p.

— *De la nouvelle proposition relative au bannissement de Charles X et de sa famille,* Paris, Le Normant, octobre 1831, 155 p.

— *Mémoire sur la captivité de Mme la duchesse de Berry,* Paris, Le Normant, 1833, 79 p.

DEJERNON (Jacques) : *Précis historique des événements arrivés à Bordeaux et dans le département de la Gironde pendant les mois de mars, avril, mai, juin et juillet 1815,* Bordeaux, s.d.

Etrennes bordelaises ou détail général du séjour de Madame à Bordeaux recueilli et mis en ordre par P. J. B. R., suivi d'un calendrier pour l'an bissextil 1824, Bordeaux, Suwerinck, 114 p.

FERRAND (comte Antoine-François-Claude) : *Eloge funèbre d'Elisabeth-Philippine-Marie-Hélène, sœur de Louis XVI,* Paris, 1795, 52 p.

GUILLOT (F.-M.) : *Réponse aux calomnies insérées dans le* Journal de l'Empire *depuis le retour de Bonaparte jusqu'à sa réabdication contre l'auguste famille des Bourbons*, Paris, Pélicier et Delaunay, 25 juin 1815, 83 p.

Hommage à la mémoire vénérée de Marie-Thérèse-Charlotte de France, auguste fille du vertueux roi-martyr [extrait des *Archives des hommes du jour, revue mensuelle, historique, critique et nécrologique*], Paris, 1851, 12 p.

JAILLY (H. de) : *Une année, ou la France depuis le 27 juillet 1830 jusqu'au 27 juillet 1831*, Paris, 1831, 335 p.

LANGLOIS : *Précis historique du passage de Madame, duchesse d'Angoulême, dans la ville de Troyes, les 9 et 10 août 1816*, Troyes, Gobelet, 1816, 42 p.

LEMYRE DE SAISIE (C.-M.) : *Réfutation des prétendues fautes des Bourbons, adressée aux seuls gens de bien, aux citoyens honnêtes des villes et des campagnes, le 26 mai 1815*, Paris, Poulet, 1815, 87 p.

Lettre de Madame Elisabeth adressée à la Convention nationale avec les discours des deux enfants du ci-devant roi de France, Paris, 8 p.

Lettre de Marie-Antoinette d'Autriche, reine des Français, pour être présentée aujourd'hui à la Convention nationale, envoyée aux quarante-huit sections de Paris, aux quatre-vingt-quatre départements, aux quarante-quatre mille municipalités du royaume, à toutes les autorités constituées, et à toutes les couronnes étrangères, sur la mort de Louis XVI, son époux, sur sa situation et celle de ses enfants, et sur sa translation qui aura lieu demain dans les prisons de la Conciergerie du Palais, Paris, 8 p.

L'Hermite de Saint-Jean, ou tableau des fêtes marseillaises, lors de l'arrivée de S.A.R. Madame, duchesse d'Angoulême, à Marseille, Marseille, Achard, 8 n^os^.

La Liste civile de la branche aînée dévoilée, Paris, 1837, 46 p.

Madame, duchesse d'Angoulême, à Nantes, Nantes, Mellinet-Malassis, 1823, 52 p.

Madame, duchesse d'Angoulême, dans la Vendée, relation du passage de Son Altesse Royale, Madame, duchesse d'Angoulême, dans la Vendée, les 17, 18 et 19 septembre 1823, Bourbon-Vendée, Allut, 1823, 37 p.

Mandement de Monseigneur l'archevêque de Paris qui ordonne que le Te Deum *sera chanté dans toutes les Eglises de son diocèse, en actions de grâces de l'heureux accouchement de la reine*, Paris, 1778, 7 p.

MARTIGNAC (Jean-Baptiste-Sylvère de Gaye, vicomte de) : *Bordeaux au mois de mars 1815 ou notice sur les événements qui ont précédé le départ de S.A.R. Madame, duchesse d'Angoulême*, Paris, F. Locquin, 1830, 60 p.

Mémoire adressé à la nation pour Marie-Thérèse-Charlotte de Bourbon, suivi d'une opinion adressée à la Convention nationale pour la fille de Louis XVI, pour Louise-Marie-Adélaïde Bourbon d'Orléans et Louise-Thérèse-Bathilde Bourbon d'Orléans ; accompagné de notes curieuses et intéressantes sur la prison de Marie-Antoinette d'Autriche et sur les autres prisonniers du Temple, Paris, 1795, 23 p.

Mémorial du passage et du séjour de Mme la Dauphine dans la ville de Caen les 8, 9 et 10 septembre 1827, Caen, T. Chalopin, 98 p.

NETTEMENT (Alfred) : *La Fille de Louis XVI,* Lille, 1851, 14 p.

— *Récit des derniers moments et testament de Mme la duchesse d'Angoulême,* Amiens, 1851, 8 p.

PALASSOU (Pierre-Bernard) : *Description des voyages de S.A.R. Madame, duchesse d'Angoulême, dans les Pyrénées pendant le mois de juillet 1823*, Pau, Vignancourt, 1823, 127 p.

PETITAIN (Louis-Germain) : *Un mot pour deux individus auxquels personne ne pense et auxquels il faut penser une fois*, Paris, 1795, 23 p.

Le Premier Cri pour la délivrance de Madame Royale par un citoyen d'Orléans, Orléans, Guyot aîné, juin 1814, 3 p.

Quelques heures à Chaumont en septembre 1828, Chaumont, 1828, 39 p.

Relation du passage par Laval de madame la Dauphine, Laval, Feillet-Grandpré, 19 p.

Relation historique de l'arrivée de la duchesse d'Angoulême, fille de Louis XVI et de Marie-Antoinette d'Autriche, à Arreau, le 17 juillet 1823, chez M. Jean-Pierre Coma alors maire de la ville d'Arreau au département des Hautes-Pyrénées, Bagnères-de-Bigorre, Péré, 1913, 18 p.

STAËL (Germaine Necker, baronne de) : *Réflexions sur le procès de la reine*, éd. Monique Cottret, Les Editions de Paris, 2006, 126 p.

THOMASSY : *De la nécessité d'appeler au trône les Filles de France*, Paris, Egron, 1820, 134 p.

Panégyriques et pièces poétiques

ARNOULT (Stéphen) : *Le Retour des Bourbons*, Paris, Demonville, 1816, 11 p.

A Son Altesse Royale Madame la Dauphine, Paris, Imprimerie de Béthune, s.d., 4 p.

BARRIN (Jacques-Pierre) : *Le Retour des Bourbons*, Grenoble, 1815, 16 p.

BOCOUS (Joseph) : *Le Talisman de la France ou le bouquet de Marie-Thérèse, dédié à S.A.R. Madame, duchesse d'Angoulême*, Paris, Le Normant, 1815, 64 p.

BOISSEROLLE (Mme de) : *Le Raffermissement de l'empire des lis, poëme (sic)*, Paris, Delaunay et Laloy, 1816, 24 p.

BOUCHU (V.) : *Le Retour des Bourbons. Stances*, Dijon, 1815, 11 p.

BOUFFRET (chevalier de) : *Le Retour des Bourbons,* Paris, Petit, 1814, 23 p.

BOURETTE (Mme) : *A la reine sur sa grossesse*, Paris, 1778, 2 p.

BOUTROUX (L.-A.) : *L'Elan d'un cœur français, hommage poëtique (sic) à Son Altesse Royale Madame, duchesse d'Angoulême, lors de son passage à Montargis dans le mois de juin 1818,* Montargis, Sensier, 1818, 8 p.

BOUTROUX-LAUZE (J.-B.) : *Le Triomphe des lys*, Paris, Laurens, 1815, 18 p.

BOYNEST : *Le Duc et la duchesse d'Angoulême dans le Midi, poème en quatre chants*, Paris, Demonville, 1817, 76 p.

BRISSET (Mathurin-Joseph) : *Les Dames du Lis,* Paris, Eymery, 1816, 32 p.

BRULEBŒUF-LETOURNAN (B.-A.) : *L'Héroïne de Bordeaux,* s.l., s.d., 2 p.

CARPENTRAS (Louis-Ange) : *Ode au roi sur la conspiration de 1815*, Avignon, 1815, 14 p.

CHATELAIN (J.-B.-A.) : *L'Heureuse Soirée, scènes improvisées et ajoutées aux Frères de lait, le jour de l'arrivée à Rochefort de Son Altesse Royale Madame, duchesse d'Angoulême*, Rochefort, Faye, août 1823, 16 p.

CHIVOT (Marie-Antoine-François) : *Mars trompé, ode présentée à Leurs Majestés, au nom du collège de Montaigu, sur la naissance d'une princesse*, Paris, 1778, 7 p.

Compliment de Mgr l'évêque d'Autun à Son Altesse Royale Madame, duchesse d'Angoulême, lors de son passage à Autun le 6 août 1816, Autun, 1816, 1 p.

CROFT (Herbert) : *Consolation poétique adressée à S.A.R. Madame, duchesse d'Angoulême* ; trad. par l'abbé Gossin, Paris, Pillet, 1814, 14 p.

DELILLE (Jacques) : *Le Malheur et la Pitié,* Londres, A. Dulau, 1803, 199 p.

DESTRAVAULT : *A Son Altesse Royale Madame la Dauphine, le jour de la fête de Sainte-Thérèse*, Paris, chez l'auteur, 1828, 8 p.

Discours d'un curé du diocèse de Reims à ses paroissiens, le premier jour de l'an 1779, à l'occasion de l'heureuse délivrance de la reine, Reims, 1779, 8 p.

DU BOUCHET (comte César) : *Les Adieux de Marie-Antoinette d'Autriche, reine de France, à Marie-Thérèse-Charlotte de France, sa fille,* Paris, Lerouge, 1814, 52 p.

DUMAS (Jean-Baptiste) : *Le Retour des Bourbons,* Lyon, 1816, 32 p.

DUMINY : *Discours sur l'heureux accouchement de la reine et sur les devoirs des sujets envers leur souverain par M. Duminy, curé de Cravan en Bourgogne*, Paris, 1779, 14 p.

DUMOUSTIER : *La Jeune Infortunée du Temple,* Paris, Louis, 2 p.

GAUTHIER DE BEZORNAY (M.) : *Sur la naissance de Madame, fille du roi,* Paris, 1779.

GUÉNEAU DE MUSSY (Frédéric) : *La France délivrée, ode présentée à S.A.R Madame, duchesse d'Angoulême*, Paris, Mequignon, 1814, 8 p.

HATRY (abbé) : *La Restauration française ou le miracle de la Providence en 1814, suivi de poésies analogues*, Vendôme, Morard, 1816, 32 p.

HÉDOUIN (Pierre) : *Le Bouquet de lys, recueil de poésies sur les révolutions de 1814 et 1815*, Boulogne, 1816, 144 p.

L'Heureux Jour suivi de la fête des lys, divertissement à l'occasion de la naissance de Madame première, représenté à Paris sur le théâtre des grands danseurs du Roi le 21 décembre 1778, Paris, Valleyre aîné 1779, 36 p.

Hommage poétique à Son Altesse Royale Madame la Dauphine, le jour de sa présence à Besançon, 5 septembre 1828, Besançon, Outhenin Chalandre, 36 p.

LECOQ DE LA GARDE (écuyer N.-F.) : *Ode à S.A.R. Madame, duchesse d'Angoulême, pour le jour de sa fête, 15 août 1821*, Paris, Le Normant, 1821, 6 p.

Le Lis triomphant, hommage à Son Altesse Royale, madame, duchesse d'Angoulême, par N... B..., Paris, Tiger, 1815, 16 p.

MALO (Charles) : *L'Antigone scandinave, scène lyrique, imitée d'Ossian,* s.l., 1814, 10 p.

Marie-Thérèse, fille de Louis XVI à François, empereur d'Allemagne ; *héroïde*, Bâle, 1797, 12 p.

MARIETTE (Firmin) : *A l'occasion de la mort de Mme la duchesse d'Angoulême,* Bayeux, 1853, 4 p.

MONPERLIER (J.-A.-M.) : *Le Retour des Bourbons,* Lyon, Chambet, 1815, 15 p.

NOËL (M.) : *Ode sur l'accouchement de la reine*, Paris, 1779, 2 p.

PAJOT DE LAFORÊT (P.) : *L'Héroïne de Bordeaux,* Paris, Laurens, s.d., s.p.

PAULIN (Auguste) : *Le Retour des Bourbons. Poème héroïque*, Nantes, Gaudin, 1815, 11 p.

PÉLADAN (Adrien) : *Eloge funèbre de Marie-Thérèse-Charlotte de France, duchesse d'Angoulême,* Nîmes et Montpellier, 1852, 16 p.

PEYRAUD DE BEAUSSOL : *L'Antonéide ou la Naissance du Dauphin et de Madame*, Paris, 1781, 68 p.

RÉDARÈS (Jean-M.-M.) : *Epîtres à LL.AA.RR. Mgr le duc et Mme la duchesse d'Angoulême,* Paris, Gaultier-Laguionie, 1823, 16 p.

RÉGNIER (E.) : *Romance chantée par une réunion de musiciens de la garde nationale de Paris, sous les fenêtres du château des Tuileries le... août 1815, à l'occasion du retour de S.A.R. Madame, duchesse d'Angoulême dans la capitale*, Paris, 1815, 1 p.

RÉMUZAT (Etienne) : *Epître à son Altesse Royale Madame, duchesse d'Angoulême,* Paris, Didot, 1815, 31 p.

ROUGEMONT (B.) : *Le Bouquet rochellais ou la Fête de Lafrance, divertissement en un acte, mêlé de vaudeville, destiné à célébrer le passage de S.A.R. Madame, duchesse d'Angoulême, à la Rochelle*, la Rochelle, Mareschal, 1823, 39 p.

SALIBERT (C.) : *La Piété filiale ou la Fille des rois, poème élégiaque en trois chants*, Toulouse, Bénichet aîné, 1814, 45 p.

SASSI fils : *Le Retour des Bourbons*, Lyon, Chambet, 1815, 8 p.

TALANDIER (Firmin) : *Les Chants des bardes ou le Retour du roi*, Paris, Cellot, 1815, 16 p.

TÉZENAS (Claude) : *Le Retour de l'île d'Elbe, dithyrambe ; odes et poésies*, Paris, Le Normant, 1815, 60 p.

TEZMONVILLE (M. de) : *Les Troubadours modernes, ou Amusements littéraires de l'armée de Condé,* Constance, 1797, 303 p.

TRÉNEUIL (Joseph) : *L'Orpheline du Temple*, Paris, F. Didot, 1814, troisième édition, 32 p.

VALMALETE-DÉSABRITS (Louis-F. de) : *Le Retour des Bourbons,* 1814, Paris, Porthmann, 7 p.

VALORI (Henri-Zozime, marquis de) : *Le Troisième Exil,* Paris, Pillet, 1832, 38 p.

— *Deux Charles en Ecosse,* Paris, Pillet, 1833, 38 p.

Chansonniers

Almanach chantant du département de la Gironde pour l'an bissextil 1816, Bordeaux, Fernel, 1816, 42 p.

L'Ami des Bourbons, ou le Chansonnier des royalistes, Paris, Le Normant, 1815, 176 p.

L'Ami des Bourbons, ou le Chansonnier des royalistes, Paris, Le Normant, 1816, 176 p.

Le Bouquet du roi, chansons chantées aux Champs-Elysées, le 25 août 1822, jour de la fête de S.M. et de l'inauguration de la statue de Louis XIV, Paris, Ballard, 1822, 58 p.

Chansonnier royal ou passe-temps des bons Français. Dédié aux gardes nationaux, Paris, Dentu, 1815, 2 vol.

Le Chansonnier des amis du roi, Lyon, 1815, 140 p.

Le Chansonnier des amis du roi, seconde partie, Lyon, 1815, 140 p.

Le Chansonnier des amis du roi, troisième partie, Lyon, 1815, 104 p.

Le Chansonnier des amis du roi, quatrième partie, Lyon, 1816, 104 p.

Le Chansonnier des amis du roi et des Bourbons, Lille, s.d., 128 p.

Le Chansonnier des amis du roi et des Bourbons, Paris, août 1815, numéro 2, 108 p.

Le Chansonnier des amis du roi et des Bourbons, Paris, septembre 1815, numéro 3, 96 p.

Chansons pour la Saint-Louis, Paris, 1823, 24 p.

DENIZOT (Louis-Mayenne) : *Chants et vers sur les principaux événements qui ont eu lieu en France depuis le retour de la famille royale en 1814 jusques et compris le baptême de Mgr le duc de Bordeaux, en 1821*, par L. M. D., Dijon, veuve Bernard Defay, s.d., 31 p.

JACQUELIN (J.-A.), ROUGEMONT (B. de) : *Le Chansonnier des Bourbons, dédié à S.A.S. Madame la duchesse douairière d'Orléans*, Paris, Rosa, 1815, 210 p.

Le Lis et la Violette, chansonnier royal contenant divers poèmes, chansons et couplets satiriques sur Bonaparte, recueillis pendant son dernier règne, par un ami du roi, suivis de chants patriotiques sur le retour des Bourbons en France, Paris, Caillot, 1816, 180 p.

Le Retour des lis et celui du bonheur, étrennes dédiées à tous les Français ; avec un calendrier pour l'an de grâce 1815, 19e du règne de Louis XVIII, Lille, Vanackère, 1814, 75 p.

Le Retour des lys et de la paix. Etrennes françaises, badines, joyeuses et épigrammatiques, à l'usage de tous les Français ; pour l'an 1816, 21e du règne de Louis XVIII, Lille, Vanackère, 1814, 109 p.

Recueils d'anecdotes, biographies et romans

ALBINS (M. d') : *Les Adieux de Marie-Thérèse de Bourbon, almanach pour l'année 1797,* Bâle, 1797, 140 p.

ARLINCOURT (Charles-Victor Prévôt, vicomte d') : *Le Pèlerin,* Paris, Dumont, 1842, 3 vol.

BALLANCHE (Pierre-Simon) : *Antigone,* Paris, Didot, 1819, 329 p.

Les Bourbons peints par eux-mêmes ou Entrée de la famille royale en France, Paris, s.d., 80 p.

BROSSIN DE MÉRÉ (Elisabeth Guénard, baronne) : *Irma ou les Malheurs d'une jeune orpheline*, Paris, 1799, 4 vol.

— *Le Triomphe d'une auguste princesse, suite d'Irma,* Paris, A. Bonnet, 1825, 3 vol.

Le Château des Tuileries ou Récit de ce qui s'est passé dans l'intérieur de ce palais depuis sa construction jusqu'au 18 brumaire de l'an VIII, Paris, Lerouge, 1802, 2 vol.

COHEN DE VINCKENHOEF (Albert) : *Notice historique sur Marie-Thérèse-Charlotte de France, duchesse d'Angoulême*, Paris, Jeanne, 1851, 12 p.

CONNY (vicomte de) : *Les Bourbons. Souvenirs et mélanges,* Paris, Canel, 1833, 183 p.

CUSTINE (comte Robert de) : *Les Bourbons de Goritz et les Bourbons d'Espagne,* Paris, Ladvocat, 1839, 336 p.

DESPRÉAUX (Simien) : *Annales historiques de la Maison de France*, Paris, 1815, 144 p.

DIDIER (Charles) : *Une visite à M. le duc de Bordeaux*, Paris, Michel-Lévy, 1849, 107 p.

DUROZOIR (Charles) : *Louis XVIII à ses derniers moments*, Paris, Pillet, 1824, 534 p.

ECKARD (Jean) : *Mémoires historiques sur Louis XVII*, réimp. [de l'éd de Paris, 1818], Cholet, Pays et Terroirs, 1998, 255 p.

FALLON (P. J.) : *Voyage à Holyrood pendant l'automne de 1831,* Paris, L.-F. Hivert, 1832, 151 p.

GASSIER (J.-M.) : *L'Antigone française ou Mémoires historiques sur Marie-Thérèse-Charlotte de France, duchesse d'Angoulême,* Paris, Aubry, 1814, 104 p.

GAUTHIER DE BRÉCY (baron) : *Portraits de la famille royale,* Paris, Trouvé, 1829, 14 p.

GÉRARD (Augustin) : *Quinze ans de la vie de Marie-Thérèse de France, fille de Louis XVI*, Paris, Dentu, 1846, 109 p.

GRANDSIRE (Eugène), MURET (Théodore) : *Album de l'exil,* Paris, Bertin, 1850, 32 p.

JAL (Gustave) : *L'Ombre de Diderot et le bossu du Marais,* Paris, P.-F. Dupont, 1819, 140 p.

LEGRAND (Augustin) : *Le Retour des Bourbons. Etrennes aux Français*, Paris, 1815, s.p.

L'Héroïne de Bordeaux, Paris, Jeanet, s.d., 152 p.

LOCMARIA (comte de) : *Souvenirs des voyages de Monseigneur le duc de Bordeaux, en Italie, en Allemagne et dans les Etats de l'Autriche,* Paris, Delloye, 1846, 2 vol.

MALBEC fils (P.) : *Notice pour servir à la vie de S.A.R. Madame, duchesse d'Angoulême*, Montpellier, J. Martel, octobre 1816, 56 p.

MENGIN-FONDRAGON (baron de) : *Un dernier mot sur Holyrood*, Paris, Bricon, 1832, 161 p.

MERCIER (Louis-Sébastien) : *Tableau de Paris*, Genève, Slatkine, 1979 [fac-similé de l'éd. d'Amsterdam, 1782-1788], 6 vol.

— *Le Nouveau Paris*, Paris, Mercure de France, 1994, 1869 p.

Les Mœurs des Bourbons rendus à la France ou Paroles remarquables et traits mémorables de S.M. Louis XVIII, de LL.AA.RR., Monsieur, frère du roi, Monseigneur le duc d'Angoulême, Monseigneur le duc de Berry et Madame la duchesse d'Angoulême, Paris, Montaudon, 1814, 106 p.

MOITHEY DE VOUZIERS (Pierre-Joseph de) : *Notice historique sur Madame, duchesse d'Angoulême, et tableaux des principaux faits de la révolution du 20 mars 1815,* Paris, Tiger, s.d., 90 p.

MONTBEL (Guillaume-Isidore, comte de) : *Le Comte de Marnes, fils aîné de Charles X* [Paris, G.-A. Dentu, 1844], Paris, Sicre, 2001, 109 p.

— *Dernière époque de la vie de Charles X,* Paris J. Angé, s.d., 112 p.

MONTIGNY (Louis-Gabriel de) : *Quinze jours à Prague,* Paris, G.-A. Dentu, 1833, 68 p.

MONTJOIE (Félix-Louis-Christophe Galard de) : *Histoire de Marie-Antoinette-Josèphe-Jeanne de Lorraine, reine de France*, H. L. Perronneau, 1797, 535 p.

— *Les Bourbons ou Précis historique sur les aïeux du roi, sur Sa Majesté et sur les princes et princesses du nom de Bourbon qui entourent son trône*, Paris, veuve Le Petit, 1815, 322 p.

NETTEMENT (Alfred) : *Vie de Marie-Thérèse de France, fille de Louis XVI,* Paris, de Signy et Dubey/Jeulin, 1843, 528 p.

— *Henri de France ou Histoire des Bourbons de la branche aînée pendant quinze ans d'exil 1830-1845,* de Signy et Dubey, Paris, 1845, 2 t. en 1 vol.

Notice sur SAR Madame, duchesse d'Angoulême, depuis ses premières années jusqu'à sa rentrée en France, le 3 mai 1814, Aix-en-Provence, F. Guigue, 1823, 8 p.

NOUGARET (Pierre-Jean-Baptiste) : *Anecdotes du règne de Louis XVI : 1778-1779*, Paris, P.-F. Gueffier, 1780, 464 p.

OURRY (E.-T.-M.) : *Les Bourbons et la France*, Paris, Bouquin de la Souche, 1826, 298 p.

Le Petit Moniteur de Goritz, journal de la vie des princes exilés, Paris, Bureaux, mars 1841, 411 p.

Précis de ce qui s'est passé lors de la rentrée dans le royaume de France de S.M. Louis XVIII et des princes et princesses de la famille royale, Paris, Ancelle, août 1815, 114 p.

PRESTAT : *Précis historique sur la vie privée des Bourbons depuis Henri IV jusqu'à Louis XVIII*, s.l., s.d., 12 p.

Procès des Bourbons, Paris, Lerouge, 1798, 2 vol.

QUATREMÈRE DE ROISSY : *Marie-Thérèse d'Autriche, impératrice-reine, Marie-Thérèse de France, Dauphine*, Paris, Lenormant, 1825, 132 p.

Recueil de pièces intéressantes relatives aux événements qui ont eu lieu à Bordeaux et dans les départements de la Gironde en 1814 et 1815, la plupart de ces pièces inconnues jusqu'à ce jour, Bordeaux, Fernel, 1817, 119 p.

REGNAULT-WARIN (Jean-Baptiste) : *Le Cimetière de la Madeleine,* Paris, Lepetit, 1800, 4 vol.

— *Les Prisonniers du Temple,* Paris, Locard, 1800, 3 vol.

Répertoire royal ou Anecdotes intéressantes sur la famille royale, Paris, Bruyas, 1815, 64 p.

SAINT-GERVAIS (Antoine de) : *Le Jeune Age des Bourbons ou Anecdotes remarquables de leur enfance depuis Henri IV jusqu'à nos jours*, Paris, Eymery, 1815, 196 p.

SAINT-HILAIRE (E.-M.) : *Vie anecdotique de Madame la Dauphine*, Paris, A.-J. Sanson, 1825, 339 p.

SAINT-HUGUES (L. de) : *Madame la duchesse d'Angoulême ou la Nouvelle Antigone, mémoire historique sur ce qui est arrivé à cette illustre princesse depuis sa naissance jusqu'à son retour en France,* Paris, H. Vauquelin, 1814, 108 p.

SÈZE (Adolphe, baron de) : *Souvenirs de Lulworth, d'Holyrood et de Bath,* Paris, G.-A. Dentu, 1831, 35 p.

— *Nouveaux Souvenirs d'Holyrood,* Paris, G.-A. Dentu, 1832, 189 p.

THOMASSIN (Jean-René) : *Souvenir de Frohsdorf,* Paris, Jeanne, 1849, 15 p.

TRIDON (Mme) : *Album de Prague,* Paris, A. Boblet, 1835, s.p.

WALSH (Joseph-Alexis et Edouard) : *Voyage à Prague et à Leoben,* Paris, L.-F. Hivert, 1834, 298 p.

WALSH (Joseph-Alexis, vicomte) : *Recueil de discours prononcés dans les deux chambres et de ceux qui devaient l'être à l'occasion de la proposition de M. Baude, ex-préfet de police,* Paris, L.-F. Hivert, 1831, 164 p.

WEBER (Joseph) : *Mémoires concernant Marie-Antoinette, archiduchesse d'Autriche, reine de France,* Londres, 1804, 3 vol.

Pamphlets

AUGUIS (Pierre-René), B. C. et R. : *Napoléon, la Révolution, la famille des Bourbons*, Paris, Béchet, 1815, 66 p.

BLACAS D'AULPS (pseudo, comte de) : *Extrait du mémoire justificatif de M. le comte de Blacas d'Aulps*, Paris, 1815, 16 p.

CHATEAUFRANC (C.) : *Réflexions sur la dynastie impériale et sur les Bourbons*, Paris, 1815, 114 p.

DUPERRON (L.) : *Vie secrette* [*sic*] *politique et curieuse de M.-J. de Robespierre*, Paris, 1794, 36 p.

Essais historiques sur la vie de Marie-Antoinette d'Autriche, reine de France, pour servir à l'histoire de cette princesse, Londres, 1789, 2 vol.

FOUCHÉ (Joseph) : *Rapport au roi sur la situation de la France*, Paris, 1815, 75 p.

GIRARDOT : *Désespoir de Marie-Antoinette*, Paris, s.d., 8 p.

Lettre de la duchesse d'Angoulême au couvent de Montrouge, Paris, Bellemain, 1830, 14 p.

MERLIN (Antoine, dit Merlin de Thionville) : *Capet et Robespierre*, Paris, s.d., 8 p.

Neuvième Révolution ; de ses causes et de ses effets probables, Paris, 1815, 93 p.

Portefeuille d'un talon rouge, Paris, 1780, 42 p.

RASPAIL (François-Vincent) : *Secrets de la cour de Louis XVIII, recueil de pièces authentiques*, Paris, Eymery, avril 1815, 84 p.

Reproches des enfants ci-devant royaux à leurs père et mère après l'abolition de la royauté en France, Paris, s.d., 8 p.

ROUX (Louis-Félix) : *Nouveaux et intéressants détails de l'horrible conspiration de Robespierre et ses complices*, Paris, s.d., 8 p.

Journaux

L'Ambigu ; *L'Ami de la religion et du roi ; L'Ami du roi ; Annales littéraires et patriotiques de la France ; La Bibliothèque historique ; Le Censeur ; Le Constitutionnel* ; *Le Courrier républicain* ; *L'Echo de la Jeune France* ; *La France* ; *La Gazette de France* ; *La Gazette de Paris ; Le Journal de la Cour et de la Ville ; Journal de l'Empire* ; *Journal des débats politiques et littéraires ; Journal de Paris* ; *Journal de Perlet* ; *Le Journal universel* ; *Le Journal universel de Gand* ; *La Mode ; Le Mémorial bordelais* ; *Mercure de France ; Le Messager du soir ; Le Moniteur universel* ; *Le Nain jaune ; Le National* ; *Les Nouvelles politiques nationales et étrangères ; Paris pendant l'année...* ; *Le Patriote Français* ; *Le Père Duchesne* ; *La Presse* ; *La Quotidienne ou le Tableau de Paris* ; *Les Révolutions de France et de Brabant* ; *Les Révolutions de Paris* ; *La Sentinelle* ; *Le Spectateur du Nord.*

Sources iconographiques

Bibliothèque nationale de France

Cabinet des estampes : série N2, portraits ; série Qb1, Histoire de France, collections Hennin et de Vinck.

Cabinet des médailles.

Musée des arts décoratifs, Bordeaux

Collection Jeanvrot.

Bases de données

Joconde : www.culture.gouv.fr/documentation/joconde.fr

Agence photographique de la réunion des musées nationaux : www.photo.rmn.fr

Bibliographie

Marie-Thérèse-Charlotte de France et sa famille

ANTONETTI (Guy) : *Louis-Philippe*, Paris, Fayard, 1994, 992 p.

ARNAUD-BOUTELOUP (Jeanne) : *Le Rôle politique de Marie-Antoinette,* Orléans, Imprimerie moderne, 1924, 376 p.

BADER (Luigi) : *Les Bourbons de France en exil à Gorizia*, Paris, Perrin, « Collection historique », 1977, 418 p.

— *Le Comte de Chambord et les siens en exil*, Paris, D.U.C., s.d., 180 p.

BEALES (Derek) : *Joseph II. In the Shadow of Maria Theresa,* Cambridge, Cambridge University Press, 1987, 520 p.

BEAUCHESNE (Alcide-Hyacinthe du Bois de) : *Louis XVII, sa vie, son agonie, sa mort,* Paris, Plon, 1889, 2 vol.

BERTIÈRE (Simone) : *Marie-Antoinette, l'insoumise*, Paris, Le Livre de Poche, 2000, 918 p.

BIBL (Viktor) : *François II, le beau-père de Napoléon,* Paris, Payot, 1936, 332 p.

BLANRUE (Paul-Eric) : *Lumières sur le comte de Chambord*, Paris, Communication et Tradition, 1995, 245 p.

BLED (Jean-Paul) : *Marie-Thérèse d'Autriche,* Paris, Fayard, 2001, 520 p.

— *Les Lys en exil*, Paris, Fayard, 1992, 346 p.

BUZON (Christine de) : *Henri V, comte de Chambord, ou le Fier Suicide de la royauté*, Paris, Albin Michel, « L'Homme et l'événement », 1987, 242 p.

CABANIS (José) : *Charles X, roi ultra*, Paris, Gallimard, 1972, 517 p.

CARTRON (Michel-Bernard) : *Marie-Thérèse, duchesse d'Angoulême : la vertu et le malheur,* Paris, Communication et Tradition, 1999, 348 p.

— *Louis XIX, roi sans couronne*, Paris, Sicre, 2001, 406 p.

CASTELOT (André) : *Madame Royale,* Paris, Perrin, « Présence de l'histoire », 1962, 333 p.

CASTRIES (duc René de) : *Louis XVIII*, Paris, Hachette, 1969, 408 p.

CRISTE (Oskar) : *Erzherzog Carl von Österreich,* Vienne et Leipzig, Braumüller, 1912, 2 vol.
DANIEK (E.) : *Die Bourbonen als Emigranten in Österreich,* Vienne, Bergland, 1965, 144 p.
DAUDET (Ernest) : *Madame Royale,* Paris, Hachette, s.d., 277 p.
— *Les Bourbons et la Russie pendant la Révolution française*, Paris, La Librairie illustrée, 1886, 397 p.
DESTREMAU (Noëlle) : *Madame Royale et son mystère,* Paris, Nouvelles Editions latines, « Autour des dynasties françaises », 1991, 131 p.
DUMOLIN (Louis) : *L'Orpheline du Temple, duchesse d'Angoulême,* Paris, « Les Contemporains », n° 234, 16 p.
La Famille royale à Paris, de l'histoire à la légende [exposition, Paris, musée Carnavalet 1993-1994], Paris, s.d., 190 p.
FÉLIX (Joël) : *Louis XVI et Marie-Antoinette. Un couple en politique,* Paris, Payot, 2006, 668 p.
GARNIER (Jean-Paul) : *Charles X, le roi, le proscrit,* Paris, Fayard, « Les Grandes Etudes historiques », 1967, 480 p.
GIRAULT DE COURSAC (Pierrette) : *L'Education d'un roi*, *Louis XVI,* Paris, François-Xavier de Guibert, 1995, 349 p.
GUICHEN (vicomte Eugène de) : *Le Duc d'Angoulême (1775-1844)*, Paris, Emile-Paul, 1909, 418 p.
HARDMAN (John) : *Louis XVI,* New Haven et Londres, Yale University Press, 1993, 264 p.
HOURS (Bernard) : *Madame Louise, princesse au Carmel*, Paris, Cerf, 1987, 371 p.
HUERTAS (Monique de) : *Madame Royale*, Paris, Pygmalion-Gérard Watelet, 2000, 477 p.
IMBERT DE SAINT-AMAND (baron Arthur-Léon) : *La Jeunesse de la duchesse d'Angoulême*, Paris, Dentu, 1886, 355 p.
— *La Duchesse d'Angoulême et les deux Restaurations*, Paris, Dentu, 1887, 459 p.
— *La Duchesse de Berry et la cour de Charles X,* Paris, Dentu, 1888, 344 p.
— *La Duchesse de Berry et la cour de Louis XVIII*, Paris, Dentu, 1889, 389 p.
JACOTEY (Marie-Louise) : *Marie-Thérèse-Charlotte, Madame Royale ou le calvaire d'une Fille de France*, Remiremont, 1991, 30 p.
KOSCHATZKY (Walter), KRASA (Selma) : *Herzog Albert von Sachsen-Teschen 1738-1822 Reichsfeldmarschall und Kunstmäzen,* Vienne, 1982, 264 p.
LANGERON (Roger) : *Madame Royale*, Paris, Hachette, 1958, 287 p.

LENÔTRE (Georges) : *La Fille de Louis XVI*, Paris, Librairie académique Perrin, « Mémoires sur la Révolution et l'Empire », 1955, 303 p.

LEVER (Evelyne) : *Louis XVI*, Paris, Fayard, 1985, 695 p.

— *Louis XVIII*, Paris, Hachette, « Pluriel », 1988, 597 p.

MANSEL (Philip) : *Louis XVIII*, Paris, Perrin, 2004, 527 p.

Marie-Antoinette. Writings on the Body of a Queen, Dena Goodman (dir.), New York et Londres, Routledge, 2003, 307 p.

Marie-Caroline de Berry. Naples, Paris, Graz, itinéraire d'une princesse romantique, Paris, Somogy, 2002, 215 p.

PÈNE (Henry de) : *Henri de France,* Paris, H. Oudin, 1884, 578 p.

PETITFILS (Jean-Christian) : *Louis XVI,* Paris, Perrin, 2005, 1114 p.

PIMODAN (Claude-Emmanuel-Henri-Marie de Rarécourt de La Vallée, comte de) : *Le comte F.-C. de Mercy-Argenteau, ambassadeur impérial à Paris sous Louis XV et Louis XVI,* Paris, Plon, 1911, 476 p.

— *Les Fiançailles de Madame Royale, fille de Louis XVI et la première année de son séjour à Vienne*, Paris, Plon-Nourrit, 1912, 114 p.

— *Le Complot de Toulan, Jarjayes et Lepître pour sauver la famille royale captive au Temple,* Paris, Plon, 1919, 30 p.

RASKY (Marie-Magdeleine de) : *La Révolution française, une histoire de famille, Madame Royale*, Paris, Scriptoplan, 1977, 189 p.

REISET (vicomte Tony-Henry-Auguste de) : *Marie-Caroline, duchesse de Berry,* Paris, Goupil, 1906, 237 p.

— *Joséphine de Savoie, comtesse de Provence,* Paris, Emile-Paul, 1913, 303 p.

— *Autour des Bourbons, Mme de Chanterenne et la fille de Louis XVI,* Paris, Emile Paul, 1927, 215 p.

SARRE (Claude-Alain) : *Louise de Condé,* Paris, Jean-Paul Gisserot, 2005, 276 p.

SAINTE-CLAIRE DEVILLE (Paul) : *L'Orpheline de la prison du Temple*, Paris, Librairie académique Perrin, 1929, 244 p.

SAXE-ALTENBOURG (Frédéric de) : *L'Enigme de Madame Royale*, Paris, Flammarion, 1954, 234 p.

SION (mère Marie-Madeleine-Louise de) : *Le Vrai Visage de Madame, duchesse d'Angoulême*, Paris, Beauchesne, 1959, 257 p.

STEVART (A. Francis) : *The Exiled Bourbons in Scotland*, Edimbourg, William Brown, 1908, 136 p.

STRYIENSKI (Casimir) : *La Mère des trois derniers Bourbons, Marie-Josèphe de Saxe, et la cour de Louis XV,* Paris, Plon-Nourrit, 1902, 424 p.

THOMAS (Chantal) : *La Reine scélérate. Marie-Antoinette dans les pamphlets*, Paris, Seuil, « Points », 1989, 263 p.

TURQUAN (Joseph) : *Madame, duchesse d'Angoulême,* Paris, Emile-Paul, 1909, 436 p.

ZEISSBERG (Heinrich, Ritter von) : *Erzherzog Carl von Osterreich,* Vienne et Leipzig, Braumüller, 1895, 2 t. en 4 vol.

Articles

BECQUET (Hélène) : « La fille de Louis XVI et l'opinion publique : sensibilité et politique », dans *Annales historiques de la Révolution française*, septembre-décembre 2005, p. 69-83.

— « L'emprisonnement de la famille royale au Temple », dans *Hypothèses,* 2007, p. 193-202.

BONNASSIEUX (Pierre) : *Un trousseau sous le Directoire*, Paris, 1887, 7 p. [extrait du *Bulletin de la Société de l'histoire de Paris et de l'Ile-de-France*, mars-avril 1887].

BRYE (abbé Bernard de) : « La princesse, le prince charmant et l'évêque », dans *Revue d'histoire diplomatique*, 4e trimestre 1993, p. 289-308.

COUTY (M.) : « Les derniers jours de Louis XVIII », RSHRMC, n° 5, 1991, p. 9-27.

DAUDET (Ernest) : « Autour d'un mariage princier », dans *Revue des Deux Mondes,* 15/11/1904, p. 240-276 ; 15/12/1904, p. 834-870 ; 1/01/1905, p. 119-156 ; 15/01/1905, p. 379-415.

DELPIERRE (Madeleine) : « La garde-robe de la famille royale au Temple », dans *Modes et révolutions, 1780-1804* [catalogue de l'exposition du musée de la Mode et du Costume 8 février-7 mai 1989], Paris, 1989, p. 27-31.

DESCHEEMAECKER (Jacques) : « Le mystère de la comtesse des Ténèbres », dans *La Vie judiciaire,* 1954, n° 415, p. 7 ; n° 416, p. 8 ; n° 417, p. 6 ; n° 443, p. 9 et 10.

DESPRÉAUX (E.) : « Louis XVIII en Courlande », dans *Le Monde slave*, t. 9, 9/05/1928, p. 403-422.

DROUIN (Jean-Claude) : « Marie-Thérèse de Bourbon, duchesse d'Angoulême à Bordeaux et à Pauillac, mars-avril 1815, ou les mythes fondateurs de la Restauration. A propos du tableau de Gros », dans *Cahiers médulliens*, n° 26, 1996, p. 9-29.

GREPPI (comte) : « La mission du comte Carletti à Paris », dans *Revue d'histoire diplomatique*, 1901, p. 351-371.

GROS (Jean) : « Le duc et la duchesse d'Angoulême dans le Midi », dans *Mémoires de l'académie des sciences, inscriptions et belles-lettres de Toulouse*, série 12, 1924, t. 2, p. 47-66.

GRUDER (Vivian R.) : « The Question of Marie-Antoinette : the Queen and Public Opinion before Revolution », *French History,* vol. 16, n° 3, 09/2002, p. 269-298.

HASTIER (Louis) : « Les fausses dauphines », dans *Miroir de l'histoire,* n° 22, 11/1951, p. 21-29.

KAISER (Thomas E.) : « Who's Afraid of Marie-Antoinette ? Diplomacy, Austrophobia and the Queen », dans *French History,* vol. 14, n° 3, 09/2000, p. 241-271.

— « From the Austrian Committee to the Foreign Plot : Marie-Antoinette, Autrophobia, and the Terror », dans *French Historical Studies,* vol. 26, 4, 2003, p. 579-618.

— « Scandal in the Royal Nursery : Marie-Antoinette and the *gouvernantes des Enfants de France* », dans *Historical Reflections,* vol. 32, 2006, p. 403-420.

LANNE (Adolphe) : « Madame Royale », dans *Revue du Temps présent*, 2/11/1909, p. 259-273.

LAURENTIE (François) : « Le testament de la duchesse d'Angoulême », dans *L'Echo de Paris*, mardi 27 décembre 1910.

LEVILLAIN (Philippe) : « De Coblence à Frohsdorf : les lieux de l'émigration royaliste au XIXe siècle », dans *L'Emigration politique en Europe aux XIXe et XXe siècles* [colloque Ecole française de Rome, 3 au 5/03/1988], Rome, EFR, 1991, p. 161-169.

MANSEL (Philip) : « Louis XVIII à Gosfield et Hartwell 1807-1814 », RS-HRMC, n° 8, 1996, p. 23-34.

MARICOURT (baron André de) : *Marie-Thérèse de France à Vienne*, Paris, 1903, 11 p. [extrait de la *Revue des questions historiques*, octobre 1903].

MATHIEZ (Albert) : « Le bruit du mariage de Robespierre et Madame Royale », dans *Annales historiques de la Révolution française*, t. 4, 1927, p. 505.

MAUPEOU (J. de) : « La chapelle des Alouettes », dans *Revue du Bas-Poitou*, 1897, p. 241-243.

« Les mulets blancs », dans *Vieux Clermont*, n° 3, 1960, p. 12 et 13.

REISET (vicomte Tony-Henri-Auguste de) : « Le père de L'Estrange et la duchesse d'Angoulême », dans *le Soleil*, 1/04/1911.

REVEL (Jacques) : « Marie-Antoinette in Her Fictions : The Staging of Hatred », dans *Fictions of the French Revolution,* Bernadette Fort (dir.), Evanston, Northwestern University Press, p. 111-130.

SEILLAN (Fabienne) : « Le château de Villeneuve-l'Etang, propriété privée de la duchesse d'Angoulême », dans *L'Estampille. L'objet d'art,* n° 414, 2006, p. 74-82.

VAQUIER (André) : « Le cimetière de la Madeleine et le sieur Descloseaux », dans *Mémoires publiés par la Fédération des Sociétés historiques et archéologiques de Paris et de l'Ile-de-France,* t. 12, Paris, 1961, p. 97-134.

WODZINSKI (comte A.) : « Les Bourbons en Pologne », dans *Nouvelle revue,* n° 58, 1899, p. 385-407.

La royauté en France : nature, fonctions, représentations

BARTA (Ilsebill) : *Familienporträts der Habsburger. Dynastiche Repräsentation im Zeitalter der Aufklärung,* Vienne, Cologne, Weimar, Böhlau, 2001, 185 p.

BEACH (Vincent W.) : *1825 : The Decisive Year of Charles X's Reign,* Boulder, University of Colorado Press, 1967, 30 p.

BEAUNE (Colette) : *Naissance de la nation France,* Paris, Gallimard, 1985, 431 p.

BÉLY (Lucien) : *La Société des princes : XVIe-XVIIIe siècle,* Paris, Fayard, 1999, 651 p.

Les Bénédictines de la rue Monsieur : d'une chapelle à l'autre, de Paris à la Provence, témoignages anciens et nouveaux, Jouques, réimp. [de l'éd. de Strasbourg, F.-X. Leroux, 1950], Ed. du Cloître, 1988, 271 p.

BERCÉ (Yves-Marie) : *Le Roi caché. Sauveurs et imposteurs. Mythes politiques populaires dans l'Europe moderne,* Paris, Fayard, 1990, 480 p.

BLOCH (Marc) : *Les Rois thaumaturges : étude sur le caractère surnaturel attribué à la puissance royale, particulièrement en France et en Angleterre,* Paris, Gallimard, « Bibliothèque des histoires », 1983, 542 p.

BOUREAU (Alain) : *Le Simple Corps du roi. L'impossible sacralité des souverains français, XVe-XVIIIe siècle,* Paris, Les Editions de Paris, 2000, 155 p.

BOUTRY (Philippe), NASSIF (Jacques) : *Martin l'Archange,* Paris, Gallimard, « Connaissance de l'inconscient », 1985, 387 p.

Un cérémonial politique : les voyages officiels des chefs d'Etat, Jean-William Dereymez, Olivier Ihl, Gérard Sabatier (dir.), Paris, L'Harmattan, 1999, 315 p.

CONSTANS (Claire), MOUNICQ (Jean) : *Versailles*, Paris, Imprimerie nationale, 1998, 279 p.

CORNETTE (Joël) : *Le Roi de guerre : essai sur la souveraineté dans la France du Grand Siècle*, Paris, Payot et Rivages, 2000, 486 p.

COSANDEY (Fanny) : *La Reine de France, symbole et pouvoir*, Paris, Gallimard, « Bibliothèque des histoires », 2000, 414 p.

COSANDEY (Fanny), DESCIMON (Robert) : *L'Absolutisme en France, histoire et historiographie,* Paris, Seuil, « Points », 2002, 316 p.
DARNIS (Jean-Marie) : *Les Monuments expiatoires du supplice de Louis XVI et de Marie-Antoinette sous l'Empire et la Restauration 1812-1830,* Paris, 1981, 224 p.
DUCREST (Aurélie) : *Modèle familial et pouvoir monarchique (XVIe-XVIIIe siècle),* Aix-en-Provence, Presses universitaires d'Aix-Marseille, 2002, 413 p.
DUINDAM (Jeroen) : *Vienna and Versailles. The Courts of Europe's Dynastic Rivals, 1550-1780,* Cambridge, Cambridge University Press, 2003, 342 p.
DUPRAT (Annie) : *Le Roi décapité : essai sur les imaginaires politiques,* Paris, Cerf, 1992, 224 p.
DUPRONT (Alphonse) : *Du sacré. Croisades et pèlerinages. Images et langages,* Paris, Gallimard, « Bibliothèque des histoires », 1987, 537 p.
Les Entrées, gloire et déclin d'un cérémonial [colloque, Pau, 1996], Christian Desplat, Paul Mironneau (dir.), Biarritz, J. et D., 1997, 253 p.
L'Etat ou le Roi : les fondations de la modernité monarchique en France XIVe-XVIIe siècle, Neithard Bulst, Robert Descimon, Alain Guerreau (dir.), Paris, Ed. de la Maison des sciences de l'Homme, Paris, 1996, 174 p.
Femmes et pouvoir politique : les princesses d'Europe XVe-XVIIIe siècle, Isabelle Poutrin et Marie-Karine Schaub (dir.), Paris, Bréal, 2007, 334 p.
FOGEL (Michèle) : *Les Cérémonies de l'information dans la France du XVIe au milieu du XVIIIe siècle,* Paris, Fayard, « Nouvelles études historiques », 1989, 498 p.
FUREIX (Emmanuel) : *La France des larmes : deuils politiques à l'âge romantique (1814-1840),* Seyssel, Champ Vallon, « Epoques », 2009, 501 p.
FURET (François), HALÉVY (Ran) : *La Monarchie républicaine. La Constitution de 1791,* Paris, Fayard, 1996, 605 p.
GIESEY (Ralph E.) : *Cérémonial et puissance souveraine : France XVe-XVIIe siècle,* Paris, A. Colin, 1987, 170 p.
GUENÉE (Bernard), LEHOUX (Françoise) : *Les Entrées royales françaises de 1328 à 1515,* Paris, Editions du CNRS, 1968, 366 p.
HANLEY (Sarah) : *Le Lit de justice des rois de France : l'idéologie constitutionnelle dans la légende, le rituel et le discours,* Paris, Aubier, 1991, 467 p.
HEUSCH (Luc de) : *Ecrits sur la royauté sacrée,* Bruxelles, Editions de l'université de Bruxelles, 1987, 311 p.
— *Charisme et royauté,* Nanterre, Société d'ethnologie, 2003, 47 p.

Hof, Kultur und Politik im 19. Jahrhundert [18e colloque d'histoire franco-allemande, Darmstadt, 27-30 septembre 1982], Karl Ferdinand Werner (dir.), Bonn, Ludwig Röhrscheid Verlag, 1985, 364 p.

HOURS (Bernard) : *Louis XV et sa cour,* Paris, PUF, « Le Nœud gordien », 2002, 302 p.

L'Idée de légitimité, Paris, PUF, « Annales de philosophie politique » 7, 1967, 221 p.

JACKSON (Richard A.) : *Vivat Rex : histoire des sacres et des couronnements en France 1364-1825*, Paris, Ophrys, 1984, 237 p.

KANTOROWICZ (Ernst Hartwig) : *Les Deux Corps du roi : essai sur la théologie politique au Moyen Age,* Paris, Gallimard, « Bibliothèque des histoires », 1989, 638 p.

KRYNEN (Jacques) : *L'Empire du roi : idées et croyances politiques en France XIIIe-XVe siècle*, Paris, Gallimard, « Bibliothèque des histoires », 1993, 556 p.

LANGLOIS (Claude) : *Les Sept Morts du roi,* Paris, Anthropos, 1993, 181 p.

LE GALL (Jean-Marie) : *Le Mythe de Saint-Denis, entre Renaissance et Révolution,* Paris, Champs Vallon, « Epoques », 2007, 536 p.

LEGOY (Corinne) : *L'Enthousiasme désenchanté. L'éloge du pouvoir sous la Restauration,* Paris, Société des études robespierristes, 2010, 252 p.

LEMAIRE (André) : *Les Lois fondamentales de la monarchie française,* Genève, Slatkine, 1975, 332 p.

LE ROY LADURIE (Emmanuel) : *Saint-Simon ou le système de cour,* Paris, Fayard, 1987, 635 p.

LEWIS (Andrew W.) : *Le Sang royal. La famille capétienne et l'Etat, France X-XIVe siècle,* Paris, Gallimard, « Bibliothèque des histoires », 1986, 436 p.

MANSEL (Philip) : *La Cour sous la Révolution, l'exil et la Restauration*, Paris, Tallandier, 1989, 286 p.

MARIN (Louis) : *Le Portrait du roi,* Paris, Editions de Minuit, « Le Sens commun », 1981, 300 p.

MARIOT (Nicolas) : *Bains de foule. Les voyages présidentiels en province, 1888-2002,* Paris, Belin, 2006, 351 p.

MARTIN (Jean-Clément) : *La Révolte brisée,* Paris, A. Colin, 2007, 272 p.

MARTIN-ULRICH (Claudie) : *La Persona de la princesse au XVIe siècle : personnage littéraire et personnage politique*, Paris, Champion, 2004, 620 p.

MERRICK (Jeffrey W.) : *The Desacralization of the French Monarchy in the Eighteenth Century,* Baton Rouge, Louisiane State University Press, 1990, 196 p.

Monarchy and Religion. The Transformation of Royal Culture in Eighteenth-Century Europe, Michael Schaich (dir.), Oxford, Oxford University Press, 2007, 500 p.

NEWTON (William Ritchey) : *L'Espace du roi. La cour de France au château de Versailles*, Paris, Fayard, 2000, 588 p.

— *La Petite Cour. Services et serviteurs à la cour de Versailles au XVIIIe siècle,* Paris, Fayard, 2006, 662 p.

POIGNANT (Simone) : *Les Filles de Louis XV. L'aile des Princes,* Paris, Arthaud, 1970, 288 p.

La Présence des Bourbons en Europe XVIe-XXIe siècle, Lucien Bély (dir.), Paris, PUF, 2003, 379 p.

Le Protocole ou la Mise en forme de l'ordre politique, Yves Deloye, Claudine Haroche, Olivier Ihl (dir.), Paris, L'Harmattan, 1996, 352 p.

Queenship in Europe 1660-1815 : the Role of the Consort, Clarissa Campbell Orr (dir.), Cambridge, Cambridge University Press, 2004, 419 p.

RAILLAT (Landric) : *Charles X ou le Sacre de la dernière chance*, Paris, Olivier Orban, 1991, 345 p.

REINHARD (Marcel) : *La Légende de Henri IV*, Saint-Brieuc, Les Presses bretonnes, 1935, 173 p.

ROSANVALLON (Pierre) : *La Monarchie impossible. Les chartes de 1814 et de 1830,* Paris, Fayard, « Histoire des constitutions de la France », 1994, 376 p.

La Royauté sacrée dans le monde chrétien [colloque Royaumont 1989], Alain Boureau, Claudio Sergio Ingerflom (dir.), Paris, EHESS, 1992, 165 p.

SAGUEZ-LOVISI Claire : *Les Lois fondamentales au XVIIIe siècle. Recherches sur la loi de dévolution de la couronne,* Paris, PUF, 1984, 179 p.

Saint-Denis ou le Jugement dernier des rois, Roger Bourderon (dir.), Saint-Denis, PSD, 465 p.

SCHOCH (Rainer) : *Das Herrscherbild in der Malerei des 19. Jahrhunderts,* Munich, Prestel-Verlag, 1975, 366 p.

SCHOLZ (Natalie) : *Die Imaginierte Restauration, Repräsentationen der Monarchie im Frankreich Ludwigs XVIII*, Darmstadt, Wissenschaftliche Buchgesellschaft, 2006, 306 p.

SOLNON (Jean-François) : *La Cour de France*, Paris, Fayard, 1987, 649 p.

— *Versailles,* Paris, Editions du Rocher, « Le Présent de l'Histoire », 1997, 379 p.

Les Tuileries au XVIIIe siècle, Emmanuel Jacquin (dir.), Paris, 1995, 214 p.

VERLET (Pierre) : *Le Château de Versailles,* Paris, Fayard, 1985, 740 p.

WALZER (Michael) : *Régicide et Révolution. Le procès de Louis XVI. Discours et controverses*, Paris, Payot, 1989, 402 p.

WAQUET (Françoise) : *Les Fêtes royales sous la Restauration ou l'Ancien Régime retrouvé*, Paris, Arts et métiers graphiques, Bibliothèque de la Société française d'archéologie, 1981, 207 p.

WELVERT (Eugène) : *La Saisie des papiers du conventionnel Courtois*, Paris, Bourloton, 1891, 50 p.

Articles

BAECQUE (Antoine de) : « Les restes sacrés de Louis XVI, un patrimoine d'exploitation », dans *L'Esprit des lieux. Le patrimoine et la cité*, D. Grange et D. Poulot (dir.), Grenoble, Presses universitaires de Grenoble, 1997, p. 391-400.

BARNAVI (Elie) : « Mythes et réalité historique : le cas de la loi salique », dans *Histoire, économie et société,* vol. 3, 1984, p. 323-336.

BECQUET (Hélène) : « La cour de France sous Louis XVI, un système en décadence ? L'exemple de la Maison des Enfants de France », dans *XVIIIe siècle,* n° 38, 2006, p. 407-428.

BOUTRY (Philippe) : «"Le roi-martyr", la cause de Louis XVI devant la cour de Rome (1820) », dans *Revue d'histoire de l'Eglise de France*, 1990, t. 76, p. 57-71.

BRUGUIÈRE (Marie-Bernadette) : « En marge de la loi salique, tentatives de subversion constitutionnelle XVe-XVIIIe siècle », dans *La Constitution dans la pensée politique* [colloque Bastia 7-8 septembre 2000], Presses universitaires d'Aix-Marseille, faculté de droit et de sciences politiques, Aix-en-Provence, 2001, p. 65-85.

CONTAMINE (Philippe) : « "Le royaume de France ne peut tomber en fille". Fondement, formulation et implication d'une théorie politique à la fin du Moyen Age », dans *Perspectives médiévales,* n° 13, 06/1987, p. 67-81.

CROUZET (Denis) : « Désir de mort et puissance absolue de Charles VIII à Henri IV », dans *Revue de synthèse,* 07/12/1991, p. 423-442.

DESCIMON (Robert) : « La royauté française entre féodalité et sacerdoce. Roi seigneur ou roi magistrat ? », dans *Revue de synthèse,* 07/12/1991, p. 455-474.

GIESEY (Ralph E.) : « The Juristic Basis of Dynastic Right to the French Throne », dans *Transactions of the American Philosophical Society*, vol. 51-5, 1961, 47 p.

GUÉRY (Alain) : « Principe monarchique ou roi très chrétien ? Les funérailles du roi de France », dans *Revue de synthèse,* 07/12/1991, p. 443-454.

HANLEY (Sarah) : « L'idéologie constitutionnelle en France : le lit de justice », dans *Annales ESC*, t. 37, 1982, p. 32-63.

KAISER (Thomas E.) : « Louis le Bien-Aimé and the Rhetoric of the Royal Body », dans *From the Royal to the Republican Body,* Sara E. Melzer et Kathryn Norberg (dir.), Berkeley, Los Angeles, Londres, University of California Press, 1998, p. 131-161.

LACAMBRE (Geneviève et Jean) : « La galerie de Diane aux Tuileries sous la Restauration », dans la *Revue du Louvre et des musées de France,* 25e année, 1975, n° 1, p. 39-50.

LE GUILLOU (Jean-Claude) : « L'appartement de Madame Sophie au château de Versailles, formation et métamorphoses 1774-1790 », dans *Gazette des Beaux-Arts,* sixième période, t. 97, 01/06/1981, p. 201-218.

MARGADANT (Jo B.) : « Representing Queen Marie-Amélie in a "Bourgeois" Monarchy », dans *Historical Reflections,* vol. 32, n° 2, 2006, p. 421-451.

— « La monarchie impossible revisitée. Les mères royales et l'imaginaire politique sous la Restauration et la monarchie de Juillet », dans *Pour la Révolution,* Rouen, 1998, p. 411-419.

MERRICK (Jeffrey) : « The Body Politics of French Absolutism », dans *From the Royal to the Republican Body. Incorporating the Political in Seventeenth and Eighteenth-Century France*, Berkeley, Los Angeles, Londres, University of California Press, 1998, p. 2-31.

SCHAMA (Simon) : « The Domestication of Majesty : Royal Family Portraiture, 1500-1850 », dans *The Journal of Interdisciplinary History*, vol. 17, n° 1, 06/1986, p. 155-184.

SIMONETTI (Pascal) : « "Mourir comme un Bourbon", Louis XVIII, 1824 », dans *Revue d'histoire moderne et contemporaine,* 01/03/1995, t. 42, p. 91-106.

STEKL (Hannes) : « Der Wiener Hof in der ersten Hälfte des 19. Jahrhunderts », dans *Hof und Hofgesellschaft in den deutschen Staaten im 19. und beginnenden 20. Jahrhundert,* Karl Möckl (dir.), « Deutsche Führungsschichten in der Neuzeit », t. 18, Boppard-sur-le-Rhin, Harald Bolt, 1985-6, p. 17-61.

VALENSISE (Marina) : « Le sacre du roi : stratégie symbolique et doctrine politique de la monarchie française », dans *Annales ESC,* t. 41, 1986, p. 543-578.

VIOLLET (Paul) : « Comment les femmes ont été exclues en France de la succession à la couronne », dans *Mémoires de l'Institut national de France, Académie des inscriptions et belles-lettres,* t. 34, 2e partie, 1895, p. 125-178.

WREDE (Martin) : « Le portrait du roi restauré, ou la fabrication de Louis XVIII », dans *Revue d'histoire moderne et contemporaine,* n° 53, 04/06/2006, p. 112-138.

ZOBERMAN (Pierre) : « L'éloge du roi : construction d'image ou propagande monarchique ? L'exemple du XVIIIe siècle », dans *L'Eloge du Prince, de l'Antiquité au temps des Lumières*, Isabelle Cogitore et Francis Goyet (dir.), Grenoble, Ellug, 2003, p. 303-316.

Royalisme et Contre-Révolution

BALDENSPERGER (Fernand) : *Le Mouvement des idées dans l'émigration française,* Paris, Plon, 1924, 2 vol.

BEAU DE LOMÉNIE (E.) : *La Carrière politique de Chateaubriand,* Paris, Plon, 1929, 2 vol.

BERTAUD (Jean-Paul) : *Les Amis du roi. Journaux et journalistes royalistes en France de 1789 à 1792,* Paris, Perrin, 1984, 283 p.

BERTIER DE SAUVIGNY (P. Guillaume de) : *Un type d'ultraroyaliste, le comte Ferdinand de Bertier (1782-1864) et l'énigme de la Congrégation*, Paris, Presses continentales, 1948, 572 p.

BESSAND-MASSENET (Pierre) : *La Vie de conspirateur 1793-1797,* Paris, Plon, 1956, 237 p.

BRYE (P. Bernard de) : *Consciences épiscopales en exil (1789-1814),* Paris, Cerf, 2004, 517 p.

BURROWS (Simon) : *French Exile Journalism and European Politics 1792-1814,* Woodbridge, Royal Historical Society, 2000, 272 p.

CHAUMIÉ (Jacqueline) : *Le Réseau d'Antraigues et la Contre-Révolution, 1791-1793*, Paris, Plon, 1965, 468 p.

La Contre-Révolution en Europe, XVIIIe-XIXe siècle : réalités politiques et sociales, résonances culturelles et idéologiques [colloque, Cholet, 1999], Jean-Clément Martin (dir.), Rennes, PUR, 2001, 312 p.

La Contre-Révolution : origines, histoire, postérité, Jean Tulard (dir.), Paris, Perrin, 1990, 527 p.

DAUDET (Ernest) : *Histoire de l'émigration*, Paris, Hachette, 1903-1905, 3 vol.

— *La Terreur blanche*, Paris, Hachette, 1906, 294 p.

DOYON (André) : *Un agent royaliste pendant la Révolution, Pierre-Jacques Le Maître (1790-1795)*, Paris, Société des études robespierristes, 1965, 144 p.

FLEURY (comte) : *Les Dernières Années du marquis et de la marquise de Bombelles,* Paris, Emile Paul, 1906, 390 p.

FORNERON (Henri) : *Histoire générale des émigrés pendant la Révolution française*, Paris, Plon-Nourrit, 1884-1890, 3 vol.

The French Emigrés in Europe and the Struggle against the Revolution 1789-1814, Kirsty Carpenter et Philip Mansel (dir.), Basingstoke et New York, Macmillan Press et St. Martin's Press, 1999, 236 p.

GABORY (Emile) : *La Révolution et la Vendée,* Paris, Perrin, 1928, 3 vol.

GENGEMBRE (Gérard) : *La Contre-Révolution ou l'histoire désespérante*, Paris, Imago, 1989, 349 p.

GODECHOT (Jacques) : *La Contre-Révolution*, Paris, PUF, « Quadrige », 2e édition, 1984, 426 p.

— *Le Comte d'Antraigues, un espion dans l'Europe des émigrés*, Paris, Fayard, « Les Inconnus de l'histoire », 1986, 325 p.

GRAND (Roger) : *Les Cent-Jours dans l'Ouest. La Chouannerie de 1815*, Paris, Perrin, 1943, 272 p.

GREER (Donald) : *The Incidence of the Emigration during the French Revolution,* Cambridge, Harvard University Press, 1951, 173 p.

Histoire des droites en France, Jean-François Sirinelli (dir.), Paris, Gallimard, 1992, 3 vol.

KALE (Steven D.) : *Legitimism and the Reconstruction of French Society : 1852-1883,* Baton Rouge et Londres, Louisiana State University Press, 1992, 374 p.

LACOMBE (Charles de) : *Vie de Berryer,* Paris, Firmin-Didot, 1896, 2 vol.

LARIGNON (Gilberte), PROUST (Héliette) : *Edouard de Monti de Rezé, l'inébranlable certitude*, Laval, Siloë, 1992, 304 p.

LEBON (André) : *L'Angleterre et l'Emigration française 1794-1801*, Paris, Plon, 1882, 375 p.

LECANUET (R. P. Edouard) : *Berryer, sa vie et ses œuvres, 1790-1868,* Paris, Bloud et Barral, 1893, 492 p.

MARTIN (Jean-Clément) : *La Vendée et la France*, Paris, Seuil, « Univers historique », 1987, 403 p.

— *Révolution et Contre-Révolution en France 1789-1989. Les rouages de l'histoire,* Rennes, PUR, 1996, 226 p.

— *Contre-Révolution, Révolution et Nation en France 1789-1799,* Paris, Seuil, « Points », 1998, 367 p.

MAYER (Arno J.) : *La Persistance de l'Ancien Régime. L'Europe de 1848 à la Grande Guerre,* Paris, Flammarion, « Champs », 1983, 350 p.

MAZADE (Charles de) : *L'Opposition royaliste. Berryer, de Villèle, de Falloux,* Paris, Plon, 1894, 304 p.

MITCHELL (Harvey) : *The Underground War against Revolutionary France. The Missions of William Wickham 1794-1800,* Oxford, Clarendon Press, 1965, 286 p.

MURRAY (William James) : *The Right-Wing Press in the French Revolution, 1789-1792,* Londres, Woodbridge, Royal Historical Society Studies in History Series, 1986, 349 p.

NOAILLES (Marquis de) : *Le Bureau du roi 1848-1873. Le comte de Chambord et les monarchistes,* Paris, Hachette, 1932, 274 p.

PINGAUD (Léonce) : *Les Français en Russie et les Russes en France. L'Ancien Régime, l'émigration, les invasions*, Paris, Perrin, 1886, 482 p.

POPKIN (Jeremy D.) : *The Right-Wing Press in France, 1792-1800*, Chapel-Hill, University of North Carolina Press, 1980, 234 p.

PRANCHÈRE (Jean-Yves) : *L'Autorité contre les Lumières. La philosophie de Joseph de Maistre,* Genève, Droz, 2004, 472 p.

REINHARD (Marcel) : *Religion, Révolution et Contre-Révolution,* Paris, 1960, 261 p.

RÉMOND (René) : *Les Droites en France,* Paris, Aubier, 1982, 544 p.

Les Résistances à la Révolution, François Lebrun et Roger Dupuy (dir.), Paris, Imago, 1987, 474 p.

RESNICK (Daniel Philip) : *The White Terror and the Political Reaction after Waterloo,* Cambridge, Harvard University Press, 1966, 152 p.

Revolution und Gegenrevolution 1789-1830, zur geistigen Auseinandersetzung in Frankreich und Deutschland, Roger Dufraisse, Elisabeth Müller-Luckner (dir.), Munich, R. Oldenbourg, 1991, 274 p.

RIALS (Stéphane) : *Le Légitimisme,* Paris, PUF, « Que sais-je ? », 1983, 125 p.

— *Révolution et Contre-Révolution au XIXe siècle,* Paris, DUC et Albatros, 1987, 325 p.

ROUSSET (Camille) : *Le Marquis de Clermont-Tonnerre,* Paris, Plon, 1885, 443 p.

SUTHERLAND (Donald M. G.) : *France 1789-1815. Revolution and Counter-revolution,* Londres, Fontana Press, 1985, 493 p.

Le Tournant de l'an III : réaction et Terreur blanche dans la France révolutionnaire [actes du 120e congrès national des Sociétés historiques et scientifiques, Commission d'histoire de la Révolution française, Aix-en-Provence, 23-29 octobre 1995], Michel Vovelle (dir.), Paris, Ed. du CTHS, 1997, 610 p.

TUDESQ (André-Jean) : *Les Grands Notables en France (1840-1849). Etude d'une psychologie sociale,* Paris, PUF, 1964, 2 vol.

VIDALENC (Jean) : *Les Emigrés français 1789-1825,* Caen, Association des publications de la faculté des lettres et sciences humaines de Caen, 1963, 471 p.

WATEL (Françoise) : *Jean-Guillaume Hyde de Neuville, conspirateur et diplomate*, Paris, Direction des archives de la documentation, ministère des Affaires étrangères, 1997, 287 p.

Widerstände gegen Revolutionen 1789-1989, Matthias Middell, Roger Dupuy et Thomas Höpel (dir.), Leipzig, Leipziger Universitätsverlag, 1994, 293 p.

Articles

Becquet (Hélène) : « Romantisme et légitimisme. Autour de la famille royale en exil sous la monarchie de Juillet », dans Gérard Raulet (dir.), *Les Romantismes politiques en Europe,* Paris, Editions de la Maison des sciences de l'Homme, « Philia », 2009, p. 301-318.

Drouin (Jean-Claude) : *Un écrivain royaliste au XIXe siècle, Pierre-Sébastien Laurentie (1793-1876),* Bordeaux, 1972, 25 p. [extrait de la *Revue française d'histoire du livre,* 1972].

Duprat (Annie) : « Un réseau de libraires royalistes à Paris sous la Terreur », dans *Annales historiques de la Révolution française,* n° 321, 03/2000, p. 45-68.

Dupuy (Roger) : « Les paysans de l'Ouest et la duchesse (1828-1832). Considérations sur les aléas d'une acculturation politique de droite », dans *Eglise, Education, Lumières... Histoires culturelles de la France,* Rennes, PUR, 1999, p. 459-466.

Gautherot (Gustave) : « Charles X et la duchesse de Berry en Angleterre 1831 », dans *Revue des études historiques,* 1923, p. 320-340.

Hazard (Paul) : « Le spectateur du Nord », dans la *Revue d'histoire littéraire de la France*, 1906, p. 26-50.

Lever (Evelyne) : « Le testament de Louis XVI et la propagande royaliste par l'image pendant la Révolution et l'Empire », dans *Gazette des Beaux-Arts*, t. 94, novembre 79, p. 159-173.

Martin (Jean-Clément) : « Royalistes et contre-révolutionnaires face au coup d'Etat de Brumaire », dans *Terminer la Révolution,* Paris, Economica, 2003, p. 39-58.

Maspero-Clerc (Hélène) : « Journaux d'émigrés à Londres, 1792-1818 » ; dans *Bulletin d'histoire économique et sociale de la Révolution française*, 1972-3, p. 66-79.

Rance (Karine) : « L'identité des nobles français émigrés en Allemagne (1789-1815) », dans *Grenzgänge, Beiträge zu einer modernen Romanistik*, t. 9, 1998, p. 24-37.

— « L'émigration nobiliaire française en Allemagne, une migration de maintien (1789-1815) », dans *Genèses*, n° 30, 03/1998, p. 5-29.

— « Mémoires de nobles français émigrés en Allemagne pendant la Révolution française : la vision rétrospective d'une expérience », dans la

Revue d'histoire moderne et contemporaine, n° 46/2, 04/06/1999, p. 345-362.

TUDESQ (André-Jean) : « L'influence du romantisme sur le légitimisme sous la monarchie de Juillet », dans *Romantisme et politique, 1815-1851* [colloque de l'Ecole normale supérieure de Saint-Cloud, 1966], Paris, Armand Colin, 1969, p. 28-36.

Sensibilités, arts, littératures

Anecdotes, faits divers, contes, nouvelles 1700-1820 [colloque, Exeter, septembre 1998], Malcolm Cook et Marie-Emmanuelle Plagnol-Dieval (dir.), Berne, P. Lang, 2000, 302 p.

Les Années romantiques. La peinture française de 1815 à 1850 [catalogue de l'exposition de Nantes, musée des Beaux-Arts, Paris, Galeries nationales du Grand Palais, Plaisance, Palazzo Gotico, 1996] Paris, Ed. de la RMN, 1996, 497 p.

ARASSE (Daniel) : *La Guillotine et l'imaginaire de la Terreur,* Paris, Flammarion, « Champs », 1993, 213 p.

BAECQUE (Antoine de) : *La Gloire et l'Effroi. Sept morts sous la Terreur,* Paris, Grasset, 1997, 281 p.

BARBIER (Pierre), VERNILLAT (France) : *L'Histoire de France par les chansons*, Paris, Gallimard, 1955, t. 6, 208 p.

BÉNICHOU (Paul) : *Romantismes français I,* Paris, Gallimard, « Quarto », 2004, 1008 p.

BROUARD-ARENDS (Isabelle) : *Vies et images maternelles dans la littérature française du XVIIIe siècle,* Oxford, The Voltaire Foundation, 1991, 465 p.

CHAUDONNERET (Marie-Claude) : *Fleury Richard et Pierre Revoil. La peinture troubadour,* Paris, Arthena, 1980, 215 p.

— *L'Etat et les artistes de la Restauration à la monarchie de Juillet (1815-1833)*, Paris, Flammarion, 1999, 269 p.

CHOLVY (Gérard) : *Christianisme et société en France au XIXe siècle*, 1789-1914, Paris, Seuil, « Points », 2001, 197 p.

COMPAGNON (Antoine) : *Les Antimodernes, de Joseph de Maistre à Roland Barthes,* Paris, Gallimard, « Bibliothèque des idées », 464 p.

COULET (Henri) : *Le Roman jusqu'à la Révolution,* Paris, Armand Colin, « U », 2000, 523 p.

CUBITT (Geoffrey) : *The Jesuit Myth. Conspiracy Theory and Politics in Nineteenth-Century France,* Oxford, Clarendon Press, 1993, 346 p.

DANGEVILLE (Sylvie) : *Comment en finir avec la Révolution : l'apothéose de Charlotte Corday et Elisabeth de France dans le théâtre de Thermidor*, Saint-Etienne, publications de l'université de Saint-Etienne, 1998, 126 p.

DARNTON (Robert) : *Edition et sédition : l'univers de la littérature clandestine au XVIIIe siècle,* Paris, Gallimard, 1991, 278 p.

— *La Fin des Lumières*, Paris, Odile Jacob, « Opus », 1995, 220 p.

DENBY (David J.) : *Sentimental Narrative and the Social Order in France 1760-1820,* Cambridge, Cambridge University Press, 1994, 281 p.

DIDIER (Béatrice) : *Histoire de la littérature française du XVIIIe siècle,* Rennes, PUR, 2003, 417 p.

DUFRENOY (Marie-Louise) : *L'Orient romanesque en France 1704-1789,* Montréal, Ed. Bauchemin, 1946, 380 p.

DUNN (Susan) : *The Deaths of Louis XVI, Regicide and the French Political Imagination,* Princeton, Princeton University Press, 1994, 178 p.

DUPRAT (Catherine) : *« Pour l'amour de l'humanité », le temps des philanthropes*, Paris, CTHS, 1993, 2 vol.

— *Usage et pratiques de la philanthropie,* Paris, Association pour l'étude de l'histoire de la Sécurité sociale, 1996, 2 vol.

DURAND-LE GUERN (Isabelle) : *Le Moyen Age des Romantiques,* Rennes, PUR, « Interférences », 2002, 314 p.

ENGERAND (Fernand) : *Ange Pitou, agent royaliste et chanteur des rues (1767-1846),* Paris, Ernest Leroux, 1899, 333 p.

*La Fabrique du Moyen Age au XIXe siècle : représentations du Moyen Age dans la culture et la littérature françaises du XIXe* siècle, Simone Bernard Griffiths, Pierre Glaudes et Bertrand Vibert (dir.), Paris, Champion, 2006, 1 182 p.

GAGNEUX (Yves) : *Reliques et reliquaires à Paris (XIXe-XXe siècle),* Paris, Cerf, 2007, 324 p.

GUSDORF (Georges) : *Le Romantisme,* Paris, Payot, 1993, 2 vol.

Histoire de l'édition française. t. 2, *Le Livre triomphant (1660-1830)*, Roger Chartier et Henri-Jean Martin (dir.), Paris, Fayard, « Cercle de la librairie », 1990, 909 p.

Histoire du christianisme, t. 10, *Les Défis de la modernité (1750-1840),* Paris, Desclée, 1997, 1 002 p.

Histoire générale de la presse française, Claude Bellanger, Jacques Godechot, Pierre Guiral, Fernand Terrou (dir.), Paris, PUF, 1969, 3 vol.

HUNT (Lynn) : *Le Roman familial de la Révolution française*, Paris, Albin Michel, 1995, 262 p.

HUREL (Roselyne), REYNAUD (Françoise) : *L'Art de l'estampe et la Révolution française* [catalogue de l'exposition de Paris, musée Carnavalet, 17 juin-20 novembre 1977], Paris, musée Carnavalet, 1977, 64 p.

JACOUBET (Henri) : *Le Genre troubadour et les origines françaises du romantisme,* Paris, Les Belles-Lettres, 1928, 288 p.
JOHANSSON (J. Viktor) : *Sur la correspondance littéraire secrète et son éditeur,* Paris, Nizet, s.d., 107 p.
Journalisme et fiction au XVIIIe siècle, Malcolm Cook et Annie Jourdan (dir.), Berne-New-York-Paris, P. Lang, 1999, 241 p.
KEIL (Robert) : *Die Porträtminiaturen des Hauses Habsburg,* Vienne, Amartis, 1999, 272 p.
KRUMEICH (Gerd) : *Jeanne d'Arc à travers l'histoire,* Paris, Albin Michel, 1989, 348 p.
LANDES (Joan B.) : *Women and the Public Sphere in the Age of the French Revolution,* Londres et Ithaca, Cornell University Press, 1988, 275 p.
LATREILLE (André), RÉMOND (René) : *Histoire du catholicisme en France,* t. 3, *La Période contemporaine : du XVIIIe siècle à nos jours,* Paris, Spes, 1962, 709 p.
LEROY (Michel) : *Le Mythe jésuite : de Béranger à Michelet*, Paris, PUF, « Ecriture », 1992, 468 p.
LÉVY (Maurice) : *Le Roman « gothique » anglais 1764-1824*, Paris, Albin Michel, « L'Evolution de l'humanité », 1995, 774 p.
LÖWY (Michael), SAYRE (Robert) : *Révolte et mélancolie. Le romantisme à contre-courant de la modernité,* Paris, Payot, « Critique de la politique », 1992, 306 p.
MARGADANT (Jo Burr) : *The New Biography, Performing Feminity in Nineteenth-Century France,* Berkeley-Los Angeles-Londres, University of California Press, 2000, 298 p.
Marie-Antoinette à Versailles. Le goût d'une reine [catalogue de l'exposition du musée des Arts décoratifs de Bordeaux, 2005], Bernadette de Boysson et Xavier Salmon (dir.), Paris, Somogy, 2005, 207 p.
MAUZI (Robert) : *L'Idée du bonheur dans la littérature et la pensée françaises au XVIIIe siècle*, Paris, Albin Michel, « Bibliothèque de l'évolution de l'humanité », 725 p.
MENOZZI (Daniele) : *Les Interprétations politiques de Jésus de l'Ancien Régime à la Révolution,* Paris, Cerf, « Sciences humaines et religions », 1983, 280 p.
MONGLOND (André) : *Le Préromantisme français*, réimp. [de l'éd. de Grenoble, 1930], Genève, Slatkine, 2000, 2 tomes en 1 vol.
NAGLE (Jean) : *La Civilisation du cœur : histoire du sentiment politique en France du XIIe au XIXe siècle,* Paris, Fayard, 1998, 413 p.
PRUNGNAUD (Joëlle) : *Gothique et décadence. Recherches sur la continuité d'un mythe et d'un genre au XIXe siècle en Grande-Bretagne et en France,* Paris, Champion, 1997, 497 p.

PUPIL (François) : *Le Style troubadour ou la Nostalgie du bon vieux temps,* Nancy, Presses universitaires de Nancy, 1982, 558 p.

REDDY (William M.) : *The Navigation of Feeling : a Framework for the History of Emotions,* Cambridge, université de Cambridge, 2001, 380 p.

ROBERT (Raymonde) : *Le Conte de fées littéraire en France de la fin du XVIIe siècle à la fin du XVIIIe siècle,* Paris, Champion, 2002, 558 p.

RÉMOND (René) : *L'Anticléricalisme en France de 1815 à nos jours,* Bruxelles, Complexe, 1985, 378 p.

La Révolution par la gravure : les « Tableaux historiques de la Révolution française », une entreprise éditoriale d'information et sa diffusion en Europe, 1791-1817 [catalogue de l'exposition de Vizille, musée de la Révolution française, 21 juin-4 novembre 2002], Vizille, musée de la Révolution française, 2002, 318 p.

Le Roman historique, numéro spécial de la *Revue d'histoire littéraire de la France,* 75e année, mars-juin 1975, 511 p.

Romantisme et révolution(s). Les entretiens de la fondation des Treilles, Paris, Gallimard, « Les Cahiers de la NRF », 2008, 416 p.

SCOTT (Joan Wallach) : *Gender and the Politics of History,* New York, Columbia University Press, 1988, 242 p.

— *La Citoyenne paradoxale : les féministes françaises et les droits de l'homme,* Paris, Albin Michel, 1998, 286 p.

SEVRIN (abbé Ernest) : *Les Missions religieuses en France sous la Restauration,* Paris, Vrin, 1948, 2 vol.

TATE (Robert S. Jr) : *Petit de Bachaumont, his Circle and the Mémoires secrets,* dans *Studies on Voltaire and the Eighteenth Century,* vol. 65, Genève, Institut et musée Voltaire, 1968, 211 p.

VAN TIEGHEM (Paul) : *La Poésie de la nuit et des tombeaux en Europe au XVIIIe siècle,* réimp. [de l'éd. de Paris, 1921], Genève, Slatkine, 1970, 177 p.

— *Le Romantisme dans la littérature européenne,* Paris, Albin Michel, « L'Evolution de l'humanité », 1969, 536 p.

VINCENT-BUFFAULT (Anne) : *Histoire des larmes. XVIII-XIXe siècles,* Paris, Payot, « Petite bibliothèque Payot », 2001, 390 p.

WELSCHINGER (Henri) : *La Censure sous le premier Empire,* Paris, Charavay, 1882, 400 p.

ZANONE (Damien) : *Ecrire son temps. Les Mémoires en France de 1815 à 1848,* Lyon, PUL, 2006, 416 p.

Articles

BAILLIO (Joseph) : « Marie-Antoinette et ses enfants par Mme Vigée-Lebrun », *L'Œil*, n° 308 03/1981, p. 34-41 ; n° 310, 05/1981, p. 52-61.

GIRAUD (Laurent) : « Louis XVI à la tour du Temple, ou l'imaginaire de l'historiographie révolutionnaire », dans *« O saisons, ô châteaux ». Châteaux et littérature des Lumières à l'aube de la modernité (1764-1914),* Clermont-Ferrand, Presses universitaires Blaise-Pascal, 2004, p. 27-38.

LASCAR (Alex) : « Le régicide dans le roman français 1824-1853 », dans *Romantisme,* n° 119, 2003-1, p. 21-33.

LUNDBERG (Gunnar W.) : « Marie-Antoinette et le peintre suédois Albert Wertmüller », dans *Bulletin historique du Royal-Suédois,* t.1, 1938-1950, p. 186-189.

PEROL Lucette : « Le Directoire vu à travers quelques romans parus entre 1795 et 1799 », dans *La République directoriale* [colloque, Clermont-Ferrand, 1997], Philippe Bourdin, B. Gainot (dir.), Clermont-Ferrand, Société des études robespierristes, « Bibliothèque d'histoire révolutionnaire », 1998, vol. 1, p. 475-498.

PHAYER (J. Michael) : « Politics and Popular Religion. The Cult of the Cross in France », dans *Journal of Social History,* vol. 11, printemps 1978, p. 346-361.

RUBIN (James Henry) : « Oedipus, Antigone and Exiles in Post-Revolutionary French Painting », dans *The Art Quarterly*, t. 36, 1973, p. 141-172.

SGARD (Jean) : « L'anecdote émouvante en 1775 », dans *Gazette et information politique sous l'Ancien Régime,* Henri Duranton et Pierre Retat (dir.), Saint-Etienne, Publications de l'université de Saint-Etienne, 1999, p. 419-429.

THOMAS (Chantal) : « Heroism in the Feminine : the Examples of Charlotte Corday and Madame Roland », dans *The French Revolution, 1789-1989 : Two Hundred Years of Rethinking,* Sandy Petrey (dir.), *The Eighteenth Century : Theory and Interpretation,* numéro spécial, Lubbock, Texas University Press, 1989, p. 67-82.

TROUSSON (Raymond) : « L'Antigone de Pierre-Simon Ballanche », dans *Synthèses*, n° 167, avril 1960, p. 96-104.

VOVELLE (Michel) : « La sensibilité prérévolutionnaire », dans *Vom Ancien Regime zur Französischen Revolution. Forschungen und Perspektiven,* Ernst Hinrichs, Eberhard Schmitt, Rudolf Vierhaus (dir.), Götingen, Vandenhoeck et Ruprecht, 1978, p. 516-538.

Histoire politique générale

AULARD (Alphonse) : *Histoire de la révolution française,* Paris, Colin, 1909, 805 p.

BACZKO (Bronislaw) : *Comment sortir de la Terreur. Thermidor et la Révolution*, Paris, Gallimard, 1989, 353 p.

BAECQUE (Antoine de) : *Le Corps de l'histoire : métaphores et politique (1770-1800),* Paris, Calmann-Lévy, 1993, 435 p.

BAKER (Keith Michael) : *Au tribunal de l'opinion, essais sur l'imaginaire politique au XVIIIe siècle,* Paris, Payot, 1993, 319 p.

BELISSA (Marc) : *Repenser l'ordre européen (1795-1802). De la société des rois aux droits des nations,* Paris, Kimé, 2006, 461 p.

BÉRENGER (Jean) : *Histoire de l'empire des Habsbourg. 1273-1918,* Paris, Fayard, 1990, 809 p.

BERTIER DE SAUVIGNY (Guillaume de) : *Metternich et la France après le congrès de Vienne,* Paris, Hachette, 1968, 3 t.

— *Nouvelle histoire de Paris : la Restauration*, Paris, Hachette, 1977, 525 p.

— *La Restauration*, Paris, Flammarion, « Champs », 1990, 506 p.

— *Metternich,* Paris, Fayard, 1998, 551 p.

BIRO (Sydney Seymour) : *The German Policy of Revolutionary France,* Cambridge, Harvard University Press, 1957, 2 vol.

BOYER (Fabrice) : *Martignac 1778-1832 : l'itinéraire politique d'un avocat bordelais,* Paris, Ed. du CTHS, 2002, 470 p.

BRAESCH (Fritz) : *La Commune du 10 août 1792 : étude sur l'histoire de Paris,* réimp. [de l'éd. de Paris, 1911], Genève, Mégariotis reprints, 1978, 1 236 p.

BURROWS (Simon) : *Blackmail, Scandal, and Revolution, London's French Libellistes, 1758-1792,* Manchester et New York, Manchester University Press, 2006, 256 p.

CHARTIER (Roger) : *Les Origines culturelles de la Révolution française*, Paris, Seuil, « Points », 2000, 304 p.

Conspiracy in the French Revolution, Peter R. Campbell, Thomas E. Kaiser et Marisa Linton (dir.), Manchester et New York, Manchester University Press, 2007, 222 p.

DAUDET (Ernest) : *Le Ministère de M. de Martignac*, Paris, E. Dentu, 1875, 419 p.

— *Louis XVIII et le duc Decazes,* Paris, Plon, 1899, 495 p.

DUPUY (Roger) : *La République jacobine*, t. 2 de *Nouvelle histoire de la France contemporaine*, Paris, Seuil, « Points », 366 p.

DUVERGIER DE HAURANNE (Prosper) : *Histoire du gouvernement parlementaire en France, 1814-1848*, Paris, Calmann-Lévy, 1857-1872, 10 vol.

FARGE (Arlette) : *Dire et mal dire : l'opinion publique au XVIIIe siècle,* Paris, Seuil, 1992, 310 p.

FENNEBRESQUE (Juste) : *Versailles royal,* Paris, Champion, 1910, 282 p.

FIGEAC (Michel) : *Destins de la noblesse bordelaise,* Bordeaux, Fédération historique du Sud-Ouest, 1996, 2 vol.

FOURCASSIÉ (Jean) : *Villèle*, Paris, Fayard, 1954, 486 p.

The French Revolution and the Creation of Modern Political Culture, Oxford, Pergamon Press, 1989, 3 vol.

FRYER (W. R.) : *Republic or Restoration in France ? 1794-1797*, Manchester, Manchester University Press, 1965, 330 p.

FURET (François) : *La Révolution,* Paris, Hachette, « Pluriel », 1988, 2 vol.

— *Penser la Révolution française* [première édition, Paris, 1978], Paris, Gallimard, « Folio Histoire », 2002, 315 p.

FURET (François), RICHET (Denis) : *La Révolution française*, Paris, Fayard, 1973, 544 p.

GARNIER (Jean-Paul) : *Le Sacre de Charles X et l'opinion publique en 1825*, Paris, Jouve, 1927, 147 p.

GENDRON (François) : *La Jeunesse dorée, épisodes de la Révolution française,* Québec, Presses de l'université du Québec, 1979, 446 p.

GIRARD (Louis) : *Les Libéraux français, 1814-1875,* Paris, Aubier, 1985, 277 p.

GRUBER (Alain-Charles) : *Les Grandes Fêtes et leurs décors à l'époque de Louis XVI*, Genève/Paris, Droz, 1972, 246 p.

GUICHEN (vicomte Eugène de) : *La Révolution de juillet 1830 et l'Europe,* Paris, Emile-Paul, 1917, 564 p.

Histoire de Bordeaux au XIXe siècle, Louis Desgraves, Georges Dupeux et Charles Higounet (dir.), Bordeaux, Fédération historique du Sud-Ouest, 1969, 580 p.

HOUSSAYE (Henry) : *1815,* t. 1, *La Première Restauration – l'île d'Elbe – les Cent-Jours*, Paris, Perrin, 1893, 636 p.

INGRAO (Charles W.) : *The Habsburg Monarchy 1618-1815,* Cambridge, Cambridge University Press, 1994, 262 p.

JARDIN (André) : *Histoire du libéralisme politique. De la crise de l'absolutisme à la constitution de 1875,* Paris, Hachette, 1985, 437 p.

JARDIN (André), TUDESQ (André-Jean) : *La France des notables*, Paris, Seuil, « Points », 1973, 2 vol.

KROEN (Sheryl T.) : *Politics and Theater : the Crisis of Legitimacy in Restoration France*, Berkeley, Londres, Los Angeles, University of California Press, 2000, 394 p.

LANGERON (Roger) : *Decazes, ministre du roi,* Paris, Hachette, 1960, 299 p.

LAQUIÈZE (Alain) : *Les Origines du régime parlementaire en France,* Paris, PUF, « Léviathan », 2002, 436 p.

LEDRÉ (Charles) : *La Presse à l'assaut de la monarchie, 1815-1848,* Paris, Armand Colin, « Kiosque », 1960, 270 p.

LE GALLO (Emile) : *Les Cent-Jours. Essai sur l'histoire intérieure de la France depuis le retour de l'île d'Elbe jusqu'à la nouvelle de Waterloo,* Paris, F. Alcan, 1923, 534 p.

LIMOUZIN-LAMOTHE (Roger) : *Monseigneur de Quélen, archevêque de Paris*, Paris, Librairie Jean Vrin, 1955, 2 vol.

L'Institution du prince au XVIIIe siècle [huitième colloque franco-italien des sociétés française et italienne d'étude du XVIIIe siècle], Gérard Luciani et Catherine Volpilhac-Auger (dir.), Ferney-Voltaire, Centre international d'étude du XVIIIe siècle, 2003, 316 p.

LINTON (Marisa) : *The Politics of Virtue in Enlightenment France*, Basingstoke, Palgrave, 2001, 258 p.

MALANDAIN (Gilles) : *L'Introuvable Complot : attentat, enquête et rumeur dans la France de la Restauration*, Paris, éd. de l'EHESS, 2011, 333 p.

MARTIN-FUGIER (Anne) : *La Vie élégante ou la Formation du Tout-Paris,* Paris, Seuil, « Points », 1993, 447 p.

MAZA (Sarah C.) : *Vies privées, affaires publiques. Les causes célèbres de la France prérévolutionnaire,* Paris, Fayard, 1997, 381 p.

MERRIMAN (John M.) : *1830 in France,* New York-Londres, New Viewpoints, 1975, 231 p.

MOULARD (abbé Jacques) : *Le Comte Camille de Tournon, préfet de la Gironde 1815-1822*, Paris, Champion, 1914, 580 p.

NETTEMENT (Alfred) : *Histoire de la Restauration*, Paris, J. Lecoffre, 1860-1872, 8 vol.

OZOUF (Mona) : *Varennes. La mort de la royauté,* Paris, Gallimard, « Les Journées qui ont fait la France », 2005, 433 p.

PERCEVAL (Emile de) : *Le Vicomte Laîné,* Paris, Champion, 1926, 2 vol.

PETITEAU (Natalie) : *Lendemains d'Empire : les soldats de Napoléon dans la France du XIXe siècle,* Paris, Boutique de l'Histoire, 2003, 396 p.

— *Les Français et l'Empire 1799-1815,* Paris et Avignon, Boutique de l'Histoire et Ed. de l'université d'Avignon, 2008, 278 p.

PILBEAM (Pamela) : *The 1830 Revolution in France,* Londres, Macmillan, 1991, 237 p.

PINKNEY (David H.) : *La Révolution de 1830 en France*, Paris, PUF, 1988, 463 p.

PLONGERON (Bernard) : *Théologie et politique au siècle des Lumières (1770-1820)*, Genève, Droz, 1973, 405 p.

PRICE (Munro) : *The Road from Versailles. Louis XVI, Marie-Antoinette and the Fall of French Monarchy,* New York, St. Martin Press, 2004, 425 p.

— *The Perilous Crown. France between Revolutions 1814-1848,* Londres, Macmillan, 2007, 462 p.

RAIN (Pierre) : *L'Europe et la Restauration des Bourbons,* Paris, Perrin, 1908, 497 p.

REINHARD (Marcel) : *La Chute de la royauté, 10 août 1792,* Paris, Gallimard, « Trente journées qui ont fait la France », 1969, 652 p.

Repenser la Restauration, Jean-Yves Mollier, Martine Reid, Jean-Claude Yon (dir.), Paris, Editions Nouveau Monde, 2005, 375 p.

ROBIN-HARMEL (Pierre) : *Le Prince Jules de Polignac, ministre de Charles X,* Paris, Les Livres nouveaux, 1941, 2 vol.

SKUY (David) : *Assassination, Politics, and Miracles. France and the Royalist Reaction of 1820,* Montreal et Kingston, McGill-Queen's University Press, 2003, 301 p.

SOBOUL (Albert) : *Les Sans-Culottes parisiens en l'an II,* Paris, Clavreuil, 1958, 1 168 p.

SOREL (Albert) : *L'Europe et la Révolution française,* Paris, Plon-Nourrit, 1885-1904, 8 vol.

TACKETT (Timothy) : *Le roi s'enfuit. Varennes et l'origine de la Terreur,* Paris, La Découverte, 2004, 285 p.

TØNNESSON (Kåre D.) : *La Défaite des sans-culottes. Mouvement populaire et réaction bourgeoise en l'an III,* Oslo, Presses universitaires, 1979, 456 p.

VAN KLEY (Dale K.) : *Les Origines religieuses de la Révolution française, 1560-1791,* Paris, Seuil, « Univers historique », 2002, 571 p.

VAULABELLE (Achille Tenaille de) : *Histoire des deux Restaurations jusqu'à l'avènement de Louis-Philippe*, Paris, Perrotin, 1860, 8 vol.

VIEL-CASTEL (Louis de) : *Histoire de la Restauration*, Paris, Calman-Lévy, 1860-1878, 20 vol.

VOVELLE (Michel) : *La Chute de la monarchie 1787-1792,* t. 2 de *Nouvelle histoire de la France contemporaine*, Paris, Seuil, « Points », 1972, 282 p.

WARESQUIEL (Emmanuel de) : *Le Duc de Richelieu,* Paris, Perrin, 1990, 498 p.

— *Un groupe d'hommes considérables : les pairs de France et la Chambre des pairs héréditaire de la Restauration 1814-1831,* Paris, Fayard, 2006, 502 p.

— *Talleyrand : le prince immobile,* Paris, Fayard, 2006, 852 p.

WARESQUIEL (Emmanuel de), YVERT (Benoît) : *Histoire de la Restauration 1814-1830 : naissance de la France moderne*, Paris, Perrin, 1996, 499 p.

WORONOFF (Denis) : *La République bourgeoise*, Paris, Seuil, « Points », 1972, 246 p.
ZIVY (Henry) : *Le Treize Vendémiaire*, Paris, F. Alcan, 1898, 132 p.

Articles

CAVIGNAC (Jean) : « Les Cent-Jours à Bordeaux à travers la correspondance de Clauzel », dans *Revue historique de Bordeaux et du département de la Gironde,* t. 15, nouvelle série, 01/03/1966, p. 65-72.
COSTE (Laurent) : « Bordeaux et la restauration des Bourbons », dans *Annales du Midi,* 01/03/1993, t. 105, n° 201, p. 27-43.
FARGE (Arlette) : « Rumeur, ville et roi : l'opinion publique à Paris au XVIIIe siècle », dans *Cahiers de Clio*, 117-118, 1994, p. 43-54.
FITZPATRICK (Brian) : « Réflexions sur le "royaume du Midi" en 1815 », dans *Mémoire,* t. 5, 1986, p. 71-90.
GAUFFIN (Axel) : « A propos de l'exposition d'art suédois à Paris », dans la *Revue d'art ancien et moderne,* t. 56, 06/12/1929, p. 58-70.
LOUBET (Jean) : « Le gouvernement toulousain du duc d'Angoulême après les Cent-Jours », dans *La Révolution française,* t. 64, 02/1913, p. 149-165.
MANSEL (Philip) : « How Forgotten were the Bourbons in France between 1812 and 1814 ? », dans *European Studies Review,* vol. 13, 01/1983, p. 12-37.
MATHIEZ (Albert) : « Les journées d'octobre 1789 », dans *Revue historique*, 1898, t. 67, p. 241-279.
MERRICK (Jeffrey) : « Sexual Politics and Public Order in Late Eighteenth-Century France : The *Mémoires secrets* and the *Correspondance secrète* », dans *Journal of the History of Sexuality,* vol. 1, n° 1, 07/1990, p. 68-84.
— « Politics on Pedestals : Royal Monuments in Eighteenth Century France », *French History,* 06/1991, vol. 5, n° 2, p. 234-256.
— « The Family Politics of the marquis de Bombelles », dans *Journal of Family History,* 1996, n° 4, p. 503-518.
OZOUF (Mona) : « Thermidor, ou le travail de l'oubli », dans *L'Ecole de la France. Essais sur la Révolution, l'utopie et l'enseignement*, Paris, Gallimard, « Bibliothèque des histoires », 1984, p. 91-108.
SURATTEAU (Jean-René) : « Les élections de l'an V aux conseils du Directoire », dans *Annales historiques de la Révolution française*, 1958, n° 5, p. 21-63.

ANNEXES

Arbre généalogique simplifié de la Maison royale de France de Louis XV à Henri « V »

Louis XV
(1710-1774)
ép.1725 Marie Leszczyńska
(1703-1768)

- **Louise-Elisabeth** (1727-1759), ép. 1739 Philippe de Bourbon duc de Parme (1720-1765)
- **Anne-Henriette** (1727-1752)
- **Marie-Adélaïde** (1732-1800)
- **Louis** dauphin de France (1729-1765), ép. 1) 1745 Marie-Thérèse de Bourbon (1726-1746); ép. 2) 1747 Marie-Josèphe de Saxe (1731-1767)
    - **Louis XVI** (1754-1793), ép. 1770 Marie-Antoinette d'Autriche (1755-1793)
        - **Louis-Joseph** (1781-1789)
        - **Louis XVII** (1785-1795)
        - **Sophie** (1786-1787)
        - **Marie-Thérèse-Charlotte** (1778-1851), ép. 1799 Louis-Antoine duc d'Angoulême
    - **Louis XVIII** (1755-1824), ép. 1771 Marie-Joséphine de Savoie (1753-1810)
    - **Clotilde** (1759-1802), ép. 1775 Charles-Emmanuel IV roi de Piémont-Sardaigne (1751-1819)
    - **Elisabeth** (1764-1794)
    - **Charles X** (1757-1836), ép. 1775 Marie-Thérèse de Savoie (1756-1805)
        - **Louis-Antoine** duc d'Angoulême (1775-1844)
        - **Charles-Ferdinand** duc de Berry (1778-1820), ép. 1816 Marie-Caroline de Bourbon-Naples (1798-1870)
            - **Louise-Marie-Thérèse** (1819-1864), ép. 1845 Charles III de Bourbon duc de Parme (1823-1854)
            - **Henri (« V »)** duc de Bordeaux (1820-1883), ép. 1846 Marie-Thérèse d'Autriche-Este (1817-1886)
- **Victoire-Louise** (1733-1799)
- **Sophie-Philippine** (1734-1782)
- **Louise-Marie** (1737-1787)

Les enfants de Marie-Thérèse d'Autriche et de François de Lorraine

Marie-Thérèse d'Autriche
reine de Hongrie et de Bohême
(1717-1780)
ép. 1736 François, duc de Lorraine
empereur 1745
(1708-1765)

Marie-Anne
(1738-1789)
abbesse du couvent
des Dames
nobles de Prague

Joseph II
(1741-1790)
ép. 1) 1760 Marie-Isabelle de Bourbon-Parme
(1741-1763)
ép. 2) 1765 Marie-Josèphe de Bavière
(1739-1767)

Marie-Christine
gouvernante des Pays-Bas
(1742-1790)
ép. 1766 Albert de Saxe
duc de Teschen
(1738-1822)

Marie-Elisabeth
abbesse d'Innsbruck
(1743-1808)

Marie-Amélie
(1746-1804)
ép. 1769 Ferdinand Ier
duc de Parme
(1751-1802)

Léopold II
(1747-1792)
ép. 1765 Marie-Louise
de Bourbon
(1745-1792)

Marie-Caroline
(1752-1814)
ép. 1768 Ferdinand IV
roi des Deux-Siciles
(1751-1825)

Ferdinand
(1754-1806)
ép. 1771 Marie-Béatrice d'Este
(1750-1829)

Marie-Antoinette
(1756-1793)
ép. 1770 Louis XVI
roi de France
(1754-1793)

Maximilien
archevêque de Cologne
(1756-1801)

Généalogie simplifiée de la branche principale et de la branche d'Este de la maison d'Autriche-Lorraine

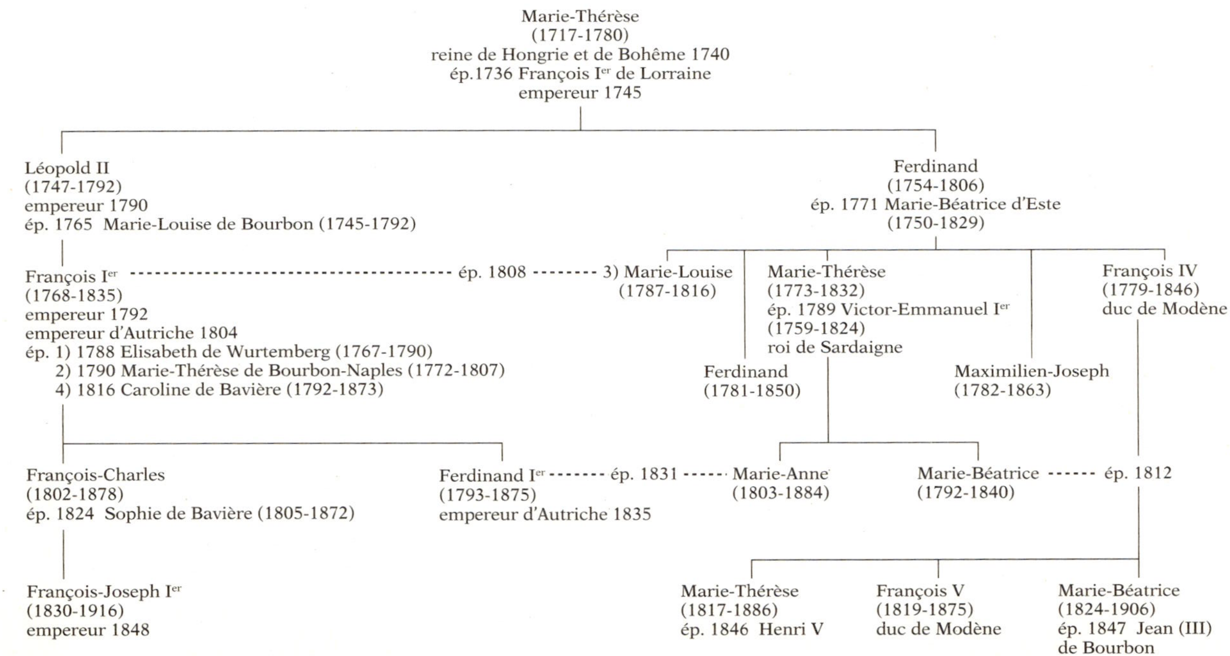

Pétition d'une jeune infortunée par Demoustier

[cote BnF : YE-20790]

Si la raison ramène la justice,
Mettez un terme à ma captivité.
Quel criminel souffrit pareil supplice ?
Quel innocent l'avait moins mérité ?

Mon existence est mon crime peut-être.
Ah ! Si c'est moi que l'on en doit punir,
Pour expier l'instant qui me vit naître,
Lassez-vous donc de me faire mourir !

Si le destin, qui régla ma naissance,
Sur mon état eût consulté mon choix,
J'aurais passé ma paisible existence
Sous la chaumière ou l'ombrage des bois.

Aux douces lois que la nature impose,
J'aurais borné ma gloire et mes plaisirs,
A moins qu'un jour la couronne de rose*,
A dix-huit ans, n'eût tenté mes désirs.

A mes parents je serais encore chère,
Ma main peut-être aurait fermé leurs yeux ;
Entre mes bras mon respectable père
M'aurait souri dans ses derniers adieux.

Ah ! Pénétrez dans ma sombre demeure :
Le jour, la nuit, dans ce morne désert,

---

* La couronne de la rosière.

Mon cœur flétri souffre seul, en une heure,
Ce qu'en cinq ans tous les miens ont souffert.

Mes bourreaux même, en voyant mes alarmes,
Semblaient me plaindre et presque s'attendrir ;
Mais la terreur leur défendait les larmes,
Et me fermait leur cœur prêt à s'ouvrir.

Je savais bien qu'aux princes de la terre,
Le sort jaloux refusait l'amitié ;
Mais j'ignorais qu'au sein de la misère,
Il les privât même de la pitié.

Ah ! Délivrez une tendre victime
Que la douleur va bientôt consumer.
J'irai chercher un asile où, sans crime,
On puisse encore et me plaindre et m'aimer.

Chant de Selma sur la mort de son père Fingal, imité d'un poète écossais

[Publié dans *Les Adieux de Marie-Thérèse de Bourbon* de M. d'Albins p. 35-38]

Astre du soir, brillante étoile,
Qui t'avances vers nous des portes du couchant ;
Et qui, des nuits perçant le sombre voile,
Fais briller sous tes pas l'azur du firmament :
Que regardes-tu dans la plaine ?
On n'entend plus la voix des autans orageux ;
Et le bruit du torrent se fait entendre à peine ;
Au pied de ce rocher, les flots silencieux
Suspendent devant toi leur cours impétueux.
La nuit qui dans les cieux s'avance en souveraine,
Du brillant dieu du jour envahit le domaine ;
Par leurs bourdonnements, mille insectes divers
Remplissent à l'envi le silence des airs.
Que regardes-tu dans la plaine,
Astre brillant du soir ? de l'Olympe éclatant,
Ton disque vers Morgal s'abaisse en souriant.
Les flots, autour de toi, forment une ceinture,
Et baignent de leurs eaux ta blonde chevelure.
O flambeau de Morgal ! Je vois à ta clarté,
Les mânes chéris de mon père ;
Il s'avance avec majesté,
Sur le nuage épars qui couvre la bruyère :
Que sont-ils devenus, ô père infortuné !
Ces jours brillants, ces jours de fête,
Où dans l'éclat des cours, du peuple environné
De myrte et de laurier tu couronnais ta tête.
Tu ressemblais alors à l'astre radieux,
Que le dieu de Morven fait briller dans les cieux.

O trop affreuse destinée !
Vois, ô Fingal, le sort de tes enfants.
Sur ce rocher où s'assemblent les vents,
La fille des héros gémit, abandonnée...
Le destin me condamne à rester seule ici,
Et je n'ai point d'asile où me mettre à l'abri.
D'une sombre terreur mon âme est agitée ;
O mes amis répondez à ma voix...
Mais, ô ciel ! Vous fuyez cette rive attristée ;
Parlez, ô vous que je revois !
Répondez, ô Fingal, répondez à ma voix.
M'annoncez-vous ma dernière heure ;
Suivrai-je mon frère au trépas ?
Mais ils sont morts, ils ne répondent pas ;
Et le triste silence habite leur demeure.
Répondez-moi du haut de vos rochers déserts ;
Répondez-moi du sein de vos grottes sauvages ;
Mais l'aquilon vient ébranler les airs ;
Je n'entends pas leur voix au milieu des orages...
Tout se tait : je m'assieds, seule avec mon chagrin,
Et j'attends dans les pleurs le retour du matin.
Ma douleur veille à ta lueur sacrée,
O lune ! Eclaire-moi de ton pâle flambeau.
Amis des morts, élevez leur tombeau ;
Mais ne le fermez pas que je n'y sois entrée.
Tel qu'un songe, mes jours se sont évanouis ;
Comment peut-on survivre à ceux qu'on a chéris ?
Au pied de ce rocher que baigne une onde pure,
Je veux reposer avec eux ;
Et quand la nuit tombant de la voûte des cieux,
De ses crêpes obscurs couvrira la nature,
Sur les ailes du vent je viendrai vers Morgal,
Célébrer, dans mes chants, le trépas de Fingal.
Le chasseur m'entendra de son toit solitaire,
Son cœur sera charmé de mes accents ;
Car ils seront doux et touchants
Quand Selma chantera la gloire de son père.

L'Orpheline du Temple
par Joseph Tréneuil

[Paris, 1814, troisième édition ; cote BnF : YE-53123]

Fuyez, songes affreux qu'enfantent les ténèbres ;
Sortez de ma pensée, images trop funèbres ;
D'un calme passager laissez jouir mon cœur :
De cette horrible tour qu'habite la terreur
Allons dans ce jardin et que de noirs présages
Ne viennent pas troubler la paix de ses ombrages.
Ici, je vois du ciel se déployer l'azur ;
Je m'abreuve d'un air et plus libre et plus pur ;
Ces arbres que des vents animent les haleines,
Semblent tous à l'envi compatir à mes peines ;
Je converse avec eux : leurs rameaux gémissants
Se plaisent à répondre à mes tristes accents ;
Et je leur prête enfin, pour flatter ma misère,
La pitié, devenue aux humains étrangère.

Mais, lugubre compagne, et le jour et la nuit,
De la Tour au jardin, la douleur me poursuit :
Puis-je oublier, hélas ! le meurtre de mon père,
L'épouvantable fin de mon malheureux frère,
L'exil où mes parents languissent loin de moi ?

O vous que mon amour cherche avec tant d'effroi,
O ma mère, ô jadis reine si fortunée !
Et vous Elisabeth dont l'Europe étonnée
Admire l'héroïsme et les saintes vertus,
Mes anges protecteurs, qu'êtes-vous devenus ?
Sans doute des méchants la fureur assouvie
Vous laisse, ainsi qu'à moi, le fardeau de la vie ;
Et du sang de Louis ces monstres satisfaits

Ne se noirciront pas d'inutiles forfaits :
Mais pourquoi dans Paris, solitaire, enchaînée,
Ne puis-je à votre sort unir ma destinée ?
Pourquoi, quand je demande où sont fixés vos pas,
Mes farouches gardiens ne répondent-ils pas ?
Que me présage encor leur sinistre silence ?
Et pourquoi ce matin, trompant leur vigilance,
Un fidèle sujet, vaincu par mes douleurs,
A-t-il à mes discours répondu par des pleurs ?
Enfin, restes proscrits d'une auguste famille,
D'où vient, si vous vivez, qu'aux yeux de votre fille,
Le crayon de la mort, sur ces murs attristés,
Dessine, chaque nuit, vos traits ensanglantés ?
D'où partent ces accents lamentables et tendres ?
« Nos jours sont retranchés ; sois fidèle à nos cendres ;
Montre-toi toujours digne, en ces cachots profonds,
Et du sang des Césars, et du sang des Bourbons. »

Oui, ces accents plaintifs, ces nocturnes images,
Viennent du haut des cieux confirmer mes présages ;
Oui, Paris immobile aura vu ses bourreaux
Devant votre palais dresser vos échafauds :
Est-il un attentat qu'un tel siècle n'enfante ?
J'atteste ces trois jours de mémoire sanglante,
Où, jetés dans les fers, vingt mille infortunés,
Au-devant des poignards, sans défense traînés,
Expirèrent d'un long et terrible supplice,
Sous les yeux d'un sénat impuissant ou complice ;
J'atteste cette loi, la parricide loi,
Qui, même après la mort, poursuit le sang d'un roi ;
J'atteste du Dauphin les indignes tortures !
O honte des Français chez les races futures !
Le fils de Saint Louis a pour maître un bourreau,
Le mépris pour tribut, pour palais un tombeau !
Quels mystères affreux retracent à ma mémoire
De sa captivité la douloureuse histoire !
[...]
« Et mon dernier soupir est un vœu pour la France. »

O sublimes vertus, dignes d'un sort meilleur !
O mon père ! O vous tous que je porte en mon cœur,
Vous ne vivez donc plus et moi j'existe encore !

Malheureuse, j'existe !... O mort ! Ma voix t'implore ;
Irrite la fureur des tyrans de l'Etat ;
Et qu'ils pressent le jour de mon assassinat !
C'est mon vœu le plus cher ; ma naissance est mon crime ;
Qu'ils immolent enfin leur dernière victime !
Assez de mon exil s'est prolongé le temps :
O quand viendra la mort, cette mort que j'attends,
Dérober ma misère à de nouveaux outrages,
A d'affreux souvenirs suivis d'affreux présages ?
Si mon cœur quelques fois tente de s'engager
Dans les illusions d'un rêve passager,
Est-il un seul objet dans cette noire enceinte,
Qui n'éveille aussitôt ma douleur ou ma crainte ?
Ici, l'on insultait du geste et de la voix,
Le meilleur des humains, des pères et des rois.
Lamballe !... Je frissonne... O jour ! Jour homicide !...
Oui, je crois voir encor cette tête livide ;
C'est là que six bourreaux, à nos yeux, en hurlant,
L'offrirent en trophée au bout d'un fer sanglant.
Sinistre avant-courrière, effroyable message
Du démon qui livrait tout Paris au carnage.
O princesse !... O Tourzel ! Que la postérité
Bénisse, en l'admirant, votre fidélité !
Vous briguiez la faveur (quel héroïque exemple !)
De subir le destin des prisonniers du Temple ;
Ce vœu devint aussi le plus doux de mes vœux :
On repoussa l'élan de vos cœurs généreux ;
Mais si j'eusse obtenu cette faveur divine,
Je ne me croirais pas tout à fait orpheline ;
Vous me protégeriez en partageant mes pleurs,
Contre mes souvenirs et contre mes terreurs :
Je n'ai point des tyrans épuisé l'inclémence !

Je possédais, trésor cher à mon indigence,
Un tableau qui longtemps à mes yeux satisfaits
De mes parents captifs reproduisit les traits :
Je n'ai pu conserver cette image adorée.
Un écrit me restait, feuille chère et sacrée
Où respiraient les vœux qu'à la divinité
Offrit d'Elisabeth la tendre piété :
De sa royale main cet écrit fut l'ouvrage ;
On m'a de ses adieux ravi ce dernier gage ;

Et la haine, la nuit, me prive du repos
Que le crime enchaîné trouve dans les cachots.

On a donc oublié le touchant ministère
Qu'envers les prisonniers allait remplir mon père ;
Que du plus saint respect environnant leurs droits,
Il adoucit pour eux l'austérité des lois ;
Que même le coupable, en proie à la souffrance,
Obtenait la pitié qu'inspire l'innocence ;
Et, sous l'autorité de ce roi paternel,
Reçut tous les secours des hommes et du ciel !
Se peut-il donc, tyrans, que votre barbarie
Par un tel souvenir ne soit pas attendrie ?

Vous que de l'infortune accable le fardeau,
De ma vie orageuse embrassez le tableau ;
Que votre œil attristé s'y repose et contemple
La fille de Louis, l'Orpheline du Temple.
Dites, en me voyant : A nos longues douleurs
L'amitié mêle au moins le charme de ses pleurs ;
Cessons de murmurer ; Thérèse est dans les chaînes ;
Elle souffre et Dieu seul connaît toutes ses peines !

Telle est donc de ces temps la tyrannique loi,
Que même la pitié craint de s'approcher de moi
Ou demeure glacée aux accents de ma plainte !
Je sais, du moins, je sais qu'à travers cette enceinte
Des cœurs français encor m'adressent chaque jour,
Un tribut de regrets, de larmes, d'amour ;
J'aime à le recueillir ; ce tribut est l'offrande
La plus chère au malheur, la seule qu'il demande.

Mais quels chants, soutenus d'accords mélodieux,
Semblent furtivement pénétrer en ces lieux ?
Ah ! Lorsque ce concert enchante mon oreille,
Quel pieux souvenir dans mon cœur se réveille !
La France à ce beau jour attachait autrefois
La fête consacrée au plus saint de nos rois ;
Et la Religion, pour sa race chérie,
Offrait à l'Eternel les vœux de la patrie.
Sur ces temps de bonheur et de gloire écoulés
Reporterai-je encor mes regards désolés ?

O sujets ou plutôt amis dont le courage
Hasarde, en ma faveur, un si touchant hommage ;
Qu'il m'est doux, dans ces lieux de tristesse et d'effroi,
De songer que vos cœurs se souviennent de moi ;
Que je n'en serai point par le temps effacée ;
Qu'à mon image enfin, tant de fois offensée,
Vos mains, pour m'honorer, attachent quelques fleurs,
Et que chacun de vous l'arrose de ses pleurs !
Mon malheur vous répond de ma reconnaissance...
Mais je crains pour vos jours ; votre noble imprudence
Va de ma solitude irriter les ennuis :
Oubliez qui je fus et voyez qui je suis ;
Que ce jour, autrefois plein de joie et de charmes,
S'écoule désormais dans le deuil et les larmes ;
Que vos vœux, votre espoir, se changent en regrets,
Vos concerts en soupirs et vos fleurs en cyprès !
Comment le souvenir de ma grandeur passée
Pourrait-il, un instant, sourire à ma pensée,
Lorsque de plus en plus un sénat inhumain
Me fait sentir le poids de son sceptre d'airain ;
Lorsque tous mes geôliers, pour servir sa furie,
Rivalisent entre eux de haine et d'industrie ;
Lorsqu'à me désoler acharnés nuit et jour,
Ils m'obsèdent, tantôt dans cette affreuse Tour,
Tantôt dans ce jardin où souvent leur caprice
Permet à ma langueur un léger exercice.

Mais de son dernier charme on va priver ces lieux :
Arbres hospitaliers, recevez mes adieux !
Au midi de tes ans, famille infortunée,
Es-tu, comme la mienne, à périr condamnée ?
Le bruit de la cognée a troublé les oiseaux ;
La frayeur avec eux, vole sur les rameaux,
Les poursuit, les disperse... et les fils et les pères
Quittent, en gémissant, leurs nids héréditaires :
Tels naguère la France a vu, de toutes parts,
Des femmes, des enfants, des prêtres, des vieillards,
Persécutés, proscrits et tremblants *[sic]* pour leur vie,
Fuir... et d'un long adieu saluer leur patrie.

O tableaux déchirants ! O siècle criminel !
Mais j'adore à genoux la volonté du ciel :

Souverain protecteur de l'humaine faiblesse,
Contre le désespoir soutenez ma jeunesse ;
J'ai tantôt imploré le bienfait de la mort ;
Punissez-moi d'un vœu qu'a suivi le remord ;
Ajoutez, chaque jour, aux peines que j'endure :
A toutes vos rigueurs soumise sans murmure,
Je ne demande point que, dans votre bonté,
Vous abrégiez le temps de ma captivité ;
Mais au moins du malheur, mon unique héritage,
A mon âme abattue inspirez le courage,
Et daignez attacher à de légers travaux
Un charme qui suspende et console mes maux.

Hélas ! Il me souvient, quand la soie ou la laine
M'invite à manier une aiguille incertaine,
Que ma mère m'apprit à dessiner les fleurs,
Comment le goût choisit, nuance les couleurs.
Des rois dont je descends que je lise l'histoire,
Mon malheur s'agrandit à l'aspect de leur gloire ;
Si je prends le crayon, mon ouvrage soudain,
Tout imparfait encor, s'échappe de ma main ;
Ou bien croyant voir, dans ces demeures sombres ;
Errer de mes parents les lamentables ombres,
J'accours et de leurs traits que j'ai su retenir
Mon fidèle crayon fixe le souvenir.

Ah ! Si quelque retraite obscure, hospitalière,
Possédait le trésor de leur sainte poussière !
Mes mains pourraient un jour y cultiver des fleurs ;
Je pourrais à loisir y répandre des pleurs ;
Et lorsque le soleil, touché de mes souffrances,
Féconderait enfin mes chères espérances,
J'irais, avec transport, voir ces martyrs nouveaux
Renaître dans les fleurs, filles de leurs tombeaux ;
Et, consolée, au moins, distraite de ma peine,
Dans l'haleine des fleurs respirer leur haleine !
Combien le lys surtout serait cher à mes yeux !
Je lui rendrais les soins qu'on doit aux malheureux :
Dépouillé de sa gloire et courbé par l'orage,
Quels droits n'aurait-il pas à mon premier hommage !

Si le Ciel, envers moi devenu plus clément,
Opère dans mon sort un heureux changement ;
Si de mes oppresseurs la vengeance remplie
Permet qu'un souverain à qui le sang m'allie,
De l'hospitalité m'accorde le bienfait,
Avant que ma misère en recueille l'effet,
J'irai dans Saint-Denis saluer la famille
De ces rois, dont je suis la déplorable fille.
Jusqu'à la fin des temps ils dormiront en paix ;
La mort les a rendus possesseurs d'un palais,
Où, quoique dénués d'amis et de défense,
Ils n'auront jamais lieu de redouter l'offense ;
Ils se réveilleront dans le même tombeau,
Sous le même soleil levé sur leur berceau,
Tandis que je ne sais quelle lointaine rive
Recevra dans son sein ma cendre fugitive.
Mais quand je parcourrai ces rangs silencieux
Remplis, depuis mille ans, par mes nobles aïeux,
Je n'y trouverai point la cendre de mon père,
Ni celle de sa sœur ni celle de ma mère !
Vous, dont j'ai tant pleuré le règne d'un instant,
Vous n'y siégerez point : le même sort m'attend ;
Et je dois, à mon tour, du royal mausolée,
Me voir, comme du trône, avec vous exilée.
O mânes des Louis, des Charles, des Henris !
Vous serez, je le sens, plus émus que surpris,
Lorsque vous entendrez mes adieux à la France
S'exprimer par un vœu digne de ma vengeance :
L'Eternel, dans la nuit de ses desseins profonds,
Me dérobe le sort qu'il réserve aux Bourbons ;
Mais que cet arbre antique expire ou refleurisse,
Si, jusques au grand jour marqué par la justice,
Il laissait envahir par d'autres souverains
Un sceptre que le crime arracha de nos mains ;
Du sang de leurs sujets saintement économes,
Qu'ils soient non les tyrans mais les pères des hommes ;
Qu'ils rapportent à Dieu leur gloire et leur pouvoir ;
Que sur les maux du peuple ils règlent leur devoir ;
Et, pour tout dire enfin, qu'ils marchent sur la trace
Des plus vertueux rois qu'ait produits votre race !

Peut-être (et cet espoir dans les lointains climats
De ma famille auguste accompagne les pas)
Peut-être elle viendra, plus que jamais chéris,
Du règne des tyrans consoler la patrie !
Devant nous marcheraient le Pardon et la Paix ;
Quelques monstres enfin, ne sont pas les Français ;
Et tous, amis d'un joug si doux à leurs ancêtres,
Vivraient à l'avenir fidèles à leurs maîtres.
Le jour fuit ; il s'éteint ; des geôliers furieux
Le geste et le regard me chassent de ces lieux ;
Déjà ma prison s'ouvre et, sous ces voûtes sombres,
Le spectre de la mort descend avec les ombres.

L'Héroïne de Bordeaux par Brûlebœuf-Letournan

[Version publiée dans *L'Ami des Bourbons, ou le Chansonnier des royalistes,* Paris, 1815, p. 26-27]

Louis, ta fidèle Antigone
Guida jadis tes pas errants ;
Naguère avec toi sur le trône
Elle consolait tes vieux ans.
Aujourd'hui qu'une trame impie
Livre ton sceptre à nos bourreaux,
Reconnais ta fille chérie
Dans l'Héroïne de Bordeaux.

Déjà dans l'ardeur qui l'enflamme,
Fuyant la crainte et le repos,
Elle ose, et la voix d'une femme
De tes sujets fait des héros.
Ah ! Pour te rendre à l'héritage
De tes aïeux, de tes travaux,
Tout Français aura le courage
De l'Héroïne de Bordeaux.

Aux champs périlleux de Bellone
Pour toi Thérèse arme son bras ;
Et son front, qu'un laurier couronne,
Sourit à la gloire, aux combats.
Bientôt d'innombrables cohortes
Viendront se joindre à ses drapeaux,
Et Paris ouvrira ses portes
A l'Héroïne de Bordeaux.

Français, nobles fils de la gloire,
Nous tous qui, fiers d'un si beau nom,
Jurons d'arracher la victoire
Au perfide Napoléon
Marchons ! Que le tyran expie
L'horreur de ses forfaits nouveaux.
Et qu'un même vœu nous rallie,
A l'Héroïne de Bordeaux.

Testament
de Marie-Thérèse-Charlotte de France

[HHSA, Hofarchiv, Obersthofmarschallamt, Carton 101 II B]

Au nom de la sainte Trinité, Père, fils et Saint Esprit.

Je me soumets en tout aux volontés de la Providence, je ne crains pas la mort et malgré mon peu de mérites, je m'en rapporte entièrement à la miséricorde infinie de Dieu, lui demandant toutefois le temps et la grâce de recevoir les derniers sacrements de l'Eglise, avec la piété la plus fervente.

Je meurs dans la religion catholique, apostolique et romaine dans laquelle j'ai vécu aussi fidèlement qu'il m'a été possible et à qui je dois toutes les consolations de ma vie.

A l'exemple de mes parents, je pardonne de tout mon cœur et sans exception à tous ceux qui ont pu me nuire et m'offenser, demandant sincèrement à Dieu d'étendre sur eux Sa miséricorde, aussi bien que sur moi-même, et Le suppliant de m'accorder le pardon de mes fautes.

Je remercie tous les Français qui sont restés attachés à ma famille et à moi, des preuves de dévouement qu'ils nous ont données, des peines qu'ils ont subies à cause de nous.

Je prie Dieu de répandre ses bénédictions sur la France que j'ai toujours aimée au milieu même de mes plus amères afflictions.

Je remercie l'empereur d'Autriche de l'asile qu'il a accordé à ma famille et à moi dans ses Etats. Je suis reconnaissante des preuves d'intérêt et d'amitié que j'ai reçues de la famille impériale, surtout dans des circonstances bien douloureuses, et des sentiments que m'ont manifestés plusieurs personnes dans ce pays, particulièrement les habitants de Gorice *[sic]*.

Ayant toujours considéré mon neveu Henri et ma nièce Louise comme mes enfants, je leur donne ma bénédiction maternelle, ils ont eu le bonheur d'être élevés dans les principes de notre sainte religion, qu'ils soient toujours les dignes descendants de Saint Louis. Puisse mon neveu consacrer ses heureuses facultés à l'accomplissement des grands devoirs que sa position lui impose. Puisse-t-il ne s'écarter jamais des voies de la modération, de la Justice et de la Vérité.

J'institue mon neveu Henri, comte de Chambord, pour mon héritier universel.

Je nomme le duc de Blacas, le comte de Montbel, le comte de Bouillé et le baron Billot pour mes exécuteurs testamentaires.

Je donne et lègue à ma nièce Thérèse, archiduchesse d'Autriche, comtesse de Chambord, ma terre de Frohsdorf en Basse-Autriche.

Ma cassette contenant mes diamants, perles et bijoux et l'étui de ceux qu'elle renferme et ceux déposés au Trésor impérial à Vienne, ainsi que de mes papiers d'affaires, sera remise à mes exécuteurs testamentaires après ma mort *[sic]*.

Mes diamants et mes perles seront partagés également par tiers entre mon neveu Henri, comte de Chambord, mes deux nièces Thérèse, comtesse de Chambord, et Louise, duchesse de Parme.

Je lègue à la comtesse Marie-Anne Esterhazy un rang de perles en souvenir de mon amitié pour sa mère et pour elle. Ces perles seront prélevées sur ma cassette par mes exécuteurs testamentaires avant le partage ci-dessus.

Je veux être enterrée à Gorice *[sic]* dans le caveau des Franciscains près de mon mari et de son père. Il ne sera pas célébré de service solennel, des messes seront dites pour le salut de mon âme.

Je défends qu'on procède à l'autopsie de mon corps.

Je lègue une somme de vingt-cinq mille francs à faire dire des messes de mort à mon intention. Je lègue aux pauvres une somme égale de vingt-trois mille francs. Mes exécuteurs testamentaires régleront l'emploi de ces deux sommes.

Je lègue le grand portrait de mon neveu peint à Rome à sa sœur et le grand portrait de celle-ci à sa mère qui me l'a donné.

Je laisse à Mme la duchesse de Blacas douairière mon petit crucifix en or qui est indulgencié.

Je laisse à Mme la duchesse d'Escars mon album peint par elle et les dames de la Maison de mon mari.

Je lègue au comte Charles O'Hegerty mon écuyer une somme de cinquante mille francs une fois payée *[sic]*.

Je lègue à la comtesse Caroline de Choiseul qui a été près de moi une somme annuelle de trois mille francs.

Je lègue au baron Théodore Charlet, qui m'a bien servie pendant de nombreuses années, une somme de cent mille francs, ma petite argenterie et la pendule qui est dans mon salon que je lui avais donnée.

Je lègue à Mlle Sophronie Bougon la continuation de trois mille francs de pension annuelle que je lui ai accordée à la mort de son père.

Je lègue à Marie et Henri de Sainte-Preuve, les deux enfants de Mme de Sainte-Preuve, ma première femme, la somme de cent mille francs à chacun dont leur mère aura la jouissance.

Je lègue à Mme de Sainte-Preuve toute ma garde-robe ainsi que les bijoux en or, en corail et pierre noire qui sont dans ma cassette.

Je veux que toutes les feuilles, papiers et livres écrits de ma main qui sont dans ma cassette ou dans mes tables soient brûlés par mes exécuteurs testamentaires.

Je lègue à Mme Narcisse Le Roux, ma seconde femme, une somme de vingt mille francs réversible à ses enfants.

Je lègue à Patinote et Louis Le Lièvre, mes deux valets de chambre, à chacun une somme de vingt mille francs *[sic]*.

Je donne à Tom Ford une somme de vingt mille francs y compris les douze mille francs dont je lui fais la rente depuis son mariage.

Je donne à mes deux cochers André et Joseph une année de gages.

Mes chevaux et mes voitures seront vendus et le produit de cette vente sera partagé entre Narcisse Le Roux et mes deux gens d'écurie.

Fait et entièrement écrit de ma main en mon château de Frohsdorf le 1er juillet 1851

Marie-Thérèse-Charlotte de France, comtesse de Marnes.

Tableau chronologique

Années	Mois	Marie-Thérèse et la famille royale	France
1778	19 décembre	Naissance de Marie-Thérèse	
1781	22 octobre	Naissance de Louis-Joseph, dauphin de France	
1785	27 mars	Naissance de Louis-Charles, duc de Normandie	
1786	9 juillet	Naissance de Sophie-Hélène-Béatrix	
1787	18 juin	Mort de Sophie-Hélène-Béatrix	
1789	5 mai		Ouverture des états généraux
	4 juin	Mort du Dauphin	
	17 juin		Le tiers état se proclame assemblée nationale
	21 juin		Serment du Jeu de paume
	23 juin		Séance royale
	14 juillet		Prise de la Bastille
	4 août		Abolition des privilèges
	5 octobre	Invasion de Versailles	
	6 octobre	Retour de la famille royale à Paris	

1790	22 juillet		Promulgation de la Constitution civile du clergé
1791	18 avril	La famille royale est empêchée de partir à Saint-Cloud	
	20 juin	Fuite	
	21 juin	Arrestation de la famille royale à Varennes	
	25 juin	Retour à Paris	
	21 septembre		Proclamation de la Constitution
1792	20 avril		Déclaration de guerre de la France à l'Autriche
	20 juin	Invasion des Tuileries	
	28 juillet		Manifeste de Brunswick connu à Paris
	10 août	Invasion des Tuileries/ suspension de la royauté	
	13 août	Transfert de la famille royale au Temple	
	2-5 septembre		Massacres dans les prisons de Paris (massacres de Septembre)
	20 septembre		Réunion de la Convention
	21 septembre		Proclamation de la République
	11 décembre	Début du procès de Louis XVI	
1793	21 janvier	Exécution de Louis XVI	
	3-11 mars		Début de la révolte vendéenne

	4 avril		Passage du général Dumouriez aux Autrichiens
	6 avril		Création du Comité de salut public de la Convention
	2 juin		Chute des Girondins
	3 juillet	Séparation de Louis XVII du reste de sa famille	
	13 juillet		Assassinat de Marat
	27 juillet		Entrée de Robespierre au Comité de salut public
	1er août	Décret transférant Marie-Antoinette à la Conciergerie et exigeant la destruction des tombeaux de Saint-Denis	
	5 septembre		Invasion de la Convention La Terreur est mise à l'ordre du jour
	13 septembre		Le gouvernement est déclaré révolutionnaire jusqu'à la paix
	17 septembre		Loi des Suspects
	16 octobre	Exécution de Marie-Antoinette	
1794	24 mars		Exécution des hébertistes
	16 avril		Exécution des dantonistes
	10 mai	Exécution de Madame Elisabeth	
	10 juin		Début de la Grande Terreur
	27 juillet (9 thermidor)		Chute de Robespierre
	29 juillet	Nomination d'un gardien pour les prisonniers du Temple	

1795	5 avril		Paix de Bâle avec la Prusse
	8 juin	Mort de Louis XVII	
	20 juin	Nomination de Mme de Chanterenne auprès de Marie-Thérèse	
	23-27 juin		Débarquements d'émigrés à Quiberon
	24 juin	Manifeste de Vérone	
	30 juin	Décret de Treilhard exigeant de l'Autriche l'échange de Marie-Thérèse	
	21 juillet		Victoire de Hoche à Quiberon
	22 et 30 août		Décrets de Fructidor
	1er octobre		Annexion de la Belgique par la France
	5 octobre (13 Vendémiaire)		Insurrection de la droite à Paris
	31 octobre		Election du Directoire exécutif
	19 décembre	Libération de Marie-Thérèse	
	26 décembre	Echange de la princesse à Bâle	
1796	9 janvier	Arrivée de Marie-Thérèse à Vienne	
	2 mars		Napoléon Bonaparte général en chef de l'armée d'Italie.
	6 mars	Présentation officielle à la cour de Vienne	
	16 octobre		Création de la République cispadane dans le nord de l'Italie, étroitement soumise à la France
1797	18 avril		Signature des préliminaires de Leoben entre la France et l'Autriche

	17 octobre		Signature du traité de paix de Campo-Formio entre la France et l'Autriche
	28 novembre		Ouverture du congrès de Rastatt
1798	15 février		Création de la République romaine
	29 mars	Installation de Louis XVIII à Mitau	
	11 septembre	Annonce officielle du mariage de Marie-Thérèse avec le duc d'Angoulême	
1799	23 janvier		Création de la République napolitaine
	3 juin	Arrivée de Marie-Thérèse à Mitau	
	10 juin	Mariage de Marie-Thérèse avec le duc d'Angoulême	
	Eté		Formation de la 2e coalition européenne contre la France
	19 septembre		Victoire des Français à Bergen
	27 septembre		Victoire des Français à Zurich
	9 novembre (18 brumaire)		Coup d'Etat de Napoléon Bonaparte
1801	22 janvier	Départ de la famille royale de Mitau	
	9 février		Paix de Lunéville entre la France et l'Autriche
	22 février	Installation de la famille royale à Varsovie	

	15 juillet		Signature du Concordat entre Napoléon et le pape
	8 octobre		Traité de paix entre la France et la Prusse
1802	25 mars		Paix d'Amiens entre la France et l'Angleterre
	26 avril		Loi d'amnistie pour les émigrés
	11 septembre		Annexion du Piémont à la France
1803	24 février		Recès de l'Empire germanique – réorganisation sous l'égide de la France
	23 mai		Guerre entre la France et l'Angleterre
1804	29 janvier		Découverte du complot du chouan Cadoudal et des Polignac pour assassiner Bonaparte
	21 mars		Exécution de Louis-Antoine de Condé, duc d'Enghien, sur ordre du Premier consul
	18 mai		Proclamation de l'Empire
	2 décembre	Déclaration de Calmar	Sacre de Napoléon Ier
1805	Janvier-avril	Retour de la famille royale à Mitau	
	17 mars		Napoléon roi d'Italie
	9 août		L'Autriche s'allie à la Russie et à l'Angleterre
	2 décembre		Victoire de Napoléon à Austerlitz
	26 décembre		Paix de Presbourg avec l'Autriche

1806	27 décembre		Fuite des Bourbons de Naples
1807	8 février		Bataille d'Eylau entre la France et la Russie
	7 juillet		Traité de Tilsit entre la France et la Russie
	22 juillet		Fondation du duché de Varsovie
1808	5 mai		Le roi Charles IV d'Espagne cède ses droits à la couronne à Napoléon
	Juillet	Arrivée de Marie-Thérèse en Angleterre	
1810	2 avril		Mariage de Marie-Louise d'Autriche avec l'empereur Napoléon Ier
	12 novembre	Mort de Marie-Joséphine de Savoie	
1811	19 juin	La famille royale française est officiellement accueillie par la famille royale anglaise	
1812	24 juin		Début de la campagne de Russie
	19 octobre		Début de la retraite de Russie
1813	12 août		L'Autriche déclare la guerre à la France
	16-19 octobre		La bataille des Nations à Leipzig
	23 décembre		Les Autrichiens sont en Alsace ; début de la campagne de France opposant Napoléon aux Alliés

1814	3 février	Arrivée du duc d'Angoulême dans le Sud-Ouest	
	12 mars	Bordeaux se rend aux troupes anglaises	
	31 mars		Entrée des troupes alliées dans Paris
	6 avril		Napoléon abdique
	20 avril	Louis XVIII est appelé au trône de France par le Sénat impérial	
	4 juin	Entrée de la famille royale dans Paris	Promulgation de la Charte
	30 juin		Signature du traité de paix de Paris entre la France et les Alliés
	1er novembre		Ouverture du congrès de Vienne qui remodèle la carte de l'Europe
1815	20 janvier	Ordonnance qui fait du 21 janvier une journée de deuil dans tout le royaume	
	21 janvier	Transfert des restes de Louis XVI et Marie-Antoinette à Saint-Denis	
	1er mars		Débarquement de Napoléon à Golfe-Juan
	20 mars	Départ de Louis XVIII pour Gand	
	21 mars		Napoléon est aux Tuileries
	23 mars	Marie-Thérèse, à Bordeaux, reçoit les pleins pouvoirs	
	31 mars	La forteresse de Blaye passe à l'Empire	

	1er avril	Départ de Marie-Thérèse de Bordeaux	
	8 avril	Arrivée de Marie-Thérèse en Espagne	
	21 avril	Arrivée de Marie-Thérèse à Londres	
	15 mai		Début de la révolte vendéenne
	18 juin		Bataille de Waterloo : défaite des armées de Napoléon
	22 juin		Abdication de Napoléon
	8 juillet	Retour de Louis XVIII à Paris	
	27 juillet	Retour de Marie-Thérèse à Paris	
	5 août		Arrestation du maréchal Ney
	19 septembre		Chute de Fouché
	24 septembre		Chute de Talleyrand
	26 septembre		Formation de la Sainte Alliance des souverains ; Début du ministère Richelieu ; Decazes ministre de la Police
	7 octobre		Première session de la Chambre introuvable
	20 novembre		Second traité de Paris entre la France et les Alliés
1816	19 janvier		Loi ordonnant l'érection de plusieurs monuments expiatoires en l'honneur des membres de la famille royale morts sous la Révolution
	17 juin	Mariage du duc de Berry avec Marie-Caroline de Bourbon-Naples	

	5 septembre		Dissolution de la Chambre introuvable
	16 octobre	Inauguration de la chapelle expiatoire de la Conciergerie	
1818	9 octobre		Traité d'Aix-la-Chapelle mettant fin à l'occupation du territoire français
	29 décembre		Début du ministère Dessolles ; Decazes y est ministre de l'Intérieur
1819	21 septembre	Naissance de Louise-Marie-Thérèse d'Artois	
	19 novembre		Début du ministère Decazes
1820	13 février	Assassinat du duc de Berry	
	20 février		Renvoi de Decazes ; nouveau ministère Richelieu
	29 septembre	Naissance d'Henri, duc de Bordeaux	
1821	14 décembre		Début du ministère Villèle
1823	13 mars	Départ du duc d'Angoulême pour l'Espagne, où il doit réinstaurer le roi Ferdinand VII	
	15 décembre	Retour du duc d'Angoulême, victorieux	
1824	16 septembre	Mort de Louis XVIII ; avènement de Charles X	

1825	29 mai	Sacre de Charles X	
1827	4 janvier		Fin du ministère Villèle ; Début du ministère Martignac
1829	8 août		Début du ministère Polignac
1830	27, 28, 29 juillet		Trois Glorieuses
	31 juillet		Le duc d'Orléans est nommé lieutenant général du royaume
	1er août	Arrivée de Marie-Thérèse à Rambouillet	
	2 août	Abdication de Charles X	
	3 août	Départ de la famille royale	
	9 août		Louis-Philippe est proclamé roi des Français
	23 août	Arrivée de la famille royale en Angleterre	
	20 octobre	Installation de la famille royale à Holyrood	
	27 novembre	Confirmation des abdications de Rambouillet	
1831	17 juin	Départ de la duchesse de Berry pour l'Italie	
1832	29 avril	Débarquement de la duchesse de Berry en Provence	
	Septembre	Installation de la famille royale à Prague	
	8 novembre	Arrestation de la duchesse de Berry	

1833	22 février	Découverte de la grossesse de la duchesse de Berry	
	29 septembre	Majorité d'Henri « V »	
1836	21 octobre	Installation de la famille royale à Gorizia	
	6 novembre	Mort de Charles X	
1839	3 octobre	Départ du comte de Chambord pour l'Italie	
1841	28 juillet	Accident de cheval du comte de Chambord	
1843	6 octobre	Arrivée du comte de Chambord en Angleterre	
1844	3 juin	Mort du duc d'Angoulême	
1845	17 mai	Arrivée à Frohsdorf	
	10 novembre	Mariage de Louise-Marie avec le duc de Parme	
1846	16 novembre	Mariage du comte de Chambord avec Marie-Thérèse d'Autriche-Este	
1848	22-25 février		Révolution de février ; Louis-Philippe est chassé du trône
1851	19 octobre	Mort de Marie-Thérèse de France	

Index

Table

Photocomposition Nord Compo
7, rue de Fives, 59650 Villeneuve-d'Ascq

Achevé d'imprimer
en décembre 2012
par Cayfosa
pour le compte de France Loisirs, Paris

Numéro d'éditeur : 71009
Dépôt légal : novembre 2012
Imprimé en Espagne